HIN ZU EINER GLOBALEN KULTUR
DER LIEBE UND TOLERANZ

HIN ZU EINER GLOBALEN KULTUR DER LIEBE UND TOLERANZ

M. Fethullah Gülen

© 2010 by Fontäne Verlag
© 2010 by Işık Yayınları

3. Auflage

Es ist nicht gestattet, Abbildungen dieses Buches zu scannen, in PCs oder auf CDs zu speichern oder in PCs/Computern zu verändern oder einzeln oder zusammen mit anderen Bildvorlagen zu manipulieren, es sei denn mit schriftlicher Genehmigung des Verlags.

Erschienen im Fontäne-Verlag

Korrespondenz:
Sprendlinger Land Str. 115
63069 Offenbach am Main
+49 69 83 83 78 28
www.fontaene-verlag.de

Ins Deutsche übersetzt von Wilhelm Willeke

ISBN: 978-3-935521-29-1

Druck: Caglayan A.S.
Izmir - Türkei

Inhaltsverzeichnis

Vorwort ix
Einführung xiii
Über den Autor xxi

Kapitel 1: Liebe und Barmherzigkeit 1
Die Liebe 3
Die Liebe zum Menschen 7
Der Humanismus und die Liebe zu den Menschen 11
Die Liebe zu Gott 15
Ein Appell für mehr Barmherzigkeit 27

Kapitel 2: Vergebung, Toleranz und Dialog 33
Vergebung 35
Toleranz und Liberalität 39
Toleranz 41
Toleranz im Leben des Individuums und in der Gesellschaft 45
    Beispielhafte Versöhnlichkeit 45
    Auszeichnungen für tolerantes Verhalten 50
    Welchen Wert der Gesandte Gottes dem Menschen beimaß 52
    Toleranz und Demokratie 53
    Toleranz und Zukunft 54
    Wie verleihen wir der Atmosphäre der Toleranz Beständigkeit? 55
    Das Erschaffene um des Schöpfers willen lieben 55
    Von der Straße der Toleranz gibt es kein Zurück 57
Toleranz und Dialog –
zwei Rosen, die auf smaragdgrünen Hügeln wachsen 59
    Missverständnisse in Bezug auf den Islam 60
    Das Streben nach dem Wohlgefallen Gottes 62
Ohne Fäuste gegen jene, die uns schlagen,
ohne Schmähungen gegen jene, die uns beleidigen 65
Der Islam - eine Religion der Toleranz 69
    Der Islam unter Terrorverdacht 69
    Die Liebe ist die Essenz der Schöpfung 70

Der Islam - die Religion der universellen Barmherzigkeit 75
Toleranz und Dialog in Koran und Sunna 85
Dialog im Geiste und Sinne Muhammads 87
    Ein Aufruf an die Welt 89
Der Dialog mit den Buchbesitzern 91
Sport und Dialog 95

Kapitel 3: Der vollkommene Mensch 97

Der neue Mann und die neue Frau 99
Menschen mit Herz 103
Der vollkommene Gläubige, der vollkommene Muslim 109
    Muslime und Sicherheit 110
    Warum ausgerechnet Zungen und Hände? 111
Vollkommene Charaktere und Meister der Liebe 113
    Verfechter der Liebe 114
    Liebevolle Menschen 115
Was einen Gläubigen auszeichnet 119
Menschen, die Gott hingebungsvoll dienen 125
Die hingebungsvollen Menschen von heute 131
Die Natur des Menschen 139
Die innere Stärke des Menschen 143
Die Verantwortung der Menschheit 151
Die ideale Gesellschaft 159

Kapitel 4: Sufismus und Metaphysik 163

Der Sinn des Lebens 165
Der Glaube - eine etwas andere Perspektive 169
Die Horizonte des Glaubens 177
Die Horizonte der Seele: Metaphysisches Denken 185
Die geheimnisvolle Welt des Glaubens und das Chaos 191
Die Horizonte des inneren Friedens 201
Der Sufismus und seine Ursprünge 207
    Was versteht man unter Sufismus? 207
Der Sufismus als Lebensstil 211

Kapitel 5: Dschihad - Terror - Menschenrechte 213

Menschenrechte im Islam 215
Der kleinere und der größere Dschihad 219
    Formen des Dschihads 220
Liebe, Toleranz und Dschihad im Leben des Propheten 225

Im wahren Islam ist kein Platz für Terror -
Fethullah Gülen im Interview mit Nuriye Akman 229
    Muslime sollten sagen: „Im wahren Islam ist kein Platz für Terror." 229
    Eine islamische Welt existiert gar nicht 231
    Das Al-Qaida-Netzwerk 232
    Unsere Verantwortung 233

Kapitel 6: Bildung und Erziehung 237
    Pädagogische Dienstleistungen und ihre Verbreitung in alle Welt............239
        Der Menschheit durch Bildung und Erziehung dienen 244
        Die Schulen..246
    Lernen von der Wiege bis ins Grab 249
        Unsere angeborenen Fähigkeiten 250
        Die wahre Bedeutung und der wahre Wert der Bildung 252
        Familie, Schule und persönliches Umfeld 254
        Die Schule und der Lehrer 256
    Eine Bewegung, die ihre eigenen Modelle entwirft 259

Kapitel 7: Globale Perspektiven 265
    Das wahre Leben und der wahre Mensch...267
    Islam und Demokratie - eine Gegenüberstellung..............................271
    Auf der Schwelle zu einem neuen Jahrtausend 279
        Die elementare Natur des Menschen 282
        Das zweite Jahrtausend 284
        Unsere Erwartungen an das neue Jahrtausend 285
    Der Aufbau der Welt von morgen 289
        Das Leben und der Geist der Hoffnung...289
        Der Mensch ist die Quelle 290
        Das Patentrecht einer kleinen Minderheit 291
        Wissenschaft und Technik im Dienste der Menschheit.....................293
        Ein Muslim kann kein Terrorist sein 294
        Islamische Ziele dürfen nicht mit
        terroristischen Mitteln verfolgt werden 295
        Die Probleme der muslimischen Gesellschaften 296
        Die Strukturen, die dem Leben in der Gesellschaft zu Grunde liegen......300
        Die Religion ist für die Ordnung der Gesellschaft unverzichtbar 301
        Die Religion in der westlichen Welt von heute 302
        Gewalt darf keinem Selbstzweck dienen 305

Die Kriegspolitik der USA 306
Die Zeit der tyrannischen Regime ist abgelaufen................................308
Eine neue Weltordnung..311
Das Informationszeitalter und der Zusammenprall der Zivilisationen 315
    Huntingtons Thesen..317
„Ich vertraue auf die im Wesen des Menschen verborgene Schönheit.".....319
Eine Botschaft anlässlich der Terroranschläge vom 11. September 2001 323

Index 325

Vorwort

Die Ereignisse der vergangenen Jahre haben gezeigt, wie wichtig es ist, dass gläubige Menschen Dialog miteinander führen. Der interreligiöse Dialog ist eine Alternative zum viel diskutierten ‚Zusammenprall der Zivilisationen'. Menschen, die sich der Theorie, ein Zusammenprall der Zivilisationen sei unvermeidlich, nicht anschließen möchten, empfehlen stattdessen einen Dialog der Zivilisationen - einen Gedankenaustausch mit dem Ziel der wechselseitigen Befruchtung und ein Teilen von Einsichten, das zu einem tieferen Verständnis des Wesens Gottes und zu einer fundierteren Kenntnis von Gottes Plänen für die Menschheit führen soll.

Dieses Thema steht auch im Mittelpunkt des Buches, das Sie gerade in Händen halten. Es präsentiert die Gedanken des einflussreichsten muslimischen Gelehrten und spirituellen Führers der islamischen Welt von heute. Die von Fethullah Gülen inspirierte und geleitete Bewegung - die Gülen-Bewegung - zeigt Muslimen einen Weg auf, die islamischen Werte mit den komplexen Anforderungen moderner Gesellschaften in Einklang zu bringen. Lagen die Ursprünge dieser Bewegung noch in der Türkei, so ist sie inzwischen stark expandiert - mit Hilfe der Schulen, die sie in vielen Ländern unterhält, mit Hilfe ihrer kulturellen und Medienaktivitäten oder auch mit Hilfe von sozialen Projekten und Dialogbegegnungen, die von Türken in der Diaspora in Europa, den USA oder auch Australien initiiert wurden. Heute ist der Einfluss der Gülen-Bewegung in praktisch allen Regionen, in denen Muslime als Mehrheiten oder Minderheiten leben, spürbar.

Dieses Buch verfolgt zwei Ziele: Auf der einen Seite ist es ein Aufruf an alle Muslime, sich die Tatsache bewusst zu machen, dass der Islam den Dialog lehrt und die Gläubigen dazu aufruft, die universelle Barmherzigkeit Gottes zu bezeugen und zu repräsentieren. Gülen bedient sich seines breiten Wissens um die islamische Tradition, indem er Koran (die Heilige Schrift), Hadithe (die Prophetentraditionen), Berichte über Muhammad und die im Laufe der Jahrhunderte von Muslimen gesammelten Erfahrungen miteinander verknüpft und überzeugend darlegt, dass Toleranz, Liebe und Mitgefühl essenzielle islamische Werte sind. Diese Werte der modernen Welt zu vermitteln, gehört Gülen zufolge zu den Pflichten eines jeden Muslims.

Auf der anderen Seite ist dieses Buch eine Einladung an die Nichtmuslime, alle Vorurteile, Verdächtigungen und Halbwahrheiten fallen zu lassen und zu entdecken, was der Islam wirklich darstellt. Menschen, deren Islamkenntnisse sich auf die Schlagzeilen der Tageszeitungen beschränken, glauben in der Regel, diese Religion würde Terror, Selbstmordattacken, die Unterdrückung der Frau und Hass auf alle predigen, die außerhalb ihrer Gemeinschaft stehen. Und wer möchte schon mit Menschen diskutieren, die so etwas denken? Wer möchte mit solchen Menschen zusammenleben? Der Leser dieses Buches hingegen erfährt, dass eine sachgemäße Interpretation der islamischen Lehren Vertrauen schafft und spirituelle Werte wie Vergebung, inneren Frieden, soziale Gerechtigkeit, Rechtschaffenheit und Vertrauen in Gott stiftet. Indem der Autor diesen islamischen Werten, die von vielen Gläubigen unterschiedlicher Glaubensbekenntnisse geteilt werden, Ausdruck verleiht, ermuntert er nicht nur Muslime zum Dialog, sondern regt auch Nichtmuslime zum Meinungsaustausch über gemeinschaftliche Ideale an.

Ich selbst bin in diesem Zusammenhang ein gutes Beispiel. Ich bin katholischer Priester, ein Amerikaner, der in Rom lebt. Seit über 10 Jahren schon kenne ich Mitglieder der mit Gülen in Verbindung stehenden Bewegung, und ich durfte feststellen, dass sie die Lehren ihres spirituellen Oberhaupts in ihrem eigenen Leben aufrichtig und eindrucksvoll umsetzen. Herrn Gülen nennen sie respektvoll ihren Hoca Effendi - Lehrer. Die meisten der Beiträge dieses Buches sind zuvor in unterschiedlichen Zeitschriften als Aufsätze oder in Interviewform erschienen. Einige wurden bislang noch nicht in deutscher Sprache veröffentlicht. Sie alle wurzeln im Koran und in der islamischen Tradition und dokumentieren die Haltung, mit der Anhänger Gülens ihren Pflichten als Muslime nachkommen. Gülen hat mit der Zusammenstellung dieses Buches all jenen einen Gefallen getan, die die charakteristischen Ideale seiner Bewegung kennen lernen möchten.

Letztes Jahr habe ich Vorträge in Urfa und Gaziantep in der Osttürkei gehalten. Auf meinem Rückweg nach Rom lud man mich ein, in Istanbul auf einem Symposium, das von der Gülen-Bewegung organisiert war, mit jungen Leuten zusammenzukommen. Bei meiner Ankunft dort stellte ich zu meiner Überraschung fest, dass sich ca. 4.000 Jugendliche eingefunden hatten. Ich sprach mit ihnen und erfuhr, dass sie einen Querschnitt durch die Istanbuler Jugend bildeten; manche von ihnen waren Maschinenbau-, Medizin-, und Informatikstudenten, andere Arbeiter. Einige Frauen arbeiteten z.B. als Sekretärinnen, im Reisebüro oder als Lehrerinnen; einige Männer z.B. als Bankangestellte, Fahrer oder im Bauwesen.

Sie waren glückliche, enthusiastische junge Leute, die sich zusammengefunden hatten, um den Geburtstag ihres Propheten Muhammad zu feiern. Deshalb fand ich es sehr bemerkenswert, dass ich - ein katholischer Priester - eingeladen worden war, zum Thema ‚Die Propheten - eine Gnade für die Menschheit' zu sprechen. Meinen Ausführungen folgten einige Gedichte zu Ehren Muhammads, und den Abend beschloss ein prominenter türkischer Volkssänger mit E-Gitarren-Begleitung, der Lieder zum Lobe Gottes sang. An diesem Abend, aber auch bei vielen anderen Gelegenheiten zuvor spürte ich, dass Fethullah Gülen und seine Bewegung ein sehr wertvolles spirituelles Ziel verfolgen müssen; sonst würde es ihnen wohl kaum gelingen, in so vielen jungen Leuten den Wunsch zu wecken, Gott zu preisen und ein Leben zu führen, das von Liebe und Respekt zu anderen Menschen geprägt ist.

Nichtmuslime werden mir Recht geben, dass diese Leute Menschen sind, mit denen man sehr gut zusammenleben und zum Wohle aller kooperieren kann. Zweifellos werden sie aber auch nach der Haltung Gülens und seiner Bewegung zu anderen Parteien innerhalb der muslimischen Welt fragen, die zu Gewalt neigen. Solche ‚harten Fragen' werden hier im Kapitel ‚Dschihad-Terror-Menschenrechte' aufgegriffen. Der Autor erklärt dort, was *Dschihad* wirklich bedeutet und warum ein wahrer Muslim sich niemals an terroristischen Handlungen beteiligen darf.

Beschließen möchte ich dieses Vorwort mit einem Zitat Gülens, das seinen Ansatz als spiritueller Lehrmeister auf den Punkt bringt:

> „Wenn ich die Fähigkeit besäße, in den Köpfen der Menschen zu lesen, d.h., jeden Menschen mitsamt seinen individuellen Charaktereigenschaften zu kennen, dann würde ich jeden zu dem Berg der Vollkommenheit leiten, der am besten zu ihm passt. Manchen würde ich empfehlen, immer wieder zu reflektieren, zu meditieren und zu lesen. Den einen würde ich raten, die Zeichen Gottes im Universum und in den Menschen zu suchen. Andere würde ich auffordern, sich intensiv mit dem Studium des Korans zu beschäftigen. Wieder anderen hingegen würde ich nahe legen, regelmäßig Koranpassagen zu rezitieren und bestimmte Gebete zu verrichten. Oder ich würde ihnen vorschlagen, sich permanent mit ‚natürlichen' Phänomenen auseinander zu setzen. Besser ausgedrückt: Ich würde den Menschen raten, sich in den Bereichen zu engagieren, in denen sie ihre Stärken haben."

Thomas Michel, S.J.
Rom, 25. Mai 2004

Einführung

Modernismus, Pluralismus, Individualismus und Religion sind elementare Werte, die das 21. Jahrhundert prägen dürften. Die Moderne wirkt sowohl auf das individuelle als auch auf das Gemeinschaftsleben ein. Sie hat neue Formen eines religiösen, kulturellen und politischen Pluralismus hervorgebracht. Mit dem Begriff Modernismus mag man unterschiedlichste Inhalte verbinden - zwei seiner wichtigsten ideologischen Zweige sind in jedem Fall Fortschritt und Globalisierung. Viele Theoretiker sind der Auffassung, kennzeichnend für die Moderne seien eine größere Autonomie des Menschen gegenüber seinem Umfeld und eine bessere Kenntnis seines Umfelds. Diese direkte Beziehung zwischen Wissen einerseits und Macht und Autonomie andererseits habe ganz neue Möglichkeiten eröffnet und den Supermächten gestattet, neue Formen der Herrschaft über Länder und Menschen zu etablieren. Imperialistische Gelüste zögen in der Gegenwart tiefgreifendere Konsequenzen nach sich als in früheren Zeiten.

Dieser ideologische Aspekt lässt viele Menschen glauben, die Globalisierung unterscheide sich nicht vom klassischen Imperialismus; letzterer habe lediglich einen neuen Namen erhalten. Ob die Globalisierung nun eine Ideologie ist, oder nicht - fest steht zumindest, dass sie fundamentale Veränderungen in allen Bereichen mit sich gebracht hat: in der Wirtschaft ebenso wie in den Sozialwissenschaften, in der Kommunikation ebenso wie in der Politik, und außerdem in den Rechtssystemen, in der Geschichtswissenschaft und in der Verwaltung der Staaten. Die Globalisierung hat Massenproduktion und -konsum, Reichtum, Technologie und demokratischen Pluralismus noch populärer gemacht, gleichzeitig jedoch auch sehr viele negative Dinge verbreitet: So wurden Phänomene wie Armut, Umweltverschmutzung, Massenvernichtungswaffen, Terror und Gewalt ebenfalls globalisiert.

Der Globalisierung von Wissen, Macht und Technologie folgten prompt Theorien über potenzielle neue Konflikte zwischen Kulturen und Zivilisationen. Alle diese Theorien, seien sie nun das Resultat der Moderne oder der Globalisierung, hatten eines gemeinsam: sie führten dazu, dass eine Vielzahl von Konzepten öffentlich diskutiert wurde: Dutzende von Konzepten wurden im Kontext von Moderne, Demokratie und Pluralismus neu definiert: der Mensch, das Individuum, Gedanken- und Religionsfreiheit, religiöse, politische, soziale und kulturelle Toleranz, Konflikt versus Miteinander, Dialog versus Konflikt usw.

Es ist wohl kaum zu bestreiten, dass in der Welt der Gegenwart ein Dialog der Kulturen und Zivilisationen wichtiger denn je und wichtiger auch als alles andere ist. Denn dem Menschen steht heute eine Waffentechnik zur Verfügung, die auf beunruhigende Art und Weise für ideologische Manipulationen missbraucht werden kann. Ideologische Manipulationen von Wissen, Technologie und Globalisierung wiederum verstärken religiöse, kulturelle, soziale und lokale Differenzen. Massenproteste gegen die Globalisierung stehen heute überall auf der Welt auf der Tagesordnung. Diese Reaktionen richten sich jedoch nicht gegen den Modernismus allein. In einem weiteren Sinne werden die ideologischen Dimensionen des Modernismus als eine Bedrohung souveräner religiöser, nationaler, historischer und sozialer Kulturen und Identitäten empfunden, was neue Konfliktfelder zu produzieren droht.

Auf der anderen Seite haben sich in Gesprächskreisen auf internationaler Ebene seit fast einem viertel Jahrhundert immer wieder heftige Diskussionen an gewagten und heiklen Thesen wie dem Zusammenprall der Zivilisationen entzündet. Die politischen und ideologischen Konsequenzen, die solche Thesen nach sich ziehen, haben Hunderte, vielleicht sogar Tausende von Wissenschaftlern, Denkern und Politikern, denen das Wohl der Menschheit am Herzen liegt, tief beunruhigt. Huntingtons These vom Zusammenprall der Zivilisationen stand dabei sogar so sehr im Zentrum der Aufmerksamkeit internationaler Kreise, dass sie sich inzwischen den Rang des wichtigsten Themas des vergangenen Jahrzehnts erworben hat. Das Echo dieser These auf die internationalen Beziehungen ist bis heute nicht verhallt.

Einführung xv

Aber können wir nicht auch eine andere, eine gesundere Bedeutung in die Moderne und die Globalisierung hineinlesen? Lassen sich beide nicht auch konstruktiver gestalten, und ist es nicht möglich, dass beide auch menschlichen und ethischen Werten Vorschub leisten? Viele, die nach Antworten auf Fragen wie diese suchen, scheinen davon auszugehen, dass es hier nur um Wahrnehmung und Perspektive geht. Aber sind Moderne und Globalisierung wirklich so simple Phänomene, dass sie sich allein darauf reduzieren lassen? Auf ideologischer Ebene werden Moderne und Globalisierung von Menschen aus unterschiedlichen Kulturen und Zivilisationen so wahrgenommen, als bezeichneten sie unbestimmte Ziele. Auf dieser instabilen Grundlage kommen die Thesen von Leuten wie Huntington und Fukuyama, die für die Zukunft Auseinandersetzungen und Kontroversen prophezeien, zum Zuge. Andererseits wurden ungeachtet all der chronischen Probleme der modernen Zivilisationen (globaler Terrorismus, Gewalt, Massenvernichtungswaffen u.a.), die ja die Konfliktthese stützen, auch bedeutende Anstrengungen zur Festigung der Freundschaft zwischen verschiedenen Kulturen und Zivilisationen auf der Grundlage von Demokratie, Toleranz, Liebe und Dialog unternommen.

Auch diese Anstrengungen waren für das letzte Viertel des vergangen Jahrhunderts kennzeichnend und standen in keinerlei Konflikt mit der Moderne oder der Globalisierung. Sie förderten neben universelleren und fundamentaleren menschlichen und ethischen Werten auch Kräfte zu Tage, mit denen sich die destruktiven Aspekte von Moderne und Globalisierung überwinden lassen. Trotz der Tatsache, dass solche Initiativen für einen Dialog zwischen Zivilisationen und Kulturen normalerweise sehr wohl von der Mehrheit angenommen wurden, gelang es den Anhängern der Thesen von Konflikt und Zerstörung, sich immer lauter bemerkbar zu machen. Die internationalen Medien halfen ihnen insofern, als sie - leichtsinnig und unverantwortlich - überwiegend Terror, Gewalt und andere destruktive Werte und Themen in den Vordergrund stellten und damit die Stimmen dieser Leute entscheidend verstärkten.

Zwar bringen die scharfen Reaktionen auf Huntingtons Thesen auch ein dringendes Bedürfnis nach Harmonie und Dialog zum Ausdruck.

Praktische Schritte in deren Richtung wurden jedoch bisher entweder nicht unternommen oder hatten keine globalen Konsequenzen. Die Gründe für die so verbreitete Haltung von Ungerührtheit und Gleichgültigkeit sind in der transformierenden Wirkung der Moderne auf Mensch und Gesellschaft zu suchen. Denn die Moderne hat den Menschen Egoismus eingeimpft. Sie hat ihnen so viel von ihrer Bedeutung genommen, dass sie fast unsichtbar wurden. Sie hat die individuellen, materiellen und persönlichen Instinkte der Menschen in Opposition zur Gesellschaft gebracht. Sie hat die Menschen von allem entfremdet, was sie einst für heilig, menschlich und tugendreich hielten - von Liebe und Fürsorge ebenso wie von Hingabe und Selbstaufopferung. Am Ende dieses Prozesses stand ein kümmerlicher Mensch, der allein für seine egoistischen Instinkte lebt. Alle monotheistischen Religionen haben den Versuch unternommen, diesem Typ Mensch eine helfende Hand entgegen zu strecken. Aber der verhängnisvolle Schlag der Moderne gegen die Persönlichkeit des Menschen und seine Einbindung in die Schöpfung hat das Individuum zum Gefangenen seiner individuellen Instinkte gemacht.

Natürlich ist dies nicht der geeignete Ort für eine umfassende Analyse der Moderne. Wenn wir uns aber den Bruch anschauen, den die zeitgenössische Zivilisation - aus welchem Grund auch immer - erfahren hat, dann wird deutlich, dass dieser Bruch der Menschheit arge Probleme bereitet. Menschen, die selbst destruktiv, bösartig, feindselig und aggressiv sind, machen auch die Ordnung der Gesellschaft, zu der sie ja selbst gehören, zum Sklaven ihrer Instinkte. Insofern dürfte klar sein, wo Lösungen zu suchen sind. Der Weg, die modernen Zivilisationen vor der drohenden Zerstörung zu bewahren, führt über eine ‚Umschulung' des Menschen auf der Basis von Liebe, Toleranz und Dialog und über eine bessere Organisation und Vernetzung.

Genau hier setzen M. Fethullah Gülens Aktivitäten an. Weder propagiert er einen passiven und rein philosophischen Humanismus, noch finden auf den Gesprächsplattformen, die er zur Verfügung stellt, rein theoretische Diskussionen statt. Mit Hunderten von Bildungseinrichtungen in aller Welt ist sein ‚Projekt' dem Alltag, dem wahren Leben verpflichtet; denn dort werden die sozialen Fundamente für Dialog und Toleranz gelegt, dort bemüht er sich, auf die Bedürfnisse der modernen Gesellschaft einzugehen, und dort erfüllt er eine Vorbildfunktion.

Gülens Modell bildet die Essenz einer Synthese aus der Begegnung der türkischen Kultur mit dem Islam. Die muslimischen Türken haben in einem riesigen Reich und über Jahrhunderte hinweg Toleranz und Harmonie praktiziert - Werte die ja auch im Zentrum der Demokratien von heute stehen. Über tausend Jahre lang wurde der Islam hier außergewöhnlich tolerant interpretiert. Diese Toleranz ging ursprünglich von den muslimisch-türkischen Sufis aus und durchdrang die Wurzeln des Volkes. Sie folgte einer Linie, die von Yesevi zu Rumi und über Yunus Emre zu Haci Bektas-i Veli führte, und sie verfügt über eine reiche Geschichte.

Gülen kehrt zu dieser Basis zurück und erneuert die tolerante Interpretation des muslimisch-türkischen Sufismus. Dabei entwirft er jedoch eine breitere, aktivere und sozialere Vision. Rumi, Yunus und Haci Bektas-i Veli riefen die Menschen in die Sufiorden, wo sie ermuntert wurden, ihre inneren Welten zu erkunden. Auch die Regeln dieser Orden und ihr soziales Umfeld legten großen Wert auf Dialog und Toleranz. Gülen jedoch geht noch einen Schritt weiter. Er gewährt allen Gesellschaften der Welt Zutritt zu den Lehren und Visionen der Orden. Zudem transformiert und erweitert er deren Lehren und Visionen. Mit anderen Worten: Kern der Aktivitäten Gülens ist ein Handeln, das neu gestaltet. Dieses Handeln verbindet er alsdann mit dem Ziel der Existenzerhaltung der Menschheit in dieser Welt. Einerseits gibt ihm sein Konzept von Dialog und Harmonie die Chance, Konferenzen und Dialogplattformen zu organisieren, deren Grundlage die Verständigungsbereitschaft zwischen den unterschiedlichen Kulturen der Welt bildet. Andererseits stellt er sich der Herausforderung, den Menschen selbst zu verändern: Das Individuum, das in der Moderne ausschließlich um sich selbst kreist, soll sich wieder in den Dienst an der Menschheit stellen. Der moderne Mensch ist passiv, kaum belastungsfähig, träge und egoistisch. Er besitzt nicht die notwendige Stärke, um die große und schwere Verantwortung der Etablierung von Dialog, Toleranz und Harmonie zwischen den Religionen, Kulturen und Zivilisationen zu tragen.

Dies vermögen nur Menschen, die hingebungsvoll, aufrichtig, idealistisch und aufgeschlossen sind. Selbst denjenigen aber, die heute nichts anderes tun als zu zerstören, zu untergraben und ins Wanken zu bringen, möchte Gülen helfen, zu den Grundlagen ihrer Menschlichkeit zurückzufinden. Die Menschen, die er ins Zentrum von Dialog und Toleranz stellt, sollen mit gutem Beispiel in Denken und Handeln vorangehen. Sie sollen sich nicht von ihren Instinkten, von Reaktionen anderer oder von inneren und äußeren Umständen leiten lassen. Sie sollen konstruktiv, und nicht destruktiv sein. Sie sollen freiwillig Entbehrungen auf sich nehmen.

Eine solche Qualifikation erwirbt man sich nicht allein durch Religiosität, und auch nicht dadurch, dass man sich in einen stillen Winkel zurückzieht und sich dem Fluss der gesellschaftlichen Ereignisse überlässt. Gülens Modell ist fundiert und setzt weder der spirituellen Transzendenz Grenzen noch der materiellen Hingabe oder der Selbstaufopferung. Für die Gesellschaft und die Menschheit und um der Liebe Gottes willen kann seiner Meinung nach nie genug getan werden.

Obwohl Gülen eine sehr umfassende Vision entwirft, gibt es natürlich Kreise und Gruppierungen, die sich nicht in ihr wiederfinden und die ihre Gedanken nicht von ihm repräsentiert sehen. Unterschiedliche ideologische Interessen und Perspektiven führen zu unterschiedlichen Bewertungen. Wenn man Gülens Vision jedoch aus der Warte universeller menschlicher Werte und Interessen heraus betrachtet, dann besitzt sie durchaus die Kraft, alle menschlichen und sozialen Prozesse zu umspannen. Denn Gülen klammert alle ideologischen Erwägungen aus und bietet der Menschheit ein Modell an, das über den Ideologien steht. In seinem Modell ist der Mensch jemand, der von Gott erschaffen und als Erbe dieser Welt eingesetzt wurde; jemand, der rein, aufopferungsvoll und in der Lage ist, alle individuellen Bedürfnisse um der Liebe zu Gott, zu den Menschen und zur Schöpfung willen hintanzustellen. Auf dem Fundament solcher Menschen kann man bedenkenlos alle Arten von Beziehungen, Gesellschaften und Lehrapparaten aufbauen. Solche Menschen sind ideale Führungspersönlichkeiten und ideale Träger unzähliger unterschiedlicher sozialer Modelle. Ihr herausragendes spirituelles, theoretisches und soziales Merkmal ist, dass sie sich selbst unter widrigsten Bedingungen positiv verhalten.

Die Menschen, deren Herz dem Ruf und den Gedanken Gülens folgt, verhalten sich genau so. Sie werden fast überall auf der Welt, von Menschen mit den unterschiedlichsten ideologischen, politischen, religiösen und soziokulturellen Hintergründen mit offenen Armen empfangen. Sie berufen sich auf gemeinsame menschliche, ethische und soziale Werte, mit denen sich jeder gern identifiziert.

Dieses Buch enthält mit Sicherheit nicht alle Gedanken und Ansätze Gülens. Es konzentriert sich auf jene Kräfte, die die theoretische und kulturelle Basis des von ihm entwickelten Modells bilden - eines Modells, dessen Hauptaugenmerk auf Dialog, Toleranz und Harmonie zwischen unterschiedlichen Gruppen aus unterschiedlichen Religionen, Kulturen und Zivilisationen liegt. Im Mittelpunkt von Gülens Modell stehen Menschen, deren Denken und Handeln sich ganz auf ihre Liebe zu Gott und auf die Schöpfung richtet.

Die in diesem Buch gesammelten Aufsätze stellen einen Querschnitt aus Gülens Schriften und Reden dar und zeichnen ein detailliertes Bild seines Denkens. Wir hoffen, mit diesem Buch einen unmissverständlichen, aufrichtigen und bedeutsamen Beitrag zu jener Woge aus Dialog und Toleranz zu leisten, die die Menschheit und die Welt in eine bessere Zukunft tragen soll.

M. Enes Ergene
Herausgeber

Über den Autor

Werdegang

Muhammed Fethullah Gülen ist ein islamischer Gelehrter und Denker, ein produktiver Autor und Dichter. Er wurde 1941 in Erzurum, Türkei, geboren und von unterschiedlichen namhaften muslimischen Gelehrten und spirituellen Meistern unterrichtet. Gülen studierte auch die Prinzipien und Theorien der modernen Sozial- und Naturwissenschaften. Dank seiner außergewöhnlichen Begabung und seines intensiven Selbststudiums ragte er schon bald unter den Jugendlichen seines Alters hervor. Schon in jungen Teenagerjahren begann er seine Lehrtätigkeit, was ihm auf Grund seiner ausgeprägten intellektuellen Auffassungsgabe nicht schwer fiel.

1959 erhielt er nach einem Abschluss mit Auszeichnung die Lizenz, als staatlicher Prediger zu arbeiten. Kurze Zeit später trat er seinen Dienst an - in Izmir, der drittgrößten Stadt der Türkei. Dort begann er auch, seine Lebensziele zu definieren und den Kreis seiner Zuhörer zu erweitern. In seinen Reden und Vorträgen legte er großen Wert darauf, soziale Themen anzusprechen. Er ermunterte junge Leute, intellektuelle Aufklärung mit weiser Spiritualität und fürsorglichem, menschlichem Handeln zu verbinden.

Gülen beschränkte sich nicht darauf, in der Stadt zu lehren. Er reiste in die Provinzen und hielt Vorträge in Moscheen, Gemeindezentren und Kaffeehäusern. So erreichte er alle Schichten der Bevölkerung und kam auch mit Studenten und Lehrern in Kontakt. Die Themen seiner Vorträge variierten: Er sprach z.B. über Religion, Bildung, Wissenschaft, Darwinismus, Ökonomie und soziale Gerechtigkeit. Obwohl sich seine Vorträge auf ein so breites Spektrum an Themen erstreckten, besaßen sie eine außergewöhnliche Tiefe und Qualität. Dies beeindruckte die akademischen Kreise und trug ihm deren Respekt und Aufmerksamkeit ein.

Gülens Ideale

In seinen Vorträgen und Schriften sporrnt Gülen sein Publikum an, ein Gleichgewicht zwischen materiellen und spirituellen Werten herzustellen und auf diese Weise nach der Wahrheit zu suchen. Nur so können sich die Menschen seiner Meinung nach Gelassenheit bewahren und wahre Glückseligkeit erlangen. Gülen war und ist stets darum bemüht, die positiven Wissenschaften mit der Religion zu versöhnen, die Differenzen zwischen diesen beiden Polen zu beseitigen und die Philosophien des Ostens und des Westens einander näher zu bringen.

Gülen glaubt, dass das 21. Jahrhundert Zeuge der Geburt einer spirituellen Dynamik werden wird, die lange brachliegenden moralischen Werten neues Leben einhaucht. Gülen kündigt ein Zeitalter der Toleranz, des Verständnisses und der internationalen Zusammenarbeit an, das letztlich eine einzige gemeinsame Zivilisation hervorbringen wird, die auf interkulturellem Dialog und dem Teilen von Wissen gründet. Um selbst zum Erreichen dieses hehren Zieles beizutragen, gründete er wohltätige Organisationen in und außerhalb der Türkei. Außerdem inspirierte er seine Mitstreiter, sich die Massenmedien und vor allem das Fernsehen zu Nutze zu machen, um die Allgemeinheit über alle Angelegenheiten von persönlichem oder gemeinschaftlichem Interesse zu informieren.

Gülen widmet sich ganz der Lösung der gesellschaftlichen Probleme und glaubt, dass die Straße zur Gerechtigkeit für alle mit einer angemessenen universellen Bildung gepflastert ist. Die Vermittlung von Wissen ist für Gülen die oberste gesellschaftliche Aufgabe und Pflicht, da sie allein die Voraussetzungen für den Aufbau einer toleranten Gesellschaft schaffe. Zur Verwirklichung dieses Zieles ermunterte Gülen jahrelang die Elite der türkischen Gesellschaft, die Leitfiguren der muslimischen Gemeinden, die Industriellen, aber auch die kleinen Geschäftsleute, bedürftigen Menschen eine qualitativ hochwertige Ausbildung zu ermöglichen. Die Spenden, die er sammeln konnte, flossen in Stiftungen, die fortan die Gründung von Schulen in der Türkei und anderen Ländern förderten. Diese Bemühungen tragen heute Früchte, denn die Absolventen der von Gülen inspirierten Schulen (insbesondere der zentralasiatischen Schulen) erreichen immer wieder sehr gute Platzierungen in den Einstufungstests der Universitäten und sind ständige Anwärter auf die vorderen Plätze bei internationalen Wissensolympiaden. Dort haben sie bereits zahlreiche Goldmedaillen in Fächern wie Mathematik, Physik, Chemie oder Biologie gewonnen.

Gülens Rolle als treibende Kraft, die weltweit zur Gründung von Schulen aufruft, zielt darauf ab, den Berufstätigen von morgen zu einer ausgewogenen und vielseitigen Ausbildung zu verhelfen, indem sie den Studenten von heute dringend benötigtes Wissen und Sachkenntnisse ebenso zur Verfügung stellt wie vernünftige moralische und ethische Werte. Diese Synthese soll die Studenten befähigen, aktiv an der Gestaltung einer positiven Zukunft der Menschheit mitzuwirken.

Gülen glaubt, das die Menschen neue Ideen nur dann akzeptieren, wenn diese durch überzeugende Argumente untermauert werden. All jene, die zu diesem Zweck Gewalt anwenden, bezeichnet er als intellektuell bankrott. Seiner Ansicht nach werden die Menschen, wenn es darum geht, die eigenen Angelegenheiten zu regeln und den eigenen spirituellen und religiösen Werten Ausdruck zu verleihen, immer nach Entscheidungsfreiheit verlangen. Die Demokratie bedürfe zwar weiterer Verbesserungen, sei aber das einzig lebensfähige politische System. Deshalb sollten die Menschen danach streben, politische Institutionen zu modernisieren und zu stärken. Nur dann könne man eine Gesellschaft aufbauen, in der die individuellen Rechte und Freiheiten respektiert und unterstützt werden, und in der die Chancengleichheit für alle mehr ist als nur ein Traum.

1981 beendete Gülen seine formale Lehrtätigkeit, nachdem er zuvor eine ganze Generation junger Studenten inspiriert hatte. Sein Engagement seit den 60er Jahren vor allem für eine Reform des Bildungswesens hat ihn zu einem der prominentesten und respektiertesten Menschen in der Türkei gemacht. Zwischen 1988 und 1991 hielt er im Range eines Predigers im Ruhestand noch eine Reihe von Predigten in einigen der berühmtesten Moscheen der Türkei. Da Gülen derzeit unter schweren gesundheitlichen Problemen leidet, werden seine Ideen heute vor allem über Bücher, Audio- und Videokassetten sowie weitere Medien präsentiert.

Interreligiöse und interkulturelle Aktivitäten

Seit den 90er Jahren konzentriert Gülen seine Bemühungen darauf, einen Dialog zwischen einzelnen Gruppen herzustellen, die unterschiedliche Ideologien, Kulturen, Religionen und Völker repräsentieren. Er nahm an zahlreichen Tagungen und Konferenzen teil, in denen es darum ging, die Menschheit auf ein Jahrhundert der Toleranz und des Verständnisses vorzubereiten - auf ein Jahrhundert, in dem die Kulturen miteinander kooperieren und die Bindungen unter den Menschen immer stärker werden. Gülen meint, dass die Menschen unabhängig von allen nationalen und politischen Grenzen viel mehr Gemeinsamkeiten haben, als sie denken.

Demzufolge hält er es für lohnend und gleichzeitig auch für notwendig, einen aufrichtigen Dialog zu etablieren, in dessen Rahmen die Menschen einander besser kennen lernen. Er selbst ging mit gutem Beispiel voran und gründete die ‚Stiftung der Journalisten und Schriftsteller', deren Aktivitäten zur Förderung von Dialog und Toleranz in der Gesellschaft bei fast allen gesellschaftlichen Schichten großen Anklang fand.

Aus derselben Motivation heraus empfängt Fethullah Gülen einflussreiche Persönlichkeiten aus aller Welt und stattet ihnen Gegenbesuche ab: Papst Johannes Paul II., John O'Connor, den Erzbischof von New York, Dale F. Eickelman, einen amerikanischen Professor für Anthropologie, Professor Sidney Griffith von der Katholischen Kirche in den USA, Leon Levy, den früheren Präsidenten der Antidefamationsliga, und viele weitere führende Repräsentanten anderer Religionen, um nur einige Beispiele zu nennen. In der Türkei gehören der Botschafter des Vatikans, der griechisch-orthodoxe Patriarch, der Patriarch der armenischen Gemeinde, der Oberste Rabbiner der jüdischen Gemeinde, viele Journalisten, Kolumnisten, Fernseh- und Kinostars und Denker verschie-

Über den Autor

dener intellektueller Richtungen zu den Menschen, mit denen sich Gülen regelmäßig traf.

Aktuelle Aktivitäten

Seit nunmehr sieben Jahren hält sich Gülen aus gesundheitlichen Gründen in den USA auf. Dort lebt er sehr zurückgezogen und gibt nur noch dann Interviews, wenn die Umstände es erfordern. Trotz seiner Prominenz hat Gülen es immer vermieden, sich in die offizielle Politik einzumischen. Die Zahl seiner Bewunderer weltweit dürfte in die Millionen gehen. Seine 1995 in türkischer Sprache erschienene Autobiografie *Fethullah Gülen Hocaefendi: Küçük Dünyam* (Fethullah Gülen: Meine kleine Welt) erscheint mittlerweile in 50. Auflage.

Nach wie vor schreibt Gülen für mehrere türkische Zeitschriften wie *Yeni Ümit*, *Sizinti* und *Yagmur* sowie für die deutsche 3-Monatszeitschrift *Die Fontäne*. Gülen ist Verfasser von insgesamt über 40 Büchern (von denen die meisten in der Türkei Bestseller waren) und Hunderten von Artikeln. Viele seiner unzähligen Vorträge zu gesellschaftlichen und religiösen Themen wurden auf Audio- und Videokassetten aufgenommen.

Inzwischen wurden seine Bücher in viele Sprachen übersetzt, einige von ihnen natürlich auch ins Deutsche:

- Sufismus
- Fragen an den Islam
- Perlen der Weisheit
- Hin zum verlorenen Paradies
- Muhammad, der Gesandte Gottes
- Die Grundlagen des islamischen Glaubens

Zu Gülens Bewunderern zählen Journalisten, Akademiker, TV-Stars, Politiker und inländische wie ausländische Staatsmänner. Sie sehen in ihm einen wahren Erneuerer und einen einzigartigen Gesellschaftsreformer, der selbst vorlebt, was er lehrt. Sie betrachten ihn als Friedensaktivisten, Intellektuellen, religiösen Gelehrten, Lehrer und Dozenten, Autor und Dichter, als einen großen Denker und spirituellen Meister.

Fethullah Gülen hat sich das Ansehen dieser Menschen verdient, weil er sich mit großer Hingabe der Lösung gesellschaftlicher und spiritueller Probleme widmet, weil er Herz, Seele und Verstand des Menschen anspricht und ihn ganzheitlich erneuern und stärken möchte, damit jeder Einzelne von uns seinen Teil dazu beitragen kann, der Gesellschaft und damit dem Wohl seiner Mitmenschen zu dienen.

Kapitel 1

Liebe und Barmherzigkeit

Die Liebe

Die Liebe ist die treibende Kraft eines jeden Lebewesens. Sie ist ein hell strahlendes Licht, eine bedeutende Macht, die jeder Außeneinwirkung standhalten und sie überwinden kann. Die Liebe wertet jede Seele, die sich ihr öffnet, auf und bereitet sie auf die Reise in die Ewigkeit vor. Ein Mensch, dem es gelungen ist, mit Hilfe der Liebe Kontakt zur Ewigkeit aufzunehmen, wird sich bemühen, auch allen anderen Menschen das weiter zu vermitteln, was er von der Ewigkeit empfangen hat. Dieser heiligen Aufgabe, um derentwillen er alle Arten von Entbehrungen bis in die letzte Konsequenz auf sich nimmt, widmet er sein Leben. Mit seinem letzten Atemzug spricht er das Wort „Liebe!", und „Liebe!" haucht er auch, wenn er am Tag des Jüngsten Gerichts wiedererweckt wird.

Ein liebloser Mensch kann sich nicht zum Horizont menschlicher Vollkommenheit emporschwingen. Selbst wenn er Hunderte von Jahren lebte, würde er auf dem Weg zur Vollkommenheit keine Fortschritte erzielen. Wer der Liebe beraubt ist, weil er sich in den Netzen der Selbstsucht verfangen hat, ist nicht in der Lage, irgendjemanden zu lieben, und stirbt, ohne sich jener Liebe bewusst geworden zu sein, die tief im Innern des Seins angesiedelt ist.

Kindern wird schon bei ihrer Geburt Liebe zuteil. Sie wachsen in einer behaglichen Atmosphäre auf, die von fürsorglichen und liebenden Menschen geschaffen wird. Selbst wenn sie sich in späteren Phasen ihres Lebens nicht mehr einer so großen Liebe erfreuen sollten, werden sie sich doch ständig nach ihr zurücksehnen und ihr ganzes Leben lang nach ihr streben.

Spuren der Liebe finden sich sogar auf der Sonne; hin zu diesen Spuren steigt Wasserdampf empor, und nachdem er hoch oben am Firmament in Tropfenform kondensiert ist, fallen diese Tropfen auf den Flügeln der Liebe freudig auf die Erde hinab. Dann brechen - ebenfalls in Liebe - Tausende Arten von Knospen auf und schenken ihrer Umwelt ein Lächeln. Tautropfen auf den Blättern glitzern aus Liebe und funkeln vor Vergnügen. Schafe und Lämmer blöken und springen liebestoll umher. Vögel und Küken zwitschern und jubilieren vor Liebe und finden sich zu Chören der Liebe zusammen.

Jedes Lebewesen beteiligt sich an diesem großartigen Orchester der Liebe zum Universum mit einer eigenen Sinfonie und ein jedes versucht, über seinen freien Willen oder seine natürliche Veranlagung einen Aspekt der tiefen Liebe in der Schöpfung zu repräsentieren.

Die Liebe steckt so tief in der Seele des Menschen, dass viele um ihretwillen ihr Zuhause verlassen, dass um ihretwillen schon viele Familien zerbrochen sind und dass an jeder Ecke ein Madschnun vor Liebe stöhnt und sich nach einer Layla sehnt. Menschen, die nicht dazu in der Lage sind, die in ihrem Wesen verborgene Liebe ans Licht zu bringen, betrachten solche Ausprägungen der Manifestationen der Liebe hingegen als Irrsinn.

Die Uneigennützigkeit ist ein hehres menschliches Gefühl, das ebenfalls von der Liebe hervorgebracht wird. Wer einen außergewöhnlich großen Anteil an der Liebe besitzt, ist gleichzeitig eine sehr bedeutende Persönlichkeit; denn ihm ist es gelungen, alle Gefühle des Hasses oder der Verbitterung, die ihn einmal beherrschten, zu tilgen. ‚Helden der Liebe' leben auch nach ihrem Tod weiter. Diese erhabenen Menschen, die in ihrer inneren Welt tagtäglich eine neue Fackel der Liebe entzünden und ihr Herz zu einer Quelle der Liebe und der Uneigennützigkeit werden lassen, werden von den Menschen willkommen geheißen und geliebt. Ihnen wurde das Recht, ewig zu leben, zugesprochen - von einem erhabenen Gerichtshof, der dafür sorgen wird, dass weder der Tod noch das Jüngste Gericht ihre Spuren verwischen werden.

Eine Mutter, die für ihr Kind zu sterben bereit ist, ist eine ‚Heldin der Liebe'; ein Mensch, der sein Leben für sein Volk und sein Land hingibt, ist ein aufopferungsvolles Mitglied seiner Gemeinschaft, und ein Mensch, der für die Menschlichkeit lebt und sich für sie einsetzt, ist ein Monument der Unsterblichkeit und verdient es, in den Herzen seiner Mitmenschen einen Thron zu besteigen. Für Menschen dieser Güte ist die Liebe ein Instrument, mit dem sie jedes Hindernis überwinden,

Liebe und Barmherzigkeit

und ein Schlüssel, mit dem sie jede Tür öffnen können. Jene, die dieses Instrument, diesen Schlüssel besitzen, werden früher oder später die Tore zu allen Teilen der Welt aufstoßen und den Weihrauchfässchen in ihren Händen wird der Wohlgeruch des Friedens entströmen.

Der Weg der Liebe ist der direkteste Weg in die Herzen der Menschen. Dieser Weg ist der Weg der Propheten. Wer ihm folgt, dem stehen in der Regel alle Türen offen. Sollte er doch einmal von einigen wenigen Leuten zurückgewiesen werden, so wird er doch von Tausenden anderen willkommen geheißen. Und sobald er erst einmal mit offenen Armen in Liebe aufgenommen wurde, kann ihn nichts mehr davon abhalten, sein Ziel auch zu erreichen.

Wie glücklich und erfolgreich doch diejenigen sind, die sich der Führung der Liebe überantworten! Und wie unglücklich doch andererseits jene sind, die die Liebe, die tief in ihren Seelen wohnt, nicht spüren und ein Leben als ‚Taubstumme' führen.

Erhabener Gott! In unserer heutigen Zeit, in der Hass und Verbitterung die Welt in Dunkelheit zu hüllen drohen, suchen wir Zuflucht bei Deiner unendlich großen Liebe und klopfen mit der Bitte an Deine Tür, dass Du die Herzen Deiner boshaften und mitleidlosen Diener mit Liebe und menschlichen Gefühlen füllen mögest!

Die Liebe zum Menschen

Die Liebe ist ein Elixier. Durch die Liebe lebt der Mensch. Sie macht ihn glücklich, und mit ihrer Hilfe macht er auch seine Mitmenschen glücklich. Im Wortschatz der Menschheit steht die Liebe für Leben. Erst die Liebe ermöglicht uns, einander zu fühlen und wahrzunehmen. Gott, der Allmächtige, hat keine zweite Verbindung erschaffen, die so stark ist wie die Liebe. Sie ist eine Kette, die die Menschen aneinander schmiedet. Die Erde wäre ohne die Liebe, die sie lebendig und frisch hält, nicht mehr als ein verdorrter Acker. Die Liebe ist ein Sultan, der auf dem Thron unseres Herzens regiert; und niemand kann ihr diesen Platz streitig machen. Die Zunge und die Lippen, die Augen und die Ohren - sie alle haben nur so lange einen Wert, wie sie das Banner der Liebe tragen. Die Liebe stellt in sich selbst und aus sich selbst heraus einen eigenen Wert dar. Das Herz - der Pavillon und gleichzeitig die Sänfte der Liebe - ist mit keinem Geld der Welt aufzuwiegen.

Wir alle wurden in einer Atmosphäre großgezogen, in der uns die Triumphe der Liebe vor Augen standen und in der die Klänge der Trommeln der Liebe im Herzen widerhallten. Unser Herz schlägt aufgewühlt, wenn wir die Flaggen der Liebe wehen sehen. Wir haben uns so sehr auf die Liebe eingelassen, dass unser Leben nun ganz von ihr beherrscht wird und wir ihr unsere Seele überantworten. Wenn wir leben, leben wir mit der Liebe, und wenn wir sterben, sterben wir mit ihr. Mit jedem Atemzug fühlen wir die Liebe im ganzen Körper. Sie wärmt uns, wenn es draußen kalt ist, und bei Hitze ist sie uns eine Oase.

In dieser unreinen Welt, in der das Schlechte überall lauert, ist nur eines unberührt und rein geblieben - die Liebe. Unter all den vergänglichen Schmuckstücken dieses Lebens gibt es nur eine Schönheit, die sich ihre Pracht und ihren Charme bewahrt hat - die Liebe. In keinem Volk und in keiner Gesellschaft dieser Welt gibt es etwas Realeres oder Dauerhafteres als die Liebe. Dort, wo der Klang der Liebe - sanfter und wärmer als ein Wiegenlied - erklingt, verstummen alle anderen Stimmen und Instrumente und vereinigen sich mit ihren schönsten und eingängigsten Melodien in der Versunkenheit der Stille.

Die Schöpfung entspringt der Entzündung des Dochtes der Liebe, des Dochtes des ‚Erkannt- und Gesehen-Werdens'. Würde der Herr die Schöpfung nicht lieben, gäbe es keinen Mond, keine Sonne und auch keine Sterne. Die Himmel sind Gedichte der Liebe, die Erde ist ihr Rhythmus. In der Natur regiert der starke Sog der Liebe, und in den Beziehungen zwischen den Menschen sieht man, wie die Flagge der Liebe hoch gehalten wird. Wenn es in der Gesellschaft eine Währung gibt, deren Wert stabil ist, dann ist dies die Liebe; und der Wert der Liebe liegt in der Liebe selbst verborgen. Die Liebe wiegt schwerer als reinstes Gold. Gold und auch Silber schwanken je nach Zeit und Ort im Wert. Aber die Tore der Liebe sind jedem Pessimismus verschlossen. Nichts kann ihre innere Stabilität und Harmonie erschüttern.

Nur wer von Hass, Zorn und Feindseligkeit zerfressen ist, versucht der Liebe zu widerstehen und sie zu bekämpfen. Ironischerweise ist die Liebe aber gleichzeitig das einzige Heilmittel, das einen so gefühllosen Menschen zu heilen vermag. Neben den Schatzkammern des Weltlichen gibt es noch andere Kammern, die einzig die geheimnisvollen Schlüssel der Liebe zu öffnen in der Lage sind. Kein anderer Wert auf dieser Welt übertrifft die Liebe oder kann sich auch nur mit ihr messen. Im Marathonlauf siegen die Gefolgsleute der Liebe und Herzlichkeit über die Kartelle von Gold, Silber, Metall und anderen wertvollen Rohstoffen. Mögen die Besitzer materieller Reichtümer auch heute einen aufwendigen, pompösen Lebensstil pflegen, so wird doch der Tag kommen, an dem ihre Schatzkammern leer und ihre Feuer herunter gebrannt sein werden. Die Kerze der Liebe hingegen brennt unentwegt. Sie spendet Licht und verströmt es in unsere Herzen und Seelen.

Glückliche Menschen, die vor dem Altar der Herzlichkeit niederknien und ihr Leben der Verbreitung der Liebe widmen, verbannen Worte wie Hass, Wut, Intrige oder Groll aus ihrem Wortschatz. Sie halten sich von allen Feindseligkeiten fern, auch wenn sie damit ihr Leben aufs Spiel setzen. Bescheiden senken sie voller Liebe den Kopf und erbieten der Liebe ihren Gruß. Wenn sie ihn dann wieder heben, suchen die Gefühle der Feindseligkeit geschwind nach einem Hafen, in dem sie

Zuflucht finden können; und die Gefühle des Hasses werden eifersüchtig, denn sie werden von der Brise der Liebe zurückgeworfen.

Die Liebe ist der einzige Zauber, der den Tricks des Satans gewachsen ist. Die Gesandten und Propheten löschten die von den Pharaonen, den Nimrods und anderen Tyrannen entfachten Feuer des Hasses und der Eifersucht mit nichts als Liebe. Rechtschaffene Menschen bemühten sich stets, die undisziplinierten und aufsässigen Menschen, die sich wie lose Blätter in alle Himmelsrichtungen verteilt hatten, zu sammeln; sie bedienten sich der Liebe, um ihren Mitmenschen Menschlichkeit zu zeigen. Die Kraft der Liebe war stark genug, den Zauber von Harut und Marut[1] zu brechen, und kraftstrotzend genug, um die Feuer der Hölle zu löschen. Ein Mensch, dessen Waffe die Liebe ist, benötigt keine andere Waffe. Die Liebe ist stark genug, auch eine Gewehr- oder sogar eine Kanonenkugel zu stoppen.

Unser Interesse an unserer Umwelt und unsere Liebe zur Menschheit - d.h.: unsere Fähigkeit, die Schöpfung anzunehmen - verlangen von uns, dass wir unser eigenes Wesen ermessen und kennen, dass wir in der Lage sind, uns selbst zu entdecken und eine Verbindung zu unserem Schöpfer aufzubauen. Je weiter wir in die inneren Tiefen und die verborgenen Potenziale unserer Essenz vordringen, desto deutlicher werden wir erkennen, dass andere Menschen die gleichen Potenziale wie wir besitzen. Weil jene inneren Werte direkt mit dem Schöpfer verknüpft sind und weil diese Reise den Respekt vor den inneren Reichtümern der Menschen weckt, werden wir darüber hinaus beginnen, alle Lebewesen aus ihrer eigenen Perspektive heraus und auf die ihnen eigene Art und Weise zu betrachten. Der Grad unserer Einsicht und unserer Wertschätzung hängt davon ab, wie gut wir die Qualitäten und Reichtümer anderer Menschen würdigen können. Dieses Konzept lässt sich schön mit einem Gedanken resümieren, der auf einem Ausspruch des Propheten Muhammad basiert: *Jeder gläubige Mensch ist der Spiegel eines anderen gläubigen Menschen.* Wir dürfen diesen Ausspruch aber noch erweitern: „Jeder Mensch ist der Spiegel eines anderen Menschen." Wenn wir diese Wahrheit begreifen und die verborgenen Reichtümer in unseren

---

[1] Zwei Engel, deren Geschichte im Koranvers 2:102 erzählt wird. Sie führten die Menschen in die Zauberei ein und warnten sie gleichzeitig vor deren Missbrauch.

Mitmenschen entdecken, werden wir auch verstehen, in welchem Verhältnis diese Reichtümer zu ihrem Wahren Schöpfer stehen. Dann wird uns klar werden, dass alles Schöne, alle Herzlichkeit und alle Liebe im Universum Ihm gehören. Menschen wie Dschalal ad-Din ar-Rumi, die diese Tiefe spüren, erzählen uns von der Sprache der Liebe: „Kommt, kommt, und schließt euch uns an, denn wir sind die Menschen, die ihre Liebe Gott widmen! Kommt, tretet ein durch das Tor der Liebe, schließt euch uns an, und setzt euch zu uns! Kommt, lasst uns in der Sprache unseres Herzens miteinander sprechen! Lasst uns geheime Botschaften austauschen - ohne Beteiligung von Augen und Ohren! Lasst uns ohne Lippen und Klänge zusammen lachen, lasst uns lachen wie die Rosen! Lasst uns einander sehen ohne Worte oder Geräusche, so wie wir sonst nur denken! Wir alle sind gleich, also lasst uns einander mit dem Herzen rufen! Lippen oder Zunge brauchen wir nicht. Lasst uns so miteinander reden, während wir uns die Hände reichen!"

In der Kultur von heute ist es gar nicht so einfach, irgendwo eine so tiefe Einsicht in diese menschlichen Gefühle und Werte zu entdecken. Im griechischen oder lateinischen Gedankengut und auch in der westlichen Philosophie begegnet sie uns nicht. Das islamische Denken betrachtet jeden von uns als eine individuelle Manifestation eines einzigartigen kostbaren Metalls, als einen individuellen Aspekt einer umfassenden Realität. Menschen, die sich um gemeinsame Bezugspunkte wie die Einheit Gottes, den Propheten und die Religion versammeln, ähneln den unterschiedlichen Gliedmaßen eines Körpers. Die Hand konkurriert nicht mit dem Fuß, die Zunge kritisiert nicht die Lippen, das Auge sieht über die Fehler des Ohres hinweg, und das Herz harmoniert mit dem Verstand.

Da wir alle Gliedmaßen eines einzigen Körpers sind, sollten wir ablassen von der Dualität, die unsere Einheit verletzt. Machen wir also den Weg zur Vereinigung der Menschen frei; denn auf diesem großartigen Weg schenkt Gott den Menschen Erfolg in dieser Welt, und auf ihm verwandelt Er diese Welt in ein Paradies. Über diesem Weg öffnen sich die Pforten des Himmels und übermitteln uns einen warmen Willkommensgruß. Verzichten wir doch auf alle Ideen und Gefühle, die uns auseinander reißen! Gehen wir stattdessen aufeinander zu und umarmen einander!

Der Humanismus und die Liebe zu den Menschen

Die Liebe ist nicht nur eines der meist diskutierten Themen von heute, sondern auch eines der wichtigsten. Die Liebe ist die Rose unseres Glaubens, sie ist ein Raum in unserem Herzen, der nie vereinsamt. Gott hat das Universum wie ein Spitzenmuster auf dem Webstuhl der Liebe gewoben. Die Liebe ist die zauberhafteste und liebreizendste Musik im Herzen des Seins. Sie ist das stärkste Bindeglied zwischen den Menschen in Familie, Gesellschaft und Nation. Die universelle Liebe manifestiert sich überall im Kosmos, indem sie jedem einzelnen Teilchen Hilfe leistet und Unterstützung bietet.

Dies ist insofern wahr, als die Liebe der dominanteste Faktor im Geist des Seins ist. Als Mitglieder des universellen Chors tragen nahezu alle Geschöpfe das magische Lied mit der Melodie der Liebe, das ihnen von Gott zugetragen wurde, in einem jeweils ganz persönlichen Stil vor. Der Transfer der Liebe von der Schöpfung auf den Menschen und von einer Kreatur zur anderen findet unbewusst statt; denn der Wille und das Wollen Gottes lenken all jene Geschöpfe, die über keinen Willen verfügen. Die Menschen jedoch nehmen ganz bewusst an der Symphonie der Liebe im Universum teil. In ihrem wahren Wesen entwickeln sie die Liebe und suchen nach Wegen, sie auf menschliche Art und Weise zu repräsentieren. Ohne die Liebe im Geiste zu missbrauchen und um des wahren Wesens der Liebe willen sollte jeder Mensch seinen Mitmenschen ernst gemeinte Hilfe und Unterstützung anbieten. Jeder Mensch sollte das allgemeine Gleichgewicht, das in der Schöpfung verankert wurde, schützen und sowohl die Naturgesetze als auch jene Gesetze, die das Leben des Menschen regeln, beachten.

Der Humanismus ist eine Doktrin zu Liebe und Menschheit, die heutzutage allzu leichtfertig vorgebracht wird und sich durch Interpretationen unterschiedlichster Art manipulieren lässt. Bestimmte Kreise verbreiten eine abstrakte und unausgewogene Interpretation des Humanismus, indem sie den Menschen etwas Falsches über den Dschihad im Islam erzählen und Misstrauen schüren. Ich denke, es ist schwierig, den Humanismusbegriff mit der Verteidigung des Prinzips ‚Mitleid und Erbarmen für jene, die Anarchie und Terror schüren, um die Einheit eines Landes zu zerstören' in Einklang zu bringen; oder mit dem abnormen Verhalten von Menschen, die im Rahmen von jahrhundertelangen Bestrebungen, dem Wohlergehen eines Landes zu schaden, Unschuldige ermorden; und erst recht mit dem Vorgehen gewisser Gruppen, die behaupten, all dies im Namen religiöser Werte zu tun; oder mit den Behauptungen all derer, die den Islam fahrlässig beschuldigen, solche Attacken gutzuheißen.

Jeder gläubige Mensch sollte dem Gesandten Gottes folgen und die Wahrheit verkünden. Jeder sollte seinen Mitmenschen die Prinzipien der Glückseligkeit in beiden Welten nahe bringen. Die Gefährten des Propheten, deren Gemeinschaft ein lebendiges Beispiel für jene Wahrheit war, die der Prophet verkörperte, zeichneten sich in jeder Beziehung durch Bescheidenheit und Ausgewogenheit aus.

Einige bemerkenswerte Persönlichkeiten aus der gesegneten Generation, die auf die Gefährten folgte, begaben sich tatsächlich einmal zum Kalifen, um ihn zu fragen, welche Strafe sie erwarte, wenn sie aus Versehen auf eine Heuschrecke treten. Wenn wir uns die Außenmauern der strahlenden alten Moscheen und Minarette näher anschauen, werden wir feststellen, dass sie mit winzigen Nischen versehen sind. Diese Nischen sollten den Vögeln ermöglichen, Nester zu bauen. Sie künden von der tiefen Liebe unserer Vorfahren zur Schöpfung. Unsere Geschichte ist reich an solchen und ähnlichen durch und durch menschlichen Maßnahmen zum Schutz von Tier und Mensch.

Im Gefüge der universellen Prinzipien des Islams wird die Liebe nach sehr ausgewogenen Kriterien gewährt. Unterdrückern und Aggressoren bleibt sie verwehrt; denn zum einen machen Liebe und Barmherzigkeit diese Leute nur noch aggressiver, und zum anderen ermutigen sie sie, die Rechte ihrer Mitmenschen zu verletzen. Aus diesem Grunde sollte niemandem, der die universelle Liebe bedroht, Barmherzigkeit zuteil werden. Einem Unterdrücker mit Barmherzigkeit zu begegnen, zeugt von Unbarmherzigkeit gegenüber den Unterdrückten. Der Prophet sagte:

> *Hilf deinem Bruder, egal ob er ein Unterdrücker oder ein Opfer ist. Einem Unterdrücker kannst du dadurch helfen, dass du ihn von seiner Unterdrückung (anderer Menschen) abbringst.*[2]

---

[2] Bukhari, *Mazalim*, 4; Tirmidhi, *Fitan*, 68

Die Liebe zu Gott

In diesen trüben und düsteren Tagen, an denen unser Herz mit immer neuen Feindseligkeiten konfrontiert wird, an denen unser Geist müde ist, an denen Hass und Gegensätzlichkeit außer Kontrolle geraten, sind wir auf Liebe und Barmherzigkeit ebenso dringend angewiesen wie auf Wasser und Luft. Wir scheinen vergessen zu haben, was Liebe ist, und schlimmer noch als das: Das Wort Mitgefühl ist fast gänzlich aus unserem Wortschatz verschwunden. Wir haben kein Erbarmen mehr mit unseren Mitmenschen und lieben sie auch nicht. Mitgefühl mit anderen kennen wir kaum noch; unser Herz ist versteinert und unser Horizont von Antipathien verdunkelt. Aus diesem Grunde neigen wir dazu, alles und jeden mit Pessimismus zu betrachten. Überall auf der Welt gibt es Tyrannen, denen jede Toleranz verhasst ist. Auch die Zahl derer, die den Dialog hassen, ist alles andere als klein. Die meisten von uns sind nur damit beschäftigt, einander zu bekämpfen und die Namen ihrer Widersacher mit Lug und Trug in den Schmutz zu ziehen. Wir drücken uns mit Klauen und Krallen aus, und unsere Worte triefen von Blut.

Zwischen den Menschen herrscht - ebenso wie zwischen den Völkern - erschreckende Zwietracht. Unsere Sätze beginnen wir mit den polarisierenden Worten ‚Wir', ‚Ihr' oder ‚Andere'. Unser Hass ebbt niemals ab und verflüchtigt sich auch nicht. Wir schließen unsere schauderhaften Reihen und zeigen damit an, dass wir Gefühle in uns tragen, die zwangsläufig zu weiteren Spannungen führen müssen. Wir leben in Distanz zueinander, und die Streitigkeiten, die zwischen uns stehen, spiegeln sich in all unseren Handlungen wider. Wie die Perlen eines geplatzten Rosenkranzes liegen wir hier und dort verstreut. Wir fügen einander mehr Leid zu, als die Ungläubigen es tun.

Wir haben Gott verlassen, und deshalb hat Er uns verlassen. Weil wir nicht in dem Maße an Ihn glauben und Ihn lieben konnten, wie es erforderlich gewesen wäre, hat Er die Liebe aus unserem Herzen getilgt. Und nun, da wir dazu verdammt sind, uns nach Ihm zu sehnen, plappern wir tief in den Abgründen unseres Herzens egoistischen Unsinn daher. Ständig sprechen wir von ‚Ich' und ‚Du' und bezeichnen einander als Reaktionäre oder als ungläubige Fanatiker. Permanent beschäftigen wir uns mit der Frage, wie wir einander abservieren können.

Es scheint, als seien wir verflucht, als könnten wir weder Liebe spenden noch empfangen, obwohl es uns doch nach Barmherzigkeit, Mitgefühl und Freude dürstet. Wir haben Gott nicht geliebt, also hat Er uns die Liebe genommen. Doch es besteht eine letzte Hoffnung: Es mag zwar lange dauern, aber wenn wir uns Ihm nur wieder zuwenden und Ihm aufs Neue unsere Liebe schenken, wird Er auch dafür sorgen, dass wir einander wieder lieben. Noch allerdings trennen uns Welten von der Quelle der Liebe. Die Straßen, auf denen wir derzeit wandern, führen mit Sicherheit nicht zu Gott, sondern im Gegenteil geradewegs von Ihm weg. Unser Geist, der in der Vergangenheit Ströme der Liebe empfing, ist heute wie ausgetrocknet. Und auch unser Herz ist verdorrt wie eine Wüste. In unserem Innern stoßen wir auf Höhlen, die den Baus wilder Tiere ähneln. Die Liebe zu Gott ist das einzige Heilmittel für diesen fatalen Zustand.

Die Liebe zu Gott ist die Essenz aller Dinge, die reinste und ungetrübteste Quelle aller anderen Formen der Liebe. Von Ihm fließen unserem Herzen Mitgefühl und Liebe zu. Jede menschliche Beziehung spiegelt gleichzeitig auch unsere Beziehung zu Gott wider. Die Liebe zu Gott ist unser Glaube und unsere Religion; sie ist der Geist, der in unserem Körper wohnt. Gott hat uns zum Leben erweckt. Wenn wir heute leben, dann nur durch Ihn. Seine Liebe lässt alles existieren, und am Ende wird eine Ausdehnung der Liebe Gottes stehen - das Paradies. Alles, was Er erschaffen hat, ist abhängig von der Liebe. Er hat Seine Beziehung zu den Menschen auf dem Fundament der heiligen Freude, geliebt zu werden, errichtet.

Die Manifestation der Liebe findet in der Sphäre der Seele statt. In welche Richtung auch immer wir unsere Seele lenken - immer wieder will sie sich Gott zuwenden. Vorübergehend mögen wir in die Irre gehen und uns in der Vielfalt verlieren, statt die Einheit Gottes anzuerkennen. Dann sind unsere Leiden selbst verschuldet.[3] Wenn wir aber unsere Liebe zu den Dingen in Beziehung zu Gott setzen und so die wahre Bedeutung der Liebe zu verstehen vermögen, werden wir geneigt sein, uns von all jenen Dingen fern zu halten, die die Liebe zum Erlöschen bringen; und wir werden Gott auch keine Partner beigesellen. Mit unserer Liebe und unseren Beziehungen zu allem, was da existiert, werden wir Menschen sein, die auf dem rechten Weg wandern.

Götzenanbeter haben immer nur deshalb Götzen angebetet, weil es auch ihre Vorfahren so gehalten haben. Gott jedoch wird geliebt und verehrt, weil Er Gott *ist*. Seine Größe und Erhabenheit verlangen von uns, dass wir uns Ihm als Seine Diener hingeben. Wir müssen uns nach Kräften bemühen, Ihn anzubeten, unsere Liebe zu Ihm zu dokumentieren und Ihm für unsere Qualitäten zu danken. Außerdem sollten wir unsere Hingabe an Ihn und unsere Beziehung zu Ihm auch in Worten zum Ausdruck bringen.

Was die weltliche Liebe betrifft, so spielen bei ihr Aspekte wie Schönheit, Vollkommenheit, Form, harmonisches Äußeres, Würde, Reputation, Macht, Position, Status, Vermögen, Familie, Stammbaum usw. eine Rolle. Es kommt vor, dass Menschen den Fehler begehen, Gott Partner beizugesellen, weil sie sich zu stark zu irgendwelchen Dingen hingezogen fühlen. Dies erklärt auch, warum es Abgötterei überhaupt gibt. Solche Menschen laben sich an physischer Schönheit und ansprechendem Verhalten. Sie applaudieren der Vollkommenheit und verbeugen sich vor Pracht und Prunk. Sie opfern ihre Menschlichkeit und Freiheit Wohlstand und Macht, und in ihrer Gier nach Status und Rang schmeicheln sie sich bei ihren Vorgesetzten ein. Indem sie also ihre Liebe an viele schwache und kraftlose Geschöpfe und Dinge verschwenden, vergeuden sie nicht nur jene Gefühle, die doch eigentlich für den wahrhaft Reichen und Mächtigen Einen reserviert sein sollten, sondern erfah-

---

[3] An dieser Stelle spielt der Autor darauf an, dass wir es manchmal nicht schaffen, uns dem Willen des Einen Einzigen Gottes zu ergeben, sondern stattdessen eine Vielzahl von weltlichen Götzen wie exzessiven Reichtum, Machtmissbrauch, unrechtmäßige Vergnügungen usw. anbeten. Auch in der Anbetung mehrerer Gottheiten manifestiert sich die Missachtung der Einheit Gottes.

ren auf Grund ihrer unerwiderten Liebe oder auf Grund der Gleichgültigkeit und Treulosigkeit ihrer Geliebten Tod um Tod.

Gläubige Menschen dagegen lieben an erster Stelle Gott. Ihre Liebe zu Ihm ermöglicht ihnen, auch andere(s) zu lieben. Um die Gerechtigkeit Gottes zu manifestieren und Seinen Segen empfangen zu können, sind sie allen Menschen und Objekten verbunden. Sie lieben und schätzen diese Menschen und Objekte um Seinetwillen.

Eine Liebe, die Gott ausklammert, ist sinnlos, aussichtslos, schwankend und fruchtlos, egal auf welches Objekt sie auch gerichtet sein mag. Ein wahrhaft gläubiger Mensch muss Gott mehr als alles andere lieben. Seiner Liebe zu allen und allem anderen sollte die Erkenntnis zu Grunde liegen, dass diese Menschen und Objekte farbenfrohe Manifestationen und Reflexionen der Namen und Attribute Gottes sind. Wie selbstverständlich begegnet er ihnen deshalb voller Bewunderung und denkt sich immer wieder: „Dies alles hat Gott möglich gemacht." In solchen Augenblicken erfährt er die Vereinigung mit Gott. Eine solche Haltung ist jedoch nur wahrhaft tugendhaften und rechtschaffenen Menschen vergönnt, die die Verse Gottes in den Gesichtern ihrer Mitmenschen zu lesen vermögen. Für diejenigen, die zu lesen wissen, ist jedes Geschöpf ein glänzender Spiegel, eine brillante Lobrede. Besonders aussagekräftig sind in diesem Zusammenhang die Gesichter der Menschen, die das Geheimnis der Barmherzigkeit Gottes reflektieren.

> *„Der Gerechte hat euch zu einem Spiegel Seiner Selbst gemacht,*
> *zu einem Spiegel Seines einzigartigen Selbst."*
> Hakani[4]

Welch enorme Aussagekraft diese Verse doch besitzen. Sie erinnern uns nicht nur an unseren Rang, sondern heben noch ein anderes Faktum hervor: Wenn der Mensch ein geheimnisvoller Spiegel verborgener Schönheit ist - woran es ja gar keinen Zweifel geben kann -, dann müssen wir uns Gott mit den Augen unseres Herzens zuwenden und darauf warten, dass wir Zeugen Seiner Manifestationen werden oder dass uns ein Windstoß in die Quartiere der tieferen Liebe trägt. Um Gott

---

[4] Hakani Mehmed Bey (gest. 1606); ein Diwan-Dichter, dessen *Hilya* (literarisches Genre, das die physischen Eigenschaften des Propheten beschreibt) die erste ihrer Art war.

Liebe und Barmherzigkeit

zu erfreuen und Sein Wohlgefallen zu finden, sollten wir auf buchstäblich alle rechtmäßigen Mittel zurückgreifen, die uns auf unserem Weg zu einer vertrauten Beziehung zu Gott weiter voran bringen. Unser Herz sollte sich drehen wie ein Schlüssel im Schloss der Truhe eines verborgenen Schatzes.

Wenn Salomo für die Liebe steht und der Thron Salomos für das Herz, dann wird dieser Prophet früher oder später den Thron besteigen. Wenn die Liebe das Herz erst einmal gefunden hat, denken wir ständig an Gott, sprechen in unserer inneren Welt zu Ihm und schmecken Seine offenen oder versteckten Gunstbeweise im Wasser, das wir trinken, im Essen, das wir verspeisen, und in der Luft, die wir atmen. Dann fühlen wir die Wärme unserer Vertrautheit mit Gott bei allem, was wir tun.

Bei Menschen, denen dies gelingt, schwappen die Wogen der Nähe und Liebe harmonisch übereinander, und ihre Herzen beginnen zu brennen, als stünden sie in Flammen. Zeitweise werden sie vom Feuer der Liebe verzehrt, aber niemand von ihnen beschwert sich, und niemand von ihnen belästigt andere mit Wehklagen. Denn sie betrachten diese Liebe als ein Geschenk Gottes. Einem Ofen gleich schwelen sie ohne Rauch und ohne Flammen. Sie hüten ihre Freude und ihre Liebe zu Gott wie ihre Keuschheit und enthüllen unsensiblen Menschen keines ihrer Geheimnisse.

Dieser Weg steht jedem offen. Wer ihn einschlägt, muss aber aufrichtig und fest entschlossen sein. Wenn gläubige Menschen herausfinden, dass alle Schönheit, Vollkommenheit, Würde, Erhabenheit und Pracht Gott gehören, begegnen sie Ihm mit aller Bereitwilligkeit und Herzenswärme und lieben Ihn mit einer Liebe, die Seinem erhabenen Wesen würdig ist. Diese Form der Liebe und Leidenschaft ist ursprünglich auf Gott ausgerichtet, gleichzeitig aber auch die einzig wahre Quelle aller menschlichen Liebe und allen menschlichen Begehrens. In einem Herzen, das sich dieser Wahrheit verpflichtet fühlt und auf islamischen Prinzipien ruht, ist kein Platz für Deformationen oder Störungen.

Gläubige Menschen lieben Gott, weil Er Gott ist, und ihre Liebe zu Gott ist weder mit weltlicher noch mit metaphysischer Berechnung verbunden. Sie filtern und prüfen die sprudelnden Quellen der Liebe und die Wasserfälle ihres Verlangens nach Gott mit dem Heiligen Koran und den Prinzipien des Propheten Muhammad. Auf ihrem Weg, den sie mit menschlicher Fehlbarkeit verfolgen, nutzen sie diese auch als Wegweiser. Selbst wenn sie völlig vom Feuer der Liebe verzehrt werden, handeln sie gerecht und redlich. Ihre Liebe zu Gott ist durch keinerlei Vorbehalte getrübt. Nein, sie betrachten Ihn, Dessen Namen und Attribute sie kennen, als den Wahren Besitzer und Beschützer alles Existierenden und lieben Ihn bedingungslos. Ihre Liebe ist rein, heilig und ehrerbietig.

Gläubige Menschen lieben Gott mehr als alles andere und vor allem anderen als ihren Wahren Geliebten, als das Wahre Objekt ihrer Begehr und als ihren Wahren Angebeteten. Sie begehren Gott, und mit jeder ihrer Handlungen machen sie geltend, dass sie Diener Gottes sind. Um dieser Hingabe willen lieben sie den Propheten Muhammad, den Stolz der Menschheit. Denn er war der treue Helfer Gottes, der wahre Interpret des Wesens, der Namen und der Attribute Gottes, der letzte in der Reihe der Propheten und die Essenz der Prophetenschaft. Unmittelbar nach ihm lieben sie auch alle anderen Propheten und rechtschaffenen Menschen, jene wahren Statthalter, reinsten Spiegel und frommsten Diener des Allmächtigen Gottes, deren Aufgabe darin bestand, die Ziele Gottes zu repräsentieren und den Aufbau und die Gestaltung der Welt zu beaufsichtigen. Weiterhin lieben sie die Jugend, denn sie wird uns von Gott als ein Darlehen gewährt, damit wir diese begrenzte Welt besser verstehen und schätzen können. Dahinter rangiert ihre Liebe zu dieser Welt, die ihnen einerseits ein Feld ist, auf dem sie bereits für die Ernte in den Sphären der Zukunft säen, und in der sich andererseits die Schönen Namen Gottes manifestieren. Dann lieben sie die Eltern dieser Welt, diese Helden der Liebe und der Barmherzigkeit, die die Verantwortung dafür übernehmen, ihre Kinder großzuziehen. Schließlich lieben sie auch alle Kinder, die ihre Eltern unterstützen und ein sehr enges Verhältnis zu ihnen pflegen. Alle diese Formen der Liebe dürfen als Zeichen einer aufrichtigen Liebe zu Gott und als Liebe um Gottes willen interpretiert werden.

Ungläubige Menschen lieben andere Menschen, als würden sie Gott lieben, während gläubige Menschen sie um Gottes willen lieben. Hier liegt ein großer Unterschied. Eine auf Gott ausgerichtete Liebe, die im

Glauben und in Gebeten erfahren wird, ist allein gläubigen Menschen vorbehalten.

Die körperliche Liebe, die allein auf Gemütszuständen und dem Ego basiert, ist eine Manifestation von Sünde und Ungehorsam, die in der Natur des Menschen verborgen sind. Die Liebe zu Gott und die Worte derjenigen, die Gott lieben, hingegen sind ein gesegneter Trank, an dem sich die Engel erfreuen. Wenn diese Liebe so stark wird, dass die Liebenden um des Geliebten willen alles um sich herum - Materielles wie Spirituelles - vergessen und nichts für sich selbst mehr übrig lassen, dann ist im Herzen nur noch für den Geliebten Platz. Dann schlägt das Herz im Rhythmus der Liebe, während die Liebe in der Sprache der Tränen aus den Augen spricht. Dann tadelt das Herz das Auge dafür, sein Geheimnis preiszugeben und damit die Brust zu erleichtern. Es weint und blutet und tut doch alles, um seine Qualen nicht zu enthüllen. Es sagt:

„Du behauptest zu lieben; dann beschwere dich auch nicht über die Schwierigkeiten der Liebe. Lass niemand anderen an deinem Liebeskummer teilhaben!"

(Anonym)

Die Liebe ist ein Sultan, dessen Thron das Herz ist, und die Seufzer der Hoffnung und der Sehnsucht, die auf den Gebetsteppichen selbst in den entlegensten Ecken der Welt ausgestoßen werden, sind die Stimme dieses Sultans. Wenn unsere Liebe dem Allwissenden Einen gilt, sollten wir sie in unserem Herzen bewahren. Keinesfalls sollten wir ihr gestatten, aus ihrem Nest davonzufliegen.

Konventionelle Liebende spazieren in der Gegend herum und erzählen allen von ihrer banalen Liebe. Liebestoll machen sie ihre Liebe öffentlich. Wer Gott liebt, ist aufrichtig und schweigsam. Diese Liebenden betten ihren Kopf auf die Türschwelle Gottes und erklären sich Ihm allein. Von Zeit zu Zeit ermüden sie, aber sie geben ihre Geheimnisse nie preis. Mit Händen und Füßen, Zunge und Lippen stehen sie in Gottes Diensten und wandern in den Sphären Seiner erhabenen Attribute. Ins Licht Seines Wesens getaucht schmelzen sie dahin und gehen als Sterbliche in Seiner Liebe auf. Während sie Gott spüren und fühlen, brennen sie und schreien nach mehr. Auf den Hügeln ihres Herzens empfinden sie so unendlich viel; und dennoch schreien sie nach mehr. Obwohl sie lieben und geliebt werden, können sie nicht genug bekommen, und erneut schreien sie nach mehr. Also lüftet der Erhabene Geliebte immer neue Schleier vor ihnen. Er präsentiert ihrer Weisheit Dinge, die sie nie zuvor geschaut haben, und flüstert auch ihrem Geist so manches Geheimnis zu. Ab einem bestimmten Punkt wird alles, was sie fühlen, was sie lieben und was sie denken, zu Ihm. In allem, was sie sehen, entdecken sie anmutige Manifestationen Seiner Schönheit. Ab einem bestimmten Punkt entledigen sie sich ihrer eigenen Stärke und verknüpfen ihre Willenskraft mit Seiner; sie schmelzen in Seinen Ansprüchen dahin und beurteilen diesen hohen Rang danach, wie stark sie lieben und geliebt werden oder wie viel sie selbst wissen bzw. wie weit sie gewusst werden. Sie bekunden ihre Liebe durch ihren Gehorsam und ihre Treue zu Ihm. Sie verriegeln das Tor ihres Herzens mit so vielen Schlössern, dass kein Außenstehender dieses reine Haus betreten kann. Mit ihrem ganzen Wesen sind sie Zeugen Gottes, und ihr Lobpreis und ihre Wertschätzung für Ihn gehen weit über ihr Denkvermögen hinaus.

Ihr Glaube an die Würdigung ihrer Treue durch Gott ist felsenfest. Ihr Platz in der Gegenwart Gottes korrespondiert mit Seinem Platz in ihrem Herzen; deshalb bemühen sie sich so sehr, aufrecht vor Ihm zu stehen. Wenn sie ihn so lieben, treten sie nicht wie ein Kreditgeber auf; im Gegenteil, vielmehr sind sie genauso verlegen wie jemand der Geld schuldet.

Rabi'a l-Adawiya (703-805), eine außergewöhnlich fromme Frau, drückte es einmal so aus:

> *„Ich schwöre bei Deinem heiligen Wesen, dass ich Dich nicht deshalb angebetet habe, um in Dein Paradies zu gelangen. Nein, ich habe Dich geliebt und meinen Dienst an meine Liebe geknüpft."*

So begeben sich diese Menschen mit ihrer überschäumenden Liebe in die Sphäre Gottes und tragen Seine Gunstbeweise stets im Gedächtnis. Mit ihrem Herzen streben sie permanent in Seine Nähe, während sie mit ihrem Verstand und Intellekt die Erscheinungen in den Spiegeln der Namen Gottes beobachten. In allen Dingen vernehmen sie Stimmen der Liebe. Sie sind fasziniert von jeder Pflanze und erkennen in jedem schönen Anblick, der sich ihnen bietet, eine Reflexion Seiner Schönheit. Um Seinetwillen ist alles, was sie hören, fühlen oder denken, Liebe; daher betrachten sie die ganze Welt als eine Ausstellung der Liebe und lauschen ihr wie einer Harmonie der Liebe.

Hat die Liebe erst einmal ihre prächtigen Zelte in den Tälern des Herzens aufgeschlagen, scheint es plötzlich keinen Unterschied mehr zwischen Ruhe und Unruhe, Glück und Unglück, süß und sauer, Behagen und Unbehagen, Schmerz und Vergnügen zu geben. All diese Zustände besitzen dann den gleichen Klang und das gleiche Aussehen. Nein, ein liebendes Herz kennt keinen Unterschied zwischen Schmerz und Vergnügen. Das Leiden ist sein wirksamstes Heilmittel, also nimmt es Schmerz und Pein genauso begierig in sich auf wie das Wasser der Flüsse des Paradieses. Wie unbarmherzig die Zeit oder die Geschehnisse auch sein mögen, es bleibt stets ruhig und loyal. Die Augen starr auf das Tor gerichtet, von dem sie erwarten, dass es sich öffnet, bereiten sich diese Menschen darauf vor, eventuelle Manifestationen und Gunstbeweise willkommen zu heißen. Sie krönen Seine Liebe, indem sie Ihn respektieren und Ihm gehorchen. Ihr Herz schlägt voller Hingabe, und sie beben vor Furcht, Ihm ungehorsam zu werden. Um nicht abzustürzen, suchen sie Zuflucht bei der Einzigen Quelle des Vertrauens und der Unterstützung.

Diese Art von Suche nach einer Verständigung mit Gott macht aus ihnen Menschen, deren Nähe man erstrebt, sowohl auf Erden als auch in den Himmeln. Alle ihre Überlegungen gelten Gott allein. Dafür eine Gegenleistung zu erwarten, würde ihnen wie Betrug erscheinen; die Gunstbeweise Gottes zurückzuweisen jedoch halten sie ebenfalls für unhöflich. Sie schätzen sie sehr, sind dabei aber vorsichtig und flehen: „Bei Dir suche ich Zuflucht vor ihren Versuchungen!"

Glühendes Verlangen ist der höchste Rang des Liebenden, und sich in den Begierden und Wünschen der Liebe zu verlieren, sein schier unerreichbares Ziel. Die Liebe gründet auf elementaren Prinzipien wie Reue, Aufmerksamkeit und Geduld; und ist sie erst einmal erblüht, sind Selbstbeherrschung, Vertraulichkeit, Liebe, Sehnsucht und andere Prinzipien vonnöten, um sie zu bewahren.

Die erste Lektion auf dem Pfad der Liebe besteht in der Läuterung, in der Reinigung von persönlichen Wünschen; in der Kommunikation mit Gott und in der Ausrichtung allen Denkens auf Ihn; in der Beschäftigung mit Dingen, die auf Ihn hinweisen; im Warten darauf, dass Er sich manifestiert; und in der lebenslangen Entschlossenheit, bereit zu sein, sollte Er Sich uns irgendwann zuwenden. Auf diesem Pfad bedeutet Liebe soviel wie verrückt zu sein vor Liebe. Inbrunst bedeutet überschäumende Leidenschaft, Enthusiasmus und Begehren; wird sie zur wahren Natur des Menschen, verwandelt sie sich in Verlangen. Verständigung mit Gott bedeutet, jedem Ausdruck der Liebe mit Freude zu begegnen; und Selbstbeherrschung bedeutet, zu versuchen, sich nicht von dem Gunstbeweis, Seine Gegenwart hören und fühlen zu dürfen oder direkte Anweisungen von Ihm zu erhalten, berauschen zu lassen.

Je mehr ein Mensch eine der hier genannten Eigenschaften entwickelt, desto mehr Veränderungen sind in seinem Verhalten zu beobachten. Vielleicht sucht er einen einsamen Ort auf, an dem er sich Gott anvertrauen kann. Vielleicht spricht er aus bestimmten Gründen zu Gott und klagt Ihm sein Leid, von Ihm getrennt zu sein. Wahrscheinlich jedoch erwartet er voller Freude die Vereinigung und entspannt sich unter Freudentränen. Möglicherweise erkennt er nicht, was um ihn herum vor sich geht, weil er ja in aller Vielfalt die Einheit erlebt; und unter Umständen verliert er sich in seiner Ehrfurcht vor der Stille und kann nicht einmal mehr seine eigene Stimme hören.

Die Liebe wächst im Schoße der Weisheit, und die Weisheit speist sich aus dem Wissen um Gott. Wer nicht weise ist, ist gar nicht in der Lage zu lieben. Menschen mit einem schwach ausgeprägten Wahrnehmungsvermögen wiederum können keine Weisheit erlangen. Es kommt vor, dass Gott Selbst die Liebe in bestimmte Herzen pflanzt und so einen inneren Mechanismus aktiviert. Nach dieser speziellen Gunst sehnen sich die meisten Menschen. Doch sich auf ein so fantastisches Wunder zu verlassen und dabei untätig abzuwarten, ist eine Sache, aktives Warten eine ganz andere. Die treuen Diener am Tor des Gerechten Gottes kleiden ihre Erwartungen in Handlungen, agieren dynamisch und erzeugen in ihrem vermeintlichen Auf-der-Stelle-Treten genug Energie für das ganze Universum. Diese Liebenden begegnen jedem Akt des

Geliebten mit Freude und stellen ihre Treue permanent unter Beweis, ganz als würden sie sich Nesimi[5] anschließen:

> „Ja, ich bin ein verzweifelt Liebender, aber ich werde Dich,
> o Geliebter, nicht aufgeben;
> selbst dann nicht, wenn Du mir einen Dolch ins Herz stichst."

Obwohl sie sich stets nach Seiner Gesellschaft sehnen, jammern sie niemals. Sie entfernen alle Erwartungen, die sich nicht auf Ihn beziehen, aus ihren Köpfen und denken allein an Seine Gegenwart. Was sie sagen, verwandelt sich in die Worte des Geliebten; deshalb liegt Tiefgründigkeit in ihren Stimmen.

Die Liebe bedeutet ihnen alles. Ohne Körper können sie überleben, nicht jedoch ohne Seele. Sie glauben, dass es in ihrem Herzen keinen Raum für etwas anderes gibt als für die Liebe des Geliebten. Sie mögen zu den Ärmsten und Schwächsten in dieser Welt gehören, aber sie bekleiden einen Rang, um den sie sogar Könige beneiden. In ihrem Kleinsein sind sie groß, in ihrer Machtlosigkeit mächtig. Und selbst wenn sie aussehen wie kümmerliche Kerzen, ähneln sie Kraftwerken, die durchaus in der Lage sind, ganze Universen in hellem Glanz erstrahlen zu lassen. Auch wenn alle Welt auf diese loyalen Liebenden zulaufen würde, wäre klar ersichtlich, wohin und zu wem diese selbst laufen. Mit dem Kapital ihres Charakters transzendieren sie das ganze Universum. Wenn sie sich Gott zuwenden jedoch, werden sie klein wie Funken und noch kleiner - dann vergessen sie alles, was ihr Wesen ausmacht, und verwandeln sich in ein Nichts.

Ein Leben ohne Gott zählt für sie nicht. Ein Leben ohne Ihn ist für sie kein Leben. Ein Leben ohne Liebe ist ein verschwendetes Leben, und die Freuden und Wonnen, die nicht mit Ihm verknüpft sind, sind lediglich Placebos.

---

5 Nesimi (gest. 1404) war ein berühmter Sufidichter aus Bagdad und der erste Meister der *Diwan*-Literatur. Er verfasste zwei *Diwane* (Gedichtsammlungen) in türkischer und persischer Sprache.

Ein Appell für mehr Barmherzigkeit

Menschen, die unsere althergebrachten ererbten Werte nicht teilen und nicht auf die gleichen Quellen vertrauen wie wir, werden unsere Nöte und Sorgen kaum nachvollziehen können. Auch können sie uns kaum helfen, sind von unseren Standpunkten vielmehr nur verwirrt; das liegt auf der Hand. Wer Gegenwart und Zukunft aus einer rein materialistischen Perspektive betrachtet und lediglich die physischen Aspekte des Lebens zu schätzen weiß, kann nichts anderes als die flüchtigen und oberflächlichen Freuden des Körpers genießen. Dinge, die keinen Bezug zur Körperlichkeit oder zum Körper haben, sind dieser bedenklichen Sichtweise entsprechend nicht viel wert. Ihr zufolge haben weder Vergangenheit noch Zukunft irgendeine Bedeutung. Beide gelten allenfalls als Refugien, in denen Menschen, die in der Gegenwart nicht zurechtkommen, Zuflucht suchen können. Das Einzige, was diese Menschen interessiert, ist die Gegenwart. Alles andere ist für sie Zeitverschwendung. Menschen mit einem so engen Horizont können eine Aussage wie die folgende niemals nachvollziehen:

> *Wenn ihr wüsstet, was ich weiß, würdet ihr nur selten lachen, dafür aber oft weinen.*[6]

Der Sultan der Worte, der Prophet Muhammad, aus dessen Mund dieser Hadith stammt, wusste sehr wohl, warum er weinte; und auch jene reifen, rechtschaffenen Menschen, die für die Ewigkeit gerüstet sind und sich mit nicht weniger als ihrem Glauben, dem Wissen um Gott und der Liebe zu Ihm zufrieden geben, wissen, warum sie weinen und welches Ziel sie verfolgen. Sie haben viele Gründe zu weinen.

Neben den Fragen des Glaubens und des inneren Friedens (an dem ja eigentlich jeder interessiert sein dürfte) oder der Gefahr, im Unglau-

---

[6] Bukhari, *Kusuf*, 2; Muslim, *Kusuf*, 1; Tirmidhi, *Zuhd*, 9, Ibn Maja, *Zuhd*, 19

ben zu versinken, gibt es eine Reihe weiterer sozialer, ökonomischer, politischer und kultureller Fragen, die einer Antwort harren. Es gibt alle möglichen Formen von Unrecht, das manche für die Wurzel allen Unbehagens in der Gesellschaft halten. Es gibt Rechte, die einer Prüfung unterzogen und im Einklang mit menschlichen Werten und den Prinzipien von Fairness und Verantwortungsbewusstsein neu verteilt werden müssen. Dann sind da auch unsere Hoffnungen und Ideale, die sich mit der Ewigkeit beschäftigen und - ihnen entgegengesetzt - antidemokratische Hindernisse, auf die keine Rücksicht genommen werden sollte, und die Propaganda der Macht. In vielen Bereichen triumphieren die Emotionen immer noch über die Vernunft, in anderen wiederum werden Befehle im Einverständnis mit der Skrupellosigkeit der Macht erteilt. In vielen Teilen der Welt werden menschliche Fehler und Handlungen, die als falsch gelten, noch immer mit Blut und Tränen herunter gespült. Bisweilen werden Menschen gewaltsam in Richtung Paradies gezwungen oder grob in Richtung Hölle gestoßen. Ihr Wille und ihre Überzeugungen werden dabei missachtet. Tag für Tag werden neue Heerlager errichtet, in denen für die eigene Perspektive und die eigenen Regeln gekämpft wird. Jede Ideologie schreibt einen Lebensstil vor, der ihren Prinzipien entspricht. Die Menschen bleiben dabei auf der Strecke. Sie werden in einen winzigen Rahmen gezwungen und sollen ihm ihr Leben anpassen. In der ganzen Welt, an Hunderten von Orten, wird auf das Gewissen der Menschen keinerlei Rücksicht genommen, wird der Wille der Gemeinschaft ignoriert und werden die Augen des Gewissens der Individuen permanent geblendet.

Der kürzeste Weg, die Schmerzen der Betroffenen zu lindern und sie von persönlicher und sozialer Unterdrückung zu befreien, besteht darin, ihrem Bewusstsein Beachtung zu schenken und ihnen zu zeigen, wie sie ihren Willen und ihre geistige Verfassung stärken können. Nur wenn ihr Gewissen am Leben erhalten wird und wenn ihr Wille und ihr Bewusstsein in der Gesellschaft Akzeptanz finden, können die Menschen Menschen bleiben und sich wieder menschlichen Werten zuwenden. Individuen können nur dann wirklich als Staatsbürger bezeichnet werden, wenn ihnen erlaubt wird, ihrem eigenen Gewissen und ihrem Willen zu folgen. Nur dann entwickeln sie auch die nötige Reife, ihre

Mitmenschen auf spiritueller Ebene zu unterstützen. Geschieht dies nicht, bürdet sich die Gesellschaft zwangsläufig zahlreiche soziale, politische, administrative und ökonomische Probleme auf. Eine Gemeinschaft, die aus deplatzierten, gegensätzlichen oder zusammengestückelten Teilen ohne Gemeinsamkeiten besteht, kann nicht als eine Nation bezeichnet werden. Und ein Volk, das eine Nation zu bilden scheint, jedoch unheilbar krank ist, verspricht alles andere als eine glänzende Zukunft. Wenn wir als ganze Gesellschaft Wohlergehen suchen, muss jedes Individuum achtsam und motiviert sein. Der Stern des Wohlergehens unserer Gesellschaft wird überraschend schnell aufgehen, wenn wir uns für das Heil unserer Mitmenschen einsetzen, Schulter an Schulter stehen und unsere Handflächen gen Himmel öffnen.

Die Essenz der Grundwerte, die uns dabei helfen können, die nötige Reife zu erlangen, liegt darin, dass wir uns unseres Glaubens mit all seinen spezifischen Tiefen bewusst werden, dass wir bereit sind, in unserer Anbetung Entbehrungen und Anstrengungen auf uns zu nehmen, dass wir in allen unseren Handlungen moralisch integer sind, dass wir unseren Geist, unser Gewissen und unsere Sinne mit neuem Leben erfüllen und dass wir alle Situationen mit der Rechtschaffenheit unseres Herzens abwägen. Wenn uns dies gelingt, werden wir die Grenzen der Individualität überschreiten, Ansprüche anmelden, die im Einklang mit diesen Prinzipien stehen, und uns der Dinge, die wir fordern, auch ganz bewusst sein. Wenn wir dann noch einen Schritt weiter gehen, werden wir in der Lage sein, alle Dinge mit der Ewigkeit zu verknüpfen und sie mit den höchsten Maßstäben zu messen. Wir werden von allen Errungenschaften der Menschheit profitieren und unsere Eignung verkünden dürfen, als die Menschen, die wir sind, in Form und Wesen vollkommen zu sein.[7] Ich glaube, dass diejenigen, die diesen zentralen Punkt verstehen, nicht nur alles daransetzen werden, andere auf den rechten Weg zu geleiten, sondern damit auch ihre eigene Zukunft sichern.

Allerdings möchte ich an dieser Stelle noch einmal betonen, dass Projekte zur individuellen Aufklärung, die nicht darauf abzielen, der ganzen Gesellschaft zu nutzen, keine Früchte abwerfen werden. Werte,

---

[7] *Wahrlich, Wir haben den Menschen in bester Form erschaffen.* (95:4)

die einmal zerstört wurden, lassen sich im Herzen der Individuen ebenso wenig wiederbeleben wie in ihrem Gewissen. Und genau wie Pläne und Projekte zum Wohle des Individuums, die nicht gleichzeitig das Wohl der Gemeinschaft verfolgen, nicht mehr als eine Illusion sind, ist auch der Gedanke, als Gemeinschaft Erfolg haben zu können, indem man die Individuen lähmt, eine Illusion.

In diesem Lichte betrachtet glaube ich, dass wir uns darüber klar werden sollten, dass jeder von uns seine eigenen zwei Hände besitzt und dass wir unsere Probleme mit Hilfe eines kollektiven Gewissens und kollektiver Willenskraft lösen können, wenn wir nur einander diese Hände reichen. So können wir hoffen, unserem eigenen persönlichen Leben wieder einen Sinn zu verleihen und es fruchtbarer denn je zu gestalten; gleichzeitig können wir unseren Mitmenschen das Elixier des Lebens anbieten und damit unseren materiellen und spirituellen Wert immer wieder aufs Neue erhöhen. Ein Projekt erscheint mir umso viel versprechender, je uneigennütziger es ist und je mehr es auf das Wohl aller Menschen abzielt. Denn das Ziel, anderen Gutes zu tun, ist sehr anregend. Die Jagd nach rein persönlichen Interessen hingegen tötet oder lähmt uns. Wer sein Leben damit vergeudet, ihnen hinterherzulaufen, wird früher oder später korrumpiert werden, auch wenn er sich nicht direkt an dunklen Machenschaften beteiligt. Wer jedoch lebendig bleibt, indem er andere zum Leben inspiriert, reicht das Elixier des Lebens weiter und wandelt deshalb sicher auch auf solchen Wegen, auf denen andere wie Blätter vom Wind hinweg gefegt werden. Entsprechende Menschen werden für den Marathon dieser und der kommenden Welt unter der Startnummer ‚Zufriedenheit' nominiert.

Der Kumpanei von manchen Politikern, die das Lebens- und Existenzrecht ihrer Mitmenschen nur deshalb anzuerkennen scheinen, weil es ihren eigenen Interessen dient, darf kein Vertrauen geschenkt werden. Andererseits kann sich niemand, der gegen solche Politiker ankämpft, je sicher fühlen. Sie machen schöne Worte und halten ihr Fähnlein in den Wind. Diejenigen, die sie entbehren können, zermalmen sie, während sie gegen jene, auf die sie angewiesen sind, permanent intrigieren. Gelangen sie an die Macht, sind sie skrupellos; befinden sie sich jedoch in einer Position der Schwäche, beginnen sie, sich zu ducken und zu katzbuckeln. In ihrer Unaufrichtigkeit werden sie von ihren eigenen Waffen geschlagen; das Leid, das sie anderen zufügen, ereilt letzten Endes auch sie selbst. Sie glauben, alle Welt austricksen und täuschen zu können und das Richtige zu tun. Stattdessen aber bringen sie sich in eine denkbar schlechte Position und zerstören um ihrer Karriere willen ihren guten Ruf. Dieser Art trügerischer Intelligenz, von der ich hier spreche und die recht häufig zu beobachten ist, liegt eine schwere Persönlichkeitsstörung zu Grunde. Sie ist eine unheilbare psychische Krankheit. Selbst zu nichts nütze, suchen die Betroffen überall nach dem eigenen Vorteil. Doch ihr Streben fruchtet nicht, und so enden sie als Speichellecker, die sich allenthalben anbiedern.

Ganz anders die Menschen, die sich wirklich in den Dienst an der Allgemeinheit stellen: Ihrem Handeln zu Grunde liegt meist eine lange Phase der Vorbereitung und schwerer Entbehrungen, der eine Hinwendung zu größerer Barmherzigkeit und die Suche nach Menschenrechten folgt. Bei jedem wohltätigen Akt gehen diese Menschen mit gutem Beispiel voran. In ihren Werken spiegelt sich ihr ganz besonderer Stil wider, und sie sind stets offen und ehrlich. Wie hart und unzuträglich die äußeren Umstände auch sein mögen - sie setzen alles daran, nicht von ihrem Weg abzuweichen. Sie vertrauen auf die Stabilität ihrer Fundamente und lassen sich nicht verwirren. Ihre inneren wie äußeren Gefühle sind darauf programmiert, Gott auf eine bestimmte Art und Weise zu hören und zu sehen, Ihn zu erkennen und in Seiner Nähe zu sein. Sie sind Menschen dieser und der kommenden Welt, Menschen, deren Kontakte zu ihren Mitmenschen durchaus auch als Kontakte zu Gott betrachtet werden können. Von den Gipfeln ihrer Art zu leben aus können sie sogar die Berge des Jenseits erkennen. Das Leben, das sie führen, erscheint ihnen in allen Spielarten so klar und grenzenlos, dass sie überdies einen flüchtigen Blick auf die Häfen des Jenseits erhaschen können. Diese reinen Herzen haben bereits eine gesegnete Ernte eingefahren, von der andere selbst nach Millionen von Jahren der Mühe und Plackerei nur träumen könnten. Man erzählt sich von ihnen, dass sie die Gemeinschaft mit Gott erreicht und mit den Paradiesbewohnern des höchsten Ranges, den Gewinnern der Ewigkeit, Knie an Knie, Schulter an Schulter zusammengesessen haben. Diese Menschen sind immer aufrichtig und besonnen, immer auf der

Suche nach wichtigen Projekten und Zielen. Sie denken an die Barmherzigkeit, sprechen von der Barmherzigkeit und bemühen sich, sich durch Barmherzigkeit auszudrücken. Es drängt sie so sehr danach, ihre Mitmenschen zur unendlichen Glückseligkeit zu geleiten, dass sie dafür sogar die Freuden der zukünftigen Welt und ihre spirituelle Macht opfern würden, ganz zu schweigen von ihren materiellen Interessen und ihrem Begehren nach Status und Rang. In ihrem spirituellen Rang und in ihren Beziehungen zu anderen Menschen legen sie eine Haltung an den Tag, die unterstreicht, dass sie in der Gegenwart Gottes zuhause sind. Dort, wo andere sterben, erleben sie eine Wiedergeburt nach der anderen.

Getreu der Devise ‚Was du nicht willst, das man dir tut, das füge auch keinem andren zu!' arbeiten sie hart daran, andere von ihren Erfahrungen profitieren zu lassen. Ihrem unbegrenzten Horizont verdanken sie es, dass sie selbst in den Herzen von Tyrannen Gefühle der Barmherzigkeit wecken können. Gleichzeitig wissen sie, dass kein Unterschied darin besteht, ob man den Armen Beistand leistet oder in der Nähe Gottes ist; und deshalb helfen sie, wo es nur geht. Das Leben für andere bestimmt das Handeln dieser einmaligen Menschen. Ihre größte Sorge gilt ihrer Eignung für diese Art von Auftrag, und ihr wichtigstes Charakterkennzeichen ist ihr Streben nach dem Wohlgefallen Gottes. Wenn sie andere unterweisen, ist das keine Strapaze für sie, und wenn sie dabei erfolgreich sind, überrascht sie das nicht weiter. Ihre Erfolge interpretieren sie als Offenbarungen des Beistands Gottes. Bescheiden neigen sie wieder und wieder, Tag für Tag ihr Haupt und bewerten ihren eigenen Beitrag als gering. Was ihnen Sorgen bereitet, ist, dass ihre Emotionen ihnen in die Quere kommen könnten.

Schon seit unendlich langer Zeit warten wir voller Ungeduld auf solchermaßen gesegnete Hände; auf Hände, die in der Lage sind, verwüsteten Ländereien, verwahrlosten Heimen und verlassenen Einöden neues Leben einzuhauchen. Und mit unserem Glauben und aller Entschlossenheit werden wir notfalls auch noch viele weitere Jahre warten. Möge die Sehnsucht jener reinen und mitfühlenden Herzen nach der unendlich großen Barmherzigkeit Gottes nicht unbeantwortet bleiben!

KAPITEL 2

Vergebung, Toleranz und Dialog

Vergebung

Der Mensch ist ein Geschöpf mit außergewöhnlichen Stärken, aber auch mit außergewöhnlichen Schwächen. Vor dem Erscheinen des Menschen gab es kein Lebewesen, das ähnlich große Widersprüche in sich vereinte. Er kann mit seinen Flügeln am Firmament der Himmel schlagen und sich von einer Sekunde auf die andere in ein Monster verwandeln, das in die Abgründe der Hölle hinab stößt. Es macht jedoch keinen Sinn, nach einem Zusammenhang zwischen diesen Furcht erregenden Auf- und Abstiegen zu suchen. Sie sind Extreme, da sich ihre Ursachen und Wirkungen auf sehr unterschiedlichen Ebenen vollziehen.

Manchmal ähneln die Menschen Kornfeldern, die sich im Wind biegen. Dann wieder fallen sie um, obwohl sie doch würdevoll wie Platanen sind, und kommen nicht wieder auf die Beine. Nicht selten gibt es Zeiten, da werden sie von den Engeln beneidet, dann wieder ist selbst der Satan von ihrem Verhalten schockiert.

Das Wesen der Menschen kennt extrem viele Höhen und Tiefen; da ist es wahrscheinlich oder sogar unvermeidbar, dass sie Sünden begehen, auch wenn diese nicht direkt in ihrer Natur verankert sind. Für Menschen, die Gefahr laufen, ihren guten Namen zu verlieren, sind Vergebung und Verzeihung von größter Bedeutung. Wie wertvoll es auch sein mag, um Verzeihung zu bitten und auf Vergebung zu hoffen oder Situationen zu beklagen, in denen wir versagt haben - *selbst* Vergebung zu üben ist eine weit bedeutendere Tugend. Zwischen Moral und Vergebung passt kein Haar. Ein bekanntes Sprichwort sagt: „Irren ist menschlich, vergeben göttlich." Wie wahr! Wenn uns vergeben wird, ist das so, als würden wir nach einem Unfall wiederhergestellt. Dann kehren wir zu uns selbst zurück und finden uns wieder. In den Augen der unendlich großen Barmherzigkeit Gottes ist deshalb jede Tat, die auf dem Betätigungsfeld dieser Suche und Rückkehr verrichtet wird, eine besonders gute Tat.

Erst durch den Menschen schloss die gesamte belebte und unbelebte Schöpfung mit Vergebung und Verzeihung Bekanntschaft. Im Menschen reflektierte Gott Sein Attribut Vergebung, und in das Herz des Menschen pflanzte Er die Schönheit der Vergebung. Als der erste Mensch seiner Essenz mit der Ursünde einen Schlag versetzte - was auf Grund seiner menschlichen Natur fast zwangsläufig passieren musste - plagte ihn sein Gewissen, und er bereute aufrichtig. Da kam die Vergebung von den Himmeln auf ihn herab.

Uns Menschen ist es gelungen, Geschenke wie Hoffnung und Trost, die wir im Laufe der Jahrhunderte von unseren Vorfahren ererbt haben, zu bewahren. Wann immer wir eine Sünde begehen, dürfen wir auf unendlich große Barmherzigkeit hoffen. Außerdem wird uns die Freiheit gewährt, die Fehler anderer Menschen nicht sehen zu müssen. Alles, was wir tun müssen, ist, um Vergebung zu bitten und unsere Scham und Verzweiflung angesichts unserer Taten zu überwinden.

Dank unserer Hoffnung auf Vergebung können wir uns über die Wolken, die unseren Horizont verdunkeln, erheben und die Chance ergreifen, wieder Licht in unsere Welt zu bringen. Jene Glücklichen, die sich der tragenden Flügel der Vergebung bewusst sind, leben ein Leben in Wohlklängen, die ihren Geist erfreuen.

Menschen, die ihr Herz an die Suche nach Vergebung verloren haben, können unmöglich vergessen, ihrerseits auch anderen zu vergeben. In dem gleichen Maße, wie sie sich nach Vergebung sehnen, sehnen sie sich danach, selbst zu vergeben. Wer würde schon einem Menschen, der auf Grund von Fehlern in seiner inneren Welt in die Abgründe von Leid und Elend gestürzt ist, die Rettung verwehren, wenn er wüsste, dieser Mensch bräuchte nur aus dem Fluss der Vergebung zu trinken? Und würde ein Mensch einem anderen Menschen die Rettung verwehren und ihm nicht verzeihen, wenn er wüsste, dass der Akt seines Verzeihens ihm selbst den Weg zur eigenen Vergebung ebnet?

Den Menschen, die vergeben, wird auch Vergebung gewährt. Jemand, der nicht weiß, wie man vergibt, kann auch selbst keine Vergebung erwarten. Wer seinen Mitmenschen den Weg zur Nachsicht versperrt, ist ein Unmensch, dem alle Menschlichkeit abhanden gekommen ist. Solche Menschen, die sich aus der Verantwortung stehlen, lernen den erhabenen Trost der Vergebung erst gar nicht kennen.

Jesus sagte einmal zu einer Menschenmenge, die mit Steinen in der Hand darauf wartete, eine Sünderin zu steinigen: „Wer von euch ohne Sünde ist, werfe den ersten Stein!"[8] Kann jemand, der diesen Gedanken erfasst hat und dessen Gewissen von einer Sünde belastet wird, ernsthaft einen Menschen steinigen wollen? Ach, verstünden doch auch all jene Unglückseligen diesen Gedanken, die ihre Zeit damit vertun, in den Leben anderer Menschen nach Fehlern zu suchen! Wenn sich hinter unserem Wunsch, jemand anderen steinigen zu wollen, offenbar nur unsere eigene Böswilligkeit und unser eigener Hass verbergen, dann heißt das doch, dass wir diese Strafe niemals anwenden dürfen. Solange wir es nicht schaffen, die Götzen unseres Egos ebenso tapfer zu bekämpfen, wie es einst Abraham tat, werden wir nicht in der Lage sein, gerechte Entscheidungen in unserem eigenen Namen oder im Namen anderer zu treffen.

Der Aufstieg von Vergebung und Verzeihung kam mit dem Menschen, und mit ihm gelangten sie auch auf den Gipfel der Vollkommenheit. In den bedeutendsten Menschen entdecken wir die wertvollsten Beispiele für Vergebung und Verzeihung und die reinsten Formen der Nachsicht.

Böswilligkeit und Hass hingegen sind Saatkörner der Hölle, die von übel wollenden Leuten unter den Menschen ausgesät werden. Im Gegensatz zu Menschen, die Böswilligkeit und Hass verbreiten und die Erde in einen Höllenschlund verwandeln, sollten wir Vergebung üben und jenen zu Hilfe eilen, die von unzähligen Problemen geplagt und immer weiter in Richtung Abgrund gedrängt werden. Die vergangenen Jahrhunderte stellen auf Grund der Exzesse von Verbrechern, für die Vergebung und Verzeihung Fremdworte waren und die keinerlei Nachsicht übten, eine höchst unerfreuliche und dreckige Epoche dar. Es fröstelt mich bei dem Gedanken, dass die gleichen Leute auch in der Zukunft eine führende Rolle spielen könnten.

---
8   Johannesevangelium 8:7

Daher besteht das größte Geschenk, dass die Generationen von heute ihren Kindern und Enkeln machen können, darin, sie Vergebung und Verzeihung zu lehren, ihnen beizubringen, selbst dann zu vergeben, wenn sie mit dem schlimmsten Verhalten und den beunruhigendsten Geschehnissen konfrontiert sind. Aber: Auch nur daran zu denken, Unmenschen und Scheusalen zu vergeben, die ihre Mitmenschen leiden lassen, widerspräche der Idee der Vergebung in jeder Hinsicht. Wir haben nicht das Recht, ihnen zu vergeben, da wir damit ihren Opfern den Respekt verweigern würden. Ich kann mir auch nicht vorstellen, dass irgendjemand einen Akt, der gegen diese Lesart von Vergebung und Verzeihung verstößt, für akzeptabel halten könnte.

So manche frühere Generation stand permanent unter Druck und wurde in der dunklen Welt, in die sie gestoßen wurde, immer wieder mit Schrecken und Brutalitäten konfrontiert. So manche frühere Generation sah Ströme von Blut und Fäkalien; nicht nur in der Dunkelheit der Nacht, sondern auch am helllichten Tage. Was können wir von ihnen lernen? Was sie erlebten, war genau das Gegenteil von dem, was sie benötigt und sich gewünscht hätten. In Jahren der Versäumnisse und falschen Versprechungen eigneten sie sich eine zweite - erbarmungslose und gefühllose - Natur an und beschworen so eine Flut von Chaos und Aufruhr herauf. Wenn wir das doch nur heute endlich verstehen könnten! Aber wo bleibt die Einsicht in diese Zusammenhänge?

Ich bin davon überzeugt, dass Vergebung und Nachsicht die meisten unserer Wunden heilen können; nur sollten diese Werkzeuge des Himmels auch in die Hände von Menschen gelangen, die die richtige Sprache sprechen. Sonst werden die falschen Maßnahmen - jene, die auch schon früher ergriffen wurden - in der Zukunft noch weit mehr Verwicklungen mit sich bringen und weit größere Verwirrung stiften als selbst in der Vergangenheit.

„Diagnostiziere die Krankheit, bevor du sie behandelst:
Oder glaubst du etwa, jede beliebige Salbe könne jede beliebige
Krankheit heilen?"

Ziya Pascha[9]

---

[9] Ziya Pascha (gest. 1880): Ein einflussreicher Literat des 19. Jahrhunderts, Mitglied und Fürsprecher der Bewegung der ‚Jungtürken', die im Juni 1865 in Istanbul gegründet wurde.

Toleranz und Liberalität

Sei so weit wie ein Ozean, und schließe jede Seele in dein Herz! Erhalte dir deine Achtsamkeit durch deinen Glauben, bewahre dir eine unendlich große Liebe zur Menschheit, und lasse niemals ein gebrochenes Herz im Stich!

Applaudiere guten Menschen für ihre Tugenden, wisse gläubige Menschen zu schätzen, und sei ihnen wohl gesonnen! Nähere dich ungläubigen Menschen so sanftmütig, dass ihre Missgunst und ihre Ressentiments dahin schmelzen! Erwecke die Menschen wie ein Messias zu neuem Leben!

Vergiss nicht, auf dem besten Weg zu reisen, und folge dabei dem Propheten, deinem erhabenen Ratgeber! Achte darauf, dass du dich von den vollkommensten und ausdrucksvollsten aller Offenbarungen, die ihm zuteil wurden, leiten lässt! Urteile fair und angemessen, denn viele Menschen haben zu dieser Gunst keinen Zugang!

Begegne dem Bösen mit Gutem, und ignoriere alle Taktlosigkeiten! Die Haltung eines Menschen enthüllt seinen Charakter. Übe Nachsicht, und sei jenen gegenüber großzügig, die es nicht besser wissen!

Einen Menschen, dessen Seele vom Glauben getragen wird, erkennt man am besten daran, dass er jede Art von Liebe, die sich in Taten ausdrückt, liebt, und alle Taten, in denen sich Hass manifestiert, hasst. Wer jedoch unterschiedslos alles verabscheut, ist entweder verrückt oder vom Satan geblendet.

Akzeptiere, was Gott mit dir vorhat! Behandle andere so, wie Er dich behandelt, damit du inmitten der Menschen die Wahrheit repräsentierst und dich nicht vor Einsamkeit in einer der beiden Welten fürchten musst!

Nur wer von seinem Verstand keinen Gebrauch macht oder sich schlichter Dummheit und den Begierden des Fleisches ergeben hat, glaubt allen Ernstes, dass gläubige Menschen ihm Schaden zufügen könnten. So ein Mensch möge sich an einen spirituellen Meister wenden, und seine Augen werden sich mit Tränen füllen.

Beziffere deinen Wert in den Augen des Schöpfers, indem du misst, wie viel Raum du Ihm in deinem Herzen einräumst, und deinen Wert in den Augen der Menschen, indem du prüfst, wie du sie behandelst! Wende dich auch nicht einen Moment lang von der Wahrheit ab, und sei dennoch ein Mensch unter Menschen!

Zeige für alles Interesse, was dir dabei helfen könnte, deine Mitmenschen zu lieben! Dann vergegenwärtige dir, dass diese auch dich lieben werden, wenn du entsprechend handelst! Benimm dich stets anständig, und sei aufmerksam!

Erlaube deinem Ego nicht, in irgendeinem Wettbewerb Schiedsrichter zu spielen! Es würde zu dem Ergebnis kommen, dass alle außer dir sündhaft und elend sind. Ein solches Urteil würde den Worten des Propheten, des Wahrheitsliebenden, zufolge deinen eigenen Niedergang einleiten. Sei streng und unerbittlich gegenüber deinem Ego und mitfühlend und nachsichtig gegenüber anderen Menschen!

Wenn du Vertrauen, Ehre und Liebe gewinnen möchtest, liebe um der Wahrheit willen, verabscheue um der Wahrheit willen, und sei offen für die Wahrheit!

Toleranz

Als türkisches Volk verbindet uns eine starke Sehnsucht nach einer Erneuerung und einem Wiederaufblühen. Wenn uns kein stürmischer Wind entgegen bläst, könnten die kommenden Jahre tatsächlich die Jahre unseres Wiederaufblühens werden. Allerdings gehen die Meinungen in der Frage, welche Strategien denn zu dieser Erneuerung und diesem Wiederaufblühen führen sollen, auseinander. Es hat sich als schwierig erwiesen, Einigkeit darüber zu erzielen, welche Strategien angesichts der Neuerungen im intellektuellen und kulturellen Leben der letzten Jahrhunderte gutzuheißen und welche abzulehnen sind. Auch hat man sich nicht auf eine bestimmte Strategie verständigen können, die der Gesellschaft neues Leben einhauchen soll. Die Existenz extremer Empfindlichkeiten, die uns beim Brückenbau zwischen Vergangenheit und Zukunft begegnen, erfüllt uns mit Hoffnung, deutet aber gleichzeitig darauf hin, dass uns turbulente Zeiten bevorstehen.

Wenn wir als ganzes Volk der Zukunft entgegengehen, ist die Toleranz unsere sicherste Zuflucht und unser Bollwerk - gegen Probleme, die Spaltung und Zwietracht heraufbeschwören, und gegen Konflikte, die das Streben nach gegenseitigem Einvernehmen zwangsläufig mit sich bringt und die an jeder Ecke auf uns warten.

Wir sollten so tolerant sein, dass wir in der Lage sind, unsere Augen vor den Fehlern anderer zu verschließen, abweichende Meinungen zu akzeptieren und alles zu verzeihen, was verzeihlich ist. Selbst für den Fall, dass unsere unveräußerlichen Rechte verletzt werden, sollten wir den menschlichen Werten auch weiterhin Respekt zollen und versuchen, für Gerechtigkeit zu werben. Selbst wenn wir mit anstößigen Gedanken oder völlig undurchdachten Ideen konfrontiert werden, die wir auf keinen Fall teilen, sollten wir behutsam wie ein Prophet sein und Nachsicht üben, ohne jemals die Geduld zu verlieren. Diese Nachsicht wird im Koran als *freundliche Worte* bezeichnet, die die Herzen der Menschen berühren. Sie entspringt einem sanften Herzen, einer maßvollen Überzeugung und einem bedachten Vorgehen. In jedem Fall sollten wir so aufgeschlossen sein, dass wir von entgegengesetzten Vorstellungen profitieren - insofern, als sie unser Herz, unseren Geist und unser Gewissen in Aufmerksamkeit und Konzentration schulen, auch wenn diese Vorstellungen selbst uns weder direkt noch indirekt irgendetwas lehren.

Die Toleranz - ein Begriff, der oft an Stelle der Worte Respekt, Barmherzigkeit, Freigebigkeit oder Nachsicht verwendet wird - ist das wichtigste Element moralischer Systeme, eine Quelle der spirituellen Disziplin und eine heilige Tugend vollkommener Menschen.

Unter der Lupe der Toleranz erhalten die Vorzüge der Gläubigen neue Tiefen und dehnen sich unendlich weit aus. Fehler und Irrtümer hingegen werden unter ihr irrelevant und schrumpfen so lange, bis sie schließlich so klein sind, dass sie in einen Fingerhut passen. Jede Aktivität Gottes, der jenseits von Zeit und Raum steht, passiert das Prisma der Toleranz, bevor sie uns und die gesamte Schöpfung umarmt. Diese Umarmung ist so universell, dass sich eine Frau ohne jeden Anstand, die einem durstigen Hund zu trinken gab und dann an das ‚Tor der Barmherzigkeit' klopfte, in einem Korridor wiederfand, der zur Keuschheit und in die Himmel führte. Ein Trunkenbold, der von der Liebe zu Gott und Seinem Gesandten ergriffen wurde, schüttelte plötzlich alle Trunkenheit ab und wurde zu einem Gefährten des Propheten. Und ein Mörder wurde durch einen winzigen Gunstbeweis Gottes von seiner Grauen erregenden Psychose befreit und strebte nach einem sehr hohen Rang - einem Rang, der seine natürlichen Fähigkeiten weit überragte und den er letztendlich dann auch erreichte.

Wir alle möchten durch diese Lupe betrachtet werden und hoffen darauf, dass uns der Wind von Vergebung und Verzeihung unablässig umschmeichelt. Wir alle möchten unsere Vergangenheit und Gegenwart der schmelzenden, transformierenden und reinigenden Atmosphäre der Toleranz und der Nachsicht anvertrauen und ohne Angstgefühle in die Zukunft schreiten. Niemandem von uns ist daran gelegen, dass auf Grund unserer Gegenwart unsere Vergangenheit kritisiert und unsere Zukunft verdunkelt wird. Wir alle sehnen uns unser ganzes Leben lang nach Liebe und Respekt. Wir alle wünschen uns Toleranz, Vergebung und den Geschmack von Freiheit und Herzlichkeit. Wir erwarten Nachsicht - von unseren Eltern, obwohl wir zuhause störrisch sind; von unseren Lehrern, obwohl wir uns in der Schule danebenbenehmen; von unseren unschuldigen Opfern, denen wir Unrecht antun und die wir schikanieren; vom Richter und vom Staatsanwalt vor Gericht, von unserem Vorgesetzten in der Armee, vom Polizeibeamten und vom Obersten Richter am Höchsten Tribunal.

Wichtig jedoch ist vor allem, dass wir uns das, was wir erwarten, auch tatsächlich verdienen. Jemand, der nicht vergibt, darf nicht erwarten, dass ihm selbst vergeben wird. Jedem schlägt genau so viel Respektlosigkeit entgegen, wie er selbst respektlos gewesen ist. Jemand, der nicht liebt, ist es nicht wert, selbst geliebt zu werden. Wer nicht die ganze Menschheit mit Toleranz und Vergebung umarmt, verdient es auch nicht, diese selbst gewährt zu bekommen. Wer andere beschimpft, darf von ihnen keinen Respekt erwarten. Wer andere verflucht, wird selbst verflucht, und wer andere schlägt, selbst geschlagen werden. Wenn wahre Muslime koranische Prinzipien wie die folgenden achten, wenn sie ihrem Weg treu bleiben und tief in ihrem Herzen sogar tolerieren können, beleidigt zu werden, dann werden andere auftauchen und die Gerechtigkeit Gottes über jene bringen, die uns beleidigen.

> *Und diejenigen, die nichts Falsches bezeugen, und die, wenn sie unterwegs leeres Gerede hören, mit Würde (daran) vorbeigehen.* (25:72)

> *Und wenn ihr verzeiht und Nachsicht übt und vergebt, dann ist Allah vergebend, barmherzig.* (64:14)

In Ländern, in denen Korruption, Intoleranz und Erbarmungslosigkeit ganz oben auf der Tagesordnung stehen, wird man keiner Gedankenfreiheit, keiner politischen Kritik und keinem Ideenaustausch auf der Basis von Gleichberechtigung und fairen Gesprächen begegnen. Dort macht es keinen Sinn, von den Resultaten von Logik und Inspiration zu sprechen. Meiner Meinung nach ist das der wahre Grund dafür, dass in all den Jahren trotz aller schönen Reden kaum Fortschritte erzielt wurden.

In all den Jahren sind mir unzählige Fälle von unmoralischem Verhalten untergekommen; meine Prinzipien verbieten mir, diese Fälle offen anzusprechen. Und doch haben die Täter ihre Ration Toleranz erhalten. Andererseits wird nach wie vor versucht, unschuldige Menschen als rückständige Fanatiker zu bezeichnen, die theokratische Regime unterstützen. Fundamentalismus lautet eines der Schlagwörter, mit dem sie oft verleumdet werden. Dem Islam wirft man vor, er gehöre nicht mehr in die Zeit. Leider müssen wir oft mit ansehen, dass Menschen, die nichts anderes tun, als ihre religiösen Gefühle auszudrücken, als Reaktionäre, Fanatiker und Fundamentalisten gebrandmarkt werden. Bedauerlicherweise unterscheiden viele nicht zwischen wahrem religiösem Eifer und blindem Fanatismus.

In Gemeinschaften, in denen die Individuen einander nicht respektieren, oder in Ländern, in denen der Geist der Nachsicht noch nicht fest verwurzelt ist, ist es nicht möglich, Themen wie allgemein gültige Werte oder das kollektive Gewissen anzusprechen. In diesen Ländern verschlingen sich entsprechende Ideen im Netz der Konflikte gegenseitig. Dort verpufft die Arbeit der Denker ergebnislos, und dort kann es keine Gedanken- oder Glaubensfreiheit geben. In diesen Ländern stützt sich die Staatsmacht nicht auf ein wirklich gerechtes System, selbst wenn es auf den ersten Blick den Anschein haben mag. An Orten, an denen keine Toleranz herrscht, sucht man vergebens nach wirklich ausgezeichneten Medien, gelehrten Gedanken oder fruchtbaren kulturellen Aktivitäten. Schaut man sich die Dinge, die dort diese Namen tragen, genauer an, entdeckt man nichts als nutzlose und einseitige Bemühungen, deren Aufgabe allein darin besteht, bestimmte Thesen und Philosophien populär zu machen. Sich von ihnen irgendwelche frischen, konstruktiven und viel versprechenden Impulse zu erwarten, hat keinerlei Aussicht auf Erfolg.

Toleranz im Leben des Individuums und in der Gesellschaft

Die Toleranz wurde nicht etwa von uns Menschen erfunden. Sie wurde von den Propheten, deren Lehrer Gott war, zur Erde gesandt. Obwohl es wohl falsch wäre, Gott als tolerant zu charakterisieren, besitzt Er doch zweifellos Attribute, die in der Toleranz verwurzelt sind: Vergebung, Mitgefühl und Barmherzigkeit gegenüber allen Geschöpfen oder das Kaschieren von Scham und Fehlern. Die Namen ‚der Vergebende', ‚der Barmherzige' oder ‚der, der Fehler verbirgt' gehören zu den meist genannten Gottesnamen im Koran.

Das Zeitalter der Glückseligkeit war das goldene Zeitalter, in dem die Toleranz ihren Gipfel erreichte. Deshalb möchte ich im Folgenden einige Begebenheiten aus jener historischen Epoche zitieren - Begebenheiten, die eine Verbindungslinie von der ‚Epoche der Rosen' zur Gegenwart spannen.

Beispielhafte Versöhnlichkeit

Aischa, die Ehefrau des Propheten und spirituelle Mutter aller Gläubigen, wurde einmal Opfer einer Verleumdungskampagne. Aischa nimmt einen besonderen Platz unter den reinen Ehefrauen des Propheten ein. Denn der Prophet war der erste Mann, der sie anschauen durfte, nachdem sie sich ihrer Weiblichkeit bewusst geworden war. Zu jener Zeit wurde sie Mitglied des reinen Haushalts des Propheten, und dort atmete sie eine Atmosphäre der Keuschheit und der Ehre. Sie war ein Vorbild an Keuschheit und hatte, genau wie der Prophet und seine Familie, sehr unter den Anschuldigungen, die im Rahmen dieser Kampagne gegen sie vorgebracht wurden, zu leiden. Der Prophet jedoch vertraute ihr völlig, und ca. einen Monat nach dem Vorfall wurde ihm ein Vers offenbart, der Aischas durch nichts beeinträchtigte Reinheit und Unschuld belegte.

Ihr Vater - Abu Bakr - hatte einem der Männer, die sich an den Verleumdungen beteiligt hatten, finanzielle Unterstützung gewährt. Als der loyalste aller Freunde des Propheten nun schwor, ihm diese zu entziehen, warnte ihn der offenbarte Vers, er solle Nachsicht üben.[10]

> *Und die unter euch, die Reichtum im Überfluss besitzen, sollen nicht schwören, den Anverwandten und den Bedürftigen und den auf Allahs Weg Ausgewanderten nichts zu geben. Sie sollen (vielmehr) vergeben und verzeihen. Wünscht ihr nicht, dass Allah euch vergebe? Und Allah ist vergebend, barmherzig.* (24:22)

Bemerkenswert erscheinen mir vor allem die Sätze *Wünscht ihr nicht, dass Allah euch vergebe? Und Allah ist vergebend, barmherzig.* Trotz allem, was dagegen spräche, verzeiht uns der Barmherzige Gott, Dessen Barmherzigkeit keine Grenzen kennt und im Vergleich zu dem alle Barmherzigkeit in dieser Welt wie ein einziger Tropfen in einem riesigen Ozean erscheint. Er verzeiht uns alles: von den ungebührlichen Worten, die uns zu Ohren kommen und die unseren Geist verwirren, bis hin zu all dem Unrat, der uns aus unserer Umwelt zufließt und den wir dann an die Gesellschaft, die wir selbst vergiftet haben, weitergeben. Gottes Frage *Wünscht ihr nicht, dass Allah euch vergebe?*, die sich an Menschen wie uns, die ständig der Läuterung bedürfen, richtet, klingt verheißungsvoll, ist aufrichtig gemeint und ruft uns zur Nachahmung auf. In diesem Vers gibt uns Gott zu verstehen, dass Er uns vergibt und wir deshalb auch einander vergeben sollen. Diese Fähigkeit wird uns als eine koranische Tugend im Charakter Abu Bakrs präsentiert.

Versöhnlichkeit und Nachsicht werden in den Botschaften der Propheten, die ja direkt von Gott stammen, große Bedeutung beigemessen. Aufgabe der Propheten war es ja, die Menschen auszubilden und zu schulen. Um auf die Herzen ihrer Mitmenschen einwirken zu können, mussten ihre eigenen Herzen im Takt von Versöhnlichkeit und Nachsicht schlagen.

---

[10] Bukhari, *Schahada*, 15:30; Muslim, *Tawba*, 56

Wenn Fehler, die der Natur eines Menschen eigen sind, mit dem nachsichtigen Wesen von wahrheitsliebenden Menschen wie den Propheten kollidieren, schmelzen sie dahin oder zerspringen wie Meteoriten. Die Legionen des Lichts, die jenen Lampions ähneln, welche bei Feierlichkeiten nachts entzündet werden, spalten nicht die Köpfe der Menschen. Nein, sie besänftigen die Augen und spenden den Herzen Freude. In einem Hadith empfiehlt uns der Prophet: *Macht euch die Tugend Gottes zu Eigen!*[11] Vergibt Gott nicht sogar denen, die Ihn verleugnen, was auf kosmischer Ebene doch ein ebenso schweres Verbrechen wie Mord oder Rebellion ist? Wie unermesslich groß die Barmherzigkeit Gottes doch ist! Obwohl Seine Diener so undankbar sind, sagt Er:

Meine Barmherzigkeit übersteigt zweifellos Meinen Zorn.[12]

Meine Barmherzigkeit umfasst alle Dinge. (7:156)

Mit Seinem Attribut Barmherzigkeit nährt und schützt Gott vorurteilslos alle Menschen und auch alle anderen belebten Geschöpfe.

Dieser Gedanke und diese Perspektive finden sich bei allen Propheten. Ich möchte mich hier jedoch damit begnügen, einige ausgewählte Beispiele des Propheten Muhammad, der Essenz des Seins, zu zitieren:

Hamza war einer der Lieblingsgefährten des Propheten Muhammad. Er war nicht nur sein Gefährte, sondern auch sein Onkel. Beide waren von der gleichen Amme gesäugt worden. Dieser Riese mit dem Mut eines Löwen stellte seine Ehre und seinen Stolz zurück und begab sich in die spirituelle Atmosphäre des Stolzes der Menschheit. Dass er seinen Neffen in einer kritischen Phase, in der die Zahl der Muslime noch gering war, unterstützte und ihm versicherte „Ich bin auf deiner Seite", steigerte seinen Wert noch um ein Vielfaches.

Indem er die Qualitäten seiner Verbundenheit sowohl auf spiritueller als auch auf physischer Ebene unter Beweis stellte, gelang es ihm, sich zu fast unerreichbaren Rängen aufzuschwingen. Und natürlich wurde

---

[11] Mansur Ali Nasif, *At-Tadsch*, 1:13
[12] Bukhari, *Tawhid*, 15, 22, 28, 55, *Badiʿ ul-Halq*, 1; Muslim, *Tawba*, 14, (2751); Tirmidhi, *Daʾawat*, 109, (3537)

seine Loyalität zum Propheten belohnt. In der Schlacht von Uhud starb er den Märtyrertod. Seine bestialischen Mörder hatten geschworen, Medina dem Erdboden gleich zu machen und alle Männer und Frauen zu töten. Ihn selbst hackten sie in Stücke. Seine gesegneten Augen wurden ihm aus den Höhlen gerissen, seine Ohren und Lippen abgeschnitten, seine Brust gespalten; selbst seine Leber holte man heraus und biss hinein. Der Gesandte Gottes, voll des Mitgefühls und der Gnade, wurde Augenzeuge dieser entsetzlichen Szene, und Tränen stiegen ihm wie Regenwolken in die Augen. In der Schlacht von Uhud starben 70 Männer den Märtyrertod, doppelt so viele wurden verletzt; Frauen wurden zu Witwen, Kinder zu Waisen. Dies alles konnte der Prophet kaum ertragen. Die Kinder Hamzas und anderer Märtyrer kamen zum Propheten, zitternd wie gerade aus dem Ei geschlüpfte Küken. Doch in seinen Biografien heißt es, noch bevor ihm der Gedanke *„Zur Strafe für das, was sie getan haben..."* kam, sei ihm der folgende Vers offenbart worden:

> *Und wenn ihr bestraft, dann bestraft in dem Maße, wie euch Unrecht zugefügt wurde; wollt ihr es aber geduldig ertragen, dann ist das wahrlich das Beste für die Geduldigen.* (16:126)

In diesem Vers wurde der Prophet zu einem Verständnishorizont geleitet, der seinem Niveau entsprach. Er erhielt die Botschaft: „So solltest du besser nicht denken!" Die Sonne der Versöhnlichkeit und der Nachsicht verbrannte alles Leid, das sein Herz ergriffen hatte, und führte ihn auf den Weg der Duldsamkeit.

Nicht nur jener Moment, sondern das ganze Leben des Propheten war von Duldsamkeit geprägt. Die Götzenanbeter ließen keine Gelegenheit aus, ihn zu quälen und ihm böse mitzuspielen. Sie zwangen ihn, aus seiner Heimat zu emigrieren, und stellten Armeen auf, die ihn attackierten. Aber selbst als sich die Heiden nach der Eroberung der Stadt Mekka angsterfüllt fragten, wie er sie wohl behandeln würde, verkündete der Prophet zum Zeichen seiner Barmherzigkeit und Gnade:

> *Ich spreche zu euch, wie Joseph einst zu seinen Brüdern sprach: „An diesem Tage soll euch kein Vorwurf gemacht werden. Gott wird euch vergeben. Er ist der Barmherzigste der Barmherzigen. Geht! Ihr seid frei!"*[13]

---

[13] Ibn al-Athir, *Usd al-Ghaba*, 1:528-532

Der Koran ist der Quell aller Versöhnlichkeit und Nachsicht; und da uns diese beiden Konzepte wie ein überbordender Strom vom Überbringer des Korans zugeflossen sind, dürfen wir in diesem Punkt nicht anders urteilen als er; sonst würden wir den Koran und gleichermaßen den Gesandten Gottes ignorieren. Aus dieser Perspektive heraus, aus dem Wissen, dass Versöhnlichkeit und Nachsicht fest in Koran und Sunna verankert sind, sind beides unveräußerliche natürliche muslimische Tugenden.

Einer genaueren Betrachtung würdig ist in diesem Zusammenhang sicherlich auch der Vertrag, den der Gesandte Gottes einst den Juden und Christen präsentierte. (Der Originaltext wird heute in England bewahrt.) Verglichen mit den Grundsätzen, die der Prophet Muhammad damals vorlegte, ist die Menschheit von heute zurückgeblieben – sowohl mit den Menschenrechtsverträgen von Den Haag oder Strassburg als auch mit den Verträgen von Helsinki. Dieser großzügige Mensch lebte in Medina friedlich Seite an Seite mit den ‚Buchbesitzern' zusammen. Ja, er war sogar in der Lage, übereinstimmende Punkte mit Leuten zu finden, die betonten, sie seien Muslime, in Wirklichkeit jedoch permanent versuchten, Spannungen zu erzeugen und die Menschen mit einem reinen Gewissen gegeneinander auszuspielen. Sogar sie schloss er in seine Versöhnlichkeit mit ein. Beim Tode von Abdullah ibn Ubayy, eines seiner erbittertsten Feinde, opferte der Prophet sein Hemd als Leichenhemd. Er bezeugte dem Verstorbenen Respekt und sagte: Sofern keine Offenbarung ergeht, die es mir verbietet, werde ich seinem Begräbnis beiwohnen.[14] Keine andere Botschaft ähnelt jener, die der Prophet Muhammad den Menschen überbracht hat. Deshalb dürfen diejenigen, die sich bemühen, seinem schönsten Beispiel zu folgen, nicht anders denken als er.

Versöhnlichkeit und Nachsicht sind keine Werte, zu denen wir keine Verbindung hätten. Beide finden sich auch in unseren natürlichen Gefühlen und Gedanken, wenn auch in jeweils anderen Schattierungen und Melodien. Wir sollten uns jetzt und in Zukunft an die Aufgabe machen, Dialogplattformen in unseren Gesellschaften aufzubauen. Ver-

---

[14] Bukhari, *Dschana'iz*, 85; *Tafsir al-Bara'a*, 12; Muslim, *Fada'il as-Sahaba*, 25

söhnlichkeit, Nachsicht und Toleranz sollten honoriert werden; ihnen sollte stets Priorität eingeräumt werden. Menschen, die anderen gegenüber Nachsicht walten lassen, sollten die Chance bekommen, sich zu artikulieren.

Auszeichnungen für tolerantes Verhalten

Versöhnlichkeit, Nachsicht und Toleranz standen auch Pate bei der Gründung der ‚Stiftung der Journalisten und Schriftsteller'. Diese Stiftung verleiht Auszeichnungen für tolerantes Verhalten an Menschen, die sich besondere Verdienste um die Aussöhnung der Gesellschaft erworben haben. Ihre Bemühungen fanden in fast allen gesellschaftlichen Kreisen der Türkei Zustimmung und wurden von Politikern ebenso begrüßt wie von Künstlern, von Akademikern ebenso wie von Journalisten oder dem einfachen Volk auf der Straße. Nur eine einzige Randgruppe, die auf Grund ihres anders gearteten Weltbildes nicht mit der öffentlichen Meinung konform ging, äußerte sich negativ und tat ihre Ablehnung kund. Diese Leute begingen jedoch den Fehler, alle Individuen und Institutionen, die ihre Unterstützung der Aktivitäten der Stiftung signalisierten, zu tadeln.

Aber sollen sie doch sagen, was sie wollen. In einer Zeit, in der sich die Welt immer mehr in ein großes Dorf verwandelt, und an einem Punkt, an dem große Veränderungen in unserer Gesellschaft stattfinden und wir über den Dialog mit anderen Nationen sprechen, werden wir unsere existierenden Meinungsverschiedenheiten ohnehin nicht wegdiskutieren können. Und gerade deshalb muss eine tolerante Haltung honoriert werden. Die ganze Gesellschaft sollte von Toleranz durchdrungen werden - so sehr, dass die Universitäten Toleranz atmen, Politiker über Toleranz sprechen, Musiker Texte über Toleranz schreiben und positive Entwicklungen in diese Richtung Erwähnung in den Medien finden.

Toleranz bedeutet nicht, sich von anderen beeinflussen zu lassen oder sich ihrer Meinung anzuschließen. Es bedeutet vielmehr, andere so zu akzeptieren, wie sie sind, und zu wissen, wie man mit ihnen auskommt. Niemand hat das Recht, etwas gegen diese Art von Toleranz zu sagen. Jeder Mensch in dieser Gesellschaft hat seinen eigenen Standpunkt. Darum gibt es nur zwei Möglichkeiten: Entweder wir suchen nach Wegen, miteinander zu harmonieren, oder wir bekämpfen uns. Menschen mit einer anderen Meinung als unserer eigenen hat es immer gegeben und wird es immer geben. Meiner bescheidenen Ansicht nach sollten diejenigen, die bestimmten Randgruppen als Sprachrohr dienen, welche weder an die von Gott gesandten Offenbarungsschriften glauben, noch die Realitäten der Gegenwart kennen und schon beim geringsten Anlass um sich schlagen, ihre Positionen noch einmal überdenken. Sie sollten sich fragen, ob ihr Engagement den menschlichen Werten dient oder ob es sie zerstört.

Unsere Gesellschaft benötigt heute Versöhnlichkeit, Nachsicht und Toleranz mehr als alles andere. Deshalb sollte unser Volk eine entsprechende Dynamik entwickeln und diesen Werten Priorität einräumen. Es sollte der Welt ein Musterbeispiel an Toleranz liefern; denn schon unsere Vorfahren eroberten mit ihrer toleranten Haltung die Herzen der Menschen und wurden zu Schirmherren eines umfassenden Friedens.

Die längste Phase des Friedens auf dem Balkan und im Nahen Osten - in Gefilden also, die schon immer höchst unbeständig waren - war der Toleranz unserer Urahnen zu verdanken. Von dem Moment an, da die Toleranz und ihre berühmten Repräsentanten von der Bühne der Geschichte abtraten, verabschiedeten sich auch Frieden und Zufriedenheit aus der Region. Dank der Barmherzigkeit Gottes bewegt sich unser Volk nach Jahrhunderten, die es in einer Art Vorhölle verbracht hat, nun aber auf eine Neubelebung zu. Diese große ‚Platane', deren Blätter im Herzen Anatoliens erste Knospen trieben, wird - der Barmherzigkeit Gottes sei Dank - schon bald wieder Toleranz atmen und anderen zeigen können, wie auch sie Toleranz atmen. Gleichzeitig werden unsere Verwandten in den europäischen Ländern aber nur dann ein harmonisches Leben in ihrer neuen Heimat führen können, wenn auch dort eine Atmosphäre der Toleranz herrscht.

Eines jedoch ist klar: Tolerant zu sein heißt nicht, auf die Traditionen, die unserer Religion, unserem Volk oder unserer Geschichte entspringen, zu verzichten. Die Toleranz ist ein alter Wert. Die Osmanen fühlten sich ihrer Religion und anderen Prinzipien verpflichtet. Sie waren ein großes Volk, das mit den konkurrierenden Mächten seiner Zeit gut zurechtkam. Wenn die zivilisierten und aufgeklärten Menschen dieser Welt von heute, die ein positives Verhältnis zur Welt pflegen, jenes Zeitalter der Osmanen aus den Augen verloren haben, dann liegt dies vielleicht daran, dass sie es nur unzureichend verstanden haben. Wir alle sollten deshalb - als Individuen, als Familien und als Gesellschaft - den Prozess des Verstehens und Umdenkens, der bereits begonnen hat, fördern. Ich persönlich bin überzeugt davon, dass selbst Menschen, die unsere Gefühle und Gedanken nicht teilen, uns entgegenkommen werden, wenn wir nur auf sie zugehen. Im Namen des Dialogs sollten wir uns auf einem gemeinsamen Boden treffen und uns die Hände schütteln. Denn Gott schätzt die Menschen, die Liebe und die Barmherzigkeit über alles.

Welchen Wert der Gesandte Gottes dem Menschen beimaß

In der Ausbildung, die der Prophet Muhammad von seinem Herrn erhielt, spielte der Respekt vor dem Individuum - egal ob Muslim, Christ oder Jude - eine überragende Rolle. Die Haltung des Propheten in diesem Punkt war absolut visionär. Sein Geist bildet die Einleitung des Buches des Seins, und seine Botschaft dessen Schlusswort. Für alle, die mit seiner Person vertraut sind, gehört diese Erkenntnis zum Basiswissen. Wir kennen den Propheten als jemanden, dessen Licht das Universum erstrahlen lässt und uns ermöglicht, es wie ein Buch zu lesen. Wie stolz die Menschen und insbesondere seine Anhänger auch auf ihre Verbundenheit mit ihm sein mögen - ihre Hochachtung kann gar nicht groß genug sein. Wir dürfen uns glücklich schätzen, ihm nahe zu stehen. Er selbst sagte über die große Gnade, die ihm zuteil wurde:

> *Das Erste, was Gott erschuf, die erste Saat, die in das Herz der Nichtexistenz gesät wurde, war mein Licht.*[15]

Ja, in der Tat ist er die Saat, die Essenz und das Resümee all dessen, was existiert. Wenn wir diesen Gedanken in Sufibegriffe fassen wollen, war die Existenz Muhammads sowohl der Anlass der Schöpfung als auch

---

15 Adschluni, *Kaschf al-Khafa'*, 1:266

ihr letztes Ziel. Die Schöpfung wurde um seinetwillen hervorgebracht. Er war die Verkörperung aller menschlichen Werte und gleichzeitig ein Theater, in dem alle Manifestationen der Namen Gottes aufgeführt wurden.

Einmal erhob sich der Prophet, als ein jüdischer Begräbniszug vorüberzog. Einer der Gefährten an seiner Seite machte ihn darauf aufmerksam, dass es sich da doch um einen Juden handele. Doch ohne irgendeine Veränderung in Haltung oder Minenspiel sagte der Prophet: Aber er ist ein Mensch.[16] Denjenigen, die diese Seite des Propheten nicht kennen, und jenen Verfechtern der Menschenrechte, denen seine Botschaft an die Menschheit unbekannt ist, sollten angesichts dieser Worte hellhörig werden. Seiner Bemerkung ist eigentlich nicht mehr hinzuzufen. Vielleicht aber noch Folgendes: Wenn wir Schüler des erhabenen Propheten sein wollen, dürfen wir nicht anders denken als er. Die Gegner der Aktivitäten, die derzeit im Namen von Dialog und Toleranz unternommen werden, täten gut daran, ihre Einwände noch einmal zu überdenken und zu prüfen, ob ihr Herz und Geist nicht von Gedankenlosigkeit und Egoismus durchdrungen sind.

Toleranz und Demokratie

Die Demokratie ist ein System, das jedem, der unter seinem Schutz lebt, die Chance gibt, die eigenen Gefühle und Gedanken zu leben und auszudrücken. Toleranz spielt in diesem Zusammenhang eine wichtige Rolle. Demokratie kann nur dort gedeihen, wo auch Toleranz gedeiht. In einem demokratischen Land sollte jeder dazu in der Lage sein, seine demokratischen Rechte und Pflichten wahrzunehmen. Wenn aber nun einem Segment der Gesellschaft die Existenz eines anderen ein Dorn im Auge ist, dann sind die Anhänger dieses ersten Segments kaum als aufrichtige Demokraten zu bezeichnen. Solche Leute behaupten zwar, Demokraten und Unterstützer der Demokratie zu sein, in Wirklichkeit jedoch versuchen sie, die Quellen, aus denen sich die Demokratie speist, auszutrocknen. Wo keine Toleranz ist, kann die Demokratie auch keine Wurzeln schlagen. Deshalb sollten die Fürsprecher der Demokra-

---

16 Bukhari, *Dschana'iz*, 50; Muslim, *Dschana'iz*, 81; Nasa'i, *Dschana'iz*, 46

tie auch jene akzeptieren, die anderer Meinung sind als sie selbst, und ihre Herzen öffnen.

Dieser Punkt verdient eine noch eingehendere Betrachtung: Alle Menschen so zu akzeptieren, wie sie sind, bedeutet nicht, Gläubige und Ungläubige auf zwei Waagschalen zu legen. Meiner Art zu denken entspricht vielmehr der Standpunkt, dass gläubige und ungläubige Menschen ihren eigenen spezifischen Wert haben. In diesem Zusammenhang möchte ich hier kurz meine eigenen Gefühle vorstellen: Muhammad, der Stolz der Menschheit, hat einen einzigartigen Rang, und sein Platz in unseren Herzen unterscheidet sich von allem anderen und ist über allem anderen außer Gott angesiedelt. Nach der Rückkehr von einem Besuch am Grab unseres Propheten war ich sehr traurig, dort nicht selbst gestorben zu sein. Ich sagte mir, wenn ich ihn wirklich lieben würde, hätte ich eigentlich an dem Eisengitter sterben müssen. Seit jeher verspüre ich eine extrem starke innere Verbundenheit zum Propheten. Selbstverständlich nimmt er einen wichtigen Platz in den Herzen der Muslime ein, und selbstverständlich möchten wir nicht, dass irgendjemand ihm irgendwie zu nahe tritt. Aber selbst diese starken Gefühle und Gedanken hindern mich nicht daran, mit jemandem zu reden, der nicht so denkt oder empfindet.

Toleranz und Zukunft

Auch wenn wir unterschiedliche Gefühle und Gedanken haben, sind wir Menschen doch alle Mitglieder einer Gesellschaft. Auch wenn wir in verschiedenen Fragen unterschiedlicher Meinung sind, leben wir doch alle in dieser Welt und sind alle Passagiere dieses einen Schiffes. Daher gibt es auch viele Gemeinsamkeiten, die Menschen aller Gesellschaftsschichten miteinander teilen.

Aller Wahrscheinlichkeit nach wird die Zeit alle Fragen beantworten und beweisen, dass diejenigen, die den Trend hin zur Toleranz initiierten, auf dem richtigen Weg waren. Die Zeit wird alle Gefühle und Gedanken an Groll und Rache vertreiben. Nur Gefühle der Liebe, der Vergebung, der Versöhnung und der Toleranz werden weiter Bestand haben. Tolerante Menschen werden eine Welt aufbauen, deren Fundament die Versöhnung ist. Diejenigen aber, die an Böswilligkeit, Hass und Zorn festhalten, werden im Brunnen der Intoleranz ertrinken. Mein Wunsch ist, dass diese Menschen aufwachen und nicht immer weiter in den Sumpf, in den sie gefallen sind, hineingezogen werden. Sonst werden wir um sie weinen müssen. Diesen Schmerz spüre ich bereits, und er beunruhigt mich zutiefst.

Wie verleihen wir der Atmosphäre der Toleranz Beständigkeit?

Wir Muslime haben nicht nur unser ‚Paradies' verloren, sondern auch einige andere Dinge, die uns einst auszeichneten: Wissen, Forschungsdrang, künstlerische Werke, Lehrmethoden, Methoden zur Organisation der Arbeit, Hilfsbereitschaft und die Begabung, im Buch des Universums zu lesen, gehörten zu den wichtigsten. Unser bedauerlichster Verlust jedoch ist die Toleranz - die Fähigkeit, alle Menschen unabhängig von allen Unterschieden in Meinung, Weltsicht, Ideologie, Ethnienzugehörigkeit oder Glauben annehmen zu können. Toleranz bedeutet jedoch noch mehr: so z.B. auch, Dinge in Kauf zu nehmen, die uns nicht gefallen, indem wir Kraft aus unserem Gewissen, aus unserem Glauben, aus einem großzügigen Herzen oder aus unseren Emotionen ziehen. Yunus Emre nähert sich dem Begriff Toleranz noch aus einer anderen Perspektive: „Tolerant sein heißt, das Erschaffene um des Schöpfers willen lieben."[17]

Das Erschaffene um des Schöpfers willen lieben

Die Liebe ist der Grund für die Existenz der Schöpfung, und sie ist die Essenz der Schöpfung. Sie ist das stärkste Band, das die Geschöpfe miteinander verbindet. Alles im Universum ist Gottes Werk, so auch die Menschheit. Wer sich ihr nicht in Liebe nähert, wird diejenigen, die Gott lieben, ebenso verletzen wie diejenigen, die von Ihm geliebt werden.

17　Yunus Emre (ca. 1238- ca. 1320); Dichter und Sufi mit großem Einfluss auf die türkische Literatur. Yunus Emre war sehr bewandert in der Sufiphilosophie (insbesondere in der Rumis), und wie jener entwickelte auch er sich zu einem führenden Repräsentanten des Sufismus in Anatolien (allerdings in erster Linie auf Volksebene).

Ähnlich verhält es sich auch in der Welt des Menschen: Wer also z.B. die Bilder eines Malers wie Picasso verachtet, verletzt damit sowohl den Künstler als auch seine Bewunderer. Wer sich vom Glanz des Alhambra-Palastes nicht beeindrucken lässt, bringt mit seiner Haltung Respektlosigkeit gegenüber diesem Meisterwerk und seinen Künstlern sowie gegenüber jenen zum Ausdruck, die für diesen Palast schwärmen.

Jeder Aspekt der überwältigenden Schönheit, Erhabenheit und Pracht des Universums liefert Beispiele für die Kunstfertigkeit Gottes. Menschen, Tiere und auch all die anderen Geschöpfe wurden mit einem Wesen erschaffen, das es wert ist, liebevoll von uns umarmt zu werden. Ihnen mit Gleichgültigkeit oder Herablassung zu begegnen, würde bedeuten, auch dem Schöpfer gleichgültig und herablassend entgegenzutreten. Unsere Haltung zur Schöpfung sollte zum Ausdruck bringen, dass wir sie um ihres Schöpfers willen lieben. Wenn Muslime über Waffen und Kriegswerkzeug oder über das Töten und Abschlachten von Menschen sprechen und auf diese Weise eine große Distanz zwischen sich und ihre Mitmenschen bringen, dann deutet das darauf hin, dass sie sich weit von ihrer Essenz entfernt haben.

In jüngster Zeit jedoch sollten wir dankbar sein, denn wir haben zur Toleranz zurückgefunden und sind dabei auf Spuren unseres verlorenen Paradieses gestoßen. Wir entdecken die Toleranz neu - einen Wert, dessen Wurzeln doch im Geist des Islams liegen und der uns vom Koran und vom Propheten ans Herz gelegt wurde. Deshalb begrüßen wir alle Aktivitäten, in denen Toleranz eine tragende Rolle spielt, und heißen den Geist der Toleranz mit offenen Armen willkommen. Neben den Institutionen, die in diesem Sinne aufgebaut wurden, finden auch alle freiwilligen Tätigkeiten in diese Richtung unsere volle Zustimmung. Im Koran heißt es:

> *Diejenigen, die da glauben und gute Werke tun - ihnen wird der Erbarmer Liebe zukommen lassen.* (19:96)

Mit anderen Worten: Diese Menschen werden von den Erdbewohnern ebenso geliebt werden wie von den Bewohnern der Himmel. In einem Hadith wird gesagt, dass Gott den Bewohnern der Himmel mitteilt, welche Menschen Er liebt, und ihnen empfiehlt, sie ebenfalls zu lieben. Dies wiederum führt dazu, dass die Erdbewohner umgekehrt auch die Bewohner der Himmel lieben. Die Saat, die mit der Toleranz gesät wurde, beginnt aufzugehen. Wenn die Zeit reif ist, wird sie in Blüte stehen und Früchte tragen. Wann dies soweit sein wird, hängt natürlich maßgeblich auch von der Unterstützung durch Zeitungen, Zeitschriften, Fernsehen und Stiftungen ab.

Von der Straße der Toleranz gibt es kein Zurück

Jede Anerkennung in den Himmeln bringt auch ein positives Echo auf der Erde mit sich. Das ist nicht zu übersehen, die Zeichen sind deutlich erkennbar. Den ‚Helden' der Liebe und der Toleranz stehen alle Türen offen. Und so darf durchaus behauptet werden, dass die Toleranz derzeit auf einem guten Weg des Wachstums hin zur Blüte ist. Zwar wurden, als die Saison der Toleranz anbrach, Konflikte inszeniert; es wurde versucht, die begonnenen Entwicklungen zu lähmen. Aber unterschiedliche Seiten, die früher nichts miteinander zu tun haben wollten, haben mit großer Weitsicht reagiert und konnten viel Unheil abwenden. Ich kann mir durchaus vorstellen, dass in der Zukunft noch viele weitere Intrigen gesponnen und Versuche unternommen werden, den Frieden zu stören. Doch wir, die wir diesen Prozess ja mit in Gang gesetzt haben, müssen entschlossen sein, ihn auch bis zum Ende durchzufechten. Wir müssen unser Bestes geben und so handeln, wie es der Koran empfiehlt:

> *Und diejenigen, die nichts Falsches bezeugen, und die, wenn sie unterwegs leeres Gerede hören, mit Würde (daran) vorbeigehen.* (25:72)

Im Handeln des Menschen spiegelt sich sein Charakter wider. Kultivierte Menschen lassen Nachsicht walten. Wenn jemand den Koran lächerlich macht oder die Gebete, das Fasten und die Keuschheit verspottet, sagt das einiges über seinen Stil und seinen Charakter aus. Aber als Gläubige sollten wir nicht aggressiv gegen solche Leute werden oder sie veralbern - selbst dann nicht, wenn uns ihr Verhalten absolut missfällt. Wir sollten nicht Aggressivität mit Aggressivität und Spott mit Spott vergelten. Dies betont auch ein Koranvers:

Sprich zu denen, die glauben, sie mögen denen vergeben, die nicht mit den Tagen Allahs rechnen. (45:14)

Hier spricht die Stimme unseres Gewissens. Wenn wir einen Blinden sehen, treten und schlagen wir ihn dann, oder ergreifen wir seine Hand und zeigen ihm den Weg? Die Ideengeber der Welt von morgen stehen in der Pflicht, die Missverhältnisse in der Gesellschaft zu beseitigen, das angegriffene Gleichgewicht wiederherzustellen und unerfreuliche Vorfälle mit Weitsicht zu behandeln. Ganz so, wie es in einem türkischen Sprichwort heißt „Nimm, was angenehm ist, und lasse aus, was Kummer bereitet!", sollten auch wir Abstand zu unerfreulichen Dingen wahren und keine Konflikte oder Störungen heraufbeschwören.

Wenn uns das gelingt, werden wir schon in kurzer Zeit wesentlich weiter sein als im Augenblick. Natürlich wird es daheim und in der Fremde immer wieder Versuche geben, dieses Gleichgewicht zu zerstören. Aber um des Aufblühens der Toleranz willen werden wir bei unseren Bemühungen, solchen Versuchen den Boden zu entziehen, viele Male sterben und wieder geboren werden. Allerorten werden wir den Strömen der Liebe begegnen, die aus den Augen und Herzen der Menschen fließen werden. Die Menschen werden einander in Liebe umarmen, und das 21. Jahrhundert wird, so Gott will, das Zeitalter der Toleranz werden. Nein, ein oder zwei von Toleranz geprägte Jahre reichen mir nicht aus. Ich spreche hier von mindestens ein oder zwei Jahrhunderten, oder von einer Ära der Toleranz, die bis zum Ende der Zeit reicht. Diese Ära möchte ich selbst gern noch erleben, deshalb gibt es auf dem einmal eingeschlagenen Weg kein Zurück mehr.

Toleranz und Dialog – zwei Rosen, die auf smaragdgrünen Hügeln wachsen

Ein Dialoggespräch zeichnet sich dadurch aus, dass zwei oder mehr Menschen zusammenkommen, um bestimmte Themen zu diskutieren; im Verlaufe dieser Begegnung entwickelt sich dann zwischen den Dialogpartnern zumeist eine freundschaftliche Verbindung. Im Zentrum des Dialogs stehen also Menschen. Am meisten profitieren vom Dialog diejenigen, die am aufrichtigsten sind und die besten Absichten verfolgen. Sie gehören selbst dann zu den Gewinnern, wenn andere sie für die Verlierer halten. Der Gesandte Gottes sagte: Taten werden nach ihren Absichten beurteilt[18], und legte Wert auf die Feststellung, dass die gute Absicht eines Gläubigen höher bewertet wird als sein Handeln. Wenn eine Tat auf guten Absichten gründet, wird sie zum Guten gereichen. Egal was man tut - wichtig ist in erster Linie, dass man gute Absichten hegt und das Wohlwollen Gottes sucht. Niemand sollte Beziehungen, die zwischen verschiedenen Gruppen im Namen von Liebe, Dialog und Toleranz geknüpft werden, gering schätzen oder schlecht machen.

Unsere Gesellschaft ist kaum in der Lage, weiteren Beben standzuhalten, nachdem sie bereits so oft verletzt und erschüttert wurde. Wenn dieses Volkes die Türken erneut unter das Joch antidemokratischer Einflüsse geraten sollte, und Logik und Urteilsvermögen von diesen Kräften an den Rand gedrängt werden sollten, dann wird es sich wohl nicht so schnell wieder erholen und um 15 oder gar 20 Jahre zurückgeworfen werden. Wir müssten uns dann möglicherweise von Zuständen verabschieden, nach denen wir uns schon immer gesehnt haben, die wir aber heute vielleicht sogar kritisieren. Deshalb sollten wir unsere Dia-

---

[18] Bukhari, *Bad' al-Wahy* 1, *Itq*, 6; Muslim, *Imarat*, 155; Abu Dawud, *Talaq*, 11

logbemühungen in dem festen Glauben angehen, dass Versöhnung gut ist (4:128), und unter Beweis stellen, dass wir auf Seiten des Friedens stehen - daheim wie auch in der Fremde. Der Friede besitzt im Islam einen extrem hohen Stellenwert. Kampf und Krieg sind lediglich sekundäre Phänomene, die an bestimmte Gründe und Bedingungen geknüpft sind. Sollte es uns nicht gelingen, in diesem Land eine Atmosphäre des Friedens zu schaffen, in der alle Menschen in Sicherheit und Harmonie zusammenleben können, werden wir uns selbst vorhalten müssen, der Gesellschaft und der ganzen Menschheit keinen guten Dienst erwiesen zu haben.

Missverständnisse in bezug auf den Islam

Wenn wir uns dem Thema aus einer anderen Perspektive nähern, werden wir feststellen, dass Muslime oft missverstanden wurden und sich als Resultat dessen großem Druck und Beleidigungen ausgesetzt sahen. Viele Muslime wurden ihrer fundamentalen Rechte beraubt, z.B. mit Berufsverboten belegt. Einige dieser Sanktionen wurden im Namen von Tugenden wie Humanismus, Menschenrechten, Großzügigkeit, Liebe und Toleranz verhängt - von Tugenden also, die doch eigentlich Charakteristika des Islams sind. Leider wurden genau diese charakteristischen Merkmale und Tugenden des Islams missbraucht und gegen gläubige Menschen verwendet. Interessengruppen, die dem Islam und den Muslimen weder hier in der Türkei noch anderswo Raum zum Atmen lassen möchten, sind ja bereits in der Vergangenheit auf ähnlich subtile und hinterlistige Art und Weise vorgegangen. Was oft in Abrede gestellt wurde, ist aber wahr: Ein aufrechter Muslim kann niemals ein Fanatiker sein. Zwar gibt es auch unter den Muslimen Fanatiker. Daraus darf man aber auf keinen Fall schließen, dass Muslime generell Toleranz und Nachsicht ablehnen. Welchen Schaden haben Muslime bis zum heutigen Tage angerichtet, was und wem haben sie Böses getan?

Bestimmte Muslime mögen zwar gute Absichten verfolgen, bedienen sich aber falscher Stereotypen und wiegen mit falsch geeichten Waagschalen. Sie haben es zu verantworten, dass sich die Mehrheit der Muslime im Namen von Liebe, Toleranz, Freiheit und Demokratie permanent falschen Anschuldigungen ausgesetzt sieht, obwohl sie doch niemanden schädigen. Sie zwingen sie, immer wieder betonen zu müssen, dass sie nicht so sind, wie sie stets dargestellt werden.

Die wahren und vorbildlichen Muslime haben - ebenso wie die Quellen, die sie in Händen halten - immer wieder neue Formen der Schönheit hervorgebracht. Anders könnte es auch nicht sein; denn im Koran, in der Sunna und in den wissenschaftlichen Interpretationen der großen Gelehrten findet sich nicht die Spur einer Haltung, die Liebe, Toleranz und Dialog entgegenstehen würde. Diese Quellen fordern uns vielmehr dazu auf, auf einander zuzugehen und unsere Gefühle und Gedanken einander mitzuteilen. Ich kann mir beim besten Willen nicht vorstellen, dass eine Religion, die das Wohl aller Menschen im Sinn hat und ausnahmslos allen Menschen Erlösung verheißt, etwas anderes verkünden würde. Die folgenden Koranverse bringen diese Wahrheit sehr schön zum Ausdruck:

> *Und wenn ihr verzeiht und Nachsicht übt und vergebt, dann ist Allah vergebend, barmherzig.* (64:14)
>
> *Allah verbietet euch nicht, gegen jene, die euch nicht des Glaubens wegen bekämpft haben und euch nicht aus euren Häusern vertrieben haben, gütig zu sein und redlich mit ihnen zu verfahren; wahrlich, Allah liebt die Gerechten.* (60:8)
>
> *Sprich zu denen, die glauben, sie mögen denen vergeben, die nicht mit den Tagen Allahs rechnen, auf dass Er die Leute für das belohne, was sie verdienen.* (45:14)

Wenn wir in den Koran schauen, werden wir feststellen, dass er quasi in Liebe gegossen ist. Daher sollten die Gläubigen jene Schönheiten, die uns ja bereits gehören, wieder für sich reklamieren und so das negative Image der Muslime aufpolieren. Lange Zeit wurde der Welt ein eher unvorteilhaftes Bild der Muslime vermittelt; deshalb liegt es nun an uns, den Menschen, die sich für zivilisiert halten, mit Hilfe von ‚sanften Argumenten' das eigentliche Gesicht des Islams zu zeigen. Wir sollten dem Einzigartigen Gerechten Gott unendlich dankbar dafür sein, dass Er uns Seine Gunstbeweise gewährt und uns Verfechter der Wahrheit und Helden der Liebe geschickt hat, die die Botschaften von Liebe, Toleranz und Dialog in die Welt hinaus tragen und mit ihrer Liebe versuchen, ein ‚neues Bild' der Muslime zu zeichnen.

Das Streben nach dem Wohlgefallen Gottes

Kein Muslim kann durch Liebe, Toleranz und Dialog irgendetwas verlieren. Alle Muslime streben nach dem Wohlgefallen Gottes; dieses zu erlangen, ist der größte Erfolg, den sie erringen können. Daher werten Muslime einige Resultate, die oberflächlich betrachtet wie Misserfolge erscheinen, durchaus als Erfolge. Resultate wiederum, die auf den ersten Blick positiv erscheinen mögen, werten sie unter Umständen als negativ.

Keinen Zweifel hegen Muslime am Islam, an dessen heiligem Buch, dem Koran, oder an seinem erhabensten Repräsentanten Muhammad, dem Stolz der Menschheit. Wir wissen, dass der Islam trotz aller Hindernisse auf dem Weg in die Zukunft voranschreitet. Jede Aussage des Korans lässt sich durch den Verstand beweisen. Der Koran ist ein Buch, das stark genug ist, alle Probleme der Zukunft zu lösen. Der Fürst unter den Propheten, von dem Bernard Shaw sagte, er löse alle Probleme so mühelos, als tränke er dabei eine Tasse Kaffee, wurde zu den Menschen gesandt, damit er ihnen Lösungen für all ihre Probleme bis zum Jüngsten Tag präsentiere. Und wie schon in den vergangenen Jahrhunderten werden auch die Probleme unseres Zeitalters und der kommenden Zeitalter, die heute noch weit von einer Lösung entfernt zu sein scheinen, irgendwann von Architekten mit Herz und Verstand, deren Ansätze auf diese heiligen Quellen gründen, ausgeräumt werden. Wir zweifeln absolut nicht daran, dass die strahlend schönen Formulierungen und Feststellungen des Korans und unseres Propheten dauerhafte Lösungen für unzählige Probleme liefern. Meiner Meinung nach werden all diejenigen, in deren Gepäck sich diese Lichtquellen finden, niemals vom Erfolg verlassen werden - wohin auch immer sie sich wenden und mit wem auch immer sie in Dialog treten mögen. Wir brauchen uns keine Sorgen zu machen. Wichtig ist nur, dass wir die Quellen, die wir besitzen, zu schätzen wissen und, wann immer es nötig ist, aus ihnen schöpfen. Allerdings sollten wir aufpassen, dass wir nicht den Fehler begehen, mit diesen Quellen unsere Sünden oder unsere körperlichen und weltlichen Gelüste zu rechtfertigen. Die Unterstützung und Rechtleitung dieser Quellen sollten uns allein dazu dienen, das Wohlwollen Gottes anzustreben und uns auf das kommende Leben vorzubereiten.

Genauso wenig wie wir auch nur die leisesten Zweifel am Koran, am Propheten und an deren Gerechtigkeit hegen, gibt es irgendeinen Grund dafür, warum andere Menschen an uns zweifeln sollten. Wenn einige dies dennoch tun, so liegt das unter Umständen daran, dass sie nicht genug Vertrauen in ihre eigenen Kräfte und Quellen haben.

Ohne Fäuste gegen jene, die uns schlagen, ohne Schmähungen gegen jene, die uns beleidigen[19]

Vom Tag ihrer Gründung an hat die ‚Stiftung der Journalisten und Schriftsteller' wichtige Veranstaltungen organisiert, selbst wenn nicht alles immer hundertprozentig nach Wunsch verlief. Leider war es mir selbst jedoch nicht möglich, aktiv an all diesen Aktivitäten teilzunehmen. Deshalb möchte ich ihren Erfolg auch nicht für mich beanspruchen.

Der Stiftung gelang es z.B., prominente Fußballspieler aus aller Welt für ein Benefizspiel zu Gunsten Bosnien-Herzegowinas zu gewinnen. Jahr für Jahr bringt sie bestimmte gesellschaftliche Gruppen zusammen, die auf unterschiedlichen Plattformen einen Gedankenaustausch pflegen. Unabhängig von persönlichen Ideen und Neigungen werden dort bestimmte Themen vorgeschlagen, die offen diskutiert werden. Bei diesen Gelegenheiten durften wir erkennen, dass es keinen Grund gibt, uns voreinander zu fürchten, und dass jeder mit jedem diskutieren kann. All dies war uns zuvor nicht möglich - wohl deshalb, weil wir uns lange Zeit falschen Vorstellungen hingegeben und unsere persönliche Verantwortung für unsere Mitmenschen vernachlässigt haben.

In der Türkei gilt die Stiftung heute als Repräsentantin der Toleranz, und tatsächlich identifiziert sie sich auch mit dieser Rolle. Ihr Name und der Begriff Toleranz werden fast immer in einem Atemzug genannt. Leider hat das positive Bild der Stiftung auch viele Neider auf den Plan gerufen, die ähnliche alternative Projekte aus der Taufe hoben. Inzwischen jedoch stimmen sie alle den gleichen Ton an. Deshalb glaube ich, dass

---

[19] Diese Rede hielt Fethullah Gülen anlässlich eines gemeinsamen Abendessens, zu dem die ‚Stiftung der Journalisten und Schriftsteller' im Monat Ramadan des Jahres 1995 in Istanbul geladen hatte.

die Toleranz an der Basis immer schneller um sich greifen und schließlich das ganze Land durchdringen wird. Wenn Gott will, werden wir - wie ein befreundeter Künstler es formulierte - Kopf an Kopf, Herz an Herz und Hand in Hand einer glücklichen Zukunft entgegengehen.

Der Prophet Muhammad sagte kurz vor seinem Tod und seinem Hinübergleiten in die kommende Welt:

> *Ich übergebe die Menschen des Buches, die Christen und die Juden, in eure Obhut.*[20]

Nachdem Umar niedergestochen worden war, warnte er auf der Schwelle des Todes:

> „Ich übergebe die Menschen des Buches unter uns in eure Obhut. Fürchtet Gott in dieser Hinsicht und behandelt sie gerecht!"[21]

Nach seinem Sieg in der Schlacht von Malazgirt[22] lud der türkische Sultan Alparslan[23] die Heerführer und Staatslenker seines unterlegenen Rivalen in sein Zelt ein. Anschließend ließ er sie von einigen seiner Offiziere auf sicherem Wege in ihre Hauptstadt Konstantinopel (das heutige Istanbul) eskortieren. In Jerusalem suchte der Befehlshaber und Herrscher Sultan Saladin Ayyubi nachts das Zelt Richards, des Heerführers der Kreuzfahrer, auf, um dessen Wunden zu behandeln – und das, obwohl Richards Streitmacht bereits Tausende von Muslimen getötet hatte.

Wir sind die Kinder einer Kultur, aus der Menschen wie diese hervorgegangen sind. Wir sind die Erben jener Kultur, die den Menschen die am weitesten gehende und umfassendste Form der Toleranz bescherte. Dieses Konzept schwappt heute wie die Wellen des Meeres über die ganze Welt. Ich bin voll und ganz davon überzeugt, dass die kommenden Jahre Jahre der Toleranz und der Liebe sein werden. Wir werden

---

20 Abu Dawud, *Imarat*, 33; Muttaqi al-Hindi, *Kanz al-Ummal*, 4.362
21 Yahya ibn Adam, *Kitab al-Kharadsch*, 54
22 Die Schlacht von Malazgirt (oder Manzikert) wurde 1071 ausgefochten. In ihr standen sich der byzantinische Kaiser Romanus IV. Diogenes und Alparslan, der Sultan der Seldschukentürken, gegenüber. Die Niederlage des Kaisers hatte zur Folge, dass die Seldschuken weite Teile Anatoliens erobern konnten.
23 Sultan Alparslan (1032-1072) war der bedeutendste und berühmteste Seldschukensultan. Mit seinem Sieg über die Byzantiner öffnete er den Seldschuken das Tor nach Anatolien.

der Welt dabei viel geben, aber auch viel von ihr zurückbekommen. Nicht nur innerhalb unseres eigenen Volkes werden wir Frieden wahren, sondern auch fremden Kulturen und Zivilisationen oder Menschen mit einem anderen Glauben oder einer anderen Weltanschauung friedfertig gegenübertreten. Themen, die Meinungsverschiedenheiten und Konflikte bergen, werden in Ruhe analysiert werden, und die Energie der Liebe und des Mitgefühls wird uns genug Kraft spenden, uns unseren Mitmenschen zu öffnen. Mit der Unterstützung Gottes werden wir in der Lage sein, uns auf die wichtigsten Aspekte von Dialog und Toleranz zu konzentrieren - auf Themen also, über die in der Welt von heute dringender Diskussionsbedarf besteht.

Im Gespräch mit Herrn Izzettin Dogan[24] fiel mir einmal spontan eine wichtige Begebenheit aus der islamischen Geschichte ein: Bezug nehmend auf die Kharidschiten[25], die gegen die rechtmäßige Regierung rebellierten und sich in der Stadt Nahrawan sammelten, um ihn zu attackieren, sagte der Kalif Ali: „Es wäre unangemessen gewesen, wenn wir sie angegriffen hätten, bevor sie uns angriffen."

Unsere Kultur ist geprägt von Persönlichkeiten wie ihm. Heute, da wir so dringend auf Toleranz angewiesen sind, setzen sich - der Barmherzigkeit Gottes sei Dank - alle gesellschaftlichen Sektoren für Toleranz und Dialog ein; und all das Gute und Positive, das aus dieser gemeinschaftlichen Initiative hervorgeht, breitet sich noch schneller als erhofft in alle Richtungen aus.

Vielleicht sind meine Ausführungen in diesem Punkt etwas weitschweifend, doch bevor ich mich einem anderen Thema zuwende, möchte ich Ihnen noch kurz einige meiner Sorgen nahebringen. Unendlich lange hat sich die von inneren Konflikten zerfressene türkische Gesellschaft nach Toleranz gesehnt. Als wir sie dann entdeckten, folgten jedem unserer Schritte in diese Richtung sogleich drei weitere Schritte von Seiten der Gesellschaft. Doch schon bald darauf begannen bestimmte schwache und nicht nennenswerte Elemente, angesichts dieser Entwicklung

---

[24] Dr. Izzettin Dogan (geb. 1940); Professor für Rechtswissenschaft und zurzeit Präsident der Cem Vakfi, einer Stiftung türkischer Alewiten

[25] Die Kharidschiten waren eine Minderheit, die sich von der Gemeinschaft der Muslime lossagte und den Kalifen Ali ermordete.

zu toben und zu wüten. Mit ihrer Destruktivität stellten sie ihre eigene Schwäche unter Beweis. Sie gebärdeten sich stark, schlugen aus dem Hinterhalt auf die Toleranz ein und versuchten, alle Brücken zum Dialog in die Luft zu sprengen. Ich befürchte, dass uns in naher Zukunft noch harte Zeiten bevorstehen. Unser Volk, das bereits viele schwere Prüfungen bestanden hat, wird sich aber solidarisch auf diese neuerlichen Prüfungen vorbereiten und so jedes Hindernis auf dem Weg zur sozialen Harmonie überspringen.

Das, wonach wir suchen, ist sehr wertvoll. Wir müssen uns darauf einstellen, dass wir unsere Ziele Toleranz und Dialog möglicherweise teuer werden erkaufen müssen. In den Besitz wertvoller und außergewöhnlicher Dinge zu gelangen, ist bereits nicht einfach - ebensowenig wie diese anschließend auch zu bewahren. Mit unserem Streben nach sozialer Ausgewogenheit durch Dialog und Toleranz verfolgen wir aber noch ein weiteres Ziel: Gott prüft uns auf unterschiedliche Art und Weise, damit wir realisieren, wie wichtig diese Werte sind, und für sie eintreten. Alle diese Prüfungen wollen wir auf uns nehmen und mit Yunus Emre sagen:

> *„Wenn uns von der Majestät Gottes Härte*
> *oder von Seiner Gnade Großzügigkeit zuteil wird,*
> *sind beides Wonnen für die Seele.*
> *Seine Gunstbeweise sind ebenso wohl tuend wie Sein Zorn."*

Gegen jene, die uns schlagen, sollten wir uns ohne Fäuste zur Wehr setzen, und ohne Schmähungen sollten wir jenen Widerstand leisten, die uns beleidigen. Selbst wenn sie 50-mal versuchen sollten, uns zu zerbrechen, sollten wir ungebrochen aufrecht stehen bleiben und alle Welt in unsere Liebe und unser Mitgefühl mit einschließen. In Liebe füreinander werden wir der Zukunft entgegen gehen.

Der Islam - eine Religion der Toleranz

Das Wort Islam ist aus der gleichen arabischen Wortwurzel abgeleitet wie die Wörter Silm und Salama. Islam bedeutet Hingabe, Anleiten zu Frieden und Heil, Herstellen von Sicherheit und Harmonie.

Der Islam ist die Religion der Zufriedenheit, der Sicherheit und des Friedens. Diese Prinzipien sind im Leben des Muslims allgegenwärtig. Mit Beginn seines Gebets durchtrennt er alle Stricke, die ihn mit der Welt verbinden. Er verbeugt sich vor Gott und wirft sich zu Boden, dann steht er aufrecht, die Hände aus Respekt gefaltet. Er beschließt sein Gebet, indem er jene, die links und rechts von ihm stehen, grüßt und ihnen Gesundheit, Sicherheit und Frieden wünscht. Nun fühlt er sich, als beginne er ein neues Leben. Er geht von dannen und nimmt seine Tagesaktivitäten wieder auf.

Das Grüßen der Mitmenschen und der Friedenswunsch gehören zu den ehrwürdigsten Handlungen im Islam. Als man den Propheten Muhammad einmal fragte: „Was ist die ehrwürdigste aller Handlungen?", antwortete er: *Anderen Speise zu geben und alle zu grüßen, die man kennt und nicht kennt.*[26]

Der Islam unter Terrorverdacht

Dass ausgerechnet der Islam, der auf diesen Stützpfeilern gründet, von manchen als terroristisch eingestuft wird, ist eine Schande und ein großer historischer Fehler. Denn wie an anderer Stelle bereits ausgeführt wurde, gilt: Wenn ein System, das auf Frieden und Sicherheit gründet, mit dem Phänomen des Terrors in Verbindung gebracht wird, dann kündet dies zuallererst davon, dass der Geist des Islams nach wie vor vielen unbe-

---

[26] Abu Dawud, *Adab*, 142

kannt ist. Man sollte den Islam anhand von dessen ureigenen Quellen und Repräsentanten in der Geschichte zu verstehen versuchen, und nicht anhand von Informationen, welche von einer kleinen Minderheit gestreut werden, die ihn falsch interpretiert. Die Wahrheit ist, dass der Islam keinen Raum für übertriebene Härte und Fanatismus bietet. Der Islam ist eine Religion der Barmherzigkeit und der Toleranz. Rechtschaffene Menschen voller Liebe und Toleranz wie Mawlana Dschalal ad-Din ar-Rumi, Yunus Emre, Ahmed Yesevi[27], Bediuzzaman Said Nursi und ähnliche haben diesen Aspekt des Islams auf schönste Art und Weise zum Ausdruck gebracht und sind als Vorbilder der Liebe und der Toleranz in die Geschichte eingegangen.

Der Dschihad ist *ein* Element des Islams, das auf bestimmten Prinzipien basiert. Sein Ziel ist das Ausräumen aller Hindernisse, die sich der Verteidigung Gottes oder der Erhöhung Seines Namens in den Weg stellen. Natürlich wird es Kriege und Kämpfe auch in Zukunft geben. Sie sind eine unvermeidliche Realität der Menschheit. Doch wenn bestimmte Leute behaupten, der Dschihad sei das wesentliche Merkmal des Islams, interpretieren sie die Koranverse, die dem Propheten Muhammad von Gott offenbart wurden, falsch und verallgemeinern sie auf unzulässige Art und Weise. Diesen Leuten, die den wahren Geist des Islams nicht erfassen können, gelingt es nicht, eine Balance zwischen diesem Element und anderen sowohl weitreichenderen als auch wichtigeren Elementen zu finden. Sie verzehren sich vor Hass und missverstehen den Islam. Die Herzen aufrechter Muslime hingegen fließen über vor Liebe und Zuneigung für die ganze Schöpfung. Ein Dichter schrieb einmal:

> *„Muhammad wurde von Liebe hervorgebracht;*
> *was sollte ohne ihn aus der Liebe werden?"*

Die Liebe ist die Essenz der Schöpfung

Muhammad war ein liebevoller Mensch. Man nennt ihn daher auch *Habibullah* - der, der Gott liebt und von Gott geliebt wird. Mystiker wie Imam

---

[27] Ahmed Yesevi (gest. 1166); Sufidichter und einer der ersten türkischen spirituellen Führer. Yesevi besaß großen Einfluss auf die Entwicklung der mystischen Orden in der türkisch-sprachigen Welt.

Rabbani[28], Mawlana Khalid[29] und Schah Walliyullah[30] sind übereinstimmend zu dem Schluss gelangt, dass der höchste Rang des Menschen der Rang der Liebe ist.

Gott hat die gesamte Schöpfung als Manifestation Seiner Liebe zu Seinen Geschöpfen erschaffen, und aus dieser Liebe selbst modellierte er den Islam. Den Worten eines weiteren Mystikers zufolge ist die Liebe der *Raison d'etre* (Existenzgrund) dieses Universums. So wie die Liebe und das Mitgefühl eine Mutter zwingen, in die Operation ihres Kindes einzuwilligen, damit dieses am Leben bleiben kann, gestattet der Dschihad den Krieg, um so fundamentale menschliche Werte wie das Recht auf Leben und das Recht auf Religionsfreiheit zu sichern. Dschihad lässt sich aber auf keinen Fall allein mit Krieg übersetzen.

Ein Freund sagte einmal zu mir: „Du triffst dich mit allen möglichen Leuten, ohne darauf zu achten, welchen Glauben sie haben. Eine solche Haltung beraubt uns aber unserer Achtsamkeit gegenüber möglichen Gegnern. Ein islamisches Prinzip lautet doch, Dinge oder Menschen zu lieben, die auf dem Wege Gottes geliebt werden müssen, und Missfallen zu zeigen gegen Dinge oder Menschen, gegen die auf dem Wege Gottes Missfallen gezeigt werden muss." Missfallen zeigen auf dem Wege Gottes - diese Formulierung bezieht sich jedoch nur auf Gefühle, Gedanken und Attribute. Im Islam gilt, dass alles, was erschaffen wurde, im Namen Gottes geliebt werden sollte. Missfallen zeigen sollen wir also nur gegen Dinge wie die Unmoral, den Unglauben und den Vielgötterglauben, nicht aber gegen die entsprechenden Menschen. Dieses Prinzip wird oft

---

28 Imam Rabbani (Shaykh Ahmad as-Sirhindi 1564?-1624); indischer Sufi und Theologe, der die Prinzipien des islamischen Glaubens und der Sufitradition in Indien neu belebte und sich damit gegen die synkretistischen religiösen Tendenzen unter Mogulkaiser Akbar auflehnte. Posthum wurde ihm der Titel ‚Mudschaddid al-Alf ath-Thani' (Erneuerer des zweiten islamischen Jahrtausends verliehen.

29 Mawlana Khalid al-Baghdadi (1778-1827); Sufischeich, der als Erneuerer des 13. islamischen Jahrhunderts gilt. Der Khalidi-Orden, ein Zweig des Naqschbandi-Ordens, erlebte unter seiner Führung eine Blütezeit und erwarb sich bis Ende des 19. Jahrhunderts eine große Anhängerschaft.

30 Schah Walliyullah Muhaddith von Delhi (1702-1762); berühmter Gelehrter des 12. islamischen Jahrhunderts, der auch ‚Khatam al-Muhaddithin' (Siegel der Hadithgelehrten) genannt wurde.

missverstanden; denn der Aufforderung, auf dem Wege Gottes zu lieben, gemäß gilt im Islam die ganze Schöpfung als liebenswert.

Diesen Maßstab legte auch unser Prophet an und zollte jedem Individuum Respekt. Was sich hinter bestimmten Muslimen oder Institutionen von Muslimen verbirgt, die den Islam fehl interpretieren und Terroranschläge verüben, darf nicht im Islam, sondern muss in ihrem persönlichen Hintergrund, in ihren Fehlinterpretationen oder in anderen Faktoren gesucht werden. Ebenso wenig wie der Islam eine terroristische Religion ist, kann ein Muslim, der den Islam richtig versteht, ein Terrorist sein.

Wenn es uns gelingt, in der ganzen Welt ein Islamverständnis zu etablieren, das von Säulen der Liebe wie Rumi oder Yunus Emre geprägt ist, und wenn wir es schaffen, ihre Botschaft der Liebe, des Dialogs und der Toleranz auch jenen Menschen zu übermitteln, die nach dieser Botschaft dürsten, dann werden Menschen aus aller Welt in die weit ausgebreiteten Arme der Liebe, des Friedens und der Toleranz eilen.

Die Toleranz des Islams ist so weit reichend, dass der Prophet sogar das Ausstoßen von Beleidigungen untersagte. Trotz aller aufopferungsvollen Bemühungen des Propheten starb sein Zeitgenosse Abu Dschahl, ohne sich zum Islam bekannt zu haben. Im Arabischen bedeutet *dschahl* unwissend. Sein Unglaube und seine Feindseligkeit gegenüber dem Propheten waren so groß, dass er sich seinen Beinamen wirklich verdiente: Abu Dschahl - Vater der Unwissenheit und der Unverfrorenheit. Seine unermüdliche Gegnerschaft schmerzte die Muslime wie ein Dorn in der Haut. Doch trotz all dieser Feindseligkeiten tadelte der Prophet in einer Versammlung, in der auch Ikrima, der Sohn Abu Dschahls, anwesend war, einen Gefährten, der Abu Dschahl beleidigte: *Kritisiere nicht andere Menschen, indem du ihre Väter beleidigst!*[31]

Bei anderer Gelegenheit sagte der Prophet: *Den eigenen Vater und die eigene Mutter zu verfluchen, ist eine große Sünde.* Da fragten ihn die Gefährten: „O Gesandter Gottes, wer würde denn seine eigenen Eltern verfluchen?" Darauf erwiderte er: *Wenn jemand den Vater eines anderen Menschen verflucht, und dieser andere dann im Gegenzug seinen Vater ver-*

---

31 Hakim, *Al-Mustadrak*, 3:241; Muttaqi al-Hindi, *Kanz al-Ummal*, 13:540

flucht, oder wenn jemand die Mutter eines anderen Menschen verflucht, und dieser andere dann im Gegenzug seine Mutter verflucht, dann ist das so, als hätten sie beide ihre eigenen Eltern verflucht.[32]

Während der Prophet selbst außergewöhnlich sensibel war, wenn es darum ging, andere zu respektieren, zitieren heute viele Menschen die Religion nur deshalb, um ihre Mitmenschen anzugreifen. Dies bedeutet, dass sie den Islam nicht richtig verstanden haben. Im Islam ist für Hass und Feindseligkeit kein Platz.

Der Koran ermahnt uns, Barmherzigkeit und Toleranz walten zu lassen. Dort heißt es:

> ...die da spenden in Freud und Leid und den Groll herunterschlucken und den Menschen vergeben. Und Allah liebt die Rechtschaffenen. (3:134)

Mit anderen Worten: Muslime sollten keine Vergeltung üben, wenn sie verbal attackiert werden. Wenn möglich sollten sie sich - wie Yunus Emre es ausdrückt - so verhalten, als hätten sie keine Zunge, mit der sie antworten und kein Herz, mit dem sie sich ärgern können. Sie sollten ihre Wut herunterschlucken und ihre Augen vor den Fehlern anderer verschließen. In diesem Zusammenhang sind die arabischen Wörter des Verses sehr vielsagend: *Kazama* heißt nämlich ‚schlucken, was nicht geschluckt werden kann', während mit *Kazim* derjenige bezeichnet wird, der seine Wut hinunterschluckt.

In einem anderen Vers, wo es um die Charaktereigenschaften der Muslime geht, heißt es:

> ...und diejenigen, die nichts Falsches bezeugen, und die, wenn sie unterwegs leeres Gerede hören, mit Würde (daran) vorbeigehen. (25:72)

Wenn wir einen Blick auf das gesegnete Leben des Propheten Muhammad werfen, erkennen wir sofort, dass er alles, was er im Koran verkündete, auch selbst vorlebte. Zu einem Mann, der zu ihm kam, weil er Ehebruch begangen hatte und nun bereit war, jeden Preis für die Tilgung seiner Sünde zu zahlen, sagte er: *Geh nach Haus, und bereue! Es gibt keine Sünde, die Gott nicht vergibt.* Ein anderer Hadith berichtet

---

[32] Muslim, *Iman*, 145; Tirmidhi, *Birr*, 4

davon, dass ein Mann einen anderen Mann vor dem Propheten beschuldigte, ihm etwas gestohlen zu haben. Als die Strafe dann verhängt werden sollte, überlegte es sich der Bestohlene anders und verzieh dem Dieb. Muhammad aber fragte ihn: *Warum hast du ihm nicht sofort verziehen?*[33]

Wer all diese Beispiele unter Verwendung der Originalquellen eingehend studiert, wird einräumen müssen, dass das Verhalten von Menschen, die anderen Menschen mit Hass und Feindseligkeit begegnen und deren Ablehnung von Muslimen, Juden und Christen, ja sogar von sich selbst, von einer Wut getrübt ist, die sie dazu verleitet, jene als Ungläubige zu verleumden, auf keinen Fall im Einklang mit dem Islam steht. Denn der Islam ist eine Religion der Liebe und der Toleranz, und ein Muslim ist ein Mensch, der sich von allen terroristischen Akten fern hält und sich von allem Hass und aller Feindseligkeit befreit.

---

[33] Muslim, *Hudud*, 17,23; Bukhari, *Hudud*, 28

Der Islam - die Religion der universellen Barmherzigkeit

Das Leben ist der größte und offensichtlichste Gunstbeweis Gottes, des Allmächtigen, und das wahre und ewig währende Leben ist das Leben im Jenseits. Der Mensch kann sich dieses Leben verdienen, indem er sich bemüht, das Wohlgefallen Gottes zu finden. Aus Mitgefühl und um ihm dabei zu helfen, hat Gott ihm die Propheten gesandt und Seine Heiligen Schriften offenbart. In der Sure *Ar-Rahman* spricht Er von Seinen Gunstbeweisen:

> *Der Erbarmer hat den Koran gelehrt. Er hat den Menschen erschaffen. Er hat ihm das deutliche Reden beigebracht.* (55:1-4)

Alle Prüfungen unseres Lebens auf Erden sind ein Test für das Jenseits, und jeder Mensch wird permanent auf die Probe gestellt. Jede unserer Bemühungen kündet von einer Ordnung, und jede unserer Leistungen birgt Mitgefühl. Einige ‚Naturereignisse' und soziale Umwälzungen der menschlichen Ordnung, die uns auf den ersten Blick fatal erscheinen mögen, sind in Wirklichkeit sehr wohl mit der Barmherzigkeit Gottes in Einklang zu bringen. Sie ähneln dunklen Wolken, Blitzen oder Donner, die uns zwar erschrecken mögen, aber dennoch gute Kunde in Form von Regen bringen. Das ganze Universum - von den kleinsten Teilchen bis hin zu den gewaltigsten Galaxien - singt das Loblied des Mitfühlenden Einen.

In der Sprache der muslimischen Gelehrten heißt das Universum ‚das erschaffene Buch Gottes'. Dieses Buch entspringt Seiner Willenskraft. Ein Buch zu verfassen, das niemand lesen könnte, wäre jedoch vergebliche Mühe, und Gott steht weit über jedem sinnlosen Handeln. Deshalb hat Er uns Muhammad geschickt, der uns die Bedeutung des Universums erläutern sollte. Über die Person des Muhammad und den Koran übermittelte Er uns Menschen Seine Gebote. Nur wenn der

Mensch diese Gebote beachtet, kann er ein glückliches ewiges Leben erlangen. Der Koran stellt die letzte und umfassendste Form der Offenbarung dar. Der Islam ist die letzte, vollkommene und universelle Religion, und der Prophet Muhammad ist die Verkörperung des Mitgefühls Gottes. Er wurde von Gott als eine Gnade für alle Welten entsandt.

Der Prophet Muhammad ähnelt einer Quelle reinen Wassers im Herzen einer Wüste oder einer Lichtquelle in der Dunkelheit, die das Universum einhüllt. Wer sich an diese Quelle hält, kann so viel Wasser aus ihr schöpfen, bis er seinen Durst gestillt hat, sich von allem spirituellen und intellektuellen Schmutz gereinigt hat und fortan vom Licht des Glaubens durchdrungen ist.

Die Gnade Gottes fungierte in den Händen des Propheten wie ein magischer Schlüssel. Mit diesem Schlüssel öffnete er selbst verhärtete und eingerostete Herzen, von denen niemand mehr glaubte, dass sie sich jemals wieder öffnen ließen, und entzündete in ihnen eine Fackel des Glaubens.

Der Gesandte Gottes verkündete den Islam, die Religion der universellen Gnade. Doch trotz alledem klagen gewisse selbst ernannte ‚Meister des Humanismus' den Islam an, eine ‚Religion des Schwertes' zu sein. Sie haben Unrecht. Sie trauern, wenn irgendwo auf der Welt irgendwelche Tiere zu Tode kommen, und sie erheben die Stimme, wenn einer der Ihren verletzt wird. Wenn aber Muslime ermordet werden, zucken sie nicht einmal mit der Wimper. Ihre Weltsicht gründet auf persönlichen Interessen. In diesem Zusammenhang sei auch noch darauf hingewiesen, dass der Missbrauch des Mitgefühls genauso schlimm sein kann, wie überhaupt kein Mitgefühl zu haben. Manchmal kann er sogar noch schlimmer sein.

Das Gemisch von Sauerstoff und Wasserstoff ist, wenn die beiden Stoffe im richtigen Mischverhältnis zueinander stehen, für das Leben des Menschen unverzichtbar. Doch wenn sich dieses Verhältnis ändert, erhält jeder der beiden Stoffe seine ursprüngliche Identität zurück und entzündet sich leicht. Auch für das Mitgefühl gilt: Es ist äußerst behutsam zu handhaben und nur an diejenigen zu verschenken, die es wirklich verdienen. Mitgefühl für einen Wolf regt nur dessen Appetit an. Er wird sich nicht mit dem zufrieden geben, was er bekommt, sondern immer mehr verlangen. Mitgefühl für einen aufsässigen Menschen wird diesen nur noch aggressiver machen und ihn dazu ermutigen, andere zu beleidigen. Mitgefühl erfordert vielmehr, dass man Menschen davor bewahrt, etwas Falsches zu tun. Der Gesandte Gottes sagte: *Hilf deinem Bruder, egal ob er gerecht oder ungerecht ist.* Die Gefährten fragten ihn daraufhin: „Wie können wir einem ungerechten Bruder helfen?" Also entgegnete er ihnen: *Ihr helft ihm, indem ihr ihn davor bewahrt, ungerecht zu handeln.* Mitgefühl verlangt also auch, dass jemand, der sich daran erfreut, Gift wie eine Schlange zu verspritzen, entweder seines Giftes beraubt oder davon abgehalten wird, andere zu vergiften. Anderenfalls würden wir die Verwaltung dieser Welt den ‚Kobras' "erlassen.

Das Mitgefühl des Gesandten Gottes galt allen Geschöpfen. Er war sowohl ein unbesiegbarer Oberbefehlshaber als auch ein fähiger Staatsmann. Er wusste, dass er unterdrückte und ungerecht behandelte Menschen keiner Gewaltherrschaft ausliefern durfte. Und so lehnte er es ab, die Welt den blutrünstigen und mordlustigen Menschen zu überlassen. Sein Mitgefühl versprach ein Leben in größter Sicherheit vor den Angriffen der Wölfe. Er wünschte sich, dass alle Menschen Rechtleitung erfuhren. Dies war seine größte Sorge, wie auch der Koran betont:

> *So wirst du dich vielleicht noch aus Kummer über sie zu Tode grämen, wenn sie dieser Rede keinen Glauben schenken.* (18:6)

Aber was konnte er für diejenigen tun, die im Unglauben verharrten und Krieg gegen ihn führten, um ihn und seine Botschaft zu vernichten? Auf Grund seines Mitgefühls, das alle Geschöpfe im Universum umfasste, musste er seine Feinde bekämpfen. Aus seinem Mitgefühl heraus hob er, als er in der Schlacht von Uhud schwer verletzt wurde, seine Hände gen Himmel und betete:

> *O Gott, vergib meinen Männern, denn sie kennen (die Wahrheit) nicht.*[34]

In Mekka bürdete ihm sein eigenes Volk unermessliches Leid auf. Schließlich zwang es ihn, nach Medina zu emigrieren, und erklärte ihm fünf Jahre später sogar den Krieg. Doch als der Gesandte Gottes Mekka im 25. Jahr seiner Prophetenschaft ohne Blutvergießen eroberte, ließ

---

[34] Bukhari, *Anbiya*, 54; Muslim, *Dschihad*, 104

er die Götzenanbeter Mekkas über sich urteilen: *Was glaubt ihr, wie ich euch behandeln werde?* „Du bist ein ehrenhafter Mann, der Sohn eines ehrenhaften Mannes!", entgegneten sie ihm. Da verkündete er, was er mit ihnen zu tun gedachte:

> *Ihr könnt gehen! Euch sollen heute keine Vorwürfe gemacht werden. Gott wird euch vergeben. Er ist der Gnädigste der Gnädigen.*[35]

Das Gleiche sagte Sultan Mehmet der Eroberer zu den geschlagenen Byzantinern, als er 825 Jahre später die Stadt Istanbul eroberte. In diesen Worten offenbart sich das universelle Mitgefühl des Islams.

Das Mitgefühl des Gesandten Gottes gegenüber den Gläubigen war unbeschreiblich groß. Der Koran charakterisiert es im folgenden Vers:

> *Wahrlich, ein Gesandter aus eurer Mitte ist zu euch gekommen; es schmerzt ihn sehr, wenn ihr unter etwas leidet; er setzt sich sehr für euer Wohl ein; gegen die Gläubigen ist er mitleidig und barmherzig.* (9:128)

Er hielt seine schützende Hand auch über die Ungläubigen und stand den Gläubigen näher als diese sich selbst. (15:88; 33:6) Als einer seiner Gefährten starb, fragte der Prophet die bei dem Begräbnis Anwesenden, ob der Verstorbene seine Rechnungen beglichen habe. Als man ihm mitteilte, eine Rechnung stünde noch offen, trug er den oben zitierten Vers vor und ließ die Gläubiger wissen, sie sollten sich zur Begleichung seiner Schulden an ihn wenden.[36]

Das Mitgefühl des Gesandten Gottes schloss sogar die Heuchler und die Ungläubigen mit ein. Obwohl er die Heuchler die ganze Zeit durchschaute, stellte er sie nie bloß. Auf Grund ihres vorgetäuschten Bekenntnisses zum Glauben und ihres scheinbar mit der Religion konformen Handelns genossen sie die gleichen Rechte wie alle anderen. Da sie unter den Muslimen lebten, mag es sein, dass sich ihr fehlender Glaube an ein ewiges Leben nach dem Tode zu Zweifeln abschwächte. Ihre Furcht vor dem Tod und die Qualen, die ein sicheres Wissen um ewige Nichtexistenz nach Tod hervorruft, wurden auf diese Weise wahrscheinlich gelindert. Was die Ungläubigen betrifft, so verzichtete

---

[35] Ibn Hischam, *Sira*, 4.55; Ibn Kathir, *Al-Bidaya*, 4.344
[36] Muslim, *Fara'iz*, 14; Bukhari, *Istiqraz*, 11

Gott auf ihre vollständige Vernichtung, obwohl Er zuvor ja bereits viele Völker ausgelöscht hatte:

> *Allah aber wollte sie nicht bestrafen, solange du unter ihnen weiltest, noch wollte Allah sie bestrafen, während sie um Vergebung baten.* (8:33)

Dieser Vers bezieht sich nicht nur auf die Ungläubigen zu Lebzeiten des Gesandten Gottes, sondern auch auf alle, die nach ihm lebten und leben. Gott wird die Menschheit nicht völlig zu Grunde richten, solange noch Anhänger des Propheten Muhammad in der Welt leben. Gott hält das ‚Tor der Reue' bis zum Jüngsten Tag offen. Jeder Mensch kann zum Islam konvertieren oder Gott um Verzeihung bitten, egal wie groß seine Schuld auch sein mag. Die angebliche Feindseligkeit von Muslimen gegenüber Ungläubigen ist in Wirklichkeit eine Form von Mitgefühl. Als Umar, der zweite Kalif, einmal einen 80-jährigen Priester sah, setzte er sich und begann zu weinen. Auf die Frage, warum er denn weine, antwortete er: „Gott hat ihm eine so lange Lebensspanne gewährt, aber er hat es nicht geschafft, den Pfad der Wahrheit zu finden." Umar war ein Schüler Muhammads, von dem die folgenden Aussprüche stammen:

> *Ich bin nicht jemand, der gekommen ist, die Menschen zu verfluchen, sondern ich kam als eine Gnade.*[37]

> *Ich bin Muhammad und Ahmad (der Gepriesene) und Muqaffi* (der letzte Prophet). *Ich bin auch Haschir* (der letzte Prophet, in dessen Gegenwart die Toten wieder zum Leben erweckt werden) *und der Prophet der Reue* (der Prophet, für den das ‚Tor der Reue' immer offen steht) *und der Prophet der Gnade.*[38]

Der Erzengel Gabriel profitierte von der Gnade des Korans, der dem Gesandten Gottes offenbart wurde. Bei Gelegenheit fragte Muhammad Gabriel, ob er denn irgendeinen Anteil an der Gnade habe, die der Koran beinhaltet. Gabriel entgegnete ihm: „Ja, o Gesandter Gottes!", und erklärte weiter: „Was meinen Anteil betrifft, so war ich mir zunächst

---

[37] Muslim, *Birr*, 87
[38] Ibn Hanbal, 4.395; Muslim, *Fadaʾil*, 126

nicht sicher. Erst als der Vers ...*dem gehorcht wird und der getreu ist...* (81:21) offenbart wurde, war ich mir gewiss."[39]

Als Ma'iz für seinen Ehebruch bestraft wurde, klagte ihn einer der Gefährten an und beleidigte ihn. Der Gesandte Gottes aber tadelte den Gefährten:

> *Du hast deinen Freund geschmäht. Dabei würden seine Reue und seine Bitte um Vergebung seiner Sünde ausreichen, damit allen Sündern in dieser Welt vergeben wird.*[40]

Besonders mitfühlend war der Gesandte Gottes gegenüber Kindern. Wann immer er ein Kind weinen hörte, setzte er sich zu ihm und teilte seine Gefühle mit ihm. Er spürte die Sorge einer Mutter um ihr Kind mehr als die Mutter selbst. Einmal sagte er:

> *Ich stand im Gebet und dachte daran, noch etwas länger zu beten. Doch dann hörte ich den Schrei eines Kindes und beendete es, um die Sorge der Mutter zu lindern.*[41]

Er pflegte Kinder in den Arm zu nehmen und sie an sich zu drücken. Als er einmal gerade seinen geliebten Enkeln Hasan und Husayn einen Kuss gab, sprach ihn Aqra ibn Habis an: „Ich habe zehn Kinder. Bis zum heutigen Tag habe ich keines von ihnen jemals geküsst." Da erwiderte der Prophet: *Wer kein Mitgefühl für andere aufbringt, dem wird auch kein Mitgefühl entgegengebracht.*[42] Einer abweichenden Version zufolge sagte Muhammad: *Was kann ich für dich tun, wenn Gott dir dein Mitgefühl genommen hat?*[43] Bei anderer Gelegenheit erklärte der Gesandte Gottes:

> *Zeigt Mitgefühl mit den Menschen auf Erden, damit die Bewohner der Himmel Mitgefühl mit euch haben!*[44]

---

[39] Qadi Iyad, *Asch-Schifa*, 1.17
[40] Muslim, *Hudud*, 17-23; Bukhari, *Hudud*, 28
[41] Bukhari, *Adhan*, 65; Muslim, *Salat*, 192
[42] Bukhari, *Adhan*, 18
[43] Bukhari, *Adab*, 18; Muslim, *Fada'il*, 64; Ibn Madscha, *Adab*, 3
[44] Tirmidhi, *Birr*, 16

Als Sa'd ibn Ubada einmal krank war, besuchte ihn der Prophet zu Hause. Er sah seinen treuen Gefährten in einem so schlimmen Zustand, dass ihm die Tränen kamen, und er sagte: *Tränen und Kummer bestraft Gott nicht; wen Er hingegen bestraft, ist diese hier...*, und deutete auf seine Zunge.[45]

Auch als Uthman ibn Mad'un starb, vergoss der Gesandte Gottes viele Tränen. Während des Begräbnisses äußerte eine Frau: „Uthman ist, einem Vogel gleich, ins Paradies geflogen." Aber selbst in seiner Trauer verlor der Prophet nicht sein Gleichgewicht und korrigierte sie: *Woher weißt du, dass er ins Paradies eingegangen ist, wo selbst ich, der Prophet, das nicht weiß?*[46]

Ein Angehöriger des Stammes der Banu Muqarrin hatte seine Sklavin geschlagen. Die arme Frau wandte sich daraufhin an den Gesandten Gottes, der ihren Herrn rufen ließ und ihn kritisierte: *Du hast sie geschlagen, ohne ein Recht dazu zu haben. Deshalb lass sie frei.*[47] Seine Sklavin freizulassen, war für ihn weit vorteilhafter, als für diesen Vorfall erst im Jenseits bestraft zu werden.

Der Gesandte Gottes setzte sich stets und auch schon vor seiner Prophetenschaft für Witwen, Waisen, Arme und Behinderte ein. Als er nach der ersten Offenbarung in einem Zustand starker Erregung von der Höhle Hira zurückkehrte, ermutigte ihn seine Frau Khadidscha: „Ich hoffe, du wirst der Prophet dieser Gemeinschaft werden. Du sprichst immer die Wahrheit, erfüllst das Vertrauen, das man dir entgegenbringt, unterstützt deine Verwandten, hilfst den Armen und den Schwachen und gibst deinen Gästen Speise."[48]

Das Mitgefühl des Gesandten Gottes galt aber nicht allein den Menschen. Er berichtete uns, dass z.B. eine Prostituierte von Gott zur Wahrheit geleitetet wurde und ins Paradies kam, weil sie einem vor Durst sterbenden Hund Wasser gab. Eine andere Frau hingegen wurde den Qualen der Hölle überantwortet, weil sie eine Katze verhungern ließ.[49]

---

45 Bukhari, *Dschana'iz*, 45; Muslim, *Dschana'iz*, 12
46 Bukhari, *Dschana'iz*, 3
47 Muslim, *Ayman*, 31,33; Ibn Hanbal, 3.447
48 Ibn Sa'd, *Tabaqat*, 1.195
49 Bukhari, *Anbiya'*, 54; *Musaqat*, 9; Muslim, *Salat*, 153; Ibn Hanbal, 2.507

Auf dem Rückweg von einer militärischen Expedition holten Gefährten des Propheten einmal einige Jungvögel aus einem Nest, um sie zu streicheln. Als die Mutter der Jungen dies bemerkte, flatterte sie um sie herum und stieß dabei laute Schreie aus. Muhammad erfuhr von dem Vorfall, wurde wütend und befahl, die Jungen ins Nest zurückzulegen.[50] Dann erzählte er seinen Gefährten, dass einer der früheren Propheten von Gott dafür getadelt worden war, dass er einen Ameisenbau in Brand gesteckt hatte.[51]

In Mina sah der Gesandte Gottes einigen seiner Gefährten aus der Ferne dabei zu, wie sie eine Schlange angriffen, um sie zu töten. Die Schlange konnte entkommen. Da merkte er an: *Die Schlange ist eurem verwerflichen Handeln entkommen, ebenso wie ihr ihrem entkommen seid.*[52] Ibn Abbas überliefert uns, dass der Gesandte Gottes einmal einen Mann ermahnte, der gerade damit beschäftigt war, direkt vor einem Schaf, das er schlachten wollte, sein Messer zu wetzen: *Willst du es gleich mehrmals töten?*[53]

Abd Allah ibn Dscha'far überliefert: „Der Prophet kam mit einigen seiner Gefährten in Medina an einem Garten vorbei. In einer Ecke dieses Gartens stand ein klappriges Kamel. Als es den Gesandten Gottes erblickte, begann es zu weinen. Muhammad ging zu dem Tier, stand eine Zeit lang neben ihm und ermahnte dann den Besitzer, dem Kamel genügend Futter zu geben."[54]

Die Liebe und das Mitgefühl des Propheten Muhammad für alle Geschöpfe unterschied sich beträchtlich von dem, was viele so genannte Humanisten heute für sich beanspruchen. Er war aufrichtig und in seiner Liebe und seinem Mitgefühl gerecht. Er besaß mehr Mitgefühl als jeder andere Mensch. Er war ein Prophet, der von Gott, dem Schöpfer und Erhalter aller Dinge, auserwählt worden war, um die bewussten Wesen - Menschen und Dschinn - rechtzuleiten, ihnen Glück zu bringen und ein Gleichgewicht des Seins herzustellen. Als solcher widmete

---

[50] Abu Dawud, *Adab*, 164, *Dschihad*, 112; Ibn Hanbal, 1.404
[51] Bukhari, *Dschihad*, 153; Muslim, *Salam*, 147
[52] Nasa'i, *Hadsch*, 114; Ibn Hanbal, 1.385
[53] Hakim, *Mustadrak*, 4.231, 233
[54] Suyuti, *Al-Khasa'is al-Kubra*, 2.95; Haythami, *Madschma*, 9.9

der Gesandte Gottes sein Leben nicht sich selbst, sondern der ganzen Menschheit. Er war eine Gnade für alle Welten.

Es gelang ihm außerdem, alle Unterschiede von Rasse und Hautfarbe abzuschaffen. Einmal wurde Abu Dharr so wütend auf Bilal, dass er ihn beschimpfte: „Du Sohn einer Schwarzen!" Da ging Bilal zum Propheten und erzählte ihm unter Tränen, was passiert war. Der Prophet tadelte Abu Dharr: *Trägst du immer noch die Zeichen der Dschahiliya?* Abu Dharr bereute, was er gesagt hatte, warf sich auf den Boden und sagte: „Der Kopf Abu Dharrs wird sich nicht eher wieder erheben, bis Bilal mit seinem Fuß über ihn hinweg geschritten ist." Da verzieh ihm Bilal, und sie versöhnten sich wieder.[55] Dieses Beispiel steht für die Brüderlichkeit und Menschlichkeit, die der Islam unter den zuvor doch so primitiven Menschen stiftete.

---

[55] Bukhari, *Iman*, 22

Toleranz und Dialog in Koran und Sunna

Im Koran werden Sanftmut und Geduld als elementare Prinzipien gepriesen. Die ‚Diener des Allmächtigen' werden dort mit folgenden Worten charakterisiert:

Und die Diener des Erbarmers sind diejenigen, die sanftmütig auf der Erde schreiten; und, wenn die Unwissenden sie anreden, sprechen sie friedlich zu ihnen. (25:63)

Und diejenigen, die nichts Falsches bezeugen, und die, wenn sie unterwegs leeres Gerede hören, mit Würde (daran) vorbeigehen. (25:72)

Und wenn sie leeres Gerede hören, so wenden sie sich davon ab und sagen: „Für uns (seien) unsere Taten und für euch (seien) eure Taten." (28:55)

Wer also zum Dienst an Gott gefunden hat, sollte nicht überreagieren oder beleidigend werden, wenn er mit gehaltlosen und hässlichen Vorhaltungen konfrontiert wird, sondern seinen Weg würdevoll und unbeirrt fortsetzen - so die wesentliche Aussage dieser Verse. *Ein jeder handelt gemäß seiner eigenen Art* (17:84) ...und enthüllt mit seinem Benehmen den eigenen Charakter. Der Charakter von Meistern der Toleranz zeichnet sich durch Güte, Rücksichtnahme und Großzügigkeit aus. Als Gott Moses und Aaron zum Pharao entsandte, zu einem Menschen also, der für sich beanspruchte, ein Gott zu sein, befahl Er ihnen, ungeachtet aller Provokationen geduldig und höflich zu sein. (20:44)

Im Leben des Propheten Muhammad, des Stolzes der Menschheit, spielten Versöhnlichkeit und Nachsicht eine ganz entscheidende Rolle. Er verzieh sogar Abu Sufyan, der ihm permanent nachsetzte. Nach der Eroberung Mekkas machte Abu Sufyan zwar geltend, dem Islam nach wie vor skeptisch gegenüberzustehen, doch der Gesandte Gottes unterstrich: *Diejenigen, die in Abu Sufyans Haus Zuflucht gesucht haben, seien sicher - ebenso sicher wie jene, die in der Kaaba Zuflucht gesucht haben!* In puncto Sicherheit und Schutz nannte er das Haus Abu Sufyans also in einem Atemzug mit der Kaaba. Meiner bescheidenen Meinung nach wog diese Versöhnlichkeit, die Muhammad Abu Sufyan gegenüber walten ließ, schwerer, als hätte er dem von Egoismus und Autorität zerfressenen alten Mann von über siebzig Jahren eine Tonne Gold geschenkt.

Dem Propheten wurde jedoch nicht nur aufgetragen, Toleranz zu üben und den Dialog zur Basis seines Handelns zu machen. Zudem wurde er explizit auf jene Aspekte verwiesen, die er mit den Buchbesitzern gemeinsam hatte:

> *Sprich: „O Volk der Schrift, kommt herbei zu einem gleichen Wort zwischen uns und euch, dass wir nämlich Allah allein dienen und nichts neben Ihn stellen und dass nicht die einen von uns die anderen zu Herren nehmen außer Allah." Und wenn sie sich abwenden, so sprecht: „Bezeugt, dass wir (Ihm) ergeben sind." (3:64)*

In einem anderen Vers werden diejenigen, deren Herz von Glauben und Liebe übersprudelt, aufgefordert, ihren Mitmenschen mit Barmherzigkeit und Nachsicht zu begegnen - selbst jenen, die nicht an ein Leben nach dem Tode glauben:

> *Sprich zu denen, die glauben, sie mögen denen vergeben, die nicht mit den Tagen Allahs rechnen, auf dass Er die Leute für das belohne, was sie verdienen. (45:14)*

Jeder, der sich von diesen Versen angesprochen fühlt, alle Verfechter der Liebe, die davon träumen, wahre Diener Gottes zu werden, ganz einfach weil sie Menschen sind, und all diejenigen, die ihrem Glauben Ausdruck verliehen haben (wodurch sie Muslime geworden sind) und nun ihren religiösen Pflichten nachkommen - sie alle sind dazu aufgerufen, Toleranz und Nachsicht walten zu lassen und nicht auf Geschenke von Seiten ihrer Mitmenschen zu warten. Sie mögen den Rat Yunus Emres beherzigen und nicht zurückschlagen, wenn man sie schlägt, keine schroffen Widerworte geben, wenn man sie beschimpft, und keinen versteckten Groll jenen gegenüber hegen, die sie beleidigen.

Dialog im Geiste und Sinne Muhammads

Es geht mir ganz gewiss nicht darum, auf meinem Recht zu beharren, und mein Gedächtnis ist sicherlich nicht das beste; dennoch könnte ich problemlos zehn Koranverse aufzählen, die sich mit den Themen Vergebung, Dialog und Öffnung der Herzen beschäftigen. Die Existenz dieser Verse unterstreicht, dass der Islam die ganze Menschheit anspricht und sie umarmt.

Zum Beispiel heißt es im Koran *Versöhnung ist gut.* (4:128) Diese Aussage beschränkt sich nicht auf ein bestimmtes Ereignis, auf eine bestimmte Bedeutung oder auf einen bestimmten Zusammenhang. Nein, sie ist allgemein gültig. Und steht nicht auch die Wurzel des arabischen Substantivs *Islam* für Aufrichtigkeit, Hingabe, Frieden, Sicherheit und Vertrauen? Daraus folgt doch, dass wir nur dann wahre Muslime sein können, wenn wir diese Attribute in unserer eigenen Person leben und ihnen Anerkennung verschaffen. Wenn wir das erhabene Wort Islam richtig verkörpern, umspannen wir alles und nähern wir uns allem in Liebe. Wenn wir uns hingegen weigern, es in diesem Geiste aufzufassen, können wir nicht geltend machen, den Islam zu verstehen, ihn zu verkünden oder zu repräsentieren.

Im Koran finden sich nicht nur Richtlinien, die für Frieden und Sicherheit bürgen, sondern auch Verse, die den Umgang mit Kriminellen regeln, die Anarchie und Terror verbreiten. Ihnen werden Strafen, Sanktionen und Vergeltungsmaßnahmen auferlegt. Doch wenn wir uns mit Koranversen und Hadithen zur Umsetzung dieser Maßnahmen in die Wirklichkeit beschäftigen, müssen wir in jedem Fall die äußeren Umstände in Betracht ziehen und außerdem die Essenz von den Einzelheiten und das Ziel von den Mitteln zur Erreichung des Ziels trennen. So lange wir die entsprechenden Verse nicht im Kontext der Situation ihrer Offenbarung analysieren, werden wir zwangsläufig die falschen Schlüsse ziehen.

Frieden, Liebe, Vergebung und Toleranz sind grundlegende Elemente des Islams. Davon bin ich fest überzeugt. Andere Dinge wiederum halte ich für zweitrangig. Unsere Priorität muss aber zunächst allen wichtigen und wesentlichen Themen gelten, die uns Muslime betreffen. Wenn Gott z.B. der Liebe so große Beachtung schenkt, wenn Er uns mitteilt, dass Er diejenigen liebt, die Ihn lieben, und wenn er dem Menschen, den Er am allermeisten liebt, den Namen Habibullah (arabisch: der, der Gott liebt und von Gott geliebt wird) verleiht, dann haben wir gar keine andere Wahl, als die Liebe als grundlegendes Element anzuerkennen. Verhaltensmaßregeln wie der Dschihad gegen Heuchler und Ungläubige sind zweitrangige Dinge, die durch äußere Umstände bedingt und an unterschiedliche Gründe und Bedingungen geknüpft sind. Wenn diese jedoch nicht vorliegen, wird jene Form des Dschihads auch nicht von uns verlangt.

Bestimmungen, die den Umgang mit Exekutionen, Exilierung oder Krieg regeln, gelten nur unter bestimmten Rahmenbedingungen. Es ist so wichtig, dieses islamische Prinzip zu erklären und bekannt zu machen. Frieden, Gerechtigkeit und Stabilität sind essenzielle Elemente des Islams, während Kriege nur Produkte äußerer Umstände sind und von bestimmten Faktoren hervorgebracht werden.

Leider haben all jene, die sich von der Essenz unserer Religion abgewandt haben und ignorieren, an welche Bedingungen die sekundären Regeln und Vorschriften geknüpft sind, jene also, die Gewalt befürworten, weil sie - ähnlich wie die Zahiriten[56] - nur eine einzige Perspektive des Korans in Betracht ziehen, vieles nicht begriffen. Sie haben weder die Regeln selbst noch die für diese Regeln geltenden Bestimmungen oder die Quelle dieser Regeln verstanden. Nein, sie haben den Islam insgesamt missverstanden.

Liegen entsprechende Gründe vor, kommen die sekundären Regeln selbstverständlich zur Anwendung. Greifen beispielsweise ausländische Armeen unser Land an, wird nicht von uns erwartet, dass wir passiv in

---

[56] Die Zahiriten kümmern sich lediglich um die äußere Bedeutung von Koran und Sunna. Daher mangelt es ihnen an Einsicht und Wahrnehmungsvermögen. Es gibt jedoch nur sehr wenige Zahiriten.

der Ecke sitzen und die Angreifer willkommen heißen: „Wie schön, dass ihr gekommen seid!"

Werfen wir doch einfach einmal einen Blick auf die Welt, in der wir leben! Aktuellen Agenturberichten zufolge toben heute an über 50 Schauplätzen blutige Kriege. In vielen Regionen der Welt fließen Ströme von Tränen und Blut, häufig unter Beteiligung von Kriegsparteien, die sich für Demokratie und Menschenrechte einsetzen. Sich solchen Kriegen zu widersetzen, hieße, eine menschliche Realität zu ignorieren. Sobald jemand unsere demokratischen Rechte und Freiheiten angreift, sind wir - natürlich - dazu aufgerufen, uns zu verteidigen und wenn nötig auch zu kämpfen. Doch wie ich bereits eingangs sagte: Diese Dinge sind sekundär. Das Fundament des Islams bilden der Frieden und die Umarmung der Menschheit in Liebe.

Ein Aufruf an die Welt

Was außerdem für die Aufnahme und Fortführung von Dialoggesprächen spricht, ist die Notwendigkeit, immer mehr Themen mit anderen Menschen zu teilen - auch mit Christen und Juden. Themen, die spalten könnten, sollten dabei hintangestellt werden.

Der Koran lädt Juden und Christen ein:

> *O Volk der Schrift, kommt herbei zu einem gleichen Wort zwischen uns und euch.* (3:64)

Das Wort, von dem hier die Rede ist, lautet *dass wir nämlich Allah allein dienen und nichts neben Ihn stellen.* Wahre Freiheit erlangen wir nur dann, wenn wir uns zu keines Menschen Sklaven machen. Wer Diener Gottes wird, entgeht dieser Gefahr. Also sollten wir in diesem Punkt harmonieren. Weiter heißt es in dem Vers *und dass nicht die einen von uns die anderen zu Herren nehmen außer Allah.* Unser aller gemeinsamer Bezugspunkt ist der Glaube an Gott. Die Prophetenschaft Muhammads wird an dieser Stelle und in diesem Zusammenhang nicht genannt. Im Koran lesen wir auch:

> *Sprich zu denen, die glauben, sie mögen denen vergeben, die nicht mit den Tagen Allahs rechnen.* (45:14)

Gemeint ist, dass wir jenen, die nicht an ein Leben nach dem Tode und an die Wiederauferstehung glauben, vergeben sollen, *auf dass Er die Leute für das belohne, was sie verdienen.* Das heißt, dass es niemandem außer Gott allein zusteht, jemanden zu bestrafen, der in diesem Punkt Schuld auf sich lädt.

Diese Haltung spiegelt sich auch in einer Antwort wider, die der Prophet Muhammad erhielt, als er Gott bat, einen heidnischen Stamm zu bestrafen. Einem Bericht zufolge wandte sich ein arabischer Beduinenstamm an den Propheten, er möge ihnen doch einige Koranlehrer schicken. Der Gesandte Gottes entsprach ihrem Wunsch, aber die Lehrer wurden in einen Hinterhalt gelockt und starben in Bi'r al-Mauna einen grausamen Märtyrertod. Als der Gesandte Gottes anschließend dafür betete, dass die Täter bestraft werden, wurde ihm folgender Vers offenbart:

> *Von dir ist es gar nicht abhängig, ob Er Sich ihnen wieder verzeihend zuwendet oder ob Er sie straft; denn sie sind ja Frevler. Und Allahs ist, was in den Himmeln und was auf der Erde ist; Er verzeiht, wem Er will, und straft, wen Er will, und Allah ist verzeihend und barmherzig.* (3:128-129)

Überall auf der Welt interessieren sich die Menschen heute wieder für die Religion. Deshalb ist es meiner Meinung nach wichtiger denn je, den Glauben und seine wahren Werte auf angemessene Art und Weise zu repräsentieren. Wir brauchen Menschen, die rechtschaffen, diszipliniert, behutsam, aufrichtig und reinen Herzens sind, Menschen, die nicht stehlen, die sich selbst nicht zu wichtig nehmen, denen das Wohlergehen anderer mehr am Herzen liegt als das eigene und die keine übertriebenen weltlichen Erwartungen hegen. Wenn es der Gesellschaft gelingt, Menschen mit diesen Eigenschaften hervorzubringen, dürfen wir uns auf eine weit bessere Zukunft freuen.

Der Dialog mit den Buchbesitzern

Wenn es uns gelingt, die Botschaft des Islams auf angemessene Art und Weise zu repräsentieren, wird in unserem Land ebenso wie in der ganzen Welt schon bald ein Klima herrschen, das dem Dialog förderlich ist. Daran glaube ich ganz fest. Diesem Ziel sollten wir uns, wie jedem anderen Ziel auch, so nähern, wie es uns in Koran und Sunna angezeigt wird. Denn Gott sagt im Koran:

> *Dies ist (ganz gewiss) das Buch (Allahs), das keinen Anlass zum Zweifel gibt, (es ist) eine Rechtleitung für die Gottesfürchtigen. (2:2)*

Wer diese Gottesfürchtigen sind, wird in den folgenden Versen präzisiert:

> *...die an das Verborgene glauben und das Gebet verrichten und von dem ausgeben, was Wir ihnen beschert haben, und die an das glauben, was auf dich und vor dir herabgesandt wurde, und die mit dem Jenseits fest rechnen. (2:3-4)*

Wenn es ihm darum geht, die Menschen dazu aufzurufen, die früheren Propheten und ihre Schriften anzuerkennen, bedient sich der Koran eines unaufdringlichen und leicht verklausulierten Stils. Die Tatsache, dass *die Gottesfürchtigen* schon in den ersten Versen des Korans erwähnt werden, scheint mir für die Bemühungen, einen Dialog mit Juden und Christen zu etablieren, sehr wichtig zu sein. In einem anderen Vers ermahnt uns Gott:

> *Und streitet nicht mit dem Volk der Schrift; es sei denn auf die beste Art und Weise. (29:46)*

Hier erklärt uns der Koran, welche Methoden wir wählen und wie wir uns verhalten sollen. Said Nursi[57] konkretisiert weiter: „Diejenigen,

---

[57] Said Nursi (gest. 1960), muslimischer Gelehrter und Denker, der den Islam in der ersten Hälfte des 20. Jahrhunderts in der Türkei zu neuer Blüte führte.

die sich in Diskussionen an der Unterlegenheit ihrer Gegner erfreuen, kennen kein Mitgefühl. Wer jemand anderen in einer Diskussion aussticht, hat damit nichts gewonnen. Wer jedoch den Kürzeren zieht und seinem Gegner den Sieg überlassen muss, erhält dadurch die Möglichkeit, einen eigenen Fehler zu korrigieren."

Wer diskutiert, sollte nicht um seines Egos willen diskutieren, sondern um der Wahrheit zum Durchbruch zu verhelfen. Wenn es etwa in politischen Debatten nur darum geht, den Gegner nieder zu ringen, dann kann dabei nichts Gutes herauskommen. Gegenseitiges Verständnis, Respekt voreinander und die Verpflichtung gegenüber der Gerechtigkeit dürfen bei Diskussionen von Gedanken und Vorstellungen nicht ausgespart werden. Eine Regel des Korans besagt, dass fruchtbare Diskussionen nur in einem Umfeld stattfinden können, das dem Dialog förderlich ist.

Liest man den oben zitierten Vers 29:46 weiter, so wird dort folgende Einschränkung gemacht: *Ausgenommen davon sind jene, die ungerecht sind.* Von Ungerechtigkeiten ist auch in einem anderen Vers die Rede:

> *Die da glauben und ihren Glauben nicht mit Ungerechtigkeiten vermengen - sie sind es, die Sicherheit haben und die rechtgeleitet werden.* (6:82)

Der Prophet Muhammad interpretierte diesen Vers dahingehend, dass das Beigesellen von Partnern insofern auf einer Stufe mit dem Unglauben steht, als dass der Betreffende dem Universum mit Geringschätzung begegnet. Die schlimmste Form der Unterdrückung bestehe darin, die Stimmen Gottes im eigenen Gewissen zum Schweigen zu verurteilen. Der Begriff Unterdrückung beinhaltet jedoch auch, anderen Unrecht zu tun, sie zu terrorisieren und ihnen die eigenen Vorstellungen aufzuzwingen. Eine solche Form der Unterdrückung, die auch Götzenglauben und Unglauben mit einschließt, ist sicherlich die größte aller Sünden. Aber nicht jeder Götzenanbeter oder Ungläubige ist zwangsläufig zugleich ein Sünder in jenem anderen Sinne. Wer seine Mitmenschen terrorisiert, wer sich bewaffnet, um Unrecht zu begehen, und wer die Rechte anderer und auch die Ergebenheit Gottes verletzt, muss mit der Härte des Gesetzes verfolgt werden.

Wenn wir aber mit Buchbesitzern verkehren, die keine Unterdrücker sind, haben wir natürlich nicht das Recht, ihnen Gewalt anzutun oder auch nur darüber nachzudenken, wie wir sie schädigen könnten. Das wäre unislamisch und würde den islamischen Grundsätzen und Prinzipien widersprechen; ja, es wäre sogar anti-islamisch. Im Koran steht nämlich auch:

> *Allah verbietet euch nicht, gegen jene, die euch nicht des Glaubens wegen bekämpft haben und euch nicht aus euren Häusern vertrieben haben, gütig zu sein und redlich mit ihnen zu verfahren.* (60:8)

Dieser Vers wurde offenbart, als eine Emigrantin namens Asma den Propheten fragte, ob sie sich mit ihrer heidnischen Mutter treffen sollte, die eigens von Mekka nach Medina gereist war, um ihre Tochter zu sehen. Der Vers signalisierte ihr, dass ein solches Treffen kein Problem darstellte und dass sie ihrer Mutter in Freundschaft gegenübertreten konnte. Welchen Ansatz man sich in seiner Einstellung gegenüber Menschen, die an Gott, das Jüngste Gericht und die Propheten glauben, zu Eigen machen sollte, überlasse ich also ganz Ihrem Ermessen.

Hunderte von Koranversen beschäftigen sich mit sozialem Dialog und Toleranz. Allerdings sollte man darauf achten, eine ausgewogene Form der Toleranz zu pflegen. Barmherzigkeit gegenüber einer Kobra walten zu lassen, hieße, jenen Unrecht zu tun, die von ihr gebissen wurden. Wer behauptet, der ‚Humanismus' sei gnadenreicher als die Barmherzigkeit Gottes, verletzt deren Würde und die Rechte seiner Mitmenschen. Koran und Sunna treten - von wenigen speziellen Fällen abgesehen - stets für Toleranz ein. Das schützende Dach dieser Toleranz erstreckt sich nicht nur auf die Buchbesitzer, sondern gleichsam auf alle Menschen.

Sport und Dialog

Dass Konzepte von Demokratie, Frieden, Dialog und Toleranz mit der Erweiterung der Kommunikationsnetzwerke überall in der Welt Verbreitung gefunden haben und inzwischen auch ernst genommen werden, ist eine Tatsache. Damit diese Konzepte aber noch bekannter werden und der ganzen Menschheit Nutzen bringen können, müssen sowohl wir Individuen als auch unsere Gesellschaften unserer Verantwortung gerecht werden.

Ein einflussreiches Medium, ein Kommunikationsmittel, das die Gesellschaft bewegt, ist in diesem Zusammenhang zweifellos der Sport. Alle Arten von Sportprogrammen, alles, was irgendwie mit dem Thema Sport zu tun hat, wird umgehend von einer Ecke der Welt in die andere berichtet. Natürlich gibt es auch andere Wege, bedeutende Gedanken und Ideen zu verbreiten; aber der Sport kann entscheidend dazu beitragen, den Dialog- und Toleranzgedanken populär zu machen. Für diesen Gedanken, den wir für so unglaublich wichtig halten, darf und sollte um des Wohlergehens unseres eigenen Volkes und der ganzen Menschheit willen mit Hilfe des Sports geworben werden.

Die 90 Minuten eines Fußballspiels etwa sind ein hervorragendes Beispiel. Während des Spiels, das die Zuschauer auf den Tribünen mitreißt, lassen sich menschliche Werte besonders gut darstellen. Was früher gang und gäbe war, nämlich dass Sieger und Besiegte zusammenkommen, sich umarmen, die Hände schütteln und wahren Sportsgeist verkörpern, sollte heute aufs Neue praktiziert werden. Dieser Geist würde auch auf die Zuschauer auf den Tribünen übergreifen. Man gäbe damit all jenen ein Zeichen, die sich leider immer wieder dazu hingerissen fühlen, Sitzschalen in Brand zu setzen, die Gegner zu beleidigen oder sie sogar mit Waffen zu attackieren. Diesen Leuten täte es gut, den Sport in einem Licht zu sehen, das positive Gefühle und Gedanken ausstrahlt. Selbst wenn die Zuschauer heute nicht direkt respektieren würden, dass die Spieler einander vor Verlassen des Rasens die Hand reichen, könnte dieses Verhalten der Spieler den Teufelskreis von Gewalt und Rachsucht im Laufe der Zeit vielleicht aufbrechen oder zumindest neutralisieren. Und genau das würde der Welt von heute sehr gut tun.

Gewisse Leute fühlen sich von inneren wie äußeren Konflikten angezogen. Sie sind in einer konfliktbeladenen Atmosphäre groß geworden und legen daher auch keinen Wert auf einen Meinungsaustausch oder auf eine Verbesserung der zwischenmenschlichen Beziehungen. Aus diesem Grunde müssen wir sehr behutsam vorgehen. Allem, was wir tun, sollte eine bestimmte Bedeutung innewohnen; stets sollten wir uns um Aufrichtigkeit bemühen und Vernunft und Augenmaß walten lassen.

Jedem Beruf sollte die nötige Anerkennung zuteil werden, und jeder Beruf sollte seinen Beitrag leisten. Ein Imam erhebt seine Stimme in der Moschee, ein Filmstar, Schauspieler oder Autor hingegen hat andere Stärken. Der Schauspieler z.B. betont seine Körpersprache und Schauspielkunst, der Autor seinen Schreibstil und seine Fähigkeit, Gedanken in Worte zu fassen. Und so sollte es auch sein, denn sonst würde ihre Botschaft nicht zur Geltung kommen und keine Resonanz erzielen. Das Gleiche gilt für den Sport. Athleten sollten ihren Fähigkeiten durch Erfolge, Fairness und einen vorbildlichen Lebensstil Ausdruck verleihen.

Leider wird die Bedeutung vieler wichtiger Werte in unserer Zeit nicht wahrgenommen. Die Menschen von heute benötigen die Religion dringender als Wasser und Brot; denn sie schenkt uns Frieden und Sicherheit und garantiert uns ein ewiges Leben. Ich denke, wenn man die Qualitäten der Religion nur richtig darstellt, wird niemand diese Punkte in Zweifel ziehen. Auf der ganzen Welt gibt es viele Menschen, die bereit sind, sich für den Islam zu engagieren. Aber wenn dies auf undurchdachte Art und Weise geschieht, sät man Hass an Stelle von Liebe und schafft unüberbrückbare Abgründe zwischen den Menschen.

Der Islam kann und soll eine Brücke zwischen den Menschen schlagen und bestehende Abgründe zuschütten. Wenn wir jenen, die ihre Hände ausstrecken, um ihre Liebe und ihren Respekt zum Ausdruck zu bringen, nicht antworten, verwirken wir ihre Liebe und tragen eine Mitschuld an negativen Entwicklungen. Um es noch einmal zu betonen: Man kann den Sport durchaus zu einem wichtigen Faktor für die Etablierung von sozialem Dialog und Toleranz machen, wenn man ihn nur besonnen nutzt.

Kapitel 3

Der vollkommene Mensch

Der neue Mann und die neue Frau

Die Geschichte hat uns auf die Schwelle eines neuen Zeitalters geführt, das für die Manifestationen der Gunst Gottes offen sein wird. Trotz aller Fortschritte in den Bereichen Wissenschaft und Technologie bzw. parallel zu diesen Fortschritten waren die letzten zwei bis drei Jahrhunderte in aller Welt geprägt von einem Bruch mit den traditionellen Werten und - im Namen des Wandels - von einer Tendenz hin zu neuen Werten und spekulativen Ideen. Bestärkt durch einige aktuelle viel versprechende Entwicklungen hoffe ich nun, dass das gerade begonnene Jahrhundert ein Jahrhundert des Glaubens und der moralischen Werte werden wird - ein Zeitalter der Erneuerung und des Wiederaufblühens für alle Gläubigen.

Aus der Mitte der wankelmütigen Menschen, denen es an aufrichtigem Denken und Urteil fehlt, wird ein neuer Menschenschlag hervorgehen. Dieser wird sich ebenso auf Verstand und Erfahrung wie auf das eigene Gewissen und auf die Eingebung Gottes verlassen. Er wird in allen Dingen nach dem Vollkommenem suchen, ein Gleichgewicht zwischen dieser und der kommenden Welt herstellen und das Herz mit dem Verstand aussöhnen.

Der Start wird für diesen Typus Mensch nicht einfach sein. Alle Geburten sind mit Schmerzen verbunden, aber diese wird der Welt eine neue, brillante Generation bescheren. Ähnlich wie Regen aus Wolken hervorbricht, die sich zuvor langsam zusammengeballt haben, und Wasser aus unterirdischen Quellen an die Oberfläche dringt, werden die ‚Blumen' dieser neuen Generation eines Tages in unserer Mitte zum Vorschein kommen.

Die neuen Menschen werden integere Individuen sein, die in der Lage sind, frei von äußeren Einflüssen selbstständig zu agieren. Sie werden sich von keiner weltlichen Macht an die Kette legen lassen, und kein modischer *-ismus* wird sie von ihrem Weg abbringen. Völlig unabhängig von jeder weltlichen Autorität werden sie frei denken und handeln, und ihre Freiheit wird ähnlich groß sein, wie ihr Dienst an Gott bedeutend sein wird. Anstatt andere zu imitieren, werden sie sich auf ihre eigenen Dynamiken verlassen, die fest in den Tiefen der Geschichte verwurzelt sind; und sie werden versuchen, ihr Urteilsvermögen mit ihren authentischen Werten zu bestücken.

Sie werden denken, forschen, glauben und ein hohes Maß an spiritueller Freude empfinden. Sie werden den größtmöglichen Nutzen aus den Errungenschaften der Moderne ziehen, gleichzeitig jedoch ihre traditionellen und spirituellen Werte beim Aufbau der Welt der Zukunft nicht vernachlässigen.

Wenn Wandel und Reformen mit ewig währenden universellen Werten verknüpft werden und diese auch zur Grundlage haben, sind sie herzlich willkommen. Anderenfalls besteht die Gefahr, dass spekulative Fantasien, die nur auf Grund ihrer Neuheit und Modernität so anziehend wirken, die Überhand gewinnen. Der neue Mann und die neue Frau jedenfalls werden sich auf dem soliden Grund der ewig währenden Werte bewegen und den Blick stets in die Zukunft richten, um so Licht in jene Dunkelheit zu bringen, die die Welt heute noch einhüllt. Sie werden die Wahrheit lieben und zuverlässig sein. Um der Wahrheit zum Durchbruch zu verhelfen, werden sie bereit sein, wenn nötig auch ihre Familien und ihr Zuhause zu verlassen. Sie werden weltlichen Dingen, Annehmlichkeiten und Luxus nicht verhaftet sein; sie werden ihre von Gott gegebenen Talente zum Wohle der Menschheit nutzen und die Saat für eine glückliche Zukunft säen. Permanent werden sie Gott um Unterstützung und Erfolg bitten. So entschlossen wie eine Henne ihre Eier schützt, werden sie dafür Sorge tragen, dass ihre wertvolle Saat keinen Schaden nimmt. Diesem Weg der Wahrheit werden sie ihr ganzes Leben widmen.

Um Verstand, Herz und Gefühle ihrer Mitmenschen zu erreichen und zu berühren, werden sich diese neuen Männer und Frauen der Massenmedien bedienen. Dabei werden sie darum ringen, eine neue Ausgewogenheit zwischen Gerechtigkeit, Liebe, Respekt und Gleichheit herzustellen. Sie werden die Macht dem Recht unterstellen und niemanden auf Grund seiner Hautfarbe oder seiner ethnischen Zugehörigkeit diskriminieren. Diese neuen Menschen werden tiefe Spiritualität, umfassendes Wissen, aufrechtes Denken, eine wissenschaftliche Grundhaltung und weisen Tatendrang in sich vereinen. Sie werden sich nie mit dem, was sie wissen, zufrieden geben und immer darum bemüht sein, ihren Wissensschatz zu vergrößern und sich selbst, die Natur und Gott immer besser kennen zu lernen.

Ausgestattet mit einer Moral und den Tugenden, die sie zu wahren Menschen machen, werden diese neuen Männer und Frauen selbstlose Individuen sein, die ihren Mitmenschen in Liebe begegnen und bereit sind, sich selbst für deren Wohl zurückzunehmen. Ihren eigenen Charakter werden sie mit den Werten universeller Tugenden modellieren, während sie gleichzeitig alles daran setzen werden, anderen Menschen den Weg zu weisen. Sie werden verteidigen, unterstützen und weiter empfehlen, was gut ist, und alles Negative versuchen aus dem Weg räumen.

Diese neuen Menschen werden davon überzeugt sein, dass der Allmächtige ihnen das Leben auf der Erde geschenkt hat, damit sie Ihn kennen lernen und anbeten. Ohne das Buch des Universums (in dem die Namen Gottes manifestiert sind und das damit voller Hinweise auf Ihn steckt) der Heiligen Schrift (der Übersetzung des Buchs des Universums) vorzuziehen, werden sie erkennen, dass Wissenschaft und Religion zwei Manifestationen einer einzigen Wahrheit sind.

Sie werden niemals rückwärts gewandt sein. Sie werden nicht irgendwelchen Ereignissen nachjagen, da sie selbst jene Triebwerke der Geschichte sein werden, die die Ereignisse initiieren und gestalten. Sie werden sich in ihrem Zeitalter und in ihrem äußeren Umfeld gut zurechtfinden. Sie werden sich ihren essenziellen Werten verpflichtet fühlen und ganz auf Gott vertrauen. Sie werden einen Prozess der ständigen Erneuerung durchlaufen.

Diese neuen Menschen werden Ego, Gedanken und Herzen auch ihrer Mitmenschen erobern, und sie werden Verborgenes freilegen. Zeiten, die sie nicht dazu nutzen, die Tiefen ihres Selbst und des Universums auszuloten, werden sie als Verschwendung empfinden. Und je mehr Schleier sie mit ihrem Glauben und ihrem Wissen vom Antlitz der Realität reißen, desto weiter werden sie vorstoßen wollen. Mit Unterstützung der Botschaften und Antworten, die sie aus den Himmeln, von der Erde oder auch aus den Meeren empfangen, werden sie ihre Reise so lange vorantreiben, bis sie schließlich zu ihrem Schöpfer zurückkehren werden.

Menschen mit Herz

Mit ihrer Einsicht, ihrem Glauben und ihren Taten sind Menschen mit Herz Kapazitäten in den Disziplinen Spiritualität und Weisheit. Ihre Einsicht gründet nicht auf ihrem Wissen oder auf dem, was sie zu leisten im Stande sind, sondern auf dem Reichtum ihres Herzens, auf der Reinheit ihrer Seele und auf ihrer Nähe zu Gott. Sie glauben, dass die Prinzipien, die der Menschheit im Namen der Erkenntnis präsentiert wurden, nur dann von Wert sind, wenn sie die Menschen zur Wahrheit führen. Abstraktes Wissen ohne praktischen Nutzen ist für sie uninteressant, da es uns nicht dabei hilft, die Realität der Geschöpfe, die Materie und den Menschen selbst zu verstehen.

Menschen mit Herz sind Monumente der Demut und der Bescheidenheit. Sie geben sich den spirituellen Aspekten des Lebens hin, halten sich von allem materiellen und spirituellen Schmutz fern, achten stets auf die körperlichen Bedürfnisse ihres Körpers und sind bereit, es mit Übeln wie Hass, Bitterkeit, Gier, Neid, Egoismus und Wollust aufzunehmen. Geduldig und behutsam begegnen sie allem, was sie für richtig halten, mit größter Wertschätzung und lassen ihre Mitmenschen wissen, was sie über diese und die kommende Welt denken. Diese Menschen, die glauben und handeln anstatt viel zu reden und Lärm zu schlagen, die außerdem leben, was sie glauben, geben anderen ein gutes Beispiel. Sie sind immer in Bewegung, ohne je in Stillstand zu verfallen, und erklären ihren Mitmenschen, die ebenfalls auf dem Weg zu Gott sind, wie sie sich verhalten sollen. In ihrem Innern brennt ein unauslöschliches Feuer. Da sie dessen schmerzhaftes Brennen aber nicht zur Schau stellen möchten, jammern sie nicht darüber. Die Hitze dieses Feuers strahlt jedoch unablässig auf alle ab, die bei ihnen Zuflucht suchen.

In den Augen von Menschen mit Herz spiegelt sich die Sehnsucht nach den transzendenten Sphären. Ganz der Zustimmung Gottes, dem

Fortschritt und dem persönlichen Einsatz verpflichtet legen diese Menschen auf dem Weg zu ihrem Geliebten Einen Gott so große Strecken zurück wie reinrassige arabische Pferde, ohne eine Gegenleistung dafür zu erwarten.

Menschen mit Herz sind so aufrichtige Verfechter der Wahrheit, dass ihr ganzes Denken darauf fixiert ist, für Gerechtigkeit auf Erden zu sorgen, und dass sie dafür sogar bereit sind, ihre eigenen Wünsche und Begierden zu opfern, sofern Gott dies von ihnen verlangt. Sie öffnen ihren Mitmenschen ihr Herz, heißen jeden herzlich willkommen und erwecken den Eindruck, als seien sie Engel, die gekommen sind, um die Gesellschaft zu retten. Was ihr Handeln und ihre Standpunkte betrifft, so bemühen sie sich, mit allen auszukommen; sie vermeiden es, mit anderen in einen unheilvollen Wettstreit zu treten und Unmut zu bekunden. Auch wenn sie von Zeit zu Zeit Entscheidungen zu Gunsten ihrer Überzeugungen, ihres Glauben oder ihrer Methoden und Wege treffen, treten sie dabei nicht mit anderen in Wettstreit. Im Gegenteil, sie lieben es, im Namen ihrer Religion zu dienen. Sie lieben ihr Land und ihre Ideale. Für positive Aktivitäten geben sie immer gern und großzügig, und sie bringen den Philosophien und Ideen ihrer Mitmenschen größtmöglichen Respekt entgegen.

Daneben legen diese Menschen mit Herz sehr viel Wert darauf, die Unterstützung Gottes zu finden, welche sich ihrer Überzeugung nach vor allem in Zusammenhalt und Solidarität manifestiert. Von ganzem Herzen sind sie dazu bereit, mit jedem, der auf dem rechten Weg schreitet, zu kooperieren. Sie wissen genau, dass die Barmherzigkeit eine Frucht der Einheit, und nicht des Streits ist. So sehnen sie sich nach der Unterstützung und Zustimmung der Allgemeinheit und sind dabei stets empfänglich für die Gunstbeweise Gottes.

Menschen mit Herz lieben Gott und werben hingebungsvoll um Sein Wohlgefallen. Was sie tun, tun sie, um Ihn zu beglücken, und lassen sich dabei nicht von äußeren Umständen beeindrucken. Sie entwickeln einen großen Ehrgeiz, Ihm eine Freude zu bereiten, und sind dafür sogar bereit, alles, was sie - in dieser Welt wie auch in der kommenden - besitzen, einzusetzen oder herzugeben. Für Floskeln wie ‚Ich habe es getan‘, ‚Ich war erfolgreich‘ oder ‚Ich habe es geschafft‘ ist in ihrer Gedankenwelt kein Platz. Wenn andere ihre Aufgaben verrichten, stimmt sie dies genauso froh, als hätten sie selbst es getan; sie lassen ihnen demütig den Vortritt, überlassen ihnen Ehre und Ehrentitel. Wenn sie der Auffassung sind, dass andere der Religion und der Menschheit sachkundiger und erfolgreicher dienen können, überlassen sie ihnen die besseren Mittel, treten selbst einen Schritt zurück und dienen weiterhin als ‚normale' Menschen.

Menschen mit Herz sind zu sehr damit beschäftigt, gegen ihr Ego und ihre eigenen Entgleisungen anzukämpfen, um sich für die Sünden ihrer Mitmenschen zu interessieren. Stattdessen geben sie ihnen ein gutes Beispiel und begleiten sie zu neuen Horizonten. Bei Fehltritten ihrer Mitmenschen drücken sie ein Auge zu, Menschen mit einer negativen Einstellung treten sie mit einem Lächeln entgegen, und schlechtes Benehmen kontern sie mit Freundlichkeit. Sie denken nicht einmal daran, jemanden zu verletzen; selbst dann nicht, wenn sie selbst wieder und wieder verletzt werden.

Ein aufrichtiges Leben zu führen, das auf einem vollkommenen Glauben gründet, ist für Menschen mit Herz - für diese Soldaten der Realität, die mit ihren Gefühlen, Gedanken und Taten hingebungsvoll danach streben, das Wohlgefallen Gottes zu finden - die Hauptsache. Sie lassen sich nicht davon abbringen, ihre Ziele zu erreichen. Selbst wenn man ihnen neben der Welt auch noch die Himmel offerieren würde, würden sie ihnen treu bleiben.

Menschen mit Herz konkurrieren nicht mit anderen, die die gleichen Ideale haben wie sie und auf den gleichen Wegen wandern, und sie missgönnen ihnen auch nichts. Im Gegenteil, sie vollenden, was diese unvollendet lassen, und wenn sie mit ihnen kommunizieren, behandeln sie sie, als gehörten sie zu ihnen, als seien sie unterschiedliche Organe eines einzigen Körpers. Sie verstehen es bestens, Verzicht zu üben und ihren Kollegen das Rampenlicht zu überlassen. Bei allen Themen, weltlichen wie metaphysischen, halten sie sich im Hintergrund. Wenn andere Außerordentliches vollbringen, stellen sie sich ganz in ihren Dienst, zollen ihnen Beifall und freuen sich ebenso sehr über ihre Leistungen, wie sie sich bei festlichen Anlässen freuen.

Menschen mit Herz stimmen ihr Handeln ganz auf ihre Persönlichkeit ab und wählen ihre Vorgehensweise und Strategie sehr sorgfältig aus. Sie respektieren das Denken und Handeln anderer, führen ein ausgeglichenes, harmonisches Leben, teilen und entwickeln gemeinsame Projekte. Gern ersetzen sie das Pronomen ‚ich' durch ‚wir'. Sie ordnen ihr eigenes Glück dem Glück ihrer Mitmenschen unter und erwarten dafür weder Dank noch Anerkennung. Eine entsprechende Erwartungshaltung erschiene ihnen gar als charakterlos. Deshalb fürchten sie das Licht der Öffentlichkeit, Ruhm und Ehre ebenso sehr, wie sie eine Schlange oder einen Skorpion fürchten würden, und hoffen, nur kein Aufsehen zu erregen.

Menschen mit Herz verletzen niemals die Rechte ihrer Mitmenschen, und alle Rachegedanken sind ihnen fremd. Selbst unter den schwierigsten Bedingungen versuchen sie, ruhig zu bleiben und genau das zu tun, was man von einem Menschen mit Herz erwarten sollte. Negativen Auswüchsen wie Boshaftigkeit und Gehässigkeit begegnen sie mit Herzensgüte, und Menschen, die ihnen Unrecht zufügen, behandeln sie wie Monumente der Tugend.

Menschen mit Herz führen ein Leben, dem das Licht des Korans und der Sunna Glanz verleiht und das in den Bahnen von *Taqwa* (Frömmigkeit), Gnade und Rechtschaffenheit verläuft. Sie sind stets auf der Hut vor Egoismus, Hochmut und Ruhm, vor allen Gefühlen also, die das Herz töten. Was diese Menschen leisten, widmen sie dem Wahren Besitzer: „Alles kommt von Ihm!"

Menschen mit Herz haben vor niemandem Angst. Nichts kann sie in Panik versetzen. Die Formel ‚Auf Gott vertrauend arbeiten sie hart und sind sich gewiss, dass Er schon für alles Weitere sorgen wird' sagt einiges über ihren Charakter aus. Ihre Versprechen pflegen sie zu halten.

Menschen mit Herz verlieren nie die Geduld mit ihren Mitmenschen und fühlen sich nie von Menschen, die Gott verbunden sind, angegriffen. Wenn sie sehen, dass eine(r) ihrer Brüder und Schwestern in der Religion einen Fehler begeht, lassen sie sie bzw. ihn nicht im Stich. Um öffentliches Aufsehen zu vermeiden, sprechen sie Fehler grundsätzlich nicht in der Öffentlichkeit an und klagen niemanden persönlich an. Im

Gegenteil machen sie sich eher selbst Vorwürfe, Zeugen der entsprechenden Fehltritte geworden zu sein.

Menschen mit Herz geben keine Kommentare zu Haltungen von Gläubigen ab, die unterschiedlich interpretiert werden können. Wenn überhaupt, so äußern sie sich im Sinne der Unschuldsvermutung.

Bei allem, was sie tun, behalten Menschen mit Herz stets im Hinterkopf, dass diese Welt kein Ort der Belohnung, sondern ein Ort des Dienstes ist. Dementsprechend verrichten sie ihre Pflichten äußerst diszipliniert und empfänden es Gott gegenüber als unhöflich, sich über die Konsequenzen dieser Pflichten Sorgen zu machen. Im Namen und mit der Zustimmung Gottes zu handeln, um der Religion, dem Glauben und der Menschheit zu dienen, hat für sie höchste Priorität; und wie groß die Leistungen, die sie vollbringen, auch sein mögen - immer schreiben sie Gott allen Erfolg zu und bewerten ihren persönlichen Anteil als gering.

Die Zerstörung ihrer Arbeit lässt Menschen mit Herz nicht verzweifeln, und wenn andere sich ihnen in den Weg stellen, beunruhigt sie das nicht weiter. „Diese Welt ist kein Ort für Konflikte oder Krawalle, sondern ein Ort der Standhaftigkeit", entgegnen sie dann und beißen die Zähne zusammen. Wenn sie sich in einer schwierigen Situation befinden, suchen sie nach Auswegen. Selbst wenn es ganz schlimm kommt, verlieren sie nie die Hoffnung, und mit bewundernswerter Ausdauer entwickeln sie die unterschiedlichsten Strategien. In der Welt von heute, in der die menschlichen Werte mit Füßen getreten werden, in der tiefe Risse das religiöse Denken durchziehen und in der das von achtlosen Menschen entfachte Getöse taub macht, sind wir auf Menschen mit Herz angewiesen. Wir brauchen sie ebenso dringend wie Atemluft und Trinkwasser.

Der vollkommene Gläubige, der vollkommene Muslim

Die Muslime sind diejenigen, vor deren Zunge und Händen andere Muslime sicher und behütet sind. Die Emigranten sind diejenigen, die von jenen Dingen, die Gott verboten hat, lassen und auf sie verzichten.[58]

Bei einer etwas eingehenderen Analyse dieses Hadithes fällt auf, dass im arabischen Original vor dem Wort *Muslim* der direkte Artikel (*al*) steht. Diese Konstruktion weist darauf hin, dass es vollkommene Gläubige gibt, die sich in einer Atmosphäre der Sicherheit und des Behütetseins bewegen und so tief in diese Atmosphäre eingetaucht sind, dass sie anderen weder mit ihren Händen noch mit ihrer Zunge etwas zu Leide tun können. Die Beschreibung trifft allerdings nur auf die wahren und vollkommenen Muslime zu, die einen bleibenden Eindruck in den Köpfen der Menschen hinterlassen, nicht aber auf jene, die nur vorgeben, wahre und vollkommene Muslime zu sein, und den Ehrentitel ‚Muslim' allenfalls im Pass tragen. All dies sagt der an dieser Stelle im Arabischen verwendete Artikel aus, der etwas Spezifisches, Definiertes bezeichnet. In der arabischen Sprache gibt es eine grammatikalische Regel, die lautet: „Wenn einem Objekt der bestimmte Artikel vorangestellt wird, wird damit angezeigt, dass sich dieses Objekt in seinem besten und vollkommensten Zustand befindet." Ist also von ‚den Gläubigen' die Rede, erkennt man sofort, dass damit die besten der Gläubigen gemeint sind; das Gleiche gilt auch für ‚die Muslime' in diesem Hadith.

Eine so feine grammatikalische Nuance erlernt man nicht im Selbststudium, sondern nur im Rahmen einer formellen Ausbildung. Eine solche blieb dem Gesandten Gottes jedoch verwehrt; er war Analphabet. Deshalb sprach er nicht seine eigenen Gedanken aus; vielmehr

---

[58] Bukhari, *Iman*, 4

gab er nur das weiter, was ihn sein Ewiger Lehrer lehrte. In den Formulierungen und Erklärungen des Propheten finden sich sehr viele subtile grammatikalische Feinheiten, und nie unterliefen ihm in ihrer Anwendung irgendwelche Fehler.

Zurück zu dem Hadith: Wahre Muslime sind Menschen, deren Verlässlichkeit und Verantwortungsbewusstsein so stark spürbar sind, dass man ihnen jederzeit bedenkenlos den Rücken zuwenden kann. Man kann ihnen auch ohne zu zögern ein Familienmitglied anvertrauen, ohne dass ihm von Zunge oder Händen dieser Muslime irgendeine Gefahr drohte. Wer sich mit einem wahren Muslim trifft, kann sich absolut sicher sein, dass dieser danach nicht abfällig über ihn reden wird, und dass er von ihm auch keinen Tratsch über andere Menschen hören wird. Diese Muslime achten die Würde und Ehre ihrer Mitmenschen genauso wie die eigene. Sie essen nicht, sondern geben anderen zu essen. Sie leben nicht für sich selbst, sondern ermöglichen anderen zu leben. Ja, sie sind sogar dazu bereit, sich für das spirituelle Wohlergehen anderer aufzuopfern. All diese Gedanken sind allein aus der Tatsache abzuleiten, dass der bestimmte Artikel im Arabischen auch die Bedeutung *Hasr* trägt - Einschränkung, Hingabe an eine besondere Sache.

Muslime und Sicherheit

Etymologisch gesprochen stammen das Wort *Muslim* und das Verb *salima* aus der gleichen arabischen Wurzel *s-l-m*. Für Muslime bedeutet dies, dass *Silm* (Sicherheit), *Salama* (Heil) und ihr Muslim-Sein im Mittelpunkt ihres Lebens stehen. Muslime werden so sehr von Gott angezogen, dass ihr ganzes Handeln auf dieses Kraftzentrum ausgerichtet ist.

Muslime grüßen mit *Salam!* (Friede!) und sorgen so dafür, dass ihnen die Sympathien ihrer Mitmenschen zufließen.[59] Alle Menschen, Dschinn, Engel und anderen Geschöpfe, die mit einem Bewusstsein ausgestattet sind, dürfen sich von ihrem *Salam* angesprochen fühlen. Selbst mit unsichtbaren Geschöpfen tauschen sie also Grüße aus. Bis heute hat keine andere Gruppe den Kreis derer, die sie grüßt, so weit gespannt

---

[59] Bukhari, *Iman*, 20; Muslim, *Iman*, 63

wie die Muslime. Der Islam umfasst einerseits die Erfüllung grundlegender Pflichten wie Fasten, Almosen-Geben und Verrichtung der Pilgerfahrt, anderseits das Bemühen, sich zum Glauben zu bekennen. Die Muslime setzen auf dem Meer der Sicherheit und des Heils Segel, indem sie dem Befehl *Tretet allesamt ein in das Heil* den Islam! (2:208) gehorchen. Wer dieses Meer befährt, strahlt in allen Situation Sicherheit und Islam aus; und niemand wird im Handeln eines solchen Menschen etwas anderes als Güte und Freundlichkeit erkennen können.

Warum ausgerechnet Zungen und Hände?

Genau wie in jeder anderen Äußerung unseres Propheten Muhammad ist auch in dem oben zitierten Hadith jedes Wort sorgfältig ausgewählt. Warum spricht er also ausgerechnet von Zunge und Händen? Zweifellos gibt es für diese Nennung Gründe. Ein Mensch kann einen anderen Menschen auf zweierlei Art und Weise verletzen: direkt oder indirekt. Die Hände stehen hier für physischen (direkten) Druck, die Zungen für nicht unmittelbaren (indirekten) Druck. Menschen greifen einander direkt körperlich oder indirekt verbal durch Tratsch oder Spott an. Wahre Muslime beteiligen sich aber nicht an solchen Angriffen. Denn von ihnen wird erwartet, dass sie sich stets korrekt und ehrenwert verhalten, egal ob sie direkt oder indirekt agieren.

Der Prophet erwähnt die Zunge noch vor der Hand, weil man dem Islam gemäß für Schäden, die man durch Hände erlitten hat, Rache üben darf. Für Schäden, die indirekt durch üble Nachrede oder Verleumdungen angerichtet werden, gilt dies nicht. Daher können sie auch sehr leicht Konflikte zwischen Individuen, Gemeinschaften und sogar Staaten provozieren. Mit dieser Art von Schädigungen umzugehen, ist oft schwieriger als mit solchen, die durch körperliche Gewalt verursacht werden. Daher spricht der Prophet hier zuerst die Zunge an. Anderseits stellt er aber auch klar, welchen Wert ein Muslim vor Gott besitzt. Wenn ein Mensch Muslim ist, bedeutet diese Tatsache Gott so viel, dass Er anderen Muslimen befiehlt, im Umgang mit ihm Zunge und Hände unter Kontrolle zu halten.

In der Aufforderung an die Muslime, sich alles, was andere körperlich oder indirekt verletzen könnte, zu verkneifen und alles in ihrer Macht Stehende zu tun, um ihre Mitmenschen nicht zu beeinträchtigen, manifestiert sich eine weitere wichtige moralische Dimension des Islams. Jede einzelne Einheit der muslimischen Gemeinschaft wird dazu aufgefordert, Sicherheit und Heil zu repräsentieren. Muslime können in dem Maße wahre Muslime sein, wie sie ein Gefühl des Heils in sich tragen und wie ihre Herzen im Takt der Verlässlichkeit schlagen. Wo auch immer sie sich gerade aufhalten und wo auch immer sie leben, verleihen sie diesem Gefühl mit dem Gruß *Salam!* Ausdruck. Wenn sie aufbrechen, wünschen sie ihrem Gegenüber ‚Frieden!'. Sie schmücken ihre Gebete mit diesem Gruß, indem sie ihn am Ende jedes ihrer Gebete auch anderen Gläubigen zukommen lassen. Dass Menschen, die ein Leben in der Einflusssphäre der *Salama* führen, auf einen Pfad einbiegen, der von den Grundprinzipien des Heils, der Zuverlässigkeit, der Aufrichtigkeit und der weltlichen wie außerweltlichen Sicherheit abweicht, und anderen Menschen Schaden zufügen, ist extrem unwahrscheinlich.

Um es noch einmal ganz deutlich zu sagen: Wahre Muslime sind die zuverlässigsten Repräsentanten eines universellen Friedens. In diesem Wissen, das sich aus den Tiefen ihres Geistes speist, leben sie ihr Leben. Sie verbreiten weder Not noch Elend, und man behält sie überall als Symbole von Heil und Sicherheit in Erinnerung. In ihren Augen existiert praktisch kein Unterschied zwischen physischer (direkter) und verbaler (indirekter) Gewalt gegen die Rechte anderer Menschen.

Vollkommene Charaktere und Meister der Liebe

Nur Menschen, die vor Liebe vergehen, sind in der Lage, eine glückliche und strahlende Welt der Zukunft aufzubauen. Ihre Lippen lächeln liebevoll, ihr Herz sprudelt vor Liebe nur so über und ihre Augen leuchten aus Liebe und versprühen die zärtlichsten menschlichen Gefühle. All dies zeichnet die Meister der Liebe aus, die unabhängig vom Aufgang und Untergang der Sonne und vom flackernden Licht der Sterne ununterbrochen Botschaften der Liebe empfangen.

Menschen, die die Welt erneuern möchten, sollten bei sich selbst beginnen. Damit andere ihnen auf dem Weg in eine bessere Welt folgen können, müssen sie ihre inneren Welten von Hass, Groll und Missgunst reinigen und ihre äußeren Welten mit allen erdenklichen Tugenden schmücken. Aussagen von Menschen, die keine Selbstdisziplin kennen, die keine Selbstkontrolle üben und denen es nicht gelingt, ihre Gefühle zu läutern, mögen auf den ersten Blick verlockend und plausibel klingen; aber sie vermögen entweder gar nicht oder allenfalls sehr kurzfristig zu inspirieren.

Güte, Schönheit, Wahrheitsliebe und Tugend sind feste Bestandteile des Kerns der Welt. Was immer auch geschieht - eines Tages werden wir diese Essenz wiederfinden, und niemand wird das verhindern können.

Menschen, die sich darum bemühen, andere aufzuklären, sie glücklich zu machen und ihnen eine helfende Hand entgegenzustrecken, haben einen so gereiften und fortschrittlichen Geist, dass sie Schutzengeln ähneln. Sie kämpfen gegen Katastrophen, die die Gesellschaft heimsuchen, stellen sich ‚Stürmen' in den Weg, beeilen sich, ‚Feuer' zu löschen, und sind gegen alle Erschütterungen gewappnet.

Verfechter der Liebe

Von Bediuzzaman Said Nursi stammen folgende Worte, die für ein Prinzip stehen, das mir sehr am Herzen liegt: „Wir sind Verfechter der Liebe, für Streitigkeiten haben wir keine Zeit." Worte allein reichen jedoch nicht aus; entscheidend ist, dieses Prinzip auch zu leben. Natürlich werden heute - was mit Sicherheit lobenswert ist - viele schöne Worte gemacht, und viele Leute behaupten, Menschenfreunde zu sein. Ich frage mich jedoch, wie viele von diesen Leuten in der Lage sind, das, was sie sagen, in der Praxis vorzuleben und es in der eigenen Person, im eigenen Charakter zu repräsentieren. Eine befriedigende Antwort auf diese Frage zu finden, ist wohl nicht einfach.

Dem Propheten Muhammad gelang es, vorbildlich zu leben. Einer seiner wichtigsten Wesenszüge bestand darin, dass er stets selbst hielt, was er von anderen verlangte. Worte, die in der Praxis nicht beherzigt werden, sind unabhängig davon, wie schön oder vollkommen sie auch klingen mögen, dazu verurteilt, zu sterben und auf unfruchtbaren Boden zu fallen. Früher oder später verlieren sie ihre Wirkung. Aber nicht nur menschliche Worte, auch die Worte Gottes können kraftlos werden, wenn wir ihnen in der Praxis keine Bedeutung beimessen; dies lässt sich an ihrem schwindenden Einfluss auf unsere Herzen in der Gegenwart ablesen.

Nicht ein Buchstabe des Korans wurde je verändert. Seine Frische und Originalität, die er im Moment seiner Offenbarung besaß, hat er sich bis heute bewahrt. Der Koran ist ein heiliges, sehr erhabenes Buch, das aber leider seit Jahrhunderten stark unter der trüben Atmosphäre schwacher menschlicher Repräsentanz und unter der Trivialität des Menschen leidet. Im Zuge dessen geriet der Koran auch in den Sog primitiver Wahnvorstellungen, die nichts mit dem Buch selbst gemein haben. Die Schuld an dieser Entwicklung tragen vor allem Gesellschaften, die nicht in der Lage waren, den Koran in ihren Alltag zu integrieren.

Religion und Koran sollten für unser Leben von entscheidender Bedeutung sein und richtig verstanden werden, damit wir uns unsere Dynamik bewahren können. Der Koran sollte auch im wahrsten Sinne des Wortes gelebt werden, damit er das zu leisten im Stande ist, was wir uns von ihm erwarten. Was ich damit ausdrücken möchte: Es reicht nicht, sich hinzustellen und zu sagen: Ich bin ein Verfechter der Liebe und ein Repräsentant des Friedens. Es gibt so viele Hindernisse, die aus dem Weg geräumt werden müssen. Der springende Punkt ist daher, schöne Worte auch in die Tat umzusetzen.

Liebe und Zuneigung gehören zu den wichtigsten Prinzipien des Islams. Uns fällt die Aufgabe zu, sie in der ganzen Welt zu repräsentieren. Leider haben einige negative Ereignisse in jüngster Zeit dazu geführt, dass viele den Islam für etwas halten, was er in Wirklichkeit gar nicht ist. Es wäre grundfalsch, den Islam für Fehler von Menschen verantwortlich zu machen. Es stimmt, dass sich in einem Nachbarland der Türkei Dinge ereignet haben, die der muslimischen Welt sehr geschadet haben. Viele der Probleme konnten durch Vermittlung gelöst werden. Da lediglich mit Worten gekämpft wurde, blieben die Konflikte lokal begrenzt. Allerdings war dieses Nachbarland nicht das einzige Land, das der Welt einen falschen Eindruck vom Islam vermittelt hat. Auch viele andere Länder und Staatsoberhäupter zeichnen durch ihre Standpunkte und ihr Auftreten immer wieder ein sehr negatives Bild, wovon letztendlich nur die Gegner des Korans profitieren. Einerseits müssen wir also beharrlich sein, andererseits müssen wir unseren Worten Taten folgen lassen. Unsere innere Welt sollte überfließen vor Liebe und Zuneigung zur Menschheit. Für Feindseligkeiten darf in unseren Herzen kein Platz sein. Ich bin optimistisch, dass dieses neue Jahrhundert ein von Liebe und Dialog geprägtes Zeitalter werden wird. Gegensätze werden sich auflösen, und Liebe und Toleranz werden überall gedeihen. Die Chancen jedenfalls stehen gut, gerade in Zeiten der Globalisierung. Wenn Gott will, und wenn die Zeit reif ist, werden die rechtschaffenen Menschen ihren Weg machen.

Liebevolle Menschen

Liebevolle Menschen wie der Dichter und Sufi Dschalal ad-Din ar-Rumi (1207-1273), der türkische Dichter Yunus Emre (1238-1320), Ordensgründer Ahmet Yesevi (1093-1156) und der türkische Gelehrte Bediuzzaman Said Nursi (1876-1960) waren Gott sehr viel stärker verbunden, als wir normale Menschen es sind. Weil ihnen außerdem auch nicht so viele Fehler unterlaufen sind wie uns, haben sie auf den Feldern der Liebe, der Zuneigung und der Toleranz großartige Leistungen vollbracht und auf ihr Umfeld eine große Wirkung ausgeübt. Beurteilen wir diese Menschen jedoch aus den Zeiten, in denen sie lebten, heraus, so werden wir sehen, dass keiner von ihnen ein so hohes Maß an Dialog und Toleranz genießen durfte wie wir heute - ein Maß, das ja erst dank *ihrer* Vorleistungen von gläubigen Menschen verwirklicht werden konnte. Jeder Einzelne von ihnen sah sich mit massiven Widerständen konfrontiert. Im Vergleich zu dem, was sie zu erleiden hatten, nehmen sich unsere Schmerzen nahezu bedeutungslos aus. Said Nursi äußerte sich einmal folgendermaßen:

> „Denken sie etwa, ich sei ein Egoist, der sich nur um sich selbst kümmert? Ich habe mein Leben geopfert, um der Gemeinschaft ihren Glauben zu bewahren, und hatte niemals Zeit, auch nur einen Gedanken an mein eigenes Leben im Jenseits zu verschwenden. In den über 80 Jahren meines Leben habe ich keinerlei weltliche Vergnügungen gekostet. Ich habe mein Leben auf Schlachtfeldern verbracht, in Gefängnissen oder in Strafanstalten und in den Gerichtshöfen dieses Landes. Man hat mich wie einen Kriminellen behandelt, von einem Ort in den anderen verbannt und unter ständige Beobachtung gestellt. Es gibt keine Schikane, die ich nicht kennen gelernt, keine Unterdrückung, die ich nicht erduldet hätte. Aber dürfte ich mit ansehen, wie der Glaube meiner Gemeinschaft gerettet wird, würde ich dafür sogar in Kauf nehmen, in den Flammen der Hölle zu brennen. Denn während mein Körper brennen würde, würde mein Herz wie ein Rosengarten erblühen."
> (Said Nursi, *Tarihce-i-Hayati* Biografie)

Trotz aller heute bestehenden Schwierigkeiten fand keiner der hier genannten liebevollen Menschen zu Lebzeiten ein ähnlich hohes Maß an Dialog und Toleranz vor wie seine Nachfahren in der Gegenwart. Ihre Botschaften stießen damals in der Öffentlichkeit nicht auf so großen Widerhall wie heute die Botschaften der von ihnen Inspirierten. Ich denke, wenn sie in diesem Jahrhundert leben und den Trend zu Dialog und Toleranz bestaunen dürften, würden sie die heutigen Repräsentanten dieser Werte fragen: „Wie habt ihr es nur geschafft, überall auf der Welt einen so erfolgreichen Dialog zu etablieren? Worin liegt euer Geheimnis?"

Eine so hohe Auszeichnung blieb jenen Giganten des Lichts verwehrt, denn sie lebten unter ganz anderen Bedingungen. Damit wir uns diese Auszeichnung jedoch auch weiterhin verdienen, müssen wir auf dem eingeschlagenen Weg weitergehen. Erst kürzlich vertraute mir eine namhafte Persönlichkeit an: „Einige Kreise, die den Gläubigen gestern noch feindselig gegenüberstanden, unterstützen und loben sie heute außerordentlich." Aussagen wie diese beweisen, dass Gott ein Gefühl der Sympathie für die Verfechter der Liebe in die Herzen der Menschen gesät hat. Diese Tatsache zu ignorieren, hieße undankbar zu sein; sie aber zu erkennen und sich nicht dafür zu bedanken, wäre sogar eine Form des Unglaubens.

Was einen Gläubigen auszeichnet

Mehr als alles andere brauchen wir heute eine Generation, die ihre Pflicht Gott gegenüber gewissenhaft erfüllt, und vorbildliche Menschen, die der Gesellschaft Orientierung bieten können - Menschen, die uns vor den schrecklichen Abgründen von Atheismus, Unwissenheit, Irrtum und Anarchie bewahren und uns zu Glauben, Einsicht, unserer wahren Bestimmung und Frieden führen können. Selbst in den schlimmsten Zeiten der Hoffnungslosigkeit gab es immer wieder intelligente Köpfe, die die unter religiöser, intellektueller, sozialer, finanzieller und moralischer Unterdrückung leidenden Massen aufgeklärt haben. Sie definierten nicht nur den Menschen, das Universum und die Schöpfung in ihrer Gesamtheit neu, sondern auch die hinter der Schöpfung stehende Ebene. Auf diese Weise gelang es ihnen, das Denken der Menschen von seinen Fesseln zu befreien. Schon oft haben sich die Menschen aus ihrem Totenhemd eine neue Garderobe geschneidert. Viele Sachverhalte und Phänomene wurden bereits etliche Male neu interpretiert. Die Menschen, die dies vermochten, rezitierten das Buch der Schöpfung - ein Buch, das in der Wahrnehmung oberflächlicher Betrachter seine Farbe und seinen Glanz verloren hat und blass geworden ist -, als sei es eine Melodie. Sie loteten seine Tiefen aus und betrachteten es aufmerksam wie ein Kunstwerk. Sie enthüllten die verborgenen Wahrheiten im Herzen des Universums, indem sie die Dinge Saison für Saison, Paragraph für Paragraph analysierten.

Die auffälligsten Erkennungszeichen solcher gesegneten Menschen sind ihr Glaube und ihre Bemühungen, andere an ihrem Glauben teilhaben zu lassen. Mit diesen Instrumenten hoffen sie, alle Probleme aus dem Weg räumen und zu Gott gelangen zu können. Sie vertrauen fest darauf, wahren Frieden zu finden, die Welt in ein Paradies zu verwandeln und sich einen hohen Rang im Garten Eden zu erwerben. Die Freude, die sie angesichts ihrer Bestimmung empfinden, lässt sie ihr

Leben und das Wirken guter Taten als eine Art Reise entlang der Täler der Himmel wahrnehmen.

Kein anderes System, keine Doktrin und auch keine egal wie komplexe und spezielle Philosophie besaß jemals einen so positiven Einfluss auf die Menschheit wie der Glaube. Wenn der Glaube Einzug in die Herzen der Menschen hält, verändert sich ihr Denken in Bezug auf das Universum, die Objekte und Gott schlagartig. Sie schauen unter die Oberfläche und entdecken dort eine Weite, die ihnen erlaubt, die ganze Schöpfung als unterschiedliche Seiten eines offenen Buches zu betrachten. Alles, was diese Menschen in ihrer Umwelt sehen - Dinge, die ihnen bis dahin völlig uninteressant erschienen, einfach alles, was ihnen leblos und bedeutungslos vorkam -, ist plötzlich von Leben erfüllt, stellt sich ihnen als Freund und Gefährte vor und umarmt sie. In dieser herzerwärmenden Atmosphäre spüren die Menschen, dass sie selbst Dimensionen ihres eigenen Wertes sind. Sie verstehen, dass sie bewusste, einzigartige Elemente des Seins sind. Auf ihren weiten und verschlungenen Wegen stoßen sie zwischen den Seiten und Linien des Universums auf Mysterien. Sie fühlen, dass sie kurz davor stehen, das Geheimnis hinter dem Schleier der Dinge zu entschlüsseln. Und schließlich entkommen sie aus dem Gefängnis dieser dreidimensionalen Welt und finden sich in den Ebenen der Ewigkeit wieder.

Alle gläubigen Menschen können - je nachdem wie stark ihr Glauben ist - mit Hilfe der Gedanken, die in den Tiefen ihrer Identität fließen, innerhalb der ihnen gesteckten Grenzen alle Hindernisse überwinden. Sie mögen zwar an Raum und Zeit gebunden sein; und dennoch können sie zu Vorbildern an Ungebundenheit werden. Sie können die Ränge von Wesen erklimmen, welche über allen und jenseits aller räumlichen Beschränkungen stehen, und den Melodien der Engel lauschen. Diese Menschen - erschaffen aus Wasser und formloser Masse - können eine so große Bedeutung erlangen, dass die Erde ihnen zur Bühne für die Entdeckung des Atems Gottes wird, der ihre Seelen durchströmt. Sie besitzen das Potenzial, sich in Wesen zu verwandeln, die weder in die Himmel noch auf die Erde passen - in transzendente Wesen, die zwischen jenen beiden Polen umherreisen.

Sie wandeln unter uns, und sitzen mit uns zusammen. Ihre Füße vollziehen die gleichen Schritte wie unsere, und sie neigen ihren Kopf beim Gebet auf die gleiche Stelle wie wir. Im Gegensatz zu uns gelingt es ihnen jedoch, Füße und Kopf zu einer Einheit zu verschmelzen. Sie werfen sich vor Gott nieder, präsentieren sich Ihm startbereit und erreichen den Horizont jener, die Gott am nächsten stehen, mit nur einem Schritt. Ihre Flügel schlagen in den gleichen Himmeln wie die der Geistwesen. Sie leben, als seien sie Himmelsbewohner in einem weltlichen Zustand. Durch die Kultivierung und Erweiterung ihrer menschlichen Gefühle überwinden sie ihre Individualität. Sie entwickeln sich gewissermaßen zu kollektiven Persönlichkeiten, die alle Gläubigen umarmen. Sie reichen jedem die Hand und begrüßen die ganze Schöpfung mit den aufrichtigsten Gefühlen. In allem und bei jedem, dem sie begegnen, entdecken sie Farben, Gestalten und Töne erhabener Visionen. Überall lauschen sie den Klängen der Himmel, und sie meinen, den Flügelschlag der Engel zu vernehmen. Sie sehen, hören und fühlen die gesamte Bandbreite der Symphonien der Schönheit: vom fürchterlichen Grollen des Donners bis hin zu den himmlischen Liedern der Vögel; von den brechenden Wellen der Meere bis hin zu dem sanften Rauschen der Flüsse, das ein Gefühl für die Ewigkeit weckt; vom geheimnisvollen Widerhall der einsamen Wälder bis hin zum Echo der Ehrfurcht gebietenden Gipfel, die an die Himmel zu kratzen scheinen; von den magischen Winden, die die grünen Hügel umschmeicheln, bis hin zu den betörenden Düften, die den Gärten entströmen und sich überallhin verbreiten. Sie alle verkünden: „Dies muss das Leben sein!" Mit ihren Gebeten und indem sie über die Schönen Namen Gottes nachdenken, erweisen jene Menschen dem Atem Gottes Referenz.

Sie öffnen und schließen ihre Augen, und mit der Stirn berühren sie immerzu den Boden. So versuchen sie, einen Blick durch die Tür zu erhaschen, die sie aufzuschieben hoffen. Was sich hinter dieser Tür befindet, betrachten sie voller Sehnsucht. Sie warten auf die glückliche Stunde, in der Verlust und Verlangen versiegen und Frieden und Nähe ihre Seele wie einen Talisman umschließen werden. Sie bemühen sich, den Wunsch ihrer Seele nach Wiedervereinigung zu stillen. Sie eilen zu Ihm, manchmal fliegen sie, dann wieder schleppen sie sich auf dem Boden dahin -

vereint mit allem und jedem. Im Schatten der Wiedervereinigung durchleben sie an jedem Halt die Freude einer ‚Hochzeitsnacht' (wie Rumi den Tod bezeichnet). In jeder Wegkehre löschen sie eines von vielen Feuern der Sehnsucht, und zu jeder Sekunde ergreift sie eine neue Flamme, die sie in Brand setzt. Wer weiß schon, wie oft sie sich in den Atem ‚göttlicher Vertrautheit' gehüllt finden und wie oft die Einsamkeit und die Tragödien derer, die diese Inspiration nicht nachempfinden können, ihre Herzen verletzen?

Menschen, die über solche erweiterten Horizonte verfügen, fühlen sich stets auf dem Sprung zu neuen Sphären, stets entschlossen, die für den Menschen geltenden Gesetze hinter sich zu lassen. Sie fragen sich, welche neuen Fertigkeiten sie wohl in der Zukunft noch erwerben werden und welche Erfolge sie mit ihrem Glauben und der Kraft, die hinter diesem Glauben steht, noch erzielen werden. Mit offenem Visier, den Blick durch nichts verstellt, und einem Herzen, das seinen Frieden gefunden hat, rennen sie, ohne jemals müde zu werden. Dort, wo sie anhalten, vertiefen sie ihre Beziehungen zu ihrem Umfeld. Sie mögen sich der Tatsache bewusst sein oder auch nicht - aber wenn sie ihren Seelen lauschen, finden sie sich auf einer unendlich langen dem Berg zugewandten Seite des Friedens wieder. Trotz aller Sehnsucht und Einsamkeit, die sie in anderen Menschen wahrnehmen, verspüren sie niemals die Angst der Straße des Heimwehs. Sie wissen, woher sie kommen und warum sie wohin gehen. Sie sind sich der Vorgänge des Säens und Erntens in dieser Welt bewusst und wissen, dass sie einer Spur folgen, die sie zu ihrem Ziel führen wird. Weder verspüren sie die Erschöpfung des Weges, noch durchleben sie die Ängste, Unsicherheiten und Zweifel, die andere Menschen durchleben. Sie vertrauen auf Gott, marschieren voller Zuversicht und schmecken die Freude, den Gipfel, auf dem die himmelblauen Träume zuhause sind, erklommen zu haben.

Auf den Wegen, denen die Welt folgt, finden diese ritterlichen Helden des Glaubens umso besser ihren Weg, je gefestigter sie in ihrem Glauben sind. Im Idealfall promenieren sie durch die Täler der Himmel und atmen nichts als reinen Frieden. Ihr vertrauter Umgang mit Gott ermöglicht ihnen aber auch, das ganze Universum herauszufordern und alle Schwierigkeiten zu überwinden. Sie verzweifeln niemals, selbst dann nicht, wenn sie überall mit Zerstörungen konfrontiert sind. Sie suchen selbst dann nicht Zuflucht im Terror, wenn sich die Hölle vor ihnen auftut. Stets halten sie den Kopf hoch und verneigen sich vor niemandem außer vor Gott. Sie kapitulieren vor niemandem und erwarten von niemandem etwas. Sie begeben sich nie in die Schuld anderer Menschen. Wenn sie allerdings erfolgreich sind und von Triumph zu Triumph eilen, bekommen sie Angst; denn ihnen ist bewusst, dass dann ihre Loyalität zu Gott und ihre Hingabe an Ihn auf dem Prüfstand stehen. Gleichzeitig empfinden sie tiefe Dankbarkeit und vergießen Freudentränen. Wenn sie Niederlagen erleiden, sind sie geduldig und verlieren ihre Entschlossenheit nicht. Mit einem geschärften Willen unternehmen sie dann einen neuen Anlauf. Trotz aller Gunstbeweise, die ihnen zuteil werden, werden sie niemals hochnäsig oder undankbar, und trotz aller Entbehrungen verzweifeln sie nie.

Im Umgang mit anderen Menschen zeichnen sie sich durch ein Herz aus, das dem Herzen eines Propheten ähnelt. Während sie über die Fehler ihrer Mitmenschen hinweg sehen, tadeln sie sich selbst, wenn ihnen auch nur die kleinsten Missgeschicke unterlaufen. Anderen verzeihen sie - nicht nur unter normalen Umständen, sondern sogar dann, wenn sie wütend sind. Selbst mit den reizbarsten Menschen verstehen sie in Frieden zusammenzuleben. Der Islam ermahnt seine Anhänger, so viel wie möglich zu verzeihen, und sich nicht von Gefühlen wie Hass, Zorn oder Rache übermannen zu lassen. Auf jeden Fall ist es unvorstellbar, dass jemand, der sich der Tatsache bewusst ist, dass er auf dem Weg Gottes schreitet, einen anderen Weg wählen und anders denken oder handeln könnte. Im Gegenteil: Ständig sind solche Menschen auf der Suche nach Möglichkeiten, sich nützlich zu machen. Sie wünschen ihren Mitmenschen nur Gutes und versuchen, die Liebe in deren Herzen am Leben zu erhalten. Sie kämpfen einen nie enden wollenden Kampf gegen Wut und Hass. Sie spüren das Feuer ihrer eigenen Fehler und Sünden, brennen vor Reuebereitschaft und weisen die negativen Gedanken, die ihr Ego ihnen beschert, mehrere Male am Tag scharf zurecht. Gern gehen sie ihrer Arbeit nach und bereiten der Saat des Guten und der Schönheit einen fruchtbaren Boden. Sie treten in die Fußstapfen von Rabi'a l-Adawiya und akzeptieren alles und jeden wie einen süßen

Sirup, auch wenn es sich in Wirklichkeit um ein Gift handelt. Nähert man sich ihnen mit übler Gesinnung, antworten sie mit einem Lächeln. Mit ihrer einzigartigen Waffe - der Liebe - besiegen sie selbst große Armeen.

Gott liebt diese Menschen, und diese Menschen lieben Gott. Die Erregung des Liebens und die Erfahrung der Schwindel erregenden Freuden des Geliebtwerdens wühlen sie auf. Ihre Flügel der Bescheidenheit ruhen auf dem Boden und verwandeln sich in Erde, aus der Rosen hervorgehen. Sie begegnen ihren Mitmenschen und deren Ehrgefühl mit Respekt. Nie würden sie sich erlauben, die Nachsicht, Zuneigung, Güte und Kultiviertheit anderer als Schwäche zu interpretieren. Nie würden sie sich anmaßen, über jemanden, der seinem Glauben entsprechend lebt, zu urteilen. Ihr einziges Anliegen besteht darin sicherzustellen, dass ihre eigene Gedankenwelt nicht ihren Glanz verliert; denn sie sind entschlossen, gute Gläubige zu sein.

Menschen, die Gott hingebungsvoll dienen

Menschen, die sich ganz dem Wohlgefallen Gottes und dem Ideal hingeben, Ihn zu lieben und von Ihm geliebt zu werden, erkennt man am besten daran, dass sie weder materielle noch spirituelle Belohnungen erwarten. Dinge wie Profit, Reichtum, Wohlergehen usw., auf die die Menschen in dieser Welt so viel Wert legen, bedeuten ihnen nicht viel. Sie betrachten sie weder als Werte noch als Maßstäbe.

In den Augen dieser hingebungsvollen Menschen übertrifft der Wert ihrer eigenen Ideale die weltlichen Ideale um ein Vielfaches. Daher ist es fast unmöglich, sie von dem, was sie suchen - dem Wohlgefallen Gottes, das sie eigentlich gar nicht zu verdienen glauben - abzubringen und sie für ein anderes Ideal zu begeistern. Diese Menschen entledigen sich aller flüchtigen und vergänglichen Güter. Ihre Herzen durchlaufen einen Prozess des Wandels, und um sich ganz Gott zuwenden zu können, werden sie zu anderen Menschen. Neben ihrem Ideal erkennen sie kein anderes Ziel an. Weil sie sich mit ganzer Kraft der Aufgabe widmen, ihre Mitmenschen für Gott zu begeistern, Gott zu lieben und von Gott geliebt zu werden, und weil sie all ihr Streben in diese Richtung lenken (was den Wert ihres Ideals in gewisser Hinsicht noch erhöht), vermeiden sie entzweiende und auseinandertreibende Begriffspaare wie ‚sie und wir' oder ‚wir und die anderen'. Diese Menschen haben keine Probleme mit ihren Mitmenschen - weder offene noch versteckte. Im Gegenteil, ihr ganzes Denken zielt darauf ab, der Gesellschaft Nutzen zu bringen und Auseinandersetzungen mit ihr - zu der sie ja selbst gehören - zu vermeiden. Wenn sie ein Problem in der Gesellschaft ausmachen, verhalten sie sich eher wie spirituelle Führer als wie Krieger. Sie weisen den Menschen den Weg zu Tugend und Spiritualität und streben keinerlei politische Herrschaft oder Führungsrolle an.

Das Fundament dieser hingebungsvollen Menschen bilden Wissen und der Einsatz dieses Wissens, eine stabile und vernünftige Moral und die Anwendung dieser Moral im Alltag, glaubwürdige Tugenden und das Bewusstsein um deren Unverzichtbarkeit sowie weitere ähnliche Grundelemente. Diese Menschen suchen bei Gott Zuflucht vor Ruhm, vor Propaganda, die an bestimmte Interessen geknüpft ist, vor großtuerischem Handeln und vor allem, was für die Zukunft, also für das Leben nach dem Tode, nicht von Nutzen zu sein scheint. Sie richten ihr Leben nach den eigenen Prinzipien aus und sind bestrebt, Menschen, die gern auf andere schauen und sie imitieren, Respekt vor den erhabenen menschlichen Werten zu vermitteln. Dabei erwarten sie sich von ihnen weder Interesse noch Entgegenkommen und lassen ihre persönlichen Interessen und Vorteile ganz außen vor. Letztere fürchten sie ebenso sehr, wie sie eine Schlange oder einen Skorpion fürchten würden. Ihr innerer Reichtum schenkt ihnen eine Kraft, die keinerlei Eigenwerbung, Prahlerei oder Zurschaustellung billigt. Ihr liebenswertes Auftreten, das auch ihre Geisteshaltung reflektiert, ist so anziehend, dass ihre Mitmenschen fasziniert von ihnen sind und ihnen gern folgen. Aus genau diesem Grunde lehnen diese hingebungsvollen Menschen es ab, zu prahlen oder für sich zu werben. Bekannt oder geschätzt zu werden, ist ihnen nicht wichtig. Stattdessen setzen sie alles daran, ihr spirituelles Leben zu meistern und Gott zu erfreuen. Mit anderen Worten: Bei allem, was sie tun, versuchen sie, die Zustimmung Gottes zu finden. Dieses Ziel verfolgen sie sehr konsequent, und sie achten darauf, ihre prophetische Entschlossenheit weder durch weltliche Erwartungen und Bestrebungen noch durch die Zuneigung zu anderen Menschen zu verunreinigen. Weil der Glaube, der Islam und der Koran in der Welt von heute immer wieder kritisiert und in Frage gestellt werden, bleibt ihnen nichts anderes übrig, als entsprechenden Angriffen mit ihrer ganzen Energie entgegenzuwirken.

Von entscheidender Bedeutung ist dabei, dass man die Menschen in ihren islamischen Gedanken und Gefühlen bestärkt und ihnen ihre Ziellosigkeit nimmt. Denn damit versetzt man sie überhaupt erst in die Lage, erhabenen Idealen folgen zu können. Man kann anderen Menschen nur dann das Gefühl geben, nicht gezwungen zu sein, nach etwas anderem suchen zu müssen, wenn man den Glauben in ihrem Herzen neu belebt, und zwar in einem Stil und nach einem Muster, der bzw. das dem Herzen auch wirklich gerecht wird und zu ihm passt. Man kann hier durchaus von einer Neuausrichtung des Glaubens auf ein spirituelles Leben sprechen; und eine solche Neuausrichtung ist sehr wichtig, gerade in einer Zeit, in der viele allein auf einen Wandel und eine Umgestaltung des Gemeinschaftslebens setzen, das sie in neue Bahnen lenken wollen. Besinnt man sich darauf, zu einem spirituellen Leben zurückzufinden, wird man Übereinstimmung, Harmonie und Solidarität ernten. Vertraut man hingegen ausschließlich auf einen äußerlichen Wandel, werden daraus zwangsläufig Streit, Oberflächlichkeit und sogar Kämpfe resultieren.

Weil liebevolle Menschen genau wissen, in welche Richtung es sie zieht, verspüren sie in Geist und Verstand nie irgendeine Leere. Im Gegenteil sind sie Vernunft, Wissenschaft und Logik gegenüber stets aufgeschlossen und betrachten sie als Grundvoraussetzungen für ihren Glauben. Da sie in den Tiefen der Nähe zu Gott dahin geschmolzen sind - einer Nähe, die sie sich maßgeblich durch ihre Verdienste erworben haben - und in jenem Meer getrieben sind, das der Einheit Gottes so sehr ähnelt, haben ihre irdischen Wünsche und ihre körperlichen Gelüste eine neue Form angenommen: Sie manifestieren sich in einer spirituellen Freude, die aus dem Wohlgefallen Gottes resultiert, und zeichnen sich durch ein neues Muster und einen neuen Stil aus. So dürfen diese liebevollen Menschen, während sie noch mit ihren Mitmenschen kommunizieren und den Erfordernissen des Lebens auf der Erde nachkommen, auf den Gipfeln ihres spirituellen Lebens die gleiche Luft atmen wie die Engel. Deswegen bringt man sie auch sowohl mit der Gegenwart als auch mit der Zukunft in Verbindung. Was sie in dieser Welt hält, ist allein die Tatsache, dass hier physische Kräfte walten, denen sie sich nicht entziehen können. Was sie mit der kommenden Welt verbindet, ist die Tatsache, dass sie alles, was geschieht, im Lichte ihres spirituellen Lebens und ihres Herzens bewerten. Aber: Auch wenn das spirituelle Leben ihnen bestimmte Dinge im weltlichen Leben verbietet, heißt das nicht, dass diese Menschen dem weltlichen Leben völlig entsagen; es steht ihnen nicht zu, sich der Welt zu verweigern. Nein, sie bewegen sich eher im Zentrum als am Rande der Welt und lenken deren Geschicke. Allerdings handeln sie nicht zu Gunsten oder im Namen des Weltlichen, sondern sie zollen zwar den physischen Kräften Tribut, versuchen aber gleichzeitig, alles mit dem Jenseits zu verknüpfen. Auf diese Weise halten sie ihren Körper in dem ihm gesteckten Rahmen und ihren Geist an seinem Horizont; sie unterstellen ihr Leben der Regie von Herz und Geist. Das begrenzte und eingeschränkte körperliche Leben soll möglichst bis zu jener Grenze geführt werden, die dem Körper gesetzt ist, während das spirituelle Leben immer der Ewigkeit offen stehen und die Unendlichkeit suchen soll. Wer stets erhabene und transzendente Gedanken hegt, wer so lebt, wie der Spender allen Lebens es verlangt, wer die Öffnung der Mitmenschen für die Wahrheit in den Mittelpunkt des eigenen Lebens stellt und stets nach dem Höchsten strebt, wird praktisch wie von selbst zum Anwender eines erhabenen Programms und drosselt seine persönlichen Wünsche und Begierden auf ein Mindestmaß.

Ein solches Leben stellt eine große Herausforderung dar; als weniger beschwerlich mögen es lediglich diejenigen empfinden, die sich Gott ganz hingeben und Seinen Namen preisen; diejenigen, die sich begeistert zum Tor Gottes begeben, um Ihn den Menschen bewusst zu machen, und die anschließend eine Hand auf dieses Tor und die andere auf die Herzen der Menschen legen, um zwischen ihnen zu vermitteln; diejenigen, die in ihrer Brust die Hitze der Nähe zum Schöpfer spüren und die alles dafür tun, den Glauben aus ihrem Herzen in die Gemeinschaft hinein zu tragen (zum Teil indem sie Ehrfurcht einflößen, zum Teil mit großzügiger Liebe). Ihnen erscheint nichts zu schwer. Gott schenkt Seine Gunst den Verfechtern der Liebe, die nur auf Ihn schauen, deren Gedanken allein um Ihn kreisen, die nach Wegen suchen, zu Ihm zu gelangen, und sich zu diesem Zwecke aller ihnen zur Verfügung stehenden Mittel bedienen. Er erhöht sie in Seine heilige Gegenwart, und Er ermahnt die übrigen Menschen, ihnen Respekt entgegenzubringen. Er belohnt ihre minimale Form irdischer Loyalität mit Seiner unermesslichen himmlischen Loyalität. Hier ein Auszug des himmlischen Lobes, konzentriert in einem Tropfen des weiten Ozeans:

Der vollkommene Mensch

> *Und treibe nicht jene fort, die ihren Herrn am Morgen und am Abend im Trachten nach Seinem Angesicht anrufen. Du bist nicht verantwortlich für sie, und sie sind nicht verantwortlich für dich.* (6:52)

Die Menschen, die der Prophet nicht forttreiben sollte, waren die gleichen Menschen, die die Versammlungen des Gesandten Gottes besuchten - Menschen also, die sich ganz dem Wohlgefallen Gottes widmeten.

Wenn die Hingabe dieser Menschen von ganzem Herzen kommt und aufrichtig ist, wird Gott ihnen aller Wahrscheinlichkeit nach Seine Huld erweisen. Je mehr sie sich bemühen, Gott zu erfreuen, und je bedingungsloser sie Gott vertrauen, desto höhere Wertschätzung werden sie erfahren, desto großzügiger werden sie belohnt werden und desto eher werden sie zum Thema von Gesprächen werden, die in den Himmeln geführt werden. Jeder Gedanke, jedes Wort und jede Handlung dieser Menschen wird sich in der kommenden Welt in eine von Licht durchdrungene Atmosphäre verwandeln, in eine Atmosphäre, die zuweilen auch als ‚das lächelnde Antlitz der Vorherbestimmung' bezeichnet wird. Diese glücklichen Menschen, die von den Winden des Schicksals vorangetrieben werden, segeln zu Ihm hin und werfen unterwegs nirgends Anker. Im Koran werden diese Menschen so beschrieben:

> *...Menschen, die weder Ware noch Handel vom Gedenken an Allah abhält und der Verrichtung des Gebets und dem Entrichten der Zakat; sie fürchten einen Tag, an dem sich Herzen und Augen verdrehen werden. Damit Allah sie belohne für die besten ihrer Taten und ihnen reichlich gebe aus Seiner Fülle. Und Allah versorgt ja, wen Er will, ohne zu rechnen.* (24:37-38)

Befreit von aller Niedergeschlagenheit und von allem Leid, ganz von Gott umhüllt und deshalb aller Sorgen ledig, bleibt einem freien Geist, wie er hier beschrieben wird, nichts mehr zu entdecken. Im Vergleich mit der in den Versen erwähnten Fülle unterscheiden sich alle weltlichen Gunstbeweise, Leidenschaften und Vergnügungen kaum mehr von leeren Tellern, die auf schmutzigen Tischen zurückgelassen wurden. Die Schönheiten, nach denen diese Menschen in ihrer spirituellen Welt streben, sind mit der Welt und allem, was sie zu bieten hat, nicht zu vergleichen. Was im Frühling blüht oder grünt und im Sommer dann verblasst, kann mit diesen Schönheiten nicht konkurrieren. Menschen, die sich zum Jenseits orientieren und sich dieser Tatsache bewusst sind, lassen alles, was keinen Bezug zur Ewigkeit hat, links liegen und schreiten in den Korridoren ihres Herzens den Weinbergen und Gärten des Paradieses entgegen. Sie binden ihr Herz nicht an die Welt und an irdische Trivialitäten.

Die hingebungsvollen Menschen von heute

Erhabene Ideale, anspruchsvolle Ziele, bedeutungsvolle und universelle Projekte können nur von Menschen verwirklicht werden, deren Gedanken hoch empor fliegen und die dabei standhaft bleiben; von Menschen, die sich nicht von ihrem Weg abbringen lassen, ihn entschlossen weitergehen und dabei von den Gunstbeweisen der Himmel motiviert werden. Was wir heute brauchen, sind keine gewöhnlichen Menschen, sondern Menschen, die sich für die Realität Gottes begeistern und auf hohem Niveau denken können; Menschen, die, indem sie ihre Gedanken in die Praxis umsetzen, zuerst ihr eigenes Volk und dann auch alle anderen Menschen aufzuklären und zu Gott zu führen versuchen; pflichtbewusste Menschen, die denken, was zu denken ist, die wissen, was zu wissen ist, und die ihrem Wissen auch im praktischen Handeln Ausdruck verleihen; Menschen, die umherziehen wie Israfil, der darauf wartet, die letzte Trompete zu blasen, und die Toten auf den Tag der Auferstehung vorbereitet; Menschen also, die Hoffnung verbreiten und deren Herz im Takt der Aufrichtigkeit schlägt; Menschen, die das, was ihr Herz bewegt, auch artikulieren können: etwa über den Zauber der Dichtkunst, über die Faszination der Musik oder mit Hilfe anderer Gaben.

Wollte man diese Vorbilder charakterisieren, so könnte man sagen, dass sie in der Welt umherziehen, sie im Geiste einer gesegneten Emigration durchstreifen, dass sie ihren Besuchern in der Sprache ihres Herzens zuflüstern und dass sie die Liebe in ihrem Umfeld fördern. Sie wecken diese Liebe bei allen, denen sie begegnen, und in ihrer Innenwelt bauen sie ihr einen Thron. Sie geben anderen Menschen, die nach Liebe und Freundschaft dürsten, die Möglichkeit, ein neues Leben zu beginnen, und schenken ihnen Gehör. Sowohl diejenigen, die mit solchen Gefühlen emigrieren, als auch jene, die diese Emigranten willkommen heißen, sind aufrichtige Menschen, frei von aller Launenhaftigkeit. Zwischen Vortragenden und Zuhörern, zwischen denen, in deren Wesen sich Essenz und Wahrheit manifestieren, und denen, die Zeugen dieses Schauspiels werden, zwischen Unterstützern und Unterstützten, zwischen denen, die den Kelch des Lebens bringen, und denen, die durch sie die Realität wieder entdecken, stehen keinerlei egoistische Interessen. Was zählt, ist einzig und allein das Wohlgefallen Gottes. Die starken rechtschaffenen Beziehungen zwischen diesen Parteien sind ganz von den universellen menschlichen Werten und von wechselseitigem Respekt durchdrungen.

Die Rosen, die heute überall auf der Welt zu blühen beginnen, tragen die ‚Farben' der strahlenden Gesichter und der Einsicht dieser Menschen. Die soziale Geographie schmückt sich mit ihrem Denken, und die ganze Menschheit scheint ihre zeitlosen Melodien zu summen. Verglichen mit der Größe der Quelle, aus der sie stammen, sind die Gefühle und Gedanken dieser Menschen kaum größer als Tröpfchen; und doch gleicht die tiefe Bedeutung, die sich in ihnen verbirgt, unendlich großen Seen, die vor Inspirationen überschäumen.

Da die Aufgabe selbst es erfordert, misst sich diese Kavallerie des Lichts, die ihr Umfeld für einen flüchtigen Moment erstrahlen lässt, auf die gleiche Art und Weise wie Regenwolken, die darum wetteifern, uns die Gnade Gottes zukommen lassen, in den Disziplinen Freude, Liebe und Hoffnung. Sie trachtet danach, alle eingetrockneten Herzen, die um Toleranz und Liebe flehen, in Paradiesgärten zu verwandeln. Der Erdboden ist über und über mit Samenkörnern bedeckt, die sie ausgesät hat, und wartet ungeduldig auf ihr Keimen. Auch die Menschen freuen sich, bereits erste Anzeichen für dieses gesegnete Ereignis erkennen zu können. Zwar mögen sich diese Anzeichen in unterschiedlichen Stimmen und Tönen manifestieren; tief in den Herzen wecken sie aber immer dieselben Gefühle. Die Winde der Morgendämmerung tragen Job eine Stimme vom Fluss des Lebens zu und lassen Jakob den abrahamitischen Wohlgeruch des Hemdes Josefs atmen.

Man kann all dies entweder als unseren letzten Versuch bezeichnen, endlich wieder unsere angestammte Position zu bekleiden, oder aber als eine frische Botschaft der Erneuerung, deren Adressat die ganze

Menschheit ist. Viele von Krisen geschüttelte Völker warten sehnsüchtig auf eine solche Brise der Hoffnung. Wie glücklich sich doch diejenigen schätzen dürfen, die diese Brise entfachen werden! Und wie glücklich jene, deren Herzen diese Brise willkommen heißen!

Ich glaube ganz fest daran, dass Farbe und Gestalt der Welt im Wandel begriffen sind und dass die Menschheit von jenen Helden, die sich ganz der Aufgabe widmen, die Monumente der menschlichen Werte wiederaufzurichten, sehr stark profitieren wird. Dank ihnen wird das menschliche Denken in der Welt der Zukunft aller Wahrscheinlichkeit nach ein intensiveres, helleres Licht verbreiten. Ihre Ideale werden in einem Ausmaß verwirklicht werden, von dem wir heute nicht einmal zu träumen wagen. All das, was ich hier schildere, wird mit Sicherheit eines Tages so geschehen. Wenn die Zeit reif ist, werden Menschen mit verdorrten Herzen und düsteren Schicksalen bereuen, wehklagen und diese erleuchteten Seelen um Verzeihung bitten. Doch sie werden zu spät kommen und ihre Chance bereits verspielt haben. Wären diese harten und rauen Menschen mit ihren negativen Gefühlen nur etwas dankbarer und ehrenhafter, dann würde jener Tag, der zweifellos kommen wird und den sie verfluchen werden, nicht ihre Zukunft verdunkeln.

Allen Störfaktoren zum Trotz bemühen sich aufgeklärte Menschen schon heute mit einer Hingabe, die selbst den Prophetengefährten zur Ehre gereichen würde, Licht in jeden Winkel der Welt zu tragen. Sie stellen ihre eigenen Wünsche zurück und engagieren sich, ohne jemals damit zu prahlen, für das Wohl ihrer Mitmenschen. Dabei legen sie eine Großzügigkeit an den Tag, die in der Geschichte ihresgleichen sucht, und stellen sich ganz in den Dienst der Menschheit. Ihr Flüstern steigt vom Grund ihrer Herzen auf, und indem sie überall neue Setzlinge pflanzen, legen sie den Grundstein für den Aufbau des Paradieses auf Erden. Sie versuchen, ihren Gedanken Ausdruck zu verleihen, und laden ihre Mitmenschen zum ewigen Leben ein. Voller Gottvertrauen, entschlossen, tatkräftig und optimistisch blicken sie in die Zukunft. Der Pfad, den sie einschlagen, scheint unsicher, aber dessen sind sie sich bewusst. Sie wissen, dass ihre Wege beschwerlich und tückisch, dass Brücken unpassierbar und Straßen unwegsam sein werden. Sie rechnen mit Hass und Feindseligkeit. Zwar besitzen sie einen unerschütterlichen Glauben in den Pfad, dem sie folgen, aber wenn sich ihnen unvorhergesehene Hindernisse in den Weg stellen, überrascht sie das nicht. Aus diesem Grunde gehen sie wie selbstverständlich davon aus, dass der Pfad Gottes mit Leiden gepflastert ist. So verlieren sie nie ihren Enthusiasmus. Zuflucht vor den Leiden des Weges suchen sie allein bei Gott und im Bollwerk des Glaubens. Sie bemühen sich, die Zeit, in der sie leben, und das, was in ihr passiert, zu verstehen. Sie vertrauen auf Sein Versprechen, ihnen bestimmte Dinge möglich zu machen, und wandeln an den Horizonten von Gottes Wohlgefallen.

Die Persönlichkeit dieser rechtschaffenen Menschen versöhnt Herz und Verstand miteinander. Niemand könnte sie davon abbringen, an ihren Werten festzuhalten, in Übereinstimmung mit dem Wohlgefallen Gottes zu handeln und ihre Gefühle und den Glauben an den Schöpfer in die Welt hinaus zu tragen. Mit ihrem Verantwortungs- und Pflichtgefühl stehen sie aufrecht wie Berge, die Stürmen und Unwettern die Stirn bieten. Sie kämpfen mit den Elementen und wissen, wie man Früchte zu allen Jahreszeiten anbaut, Rosen züchtet und ihnen Lieder vorträgt.

Was ihr Handeln betrifft, so sind sie zuverlässig wie ein Uhrwerk. Ihren Tätigkeiten mangelt es nicht an Ausgewogenheit und ihren Äußerungen nicht an Entschlossenheit. Ihre Herzen sind so rein und klar wie die der Engel, und ihre Zungen sind vertrauenswürdige Interpreten ihrer inneren Stärke. Doch gerade deshalb begegnet man ihrer Einstellung und ihrem Verhalten oft mit Missgunst, und gerade deshalb sorgen ihre Aussagen oft für Aufregung. Sie denken permanent über Gott nach, und ihre Worte künden von einer tiefen Liebe zu Gott und zur Schöpfung, von Toleranz, Zuneigung, Fürsorglichkeit und Versöhnlichkeit. Alles, was sie anstreben, ist das Wohlgefallen Gottes. Ihre größte Leidenschaft gilt dem Studium und der Interpretation des Universums und seiner Phänomene. Ihre Liebe und ihre Offenheit gegenüber ihren Mitmenschen verleihen ihrem Wesen einen angenehmen Ton.

In Momenten, in denen sie sich Gott mit all ihrer Liebe präsentieren, schmelzen sie dahin und können mit dem Schlüssel ihrer Liebe selbst ungewöhnlich verhärtete Herzen und sprödeste Charaktere öffnen. Dann versuchen sie, deren Besitzern die Gunstbeweise des Erhabenen Schöpfers vor Augen zu führen. Sie lieben und werden geliebt. Mit einem Ehrgeiz, der dem der Propheten ähnelt, stemmen sie sich - unbezwingbar wie Berge - selbst den erbarmungslosesten Attacken entgegen. Wenn sie um sich schauen, tun sie dies mit den Augen Gottes. Weder verlieren sie in den heftigsten Stürmen den Halt, noch lassen sie sich von den stärksten Erdbeben erschüttern. Mutig trotzen sie starkem Wellengang und Unwettern.

Diese beherzten Menschen wissen, welche enormen Schwierigkeiten das Streben nach dem Wohlgefallen Gottes mit sich bringen kann. Sie sind bereit, alle Prüfungen über sich ergehen zu lassen und allen widrigen Umständen zu trotzen. Sie verfügen über eine bescheidene und anspruchslose Persönlichkeit und gleichen Kerzen, die allein dem Zweck dienen, zu brennen und Licht zu spenden.

Sie sind motiviert und bereit, selbst mit den rechtschaffensten Menschen zu wetteifern, auch wenn sie kaum konkurrenzfähig erscheinen. Manchmal denkt man, sie seien untätig, in Wirklichkeit jedoch sind sie selbst in solchen Momenten immer dynamisch, entschlossen und leidenschaftlich. Bisweilen überspülen sie ihr Umfeld mit ihren Wellen oder erfrischen entfernt gelegene Orte mit ihren kühlenden Wolken. Überall bieten sie das Elixier des Lebens feil, und selbst völlig lustlosen Menschen, die schon seit Jahr und Tag unter Lustlosigkeit und Antriebsschwäche leiden, hauchen sie neues Leben ein. Unermüdlich erzählen sie die Geschichten, die sie im Herzen tragen. Von allem Klatsch und allen Streitigkeiten, die der Gesellschaft schaden könnten, halten sie sich hingegen fern.

Sie träumen davon, den Menschen Nutzen zu bringen, und tief in ihrem Geist spüren sie die Furcht und Niedergeschlagenheit ihrer Mitmenschen. Sie heißen alle Besucher herzlich willkommen, zeigen Verständnis für deren Nöte und sorgen sich um sie. Sie wenden sich den von Kummer Zerfressenen zu und schließen sich Menschen an, die ebenfalls Freude empfinden, wenn sie die Schmerzen anderer lindern dürfen. Dann und wann treten sie Problemen mutig entgegen, indem sie selbst in Dornenhecken voller Entschlossenheit Rosen pflanzen; und immer wieder besingen sie die Rosen.

So manches Mal, wenn Schmerz und Leid besonders weh tun, erhält das Wesen dieser Menschen einen blutroten Anstrich und gleicht dann einer Rose, die um die Samenkörner trauert, welche sie in die Welt entlassen hat. Dann wieder sind diese Menschen aufgebracht, und ihre sanften Melodien verwandeln sich in Geschrei. Doch trotz alledem legen sie ihre Hand aufs Herz und flüstern: „Alles geschieht nach dem Willen Gottes!" Sie wandern ihrer Bestimmung entgegen, und mit einem Lächeln verwandeln sie die Orte, an denen sie ein und aus gehen, in grüne Gärten. Ihre Hände leuchten und ähneln der weißen Hand des Propheten Moses. Menschen, denen sie geholfen und die sie zu neuem Leben erweckt haben, haben das Gefühl, vom Elixier des Lebens gekostet zu haben. Das Streben dieser rechtschaffenen Menschen bricht den Bann von Zauberern und durchkreuzt die Pläne von Pharaonen.

Sie sind so reich an Eingebungen, dass Krösus Reichtum dagegen verblasst. Wenn sie nur wollten, könnten sie mit ihrem Vermögen die ganze Welt erwerben. Die Waagschalen der Wohltätigkeit - ihr Leben - neigen sich stets zur großzügigen Seite - so stark, dass es die Satane erzürnt.

Sie wissen genau, wo sie Mühe investieren müssen. Ihre Stärke liegt darin, vergängliche Dinge gegen ewig währende einzutauschen. Sie verschwenden nie ihre Zeit und akzeptieren es nicht, in Verzug zu geraten. Ihr moralisches Handeln ist erhaben, ihre Willenskraft stark und ihre Entschlossenheit strapazierfähig. Glaube und Handeln sind wichtige Disziplinen ihres Herzens und ihrer Haltung. Sie fürchten niemanden außer Gott und zeichnen sich durch Ehrbarkeit aus. Ehrbar und bescheiden nähern sie sich auch ihrem Ziel, der ganzen Welt Licht zu bringen. Wie der Wind wirbeln ihre rechtschaffenen Gedanken herum. Dabei stieben sie hin und wieder einige Samenkörner auf, die sie dann in alle Himmelsrichtungen verstreuen. Bei anderen Gelegenheiten lassen diese Menschen ihre Gedanken abregnen und Leben auf die Erdoberfläche ergießen. Weder Rückschläge noch anschließende Krisen können sie entmutigen. Häufig erneuern sie ihren Treueid und verwenden alle Gunstbeweise, die Gott ihnen zukommen lässt, zur Stärkung ihres ohnehin schon gefestigten Geistes. Überall dort, wo Religion, Frömmigkeit und die Zustimmung Gottes zuhause sind, lassen sie sich gern nieder. Sie beeilen sich, die Befehle Gottes auszuführen, und für den Auftrag, auch in weltlichen Angelegenheiten erfolgreich zu sein, nehmen sie so große Entbehrungen auf sich, dass ihre Mitmenschen sie manchmal für Menschen halten, die dem Weltlichen verhaftet sind und das Jenseits gar nicht kennen. Erst wenn sie bemerken, welche Liebe in diesen Menschen steckt, erkennen sie, dass sie zu den Menschen höchsten Ranges gehören.

Diese liebevollen Menschen verabscheuen es, untätig zu sein oder ihr Leben zu vergeuden. Immerzu sind sie damit beschäftigt, das religiöse Leben neu zu ordnen; sei es dadurch, dass sie Texte schreiben, wenn sie dazu in der Lage sind, oder indem sie jenen, die dazu in der Lage sind, einen Stift in die Hand geben. Stets versuchen sie, ihren Beitrag zu leisten. Sie lieben das Wissen, respektieren weise Menschen, freunden sich mit feinfühligen Menschen an und sprechen in ihren Gesprächen permanent über den Geliebten Einen.

Selbst wenn es keine aufrichtigen Menschen mehr auf der Welt gäbe, selbst wenn alle Horizonte verdunkelt wären, selbst wenn sich das Böse überall eingenistet hätte, selbst wenn mehr Dornen als Rosen existierten, selbst wenn es überall von Elstern nur so wimmelte und deren Gesang die Nachtigallen längst übertönt hätte, selbst wenn Wespen die Honigstöcke umschwirrten, selbst wenn sich der Dschungel der Straßen bemächtigt hätte, selbst wenn niemand mehr Respekt vor dem Wissen zeigte und die Menschheit der Treulosigkeit zum Opfer gefallen wäre, selbst wenn alle Freundschaften vergessen und Freunde zu Feinden geworden wären - selbst dann würden sie unerschütterlich wie Felsen dastehen und sagen: „Ich stehe, obwohl alle anderen gefallen sind! Die Welt mag sich in eine Wüste verwandeln, aber da meine Tränen mir Feuchtigkeit spenden, stellt das für mich kein Problem dar. Gott hat mir zwei Füße zum Laufen und zwei Hände zum Arbeiten geschenkt. Mein Glaube ist mein Kapital, und mein Hoheitsgebiet ist so weit wie mein Herz. Wenn Gott will, werde ich die Chance bekommen, die Welt wieder aufzubauen, sie in ein Paradies zu verwandeln. Warum sollte mir vor der Zukunft bange sein, wo dieses Land doch so fruchtbar ist. Hat Gott außerdem nicht versprochen, in der anderen Welt aus Einem Eintausend zu machen?" Und so setzen sie ihren Weg trotz unpassierbarer Brücken und unwegsamer Straßen fort. Wie ein Fluss spenden sie allem und jedem Leben und löschen alle Feuer. Wie ein Feuer schützen sie die Menschen vor Kälte. Einer Kerze gleich schmelzen sie dahin und bringen dadurch Tausenden Augenpaaren Licht. Der Pfad, auf dem sie wandern, ist der Pfad, auf dem alle rechtschaffenen Menschen wandern. Er führt sie sicher zu ihrem Bestimmungsort.

Diese Menschen sind zuverlässig und begeisterungsfähig; sie sind großzügig genug, im Namen Gottes freiwillig von ihrem Besitz zu geben. Ihr Leben ist ein Fest des Schenkens, und sie hoffen, das, was sie in dieser Welt spenden, im Jenseits vielfach ersetzt zu bekommen. In ihren Augen gibt es keinen höheren Rang als den, die Religion zu bewahren und sie in der Welt zu repräsentieren. In diesem Ziel sehen sie den Sinn ihres Lebens und richten ihr Leben entsprechend aus; dessen sind sie sich voll und ganz bewusst. Sie finden sich zusammen, um diesen Gedanken zu manifestieren, und sie vertiefen ihr Zusammengehörigkeitsgefühl, indem sie es mit Gott verknüpfen. Die Bewohner der höchsten Himmel spenden ihnen dafür Beifall und erleichtern ihnen den Weg; sie bestätigen ihnen, dass ihre Mission die richtige ist.

Diese Menschen denken nie an das eigene Wohl und besinnen sich stets auf Gott. Sie erhalten sich ihre Tugend, treten für die menschlichen Werte ein, öffnen ihr Herz den Menschen und leben für andere. Als Gegenleistung für ihre Großzügigkeit wird Gott sie an jenem Tag, an dem uns unsere Hände und Füße nicht länger von Nutzen sein werden, mit unvergleichlichen Privilegien belohnen. Er wird ihnen Federn aus den Flügeln der Engel schenken und Ihnen eine Audienz in Seiner heiligen Gegenwart gewähren. Er wird sie in die Reihen der Gesegneten aufnehmen, sie wie Ehrengäste behandeln und all diese Gunstbeweise mit Seinem Wohlgefallen krönen.

Die Natur des Menschen

Die Menschen sind die bedeutendsten Spiegel der Namen, Attribute und Handlungen Gottes. Die Menschheit ist ein glänzender Spiegel, eine erstaunliche Frucht des Lebens, eine Quelle für das ganze Universum, ein Meer, das wie ein winziger Tropfen erscheint, eine Sonne in der Form eines bescheidenen Samenkorns und trotz ihrer fragilen körperlichen Konstitution eine großartige Melodie. In jedem noch so kleinen menschlichen Körper spiegelt sich die ganze Schöpfung wider. Die Menschen hüten ein heiliges Geheimnis, das sie mit all ihren charakterlichen Vorzügen genauso wertvoll macht wie das ganze Universum; und diese Vorzüge lassen sich bis zur Vollkommenheit weiterentwickeln.

Wir Menschen sind die Zeichen und gewissermaßen auch die Interpreten des Erhabenen Einen; denn wir dürfen uns die Fähigkeiten, die uns im Namen Gottes in dieser vergänglichen Welt verliehen wurden, zu Nutze machen. Wir Menschen sind die glänzendsten Spiegel unseres Herrn - Spiegel, die bedeutende Konzepte reflektieren. Erst unsere Verstandeskraft und unsere Einsicht verwandeln die Schöpfung in ein gut leserliches Buch; gleichzeitig sind diese beiden Qualitäten auch die bedeutendsten Qualitäten, die in der Schöpfung zur Schau gestellt werden. Gott ist der Quell allen Reichtums des gesamten Universums; und wir Menschen sind - einschließlich allem, was in uns steckt und was uns umgibt - die ehrwürdigen Betrachter unseres Herrn.

Menschen, die den Weg zu Gott durch ihr inneres Wesen gefunden haben, sind Wegweiser für andere; denn sie sind zu Zeugen Gottes geworden. Wer solche Menschen kennt, kann sich viel Verwirrung und Desorientierung ersparen und hat die Chance, von Sünden verschont zu werden. Menschen, die über Einsicht verfügen oder - mit anderen Worten - das erhabene Geheimnis Gottes kennen, erleben eine andere Dimension der Dinge. Ihre Gedanken sind ebenso klar wie ihre Glaubenssätze;

ihr Auftreten und Handeln erfreuen Gott, und immerzu rufen sie ihren Mitmenschen Gott ins Gedächtnis. Diese Menschen lassen uns - gewollt oder ungewollt - spüren, dass sie Zeugen Gottes geworden sind.

Der Prophet Muhammad, der Stolz der Menschheit, schwang sich mit den Fähigkeiten, die ihm verliehen wurden und die er später sogar noch verfeinerte, zu Horizonten empor, die noch jenseits derer der Engel liegen. Er war zugleich das Samenkorn und die Frucht des Baumes der Schöpfung. So sehr wir Gott auch für diesen Baum und dessen erlesene Frucht danken, es wird niemals genügen. Bei jeder Erwähnung des Wortes Mensch sollte man immer zuerst an den Gesandten Gottes denken; niemand genießt einen höheren Rang als er. Kurz: Der Mensch ist das ehrwürdigste aller erschaffenen Geschöpfe, und der Prophet Muhammad ist der Stolz der Menschheit.

Wenn man sich einmal die Mühe macht, dieses unendlich große Universum einschließlich all seiner Reichtümer und seiner Geschichte mit der Existenz der Menschheit zu verknüpfen, wird schnell deutlich, warum deren Wert alles andere übertrifft. Hinzu kommt, dass Gott im Namen des menschlichen Strebens nach Vollkommenheit nicht nur diese Welt, sondern auch die kommende erschaffen hat. Der Gesandte Gottes konnte diese andere Welt schon sehen, als er noch auf Erden weilte. Sie linderte seinen Schmerz. Die Intensität seines Glaubens ermöglichte ihm, die Himmel schon zu erkunden, noch bevor er tatsächlich ins Paradies einging, und seine Erfahrungen teilte er mit seinen Gefährten.

Von Leistungen wie dieser sind wir übrigen Menschen auf Grund unserer körperlichen und sinnlichen Beschränktheit weit entfernt. Menschen, die sich ihrer selbst und ihrer Existenz nicht bewusst sind, sind sogar niedriger einzustufen als andere Geschöpfe. Doch trotz alledem: Mit ihrem Verstand, ihren Glaubensvorstellungen, ihrem Bewusstsein und ihrem Geist sind die Menschen Betrachter und Kommentatoren der gesegneten Geheimnisse, die hinter den Linien des Lebens verborgen liegen. So bedeutungslos die Menschen auch erscheinen mögen, sind sie doch die ehrwürdigsten ‚Muster' der Schöpfung und werden inniger geliebt als andere Geschöpfe. Der Islam greift in seiner Beurteilung des Stellenwerts der Menschheit immer wieder zu Superlativen. Er ist die einzige Religion unter allen Glaubenssystemen, die den Menschen als ein erhabenes Geschöpf betrachtet, das eine besondere Aufgabe erfüllen muss, für die es mit großem Potenzial und unzähligen Talenten ausgestattet ist. Dem Islam zufolge genießen die Menschen schon allein deshalb eine Vorrangstellung, weil sie Menschen sind. *Wir haben den Mensch in bester Form erschaffen.* Indem sich die Menschen ganz Gott und Seinem Gesandten überantworten, bestätigen sie diese Aussage. *Ehre sei Gott, Seinem Gesandten und so auch allen Muslimen!* Durch ihr Streben und Bemühen auf der Erde räumt Gott ihnen Vorrang ein. *Wir zeigen denen, die auf Unserem Pfad wandern, ohne Zweifel den Weg zu Erfolg und Zufriedenheit. Gott ist gewiss mit jenen, die Ihn anbeten, als sähen sie ihn vor sich. Der Barmherzige Gott entfacht in den Herzen der Menschen Liebe zu jenen, die glauben und entsprechend handeln.* Mit diesen Versen bestätigt der Koran den hohen Rang der Menschheit. Alles, was den Menschen gewährt wurde, ihr Glaube, gute Taten und die Schöpfung, baut auf menschlichen Werten auf und gleicht einer Spitzenarbeit, die mit der Nadel des menschlichen Wesens gefertigt wurde. Die Menschlichkeit wurde den Menschen zum Geschenk gemacht; eine Gegenleistung wurde ihnen dafür nicht abverlangt.

Alle Beziehungen zwischen den Menschen sind im Rahmen dieser Bedeutung und dieses Kontextes zu sehen. Jeder Mensch - egal ob Mann oder Frau, jung oder alt, schwarz oder weiß - ist ehrbar, geschützt und unantastbar. Niemandem darf sein Besitz oder seine körperliche Unversehrtheit genommen werden. Niemand darf aus seiner Heimat vertrieben werden, und niemandem darf seine Unabhängigkeit verwehrt werden. Niemand darf daran gehindert werden, in Übereinstimmung mit den eigenen Prinzipien zu leben. Kein Mensch hat das Recht, das Geschenk des Lebens, das uns von Gott gemacht wurde, zu entwürdigen; denn es befindet sich nur vorübergehend in unserem Besitz. Der wahre Besitzer aller Dinge ist Gott. Den Menschen wurde lediglich aufgetragen, dieses flüchtige Treuhandgut zu hüten. Sie sollen es verteidigen und sicher aufbewahren. Es soll ihnen heilig sein; sie dürfen es nicht verletzen und auch nicht zulassen, dass andere es verletzen. Falls nötig sollen sie für dieses Treuhandgut sogar kämpfen und sterben. Der Gesandte Gottes, der Sultan der Worte, unterstrich die Bedeutung der unveräußerlichen Rechte der Menschheit und betonte nachdrücklich die Vorrangstellung des Menschen:

> *Wer im Namen des Schutzes seiner Besitztümer getötet wird, ist ein Märtyrer. Wer im Namen des Schutzes seines Lebens getötet wird, ist ein Märtyrer. Wer im Namen des Schutzes seiner Beziehungen getötet wird, ist ein Märtyrer. Und wer im Namen des Schutzes seiner Heimat getötet wird, ist ein Märtyrer.*[60]

Wie weit ist die Menschheit heute von einem solchen Verständnis entfernt? Die Antwort auf diese Frage würde wohl den Rahmen dieses Aufsatzes sprengen.

Was den Glauben und alles, was mit ihm verbunden ist, betrifft, so wurden die Menschen damit besonders ausgezeichnet. Insofern erfahren die Menschen mehr Wertschätzung als die Himmel und auch die Engel. Alles auf Erden und in den Himmeln steht dem Menschen zu Diensten. Der Mensch darf aus den Gunstbeweisen Gottes Nutzen ziehen. In Gottes Augen sind die Menschen Gäste in dieser Welt. Gott hat uns beschenkt, weil wir selbst hilflos und bedürftig sind. Aber nur gläubige Menschen wissen Seine Geschenke zu schätzen. Gläubige Menschen, die sich der wahren Bedeutung der Schöpfung bewusst sind, akzeptieren das Universum als ihren Palast und stellen alle Dinge und alle belebten wie unbelebten Wesen in ihren Dienst.

Ein Mensch, der seinem Gewissen folgt und seine Willenskraft nutzt, der darüber hinaus auch in die Tiefen von Herz und Geist eintaucht, ist schwer zu beschreiben. Der berühmte türkische Dichter Mehmed Akif Ersoy charakterisiert einen solchen Menschen, der sein ganzes Potenzial ausreizt und die höchsten Gipfel erklimmt, folgendermaßen:

> *„Er ist erhabener erschaffen als sogar die Engel,
> alle Welten und Sphären verbergen sich in seinem Wesen."*

All dies hat Gott für uns getan. Was erwartet er dafür von uns Menschen? Diese Frage ist zweifellos sehr wichtig, sie zu beantworten würde aber hier zu weit führen. In jedem Fall sollten wir uns der Tatsache bewusst sein, dass wir auf unseren Schultern eine große Verantwortung tragen.

---

[60] Tirmidhi, *Diyat*, 22; Abu Dawud, *Sunna*, 32; Nasa'i, *Tahrim*, 22; Ibn Madscha, *Hudud*, 21

Die innere Stärke des Menschen

Der Mensch ist die Essenz und das entscheidende Element des Seins, der Index und der Kern des Universums. Der Mensch steht im Zentrum der Schöpfung. Alle anderen Dinge und alle belebten wie unbelebten Wesen bilden konzentrische Kreise, die um den Menschen herum angeordnet sind. Der Erhabene Schöpfer hat alle Geschöpfe auf den Menschen hin ausgerichtet. Dem Menschen wiederum hat er in Seiner göttlichen Anziehungskraft einen Orientierungspunkt gewiesen, an dem er auf Unterstützung und Hilfe hoffen kann. Wenn man die Ehre, die der Menschheit zuteil wurde, mit den Gunstbeweisen für die übrige Schöpfung vergleicht, wird man anerkennen müssen, dass die Menschheit gewissermaßen die Stimme ist, die die Natur der Dinge, die Natur der Ereignisse und natürlich die Natur des Allmächtigen Einen, der hinter allem steht, in Worte fasst. Die Menschheit ist aber auch das Herz, das das ganze Universum umarmt. Im Menschen hat die Schöpfung einen Analytiker gefunden. Die Wahrnehmung des Menschen destilliert die Materie und verleiht ihr eine spirituelle Bedeutung. Allein der Mensch besitzt die Fähigkeit, Dinge und Vorgänge zu untersuchen und zu prüfen. Er allein genießt das Privileg, das Buch des Universums lesen und interpretieren zu können. Wenn er nach innen schaut, betreibt er innere Einkehr. Seine Sprache ist die Sprache der Weisheit, und seine schlüssigen Interpretationen der Dinge künden von Liebe.

Den Menschen wurde gestattet, über die Erde zu herrschen und die Schöpfung in ihren Dienst zu stellen; sie sind es auch, die die unterschiedlichen Aspekte der Wahrheit hinter den Naturereignissen enthüllen und sie dem Schöpfer präsentieren. Menschen spüren, dass es eine Verbindung zwischen Menschheit, Universum und Schöpfer gibt - eine Verbindung, die sie zur Erkenntnis führt. Wenn Menschen ihr Potenzial ausschöpfen und ihre Tiefen ausloten, übertreffen sie sogar die Engel; denn sie besitzen die Fähigkeit, die Unermesslichkeit des Meeres in einem einzigen Tropfen und alle Sonnen in einem einzigen Atom widerzuspiegeln. Der Menschheit wurde die Erde zum Geschenk gemacht, und die Absätze der Menschen sind zu den Kronen derer geworden, die vor ihnen erschaffen wurden. Die Tatsache, dass die Menschen auf der Erde erschaffen wurden, lässt die physische Welt gegenüber den spirituellen Wesen in den Himmeln Stolz empfinden. Wenn wir uns die ganze Schöpfung als ein unendlich großes Meer vorstellen, dann ist die Menschheit dessen wertvollste Perle. Wenn das Universum eine Ausstellungshalle ist, in der jede nur erdenkliche Kostbarkeit zur Schau gestellt wird, dann ist der Mensch ihr dankbarster Besucher. Wenn die Dinge und die Ereignisse ein erstaunliches Gleichgewicht bilden, dann ist der Mensch dessen feinfühliger Betrachter. Im Lichte des vom Glauben beeinflussten Denkens und des gesunden Gewissens des Menschen ist die Schöpfung, die zunächst schweigsam und von Dunkelheit umgeben schien, erstrahlt und hat an Schönheit gewonnen. Sie vermittelt unserem Herzen zuweilen das Gefühl, dass wir uns bereits jetzt im Paradies befinden. Bis zur Thronbesteigung durch uns Menschen haben die Engel und andere Geistwesen jene Flagge getragen, die an den Horizonten der spirituellen Sphäre die Wahrheit verkündete. Mit der Ankunft des Menschen jedoch begann diese Flagge dann in den Höhen der Sphäre der Sterblichen zu wehen. Unsere Erde, so winzig sie im Vergleich zu anderen Himmelskörpern auch sein mag, wurde damit den Himmeln gleichwertig; fortan bildete sie den Horizont aller anderen Sphären. Die Menschheit war die Krone der Schöpfung – solange der Glaube die Quelle der Freude war, solange der Islam das Gesetz des Lebens[61] darstellte und solange das Wissen um Gott und die Liebe ihre innere Dynamik entfalteten. Die Erde ist abhängig vom Licht, das die Menschheit verströmt; und dieses Licht ist ein besonderer Gunstbeweis des Allmächtigen. Dieser besondere Gunstbeweis hat die Menschheit zur prachtvollsten Blüte im Garten der Schönheit gemacht. Imam al-Ghazali[62]

---

[61] Der Kern des Glaubens, der der Menschheit offenbart wurde, hat sich seit den Zeiten Adams nicht verändert. Vom Propheten Muhammad und dem Koran wurde er schließlich vervollkommnet. Sie gaben diesem Glauben den Namen *Islam*.

[62] Imam al-Ghazali (1058-1111) war ein bedeutender muslimischer Rechtsgelehrter, der unter dem Namen Hudschat al-Islam (Beweis des Islams) Berühmtheit erlangte. Er gilt als der Erneuerer des fünften islamischen Jahrhunderts. Sein bekanntestes Werk trägt den Titel *Ihya' Ulum ad-Din* (Die Wiederbelebung der religiösen Wissenschaften).

hat ihre Pracht so beschrieben: „Was heute geschaffen wird, kann nicht ästhetischer, schöner oder faszinierender ein." Die Menschheit ist so etwas wie die einzigartige Nachtigall dieser Welt - einer Welt, die aber lediglich ein Schatten des Paradieses ist.

Die Aussage, dass all die ineinander verschlungenen ‚Galerien' des Universums allein für die Menschheit hervorgebracht und gestaltet wurden, stellt keine Übertreibung dar; und es darf wohl mit Fug und Recht behauptet werden, dass unsere Welt als Refugium für diese überaus prachtvolle Blüte und das Meer des Seins als schützende Muschel für diese so wertvolle Perle erschaffen wurden. Beschreibungen wie diese sind noch sehr zurückhaltende Darstellungen der Wahrheit. Tatsache ist, dass die ganze Schöpfung gewissermaßen im Hinblick auf die Menschheit, für die Menschheit und für den Dienst an der Menschheit interpretiert wurde und dass dies auch so bestätigt wurde; ja, die ganze Schöpfung ist buchstäblich auf die Menschheit angewiesen und von ihr abhängig. Was aber die Abhängigkeit der Menschheit von ihrem Schöpfer betrifft, der uns all das zur Verfügung gestellt hat, so ist die besondere Beziehung zwischen Ihm und uns so klar ersichtlich und so offenkundig, dass im Mittelpunkt der ganzen Schöpfung nichts anderes als der Mensch und sein Dienst an Gott stehen kann.

Die Bedürfnisse der Menschheit sind so unendlich groß, dass sie die ganze Schöpfung umfassen, und so unendlich weit, dass sie sich bis in die Ewigkeit erstrecken. Vor allem anderen jedoch wurden die Menschen für die Ewigkeit erschaffen; nach ihr sehnen sie sich. Die Wünsche und Forderungen der Menschen kennen ebenso keine Grenzen wie ihre Erwartungen. Obwohl den Menschen die ganze Welt zum Geschenk gemacht wurde, stellt sie sie nicht zufrieden und stillt ihren Ehrgeiz nicht. Die menschliche Seele strebt ihrem ewigen Wohnsitz zu. Jeder Mensch mit einem Herzen, das offen für die Wahrheit ist, wünscht sich, das Paradies zu sehen, das seinerseits jedoch nur ein unbedeutender Abglanz der Herrlichkeit Gottes ist; und jeder Mensch wünscht sich, den Erhabenen Schöpfer in all Seiner Pracht und Schönheit schauen zu dürfen.

Alle Menschen, die die Wahrheit in den Facetten der Dinge und Geschehnisse spüren und wahrnehmen können, alle Menschen also, die sich ihrer Position im Universum bewusst sind, befinden sich auf dem richtigen Weg. Diese Menschen wissen sich selbst zu würdigen und zollen ihrem Herrn gern Respekt. Diejenigen, die sich dieser Wahrheit jedoch widersetzen, achten weder sich selbst noch ihren Herrn. Ihnen gelingt es in der Regel nicht, sich ihres Herrn so gewahr zu werden, wie es eigentlich erforderlich wäre. Wenn es ihnen aber per Zufall doch einmal gelingt, vermögen sie Ihn nicht so zu verehren, wie Seine Größe es gebietet. Wer zu wahrer Menschlichkeit finden möchte, muss sich des Verhältnisses zwischen Herrn und Dienerschaft bewusst sein. Paradoxerweise kann der Mensch, dessen Potenzial noch größer ist als das der Engel, auch tiefer sinken als selbst die geringsten aller Wesen - nämlich dann, wenn er dieses Verhältnis nicht wahrzunehmen oder richtig einzuschätzen weiß. Dies wird in dem folgenden Vers deutlich gesagt:

Sie sind wie das Vieh; nein, sie irren noch eher (vom Weg) ab. (7:179)

Das Erkennen dieses Verhältnisses, das in der Regel als Glaube bezeichnet wird, ermöglicht jedem Menschen, wahre Menschlichkeit zu erlangen und sich über alle anderen Geschöpfe zu erheben. Der Unglaube hingegen, das Leugnen dieses Verhältnisses, verwandelt die Menschen in Bestien. Gesellschaften, die aus ungläubigen Individuen bestehen, leiden unter Wut und Hass, unter Gier und Verlogenheit, unter Heuchelei und Missgunst, und unter Lügen und Intrigen. Der Unglaube bringt Gesellschaften hervor, in denen jeder ständig vor seinen Mitmenschen auf der Hut sein muss. Völker, die diesen Untugenden verfallen sind, sind eigentlich kaum als Nationen oder als Gesellschaften zu betrachten, sondern vielmehr als gedankenlose Massen. Als sich Diogenes[63] bei helllichtem Tage mit einer Laterne auf der Straße auf die Suche nach einem Menschen machte, wollte er damit vielleicht zeigen, was er von solchen Leuten hält oder ihnen einen Rat erteilen. Marc Aurel[64], der sich dem gleichen Problem aus einer anderen Perspektive näherte, schrieb: „Jeden Morgen, wenn ich unter die Leute gehe, denke ich mir: ‚Heute

---

[63] Diogenes von Sinope (ca. 412-323 v.Chr.); griechischer Philosoph, der trotz vornehmer Herkunft ein Bettlerdasein führte.
[64] Marc Aurel (121-180) war ein römischer Kaiser und Philosoph; bis heute bekannt ist er für sein Werk ‚Selbstbetrachtungen'.

werde ich wieder einigen wilden Tieren in Menschengestalt begegnen. Wenn ich es bis zum Abend schaffe, nicht von einem von ihnen belästigt oder gebissen zu werden, werde ich mich glücklich schätzen.'" Rabi'a l-Adawiya besaß einen ernsteren und entschiedeneren Ansatz zu diesem Thema: „Fast nie begegnen mir irgendwelche Menschen auf der Straße. Was ich sehe, sind Füchse, die vor Geschäften lauern, Wölfe und andere Geschöpfe, die sich gegenseitig anknurren... Einen Augenblick lang habe ich einen Halb-Menschen gesehen und vor ihm habe ich meinen Schleier zurechtgerückt.'" Diesen drei Menschen ging es ganz offensichtlich nicht darum, die ganze Menschheit zu verteufeln. Sie versuchten vielmehr, die inneren Welten von Menschen zu beschreiben, die ihre angeborenen menschlichen Werte zu Gunsten ihres Egoismus verkommen lassen. Nur Menschen, die nicht dem Zweck ihrer Schöpfung entsprechend leben und handeln und die ihre inneren Welten nicht so mit ihrem äußeren Auftreten in Übereinstimmung bringen, dass sie innere Widersprüche und Inkonsequenzen vermeiden, erscheinen uns so wie jene von Diogenes, Marc Aurel und Rabi'a l-Adawiya beschriebenen.

Wenn man mit solchen Menschen zu tun hat, begegnet man unter ihnen oft Leuten, deren Gesichter nach außen hin vergnügt scheinen, die aber in Wirklichkeit unglücklich sind. Ein Philosoph hat sie einmal mit Gebäuden verglichen, deren Fassaden sauber, schillernd und eindrucksvoll, deren Rückfronten jedoch schmutzig, schäbig und heruntergekommen sind. Von der Straße aus empfindet man ein solches Gebäude vorschnell als sehr schön, wirft man indes einen Blick auf die Rückfront, verschmäht man das nur wenige Minute zuvor noch so hoch geschätzte Bauwerk. Das Gleiche gilt auch für Menschen. Wenn wir nur eine ihrer Seiten bewerten, gelangen wir zwangsläufig zu einem falschen Ergebnis. Entscheidend ist, dass wir genau hinschauen, wer sie wirklich sind, dass wir ihnen bis zu einem gewissen Maße dabei helfen, auch ihre Rückseiten auszubessern, und dass wir stets einen Blick sowohl auf ihre Front- als auch auf ihre Rückseite werfen.

Welches Merkmal bzw. welcher Charakterzug bei einem Menschen dominant ist, lässt sich an seinem guten wie schlechten Verhalten ablesen. Manche Menschen sind Ungeheuer, die jederzeit auf dem Sprung stehen, selbst jene zu beißen, die ihnen am nächsten stehen. Andere wiederum ähneln dem Propheten Josef. Ihre Gesichter schimmern wie der Mond und ihr Licht verwandelt sogar Gefängniszellen in Eingangshallen der Himmel. Manche Menschen sind von einer Reinheit, um die sie sogar die Engel beneiden, andere hingegen so böse, dass sich selbst die Teufel ihrer schämen.

Menschen können so wunderbar sein, dass sie sogar die Himmel zu berühren vermögen; gleichzeitig können sie aber auch niederträchtiger als Schlangen oder giftige Insekten sein. Menschen sind Geschöpfe, die völlig unterschiedlich handeln. Direkt neben ihren verdorbenen Eigenschaften stehen ihre Vorzüge; und obwohl sie erhabene Tugenden ihr Eigen nennen, sind sie den Versuchungen des Bösen ausgesetzt. Glaube, Weisheit, Liebe und spirituelle Freuden sind ebenso sehr Teil von ihnen wie ihr eigenes Herz. Die höchsten Ziele des menschlichen Lebens bestehen darin, andere Menschen zu lieben, jeden mit offenen Armen aufzunehmen, mit Gefühlen der Güte zu leben und andere dazu zu veranlassen, ebenfalls so zu leben. Wer Übeln mit Güte begegnet, die Liebe liebt und gegen feindselige Gefühle angeht, dem ist diese Lebensweise genauso angenehm wie das Geflüster der eigenen Seele. Doch auch solche Menschen werden von negativen Gefühlen wie Gier, Verbitterung, Hass, Gelüsten, Verleumdung, Verlogenheit, Heuchelei, Verdorbenheit, Opportunismus, Egoismus, Feigheit und Machtstreben bedroht, die sie in schwachen Momenten heimsuchen. Selbst sie können von negativen Gefühlen und Gemütserregungen ergriffen und überwältigt werden. Selbst sie können abgrundtief böse werden, obwohl sie doch auf Grund ihrer Tugenden und ihres Wohlverhaltens das Potenzial besitzen, Leitbilder des Universums zu sein. Ein Mensch, der sich von seinem Ego hinreißen lässt, erscheint möglicherweise nach außen hin als frei; in Wirklichkeit aber ist niemand so unfrei wie er. Freiheit erwirbt man sich einzig und allein durch einen erfolgreichen seelischen Kampf - durch das Bemühen, das im Islam ‚größerer Dschihad' genannt wird. Das Ausschöpfen des von Geburt an vorhandenen Potenzials und die Aneignung eines Wesens, das für die Beziehung zum Allmächtigen offen ist, hängen vom Erfolg in diesem Kampf ab, der tief in der Seele ausgefochten wird; davon, ob diejenigen, die sich diesem Kampf stellen, den Sieg zu schätzen wissen, und davon, ob sie ihre Köpfe bis zu den Füßen beugen und so mit ihrer Bescheidenheit und Demut einen Kreis formen.

Willensschwache Menschen, die nicht in der Lage sind, unter die Oberfläche in ihre inneren Tiefen zu schauen und die Gräben und Defekte in ihrem Wesen ebenso zu erkennen wie die schönen Seiten ihrer Seele, die sich außerdem nicht Tag für Tag zu erneuern vermögen, können in ihren inneren Welten keine Fortschritte erzielen. Selbst wenn sie immer wieder davon sprechen, dabei erfolgreich zu sein, machen sie in ihrem Bemühen, vorwärts zu gehen, nur Rückschritte. Ihnen gelingt es nicht, ihre Augen, Ohren, Zunge, Lippen, Hände oder Füße aus der Gefangenschaft ihres Egos zu befreien. Sie leben ihr ganzes Leben lang wie Sklaven, ohne sich dieses tragischen Umstands überhaupt bewusst zu sein. Um die Wahrheit zu sagen, befinden sich diese Menschen, diese Sklaven ihrer körperlichen Begierden, in einer bedauernswerten Lage.

Menschen, die versuchen, sich ihre Menschlichkeit zu bewahren und sie noch zu veredeln, verdienen es, geliebt und umsorgt zu werden. Aber auch allen anderen Menschen sollte Liebe und Sympathie entgegengebracht werden, damit sie sich aus dem Zugriff ihrer negativen Gefühle und Leidenschaften befreien können. Eine solche Haltung kündet von der Fürsorge um den Menschen, den Gott als ein Wesen erschaffen hat, das Respekt verdient. Jeder Mensch ist eine Persönlichkeit, die erschaffen wurde, um geliebt zu werden.

Die Verantwortung der Menschheit

Wenn der Mensch der Stellvertreter Gottes auf Erden, der Favorit Seiner Schöpfung, die Essenz und die Substanz all dessen, was existiert, und der glänzendste Spiegel des Schöpfers ist - woran ja gar kein Zweifel bestehen kann -, dann muss uns das Göttliche Wesen, das uns auf diese Welt geschickt hat, das Recht, die Erlaubnis und die Fähigkeit gegeben haben, die in der Seele des Universums verborgen liegenden Geheimnisse zu enthüllen und uns unserer eigenen Kraft, unserer Macht und unseres Potenzials gewahr zu werden. Dann muss Gott uns auch das Recht, die Erlaubnis und die Fähigkeit gegeben haben, Seine charakteristischen Merkmale Wissen, Willen und Macht zu repräsentieren. Solange die Menschen in der Schöpfung weilen und ihrem Ehrentitel ‚Stellvertreter Gottes' gerecht werden, werden sie auf keine Hindernisse treffen, die sie nicht überwinden können; und in ihren Beziehungen zu den Dingen werden sie auf keine Widersprüche stoßen. Wenn sie die Qualitäten aufspüren, die ihr inneres Wesen für sie bereithält, werden sie die Korridore der Geschehnisse selbstverantwortlich durchstreifen und auch keinen unüberbrückbaren Spannungen ausgesetzt sein. Bei ihren Versuchen, ihre Hoffnungen zu realisieren, werden sie von keinen unerwarteten Störungen behelligt werden.

Der Erfolg und die Leistungen, die bis zum heutigen Tage verwirklicht wurden, unterstreichen, dass wir Menschen mit herausragenden Mitteln und Möglichkeiten auf die Welt geschickt wurden. Trotz aller Probleme, die unsere Charakterschwäche mit sich gebracht hat - wenn wir uns bewusst machen, was die Menschheit bis heute erreicht und bewirkt hat, dürfte uns klar werden, dass es nichts gibt, was uns aufhält. Selbst wenn wir manchmal Fehler machen, durften wir doch bereits enorme Erfolge feiern. Uns wurde Willenskraft verliehen, die wir genutzt haben, um die Schöpfung zu gestalten. Wir haben die Welt verändert, indem wir sie weiterentwickelt haben, und - ob wir uns dessen bewusst sind oder nicht - wir sind jene Persönlichkeiten, von denen der Große und Gerechte Eine in dem Vers *Wahrlich, Ich werde auf der Erde einen Nachfolger einsetzen* (2:30) spricht.

Es stimmt, dass die Menschheit die Befürchtungen der Engel, die ein Blutvergießen unter den Menschen voraussagten, so manches Mal bestätigt hat. Aber neben diesen Übeln sind die guten Taten, die die Menschheit vollbracht hat, und deren weit reichenden und wunderbaren Resultate keineswegs bedeutungslos. Vergleichbar schlechtem Handeln stand immer auch relativ positives Handeln gegenüber. Die rechtschaffenen Diener Gottes sind die Sonnen und Sterne der Menschheit. In ihrem Schatten haben die frommen und die aufrichtigen Menschen, die ihnen nahe standen, und die Propheten immer viel Gutes geleistet, um das Böse und das Unrecht zu entkräften. Den positiven Ergebnissen ihres Handelns begegnet man allerorten. Dem Recht, den Ehrentitel ‚Stellvertreter Gottes' zu tragen, wurde Respekt gezollt - das erforderliche Minimum, aber auch über dieses Minimum hinaus; vor allem von jenen, die wissen, worin der Sinn der Schöpfung besteht. Gläubige Menschen, die diesen Sinn erfassen, wissen, dass sie mit einem eigenen Weg zu denken und zu glauben und mit unterschiedlichen Pflichten in diese Welt entsandt wurden. Deshalb sehen sie die Notwendigkeit, ihr Auftreten und ihre ganze Haltung mit diesem Weg in Einklang zu bringen. Dies leiten sie sowohl aus ihren offenkundigen und verborgenen Fähigkeiten als auch aus dem Koran ab, der wiederholt die Beziehung zwischen dem wahren Wert des Gläubigen auf der einen und seinem Auftreten und seiner Haltung auf der anderen Seite unterstreicht. Im Koran betont Gott, der Allmächtige, das wichtigste Ziel des Umstands, in menschlicher Form erschaffen worden zu sein, bestehe darin, dem Titel ‚Stellvertreter Gottes' und den Fähigkeiten, die uns verliehen wurden, gerecht zu werden. So heißt es beispielsweise in Vers 51:56:

> *Und Ich habe die Dschinn und die Menschen nur darum erschaffen, damit sie Mir dienen (sollen).*

Diese elementare und eindeutige Aussage ruft uns dazu auf, Verantwortung für die Gemeinschaft zu übernehmen und Gott für alles, was

Er uns gewährt, zu danken. Gleichzeitig dient sie uns aber auch als Warnung, unsere Aufmerksamkeit auf diese wesentliche Pflicht zu richten.

Der einzigartige Ehrentitel Diener Gottes, der das Dienersein im weitesten Sinne bezeichnet, bringt zum Ausdruck, dass sich sein Träger im Einklang mit der Schöpfung und den Dingen befindet, dass er sich gut auf die Welt und auf alles, was sie zu bieten hat, eingestellt hat und dass er seinen Weg durch die geheimnisvollen Hallen des Universums findet, ohne sich zu verirren. Kurz: Träger dieses Titels bewahren das Gleichgewicht zwischen innerem Frieden und äußerer Existenz. Rechtschaffene Menschen sollten ihr Banner an jener Weggabelung aufziehen, an der sich die grundlegenden Prinzipien des Seins und die Gebote für das menschliche Handeln kreuzen. Denn dieses Gleichgewicht ist für ihren Weg von essenzieller Bedeutung und ermöglicht ihnen erst, die menschlichen Werte zu respektieren und zu schützen.

Wie viel Erfolg der Menschheit in ihrer Beziehung zur Schöpfung und zur physischen Welt beschieden ist, hängt ganz davon ab, inwieweit sie in Übereinstimmung mit dem Zweck der ganzen Schöpfung handelt. Diejenigen, die diesen Zweck außer Acht lassen und ihre Pflichten in mancher Hinsicht vernachlässigen, kollidieren immer wieder mit den wirbelnden Sphären und den schleifenden Rädern des Universums. Außerdem leiden sie unter ihrer eigenen Ziellosigkeit und mangelnder Unterweisung. Es besteht also die Gefahr, dass sie diese Welt, die ja ihr Zuhause ist und in der sie eigentlich wie in einem Palast leben könnten, in eine Hölle verwandeln. Auch heute zittern einige Menschen vor Furcht, weil sie genau wissen, dass diese Gefahr sehr real ist.

Es ist eine Tatsache, dass ausschließlich Gott allein, der das Universum als eine Aufeinanderfolge unterschiedlicher ‚Galerien' oder als ein Buch erschaffen und anschließend dem Menschen zur Verfügung gestellt hat, weiß, auf welche Art und Weise die mathematischen Gesetze (die Gesetze, denen die Schöpfung unterworfen ist) mit dem gewohnheitsmäßigen bewussten Verhalten des Menschen harmonieren. Ein einzigartiger Weg, die Geheimnisse hinter den Prinzipien des Seins zu entdecken, führt jedoch über das Befolgen jener Anweisungen, welche sich in den Botschaften verbergen, die uns von der Quelle des Wissens übersandt werden - in den Botschaften, die das menschliche Verhalten betreffen. Darüber hinaus bietet das Befolgen jener Anweisungen auch die Möglichkeit, in Übereinstimmung mit jenen Prinzipien zu leben. Nur dieses Befolgen bewahrt die Menschheit davor, mit Gesetzen, die für die ganze Schöpfung gelten, in Konflikt zu geraten und dabei Verluste beklagen zu müssen. Und nur dieses Befolgen schenkt ihr das Gefühl, zu Hause zu sein und in einem Palast zu wohnen. Die Alternative sieht so aus: Der Bruch der Menschheit mit ihrem Schöpfer und ihre Entfremdung von Ihm treiben sie in einen Teufelskreis der Isolierung und der Distanzierung; in einen Teufelskreis, in dem sie mit der Schöpfung und den Erscheinungen aneinander gerät und aus dem sie sich nicht mehr befreien kann.

Die Stellvertreterschaft des Menschen findet in einer ungewöhnlich weiten Sphäre statt, die z.B. den Glauben an Gott und die Anbetung Gottes ebenso umfasst wie das Wissen um das Funktionieren der Dinge und um die Ursachen der Phänomene in der Natur sowie das Eingreifen in die Natur. Aufrichtige Menschen bemühen sich ihr ganzes Leben lang darum, ihre Gefühle und Gedanken zu strukturieren, ihr individuelles wie auch ihr gemeinschaftliches Leben mit Hilfe verschiedener Formen der Anbetung zu ordnen, ihre familiären und sozialen Beziehungen über ihr Handeln harmonisch zu gestalten und die Fahne ihrer Spezies von den Tälern der Erde bis zu den Hügeln der Himmel hinauf zu tragen. Sie tun alles in ihrer Macht Stehende, um glaubwürdige Stellvertreter Gottes zu sein. Gleichzeitig versuchen diese aufrichtigen Menschen, ihren freien Willen auf konstruktive Art und Weise einzusetzen. Sie machen sich die Welt zu Nutze und entwickeln sie weiter, schützen das Gleichgewicht zwischen Schöpfung und Menschheit und ernten die Geschenke der Erde und der Himmel zum Wohle der ganzen Menschheit. Sie veredeln Farbe, Gestalt und Geschmack des Lebens, um es im Rahmen der Anweisungen und Befehle des Schöpfers auf eine menschlichere Ebene zu heben.

Genau durch diese Merkmale zeichnet sich ein Stellvertreter Gottes aus, und genau in diesen Merkmalen findet sich die Bedeutung dessen, was es heißt, ein Diener Gottes zu sein, der Ihn von ganzem Herzen liebt. Gleichzeitig liegt in diesen Merkmalen der kleinste gemeinsame Nenner des geringsten Bemühens und des großzügigsten Geschenks. Die

Anbetung Gottes führt den Menschen in nur einem Schritt dorthin. Sie beinhaltet jedoch nicht nur, wie mache vielleicht meinen, die Ausführung einer Reihe von bestimmten Bewegungen, sondern die vollständige Unterwerfung und das Auf-sich-nehmen einer großen Verantwortung. Neben dem Titel Stellvertreter Gottes beschreibt die Anbetung das Verhältnis zwischen Mensch, Universum und Gott wohl am präzisesten. Wenn man unter Anbetung versteht, im Herzen ein Bewusstsein für die Tatsache zu verankern, dass man völlig von Gott abhängig ist, wenn man darunter versteht, das eigene Ego ganz von allen Arten von Knechtschaft zu befreien und jene Schönheit, Ordnung und Harmonie, die in jedem Molekül der Schöpfung steckt und ganz Ihm gehört, zu sehen, zu hören und zu spüren (und dass all dies tatsächlich unter Anbetung zu verstehen ist, steht außer Frage), dann führt über diese Anbetung der direkteste und aufrichtigste Weg, uns mit allem, was wir besitzen, Gott zuzuwenden, alles mit Ihm zu verknüpfen und unsere offenkundigen und rechtschaffenen Verbindungen zu Ihm in jeder Minute an jedem Tag zu erneuern. Niemand, der ganz bewusst auf diesem Weg wandert, wird auch nur einen Augenblick daran zweifeln, ein Diener zu sein, dessen einzige Aufgabe darin besteht, der ihm verliehenen Ehre, als Stellvertreter Gottes agieren zu dürfen, gerecht zu werden. Wer auf diesem Weg wandert, wird versuchen, zu leben und sein flüchtiges Leben in dieser Welt bis zum letzten Atemzug auszuschöpfen. Er wird seinen Namenszug mit der Tinte von Bemühen und Aufrichtigkeit an jedem Ort hinterlassen, an den er kommt; und an allen Orten, die er bereist, wird er sich darum bemühen, ähnliche Gefühle zu erwecken. Er wird eine unglaubliche Intensität erzeugen, mit der er die Welt elektrisieren wird, und er wird seine Gedanken - Gedanken, die sich mit Gott beschäftigen - wie einen Stempel auf jedem Stückchen Zeit und Raum hinterlassen. Er wird reine Absichten verfolgen, die erhaben genug sein werden, seinen Respekt vor der Ewigkeit zum Ausdruck zu bringen; und diese reinen Absichten werden ihm jenen inneren Frieden schenken, der ja mit der Ewigkeit verknüpft ist. Er wird in die stürmischste spirituelle Ekstase geraten, die Grenzen des Seins überschreiten und schließlich Einlass in den Garten Eden finden.

Wenn sich solche Menschen dieser Pflicht zu dienen und ihrer Verantwortung bei allem, was sie tun, bewusst sind, wenn sie darüber hinaus in der Lage sind, der Essenz der grundlegenden Prinzipien des Seins ebenso zu folgen wie den vorgegebenen Verhaltensmaßregeln, anstatt sich selbst an die Konsequenzen ihres Handelns zu binden, dann werden sie nie mit unerwarteten Resultaten konfrontiert werden, die ihnen das Gefühl vermitteln, eine Niederlage erlitten zu haben, und auch ihre Begeisterung wird nie abebben. Sie werden alle Dienste mit dem Enthusiasmus der Anbetung verrichten und Dankbarkeit dafür verspüren, den Gipfel der wahren Gläubigen erklommen zu haben - einen Gipfel, der als der höchste Rang des Seins gilt. Diese Menschen lassen sich niemals von Verzweiflung übermannen, sie geraten nie in Panik und fühlen sich auch nie von den Problemen, mit denen sie auf ihrem Weg konfrontiert werden, erdrückt. Nein, von Verzweiflung, Panik oder Erschöpfung sind sie weit entfernt. Sie blicken nach vorn und schmecken den intensiven Geschmack der Essenz des Handelns. Mit Rumi sprechen sie:

> „Ich bin ein Sklave geworden,
> Ich bin ein Sklave geworden, ich bin ein Sklave geworden;
> Sklaven sind glücklich, wenn sie freigelassen werden,
> Mir jedoch ist es eine Ehre; ich bin glücklich, ein Sklave geworden zu sein."

Diese Menschen messen ihre Arbeit und ihr Handeln nicht an den Resultaten, die sie hervorbringen, sondern daran, wie sie ihren Pflichten nachkommen, ob sie mit reinem Herzen vorgehen und ob sie dabei das Wohlgefallen Gottes finden. Sie schmälern die Intensität ihrer Unterwerfung auch nicht dadurch, dass sie sie verkaufen oder irgendwelche Belohnungen erwarten. Sie entehren göttliche und heilige Taten nicht durch Taten, die an die Erde gebunden sind; in Anbetracht der unermesslich großen Macht des Allmächtigen schätzen sie ihr eigenes Tun als unbedeutend ein. Sie führen ihr Leben in jener unermesslich weiten Sphäre, die sie im Herzen spüren.

Menschen, die sich der Weite und Intensität all ihrer Gefühle und Gedanken gewahr sind, und die diese Dimensionen selbst in den verborgensten Winkeln ihres Herzens erkennen, ziehen Kraft und Freude aus der Tatsache, dass sie Untertanen des Allmächtigen sind; dies befreit sie von so manchem Druck. Sie werden nicht nur zu freien Menschen, sondern bewahren sich ihre Menschlichkeit, indem sie sich darauf besinnen, dass sie Wächter eines Tores sind, das nie einstürzen oder das Licht aussperren wird. So erlangen sie wahre Freiheit. Wir stehen in der Pflicht, die Gunstbeweise Gottes, die uns sogar dann erreichen, wenn wir sie ablehnen, richtig zu würdigen. Die Tatsache, dass Gott uns diese Geschenke auch in jenem Fall über unterschiedliche Wellenlängen sendet, ist nur ein weiterer Gunstbeweis.

Wenn die Menschen als Stellvertreter Gottes auf Erden agieren - und nur sie allein besitzen das Potenzial, diesem Titel gerecht zu werden -, dann arbeiten sie für Gott, beginnen jede ihrer Handlungen mit der Nennung des Namens Gottes, lassen sich für Gott sogar beschimpfen, lieben um Gottes willen und greifen nur im Rahmen dessen in die Schöpfung ein, was Gott ihnen gestattet. Sie kommen jeder Pflicht mit der Überzeugung nach, ein Bevollmächtigter Gottes zu sein. Aus ihren Erfolgen schöpfen sie keinen persönlichen Stolz, und bei Niederlagen verzweifeln sie nicht. Sie prahlen nicht mit ihren Fähigkeiten, und erst recht verneinen sie nicht die Wohltätigkeit des Großzügigen Einen. Sie wissen, dass alles von Ihm stammt, und sind sich darüber im Klaren, dass sie mit ihrem Handeln nur ihre Pflicht erfüllen. Aus jedem Erfolg schöpfen sie neue Zuversicht, und mit jedem Erfolg wenden sie sich erneut ihrem Herrn zu. Sie bekräftigen ihr Vertrauen auf und ihre Loyalität zu Gott und wiederholen still für sich mehrmals am Tag Worte wie diese von Akif Ersoy:

„Vertraue auf Gott, sei fleißig, und schließe dich dem Willen Gottes an!
Wenn es überhaupt einen Pfad gibt, so ist es dieser.
Ich jedenfalls kenne keinen anderen Pfad, der dorthin führt."

Dieses Gedicht könnte ihre Hymne sein. Sie sind permanent aktiv, entschlossen und begeisterungsfähig. Sie nehmen ihre Verantwortung wahr, weil sie ihr Handeln an ihrem Ziel, ein Diener Gottes zu sein, orientieren werden. Ihre Siege und Erfolge machen sie nicht hochnäsig, und Niederlagen stürzen sie nicht in Verzweiflung. Sie legen stets Ausdauer und Entschlusskraft an den Tag, egal ob sie auf einer ebenen Straße wandern, ob sie Abhänge hinunter klettern oder steile Böschungen hinauf.

Diese Menschen sind tatsächlich dazu in der Lage, ihre Pflichten als Bevollmächtigte Gottes zu erfüllen, indem sie unvorstellbare Leistungen vollbringen, die all ihre geistigen, spirituellen und emotionalen Qualitäten in Erscheinung treten lassen. Gleichzeitig sind sie nachdenklich und wissbegierig, stets darauf bedacht, den Kontakt zu Gott zu intensivieren. Sie tauchen tief ein in ihre Hingabe und hoffen darauf, dass sich neue Wege vor ihnen auftun werden.

Diese Menschen sind die wahren Gläubigen und Musterbeispiele von Verfechtern der Wahrheit. Sehr viele, die einen solchen Kontakt zu Gott herstellen konnten, sind bereits gekommen und gegangen. Sie alle haben den Pfaden, auf denen sie die Korridore der Himmel durchschritten, ein anderes Gesicht gegeben. Auch heute noch wandern viele Menschen auf diesen Pfaden, den von Gott, dem Allmächtigen, versprochenen Tagen entgegen. Diejenigen, die kamen und gingen, und diejenigen, die in ihre Fußstapfen traten, waren bzw. sind der Inbegriff jener Charaktermerkmale, über die nur sie allein verfügen.

Die ideale Gesellschaft

Gruppen, die sich aus desorganisierten und sündhaften (ungehorsamen) Individuen zusammensetzen, sind lediglich Horden ohne Moral oder ästhetische Werte. Sie bestehen aus Menschen, die weit davon entfernt sind, auch nur daran zu denken, Gutes zu tun. Vorbildliche oder vollkommene Menschen hingegen besitzen die Eigenschaften von Engeln; sie sind Monumente menschlicher Weisheit und Einsicht. Ihre Qualitäten unterstreichen der folgende, aber auch viele andere Koranverse:

Wahrlich, Wir haben den Menschen in bester Form erschaffen. (95:4)

Diejenigen, auf die sich dieser Vers bezieht, wissen, dass sie die schönsten und vielseitigsten Kunstwerke der materiellen, aber auch der spirituellen Schöpfung sind. Sie genießen den vollkommenen Zustand der Schöpfung und sind sich der unendlich vielen Geschenke, die ihnen gemacht werden, bewusst.

Die Menschheit hat Verantwortung übernommen - eine Verantwortung, die die Erde, die Himmel und die Berge zuvor zurückgewiesen hatten, weil sie befürchteten, ihr nicht gerecht werden zu können. Jene hatten erkennen müssen, dass die Menschheit offenbar der einzige Kandidat für die Unsterblichkeit war.

Solange die Menschen die Geschenke, mit denen sie bedacht werden, weiter veredeln und der Eingebung Gottes gemäß leben, wandern sie auf dem Pfad zur Vollkommenheit.

Die Gedanken der Menschen auf dem Pfad zur Vollkommenheit kreisen ständig um Geheimnisse wie den Sinn von Leben, Tod und Schöpfung und um die Frage nach unserer Verantwortung. Diese Menschen denken sehr ernsthaft über Sünden, gute Taten und darüber nach, wie sie ihre Frömmigkeit leben können. Sie beschäftigen sich mit den Bedeutungen der Katastrophen, die die Menschheit immer wieder treffen. Das Licht der Weisheit scheint in ihren Herzen, und die Strahlen dieses Lichts spiegeln sich in ihrer Seele.

All dies erlaubt ihnen, einen Blick hinter den Vorhang zu werfen. Ihr Erstaunen und ihre Verwunderung verwandeln sich in Liebe und Zuneigung. Zufrieden wenden sie sich dem Schöpfer ihrer Seele zu. Menschen, die dieses Niveau erreicht haben, lassen es nicht zu, dass ihnen das Wohlwollen Gottes zu Kopfe steigt; auch wenn sie es einmal verlieren sollten, lassen sie sich davon nicht beirren. Denn sie sehen keinen Unterschied zwischen jenem Wohlwollen und seinem Entzug. Sie erkennen, dass Belohnung und Strafe gleichwertig sind. Während andere von diesen Geschenken verdorben werden und schon bei den geringsten Unannehmlichkeiten in Pessimismus verfallen, gewinnen sie sogar dann, wenn sie zum Verlieren verurteilt scheinen. Sie verzagen selbst dann nicht, wenn von ihnen verlangt wird, Rosen in der Wüste zu züchten oder Zucker aus einem trockenen Rohr zu gewinnen.

Diese vorbildlichen Menschen wissen, dass sie immer wieder auf die Probe gestellt werden, dass sie sich weiterentwickeln sollen, um Glückseligkeit zu erlangen. Auch wenn sie von schlimmen Unglücken heimgesucht werden oder in reißende Strudel geraten, selbst in den bedrückendsten Momenten, in denen sie sich am hilflosesten fühlen, vernehmen sie die beruhigenden und tröstlichen Einflüsterungen aus der anderen Welt, die sie über ihre Seele empfangen. Deshalb verneigen sie sich voller Dankbarkeit und Bewunderung.

Diese Menschen vertrauen ganz auf Gott, da sie an Seine allgegenwärtige und allgewaltige Macht glauben und sich auf sie verlassen. Der reine Glaube, der in den Tiefen ihres Herzens ruht, ihre Wahrnehmung, die ihnen unglaubliche Perspektiven eröffnet, und ihr Wissen und Denkvermögen erheben sie auf einen Punkt, an dem sie förmlich eine Stimme zu sich sprechen hören *Fürchtet euch nicht, und seid nicht traurig, und erfreut euch des Paradieses, das euch verheißen wurde!*, und Zeugen der wunderbarsten Freuden werden.

Diese vorbildlichen Menschen halten sich von Sünden fern, denn sie gestalten ihr Leben entsprechend dem Gesetz Gottes, an das sie so unbeirrbar glauben. Da sie ständig gegen ihr Ego kämpfen, haben sie weder die Zeit noch die Energie, irgendwelchen Zeitvertreiben zu frönen oder einen bohemehaften Lebensstil zu pflegen. Stattdessen halten sie stets Ausschau nach ihrem Freund. Ihr ganzes Denken ist auf das Jenseits ausgerichtet, und ihr Herz ähnelt einem überwältigend schönen und farbenprächtigen Garten, der den Besuchen spiritueller Geistwesen offen steht. Sie sind Reisende und Forscher in der Welt der Mystik und ihrer geheimnisvollen Atmosphäre.

Weltlich orientierte Menschen, die sich von ihrem Ego versklaven lassen, leben ganz für die Befriedigung ihrer fleischlichen Gelüste. Sie geben sich mit nichts zufrieden und sind ständig unruhig. Jene vorbildlichen Menschen hingegen haben Frieden mit sich selbst geschlossen. Sie sind selbstgenügsam und stellen ihr Wissen und ihre Kenntnisse in den Dienst der Menschheit. Sie engagieren sich beherzt für den Kampf gegen Tyrannei und Ungerechtigkeit in dieser Welt und scheuen auch nicht davor zurück, ihr Land und ihre Ehre zu verteidigen. Gelegentlich breiten sie anmutig die Flügel der Vergebung über ihre Brüder und Schwestern aus.

Sie wissen, dass alles außer Gott vergänglich ist und irgendwann dahinwelkt. Deshalb verneigen sie sich vor nichts und niemandem außer vor Gott. Sie widerstehen den verlockenden Attraktionen der materiellen Welt. Was ihnen jedoch an Gunstbeweisen zuteil wurde, bewerten und verwenden sie auf dem Weg Gottes, ähnlich wie es auch die Bewohner der Himmel zu tun pflegen; und die Geschehnisse analysieren sie, wie es Wissenschaftler in ihren Laboratorien zu tun pflegen. Sie widmen ihr Leben der Menschheit und hinterlassen den nachfolgenden Generationen eine bessere Welt.

Diese vorbildlichen Menschen sehnen sich nach dem Segen Gottes und bemühen sich, aufrichtig zu sein. Weder ihre körperlichen Leidenschaften noch ihre spirituellen Ziele wecken irgendwelche Zweifel an ihrer Aufrichtigkeit. In ihren Augen sind alle Diener Gottes ganz und gar erhabene Menschen, die sie als Gleichgesinnte schätzen. In ihrem Herzen lösen sie alle Ungerechtigkeiten und alle negativen Gefühle, die von anderen Menschen ausströmen, auf und demonstrieren auf diese Weise, wie Freundlichkeit Schlechtigkeit besiegt.

In ihrer strahlenden Atmosphäre verblassen sogar zuckende Blitze. Nimrod, ein gnadenloser Herrscher, der befahl, den Propheten Abraham ins Feuer zu werfen, sah dessen Flammen versiegen und sich in einen grünen Garten verwandeln, der selbst harten und übellaunigen Seelen Zuflucht bot.

Die meisten von uns haben das Niveau dieser vorbildlichen Menschen noch nicht erreicht. Uns gelingt es nur selten, Verbrechen mit Güte zu begegnen. Wir erwidern Härte mit Härte und Hass mit Hass. Wir sind fest davon überzeugt, objektiv zu sein, und verkennen dabei, wie eigensüchtig wir in Wirklichkeit sind. Dadurch ruinieren wir unser Streben auf dem Weg Gottes, auch wenn wir uns diesem doch eigentlich verpflichtet haben. Ohne die Schönheit des Korans, ohne seine Attraktivität und seine Leben spendenden Strahlen hätten unsere irrigen Auffassungen und unser schlechtes Vorbild wohl dafür gesorgt, dass wir den heutigen Tag gar nicht mehr erlebt hätten.

Kapitel 4

Sufismus und Metaphysik

Der Sinn des Lebens

Sind all die Mühen des Lebens es wirklich wert, auszuharren und nicht aufzugeben? Die Antwort hängt davon ab, welches Ziel wir im Leben verfolgen. Der Sinn des Lebens erschließt sich uns erst im Laufe eines langen und beschwerlichen Prozesses. Und das Geheimnis des Lebens erkennen wir nur dann, wenn wir über das Leben und das Menschsein reflektieren. Deshalb entwickeln wir auch erst ganz allmählich so etwas wie ein Konzept für unser Leben.

Der Sinn unserer Erschaffung liegt deutlich sichtbar vor uns: Er besteht darin, dass wir unsere höchsten Ziele in Bezug auf Glauben, Wissen und Spiritualität verwirklichen, dass wir über das Universum, das Menschsein und Gott nachdenken und dadurch unseren Wert als Menschen unter Beweis stellen. Dieses Ideal ist jedoch nur durch systematisches und methodisches Denken und Handeln zu erreichen. Denken regt zu Handeln an und kann einen segensreichen Kreislauf in Gang setzen. Dieser Kreislauf seinerseits kann dann weitere komplexere Kreisläufe in Gang setzen, die vom Zusammenspiel zwischen der Spiritualität des Herzens und der Gelehrsamkeit des Gehirns gesteuert werden. So besteht die Chance, dass immer vielschichtigere Ideen und ehrgeizigere Projekte hervorgebracht werden. Dazu bedarf es jedoch eines starken Glaubens, Bewusstseins und Intelligenz. Menschen, die über diese Qualitäten verfügen, lehnen den gedankenlosen und unbesonnenen Lebensstil vieler ihrer Mitmenschen ab. Sie machen sich ihre Gedanken, tun das, was sie für richtig halten, und hinterfragen es anschließend. So kommen ihnen immer neue Ideen, und sie dringen in immer tiefere Tiefen vor. Für sie steht fest, dass nur diejenigen produktiv sein können, die intensiv nachdenken. Sie wissen genau, dass die Leiden und der Schmerz, die sie zu ertragen haben, ihren Glauben nur noch stärker und erstrebenswerter machen.

Ihr Leben ist maßgeblich geprägt von der Reflexion. Tag für Tag betrachten sie die Schöpfung. Sie lesen in ihr wie in einem Buch und schmücken ihren Verstand mit der Weisheit, die sie in ihr finden. Sie glauben, dass das Universum erschaffen wurde, um ‚gelesen‘ und verstanden zu werden. Hierin liegt für sie die Bedeutung der Schöpfung.

Die Schöpfung ist das wertvollste aller Geschenke Gottes. Sie weist uns einen Erfolg versprechenden Pfad, auf dem weitere Geschenke auf uns warten. Daher sollten wir ihren Wert zu schätzen wissen. Wir wurden zusammen mit einem ganzen Universum an Gunstbeweisen erschaffen; also sollten wir Nutzen aus ihnen ziehen, von ihnen profitieren.

In diesem Sinne sollten wir uns unserer Willenskraft bedienen, jener Stimme, die der Allmächtige Eine so kräftig gemacht hat. Zu wirklich willensstarken Menschen werden wir aber erst dann, wenn wir unsere Fähigkeiten und Talente so weit es nur eben geht ausschöpfen. Wir sind dazu verpflichtet, über unseren Platz in der Schöpfung, über die Verantwortung, die wir tragen, und über unsere Beziehungen innerhalb dieses weiten Universums nachzudenken. Deshalb sollten wir Innenschau halten und die verborgene Seite der Schöpfung erforschen. Dann werden wir den tieferen Sinn unseres Daseins erkennen, die Dinge mit anderen Augen sehen und begreifen können, dass nichts so ist, wie es scheint. Dann wird uns klar werden, dass uns alles eine Botschaft vermitteln soll.

Meiner Überzeugung nach liegt hierin der wahre Sinn des Lebens. Wir Menschen sind die bedeutendsten Lebewesen in diesem Universum. Gewissermaßen sind wir sogar seine Seele und seine Essenz; mit uns entwickelt sich die übrige Schöpfung weiter. Daher sollten wir das Universum erforschen und Schlüsse aus ihm ziehen. Wir sind dazu aufgerufen, in Herz und Seele nach der Einsicht und den Freuden Gottes zu streben. Wenn wir diesen Weg verfolgen, werden wir uns über die frustrierende Mühsal eines ganz und gar materialistischen und schmerzlichen Lebens erheben können.

Was unser leidvolles Leben so lebenswert macht, sind das Glücksgefühl, das wir auf unserem Weg immer wieder verspüren, und die Geschenke, die uns immer wieder überreicht werden. Wer auf diesem Weg wandert, darf sich immer wieder neuer Einsichten erfreuen. Wer auf diesem Weg wandert, eilt wie ein Fluss, der sich irgendwann ins Meer ergießen wird, seinem letzten und höchsten Ziel zu.

Ich denke nicht, dass uns aus vergänglichen äußeren Quellen dauerhaft Glück zufließen kann. Wahres Glück kommt von innen. Es erhält umso mehr Tiefe, je weiter wir unsere Beziehung zu Gott ausbauen, und wird sich dann irgendwann in ein ewiges Leben in den Himmeln verwandeln. Hierin liegt die Essenz unserer Freude. Unsere innere Welt ist eine Sphäre erhabener Einsichten, und unser Bewusstsein folgt diesen Einsichten. Unser ganzes Leben lang warten wir darauf, einige flüchtige Blicke auf Gott zu erhaschen, und währenddessen singt unsere Seele voller Freude:

„Unsere Herzen sind Dein Thron, o König!
Darum heiße unsere Herzen willkommen!"
Muhammed Lutfi[65]

Unsere Generation braucht Führungspersönlichkeiten, die uns zeigen, wie wir uns einen solchen Glauben und die dazu gehörigen Denkprozesse aneignen können, die uns den Weg zur Glückseligkeit weisen. Ihre Orientierung wird unserer Jugend die Möglichkeit geben, ihr Jungsein zu genießen und gleichzeitig ein rechtschaffenes Leben zu führen. Sobald die Jugendlichen der Unsterblichkeit ihrer Seele gewahr werden, werden sie feststellen, dass Leben und Tod identisch sind, und sehr schnell begreifen, dass sie viel mehr zu leisten im Stande sind, als sie immer dachten. Sie werden erkennen, dass sich das Leben nach dem Tode schon jetzt überall widerspiegelt, und so zu Zeugen des ewigen Lebens werden. Sie werden erfahren, dass das Leben lebenswert ist. Sie werden sehen, dass die ganze Schöpfung in ihren Seelen aufblüht und wieder vergeht, und die Sphären ihrer Seelen wie Galaxien bereisen. In diesen Sphären, die sie schon während ihres Lebens auf Erden erreichen, werden sie die Ewigkeit schauen.

---

[65] Muhammed Lutfi Efendi (1868-1956) wurde auch unter dem Namen Alvarli Efe bekannt, da er in dem Dorf Alvar in der Nähe der Stadt Erzurum 24 Jahre lang als Imam tätig war. Er war einer der berühmtesten Gelehrten, Dichter und spirituellen Menschen der Türkei.

Der Glaube -
eine etwas andere Perspektive

Das Wort Glaube - arabisch: *Iman* - ist, wenn man der Wissenschaft und der Erkenntnistheorie Glauben schenkt, aus der arabischen Wurzel *a-m-n* abgeleitet - frei von Angst sein, glauben, versprechen, vertrauen, für die Sicherheit anderer sorgen. Zum Wortumfeld von *Iman* gehören u.a.: sicher sein, standhaft sein, an Gott glauben, Seine Existenz bestätigen, diese Wahrheit im Bewusstsein bekräftigen und von Herzen verkünden.

Einen Menschen, der auf Gott vertraut, nennt man *Mu'min* (pl.: *Mu'minun*). Er ist gleichzeitig Verteidiger und Repräsentant all jener Haltungen. Man könnte nun an dieser Stelle auf das Verhältnis von Handeln und Glauben und auf die Frage, ob der Glaube Handeln beinhaltet, zu sprechen kommen. Diese Problematik soll jedoch vorerst zurückgestellt werden.

Mit ihrem gesunden Menschenverstand, mit ihrer Fähigkeit, zu sehen und wahrzunehmen, mit ihrem reinen Intellekt, der von den Offenbarungen Gottes erleuchtet wird, mit ihrem weiten und objektiven Geist, mit ihrer tiefen und umfassenden Einsicht, mit ihrem überwältigenden Verantwortungsgefühl, mit ihrer Entschlossenheit und Kompromisslosigkeit gegenüber allem Negativen, mit ihrem lebenslangen Streben nach Erhabenheit und hohen Idealen, mit ihrem Geschick, ihre Gefühle, ihr Bewusstsein und ihren Willen am Leben zu erhalten, mit ihrer Neugier, die sie zur essenziellen Bedeutung der Dinge vorstoßen lässt, mit ihrer Weitsichtigkeit in der Interpretation der Erscheinungen, mit ihrem Gottvertrauen, für das sie auch als vertrauenswürdige Menschen gelten, mit ihrer Bezeugung der Existenz des Gerechten Einen, mit ihrer Standfestigkeit, mit der sie Ihm immer zur Seite stehen, mit ihrer Anerkennung als zuverlässige Menschen, mit denen man über alles sprechen kann, mit ihrer Akzeptanz als Menschen, mit deren Hilfe man

Gottes gedenken kann, und nicht zuletzt mit ihrem Ruf, andere Menschen zu Gott führen zu können, sind die *Mu'minun* Muster für all jene Qualitäten, die das oben erwähnte Wortumfeld von *Iman* bilden. Sie sind im wahrsten Sinne des Wortes Helden der Bezeugung, der Kundgabe und der Repräsentation.

Selbst wenn nicht jeder Gläubige gleichermaßen ein ‚Held' des Glaubens und des Islams ist, ist doch unbestreitbar, welch hohen Wert der Glaube für jedes einzelne Individuum besitzt. Erst der Glaube macht den Menschen so wertvoll und stellt ihn über die übrige Schöpfung. Zwar versuchen naturgemäß auch ungläubige Menschen, Erfüllung und Befriedigung oder, genauer gesagt Zerstreuung zu finden, aber sie sind von einem Vakuum aus Zeit und Raum umgeben. Zwischen Vergangenheit, Gegenwart und Zukunft besteht für sie kein Unterschied, und darunter leiden sie tief in ihrer Seele. Ihre Gefühle, die sie zunächst betäuben, die sich später dann aber schnell in frustrierende Fantasien verwandeln, beschreibt Tevfik Fikret[66] wie folgt:

„Alles ist Leere; der Grund ist ein Nichts,
die Himmel sind ein Nichts, das Herz und das Bewusstsein sind ein Nichts;
Ich möchte mich gern fest halten, aber weit und breit ist nichts in Sicht, woran
ich mich klammern könnte."

Gläubige Menschen hingegen wissen, wie frostig sich das Leugnen der Wahrheit und ihr Vertuschen anfühlen, und preisen mit einfachen Worten den Frieden, den der Glaube verheißt:

„Ein Herz, das Rost angesetzt hat und in dem kein
Glaube mehr ist, fällt der Brust zur Last."

Akif Ersoy

Sie sind entschlossen, selbst eingerostete Herzen zu neuem Leben zu erwecken. Sie sagen: „Freuden ohne Schmerz und Glück ohne Reue sind einzig und allein in der Sphäre des Glaubens und seiner Wahrheiten realisierbar. Wer die Freuden des Lebens genießen möchte, sollte sie mit Glauben erfüllen und mit jenen Handlungen schmücken, die Gott

---

66 Tevfik Fikret (1867-1915) war einer der führenden Dichter der *Edebiyat-i Cedide* (der Neuen Literatur) zu Beginn des 20. Jahrhunderts.

uns Menschen empfohlen hat. Von Handlungen, die Gott uns verboten hat, sollte er sich hingegen abwenden. Denn wem es gelingt, auf den Pfad des ewigen Lebens zu finden, der akzeptiert voller Dankbarkeit alles, was mit ihm geschieht, wie unglücklich und elend sein Leben auch sein mag. Er begreift die Welt als einen Wartesaal der Himmel."[67] Menschen mit dieser Einstellung erleuchten unsere Horizonte mit ihren heilenden Worten und lassen unsere Herzen den Zauber des Glaubens spüren.

Was seinen Inhalt und seine Essenz anbelangt, so ist der Glaube eine Frucht, die in der Sphäre des Lebens gepflückt und unserer Seele präsentiert wurde. Der Glaube ist der Paradiesfluss *Kawthar*, aus dem unser Herz getrunken hat; er ist eine Bedeutung, die die Lippen unseres Herzens benetzt hat, ein Monument von Gottes Licht in unserem Herzen, das von unserem Gebieter gestaltet wurde und aus Bedeutung, Gefühl, Bewusstsein und Intelligenz besteht.

‚Helden' des Glaubens, die ihr Herz und ihre Gefühle mit ihrem Vertrauen und ihrer Intelligenz immer wieder restaurieren und aufpolieren, haben das Geheimnis, wie die eigene Verstandeswelt in ein Paradies verwandelt werden kann, bereits entschlüsselt. Sie haben den Weg zur ewigen Glückseligkeit eingeschlagen und sich von allem anderen Streben befreit. „Da es schon immer einen spirituellen Himmel im Glauben und eine spirituelle Hölle in Blasphemie und Sünden gegeben hat, trägt zweifellos der Glaube die spirituelle Saat des Baumes der Himmel und die Blasphemie die spirituelle Saat der Hölle in sich. Tatsache ist, wenn der Glaube einem Menschen Flügel verliehen hat, treibt dieser sich nicht in dunklen Gefilden herum; und ganz bestimmt lässt er sich nicht dazu herab, vor anderen niederzuknien. Stattdessen stellt er sich allen Herausforderungen - je stärker sein Glaube ist, desto mutiger. Der Glaube ist Licht und Kraft. Wer sich einen wahren Glauben erwirbt, vermag dem Universum die Stirn zu bieten und sich vom Druck der Ereignisse zu befreien. Denn der Glaube lässt uns die Einzigartigkeit Gottes bezeugen. Dieses Zeugnis wiederum sorgt dafür, dass wir uns Gott unterwerfen und dass wir uns ganz in Gottes Hand begeben. Und dadurch

---

[67] Bei diesen Gedanken handelt es sich um eine Zusammenfassung von Worten Said Nursis.

wird uns schließlich Glückseligkeit in dieser und in der kommenden Welt zuteil."⁶⁸ ‚Monumente' des Glaubens nutzen ihr Herz als Wendeltreppe in die Sphären jenseits der Himmel. Sie schlagen mit ihren Flügeln, um sich auf die Höhen der Engel emporzuschwingen, wo die Engel mit den Geistwesen zusammentreffen.⁶⁹ Gelegentlich flüstern jene Engel und Geistwesen diesen Menschen Dinge zu. Hin und wieder offerieren diese Menschen den Engeln und Geistwesen ‚Schmuckbänder' ihrer Einsicht und werden in ihren Sphären zu gern gesehenen Gästen. Und wenn diese Menschen erst einmal ihren Glauben im Studium weiter vertieft und ihre Gelehrsamkeit mit spirituellen ‚Gewürzen' verfeinert haben, dann können sie sogar zu Horizonten aufsteigen, die selbst für Engel unerreichbar sind. Dort halten sie schließlich Ausschau nach Zielen, die ihr Herr gutheißt, verbringen ihre Zeit mit den Dienern der Himmel und träumen vom höchsten aller Himmel.

Der Anspruch von Menschen, die über einen unbeugsamen Glauben verfügen, besteht also darin, ihren Wert zu steigern, um so mit dem Licht ihres Glaubens in die höchsten Himmel aufzusteigen. Ungläubigen Menschen hingegen droht das entsetzliche Los, vom Abgrund ihres Leugnens verschlungen zu werden und in die Hölle einzugehen. Dieses Los erfordert eigentlich eine nähere Betrachtung, die an dieser Stelle jedoch zu weit führen würde.

Wer erkennt, in welche Tiefen jene gläubigen Menschen vorzudringen vermögen, besinnt sich unweigerlich auf Gott. Wer ihren Atem spürt, stößt auf Leben, ganz als wäre er dem Messias persönlich begegnet, und wer die Stimmen ihrer Herzen hört, wird vom Wein ihrer Worte berauscht, ganz als habe er die Worte Muhammads, des Sultans der Beredsamkeit, vernommen. Ein Mensch, der seine Gewänder mit dem Glauben und dessen Verheißungen verziert hat, benötigt nichts anderes mehr. Er wurde von Gott erhöht und ist - wenn Gott es so will - selbst in schwachen Momenten noch stark. Der Reichtum Gottes macht ihn in seiner Armut wohlhabend, und Seine Größe lässt ihn in seiner Winzigkeit riesig erscheinen. All diese Stärken verdankt er der Tatsache, dass

---

[68] Diese Vorstellung findet sich ebenfalls bei Said Nursi.
[69] Die Rede ist hier von den Märtyrern und von jenen Menschen, von denen man annimmt, dass sie in einer anderen Dimension zu Hause sind.

er in Situationen, in denen ihn seine eigene Willens- und Entscheidungskraft im Stich lässt, auf den ewigen Willen seines Herrn vertraut. Wenn er sich überfordert fühlt, eine eigene Entscheidung zu treffen, sucht er Zuflucht beim Willen Gottes. Wenn die Furcht vor dem Tod ihn umfängt, begibt er sich in das einladende Flair des ewigen Lebens. Wenn er vor einem Problem steht, dem er mit seinem Verstand nicht beizukommen weiß, klopft er an die Tür des strahlenden Korans, der immer eine Lösung parat hat. Er verzweifelt nie und fühlt sich auch nie leer und ausgebrannt. Mit der ewig währenden Dunkelheit wird er erst gar nicht konfrontiert. Seine Erfahrungen und sein Leben ähneln einem vergnügten Lied, und ganz wie dankbare Maiskolben der Sonne wendet er sein Antlitz dem Schöpfer zu.

Menschen, deren Glaube vollkommen ist, sind weder auf sich allein gestellt noch auf optimale Lebensbedingungen angewiesen. Sie öffnen sich mit prophetenhafter Entschlossenheit ihren Mitmenschen, umarmen sie und verknüpfen ihr Leben mit dem diesseitigen und jenseitigen Glück anderer. Dabei stellen sie sich selbst zurück und handeln wie die Gefährten des Propheten. Mit ihrem inneren Licht, das so hell leuchtet wie eine Kerze, bringen sie Licht ins Dunkel ihres Umfelds; und ihr Weg nimmt nicht die Umleitung über ihren persönlichen Nutzen. Sie halten stets Ausschau nach Orten, die noch dunkel wie die Nacht sind. Sie kämpfen gegen Dunkelheit und Unterdrückung und brennen dabei, manchmal auch unter Schmerzen. Zwischenzeitlich mögen sie zwar den Kopf hängen lassen, doch weder das ständige Glühen ihrer inneren Flamme noch deren allmähliches Verlöschen können sie davon abhalten, auch anderen Menschen Licht zu bringen.

Verfechter des Glaubens, denen es gelungen ist, ihre Fahne an der Pforte des Weges zum Glauben zu hissen, lassen die ganze Welt mit einem einzigen Sprung hinter sich. Sie stehen in Kontakt mit der Sonne, sind mit dem Mond befreundet und durchmessen gewaltige Spannen des Raums, dem ‚Vollkommenen Gefährten' entgegen. Auf ihrer Reise blicken sie demütig zu Boden und atmen Bescheidenheit. Sie erwecken den Eindruck, Federn von den Flügeln der Engel zu tragen, mit denen sie sich in unfassbare Höhen empor schwingen können. Aber weder der Schwindel jener Höhen noch die Tatsache, dass sie sich dort auf einer Ebene mit den spirituellen Wesen befinden, verwirrt ihre Gedanken - die reinsten der reinen Gedanken. Wenn sie den Kopf auf die Brust senken und sich dabei mit einem nicht enden wollenden Seufzer der Hoffnung auf den Lippen wie der Prophet Adam fühlen, gleichen sie einer dunklen Rose. Wenn sie sich dem Gerechten Einen zuwenden, glühen sie in unterschiedlichen Farben, ganz als blickten sie direkt in die Sonne. Und wenn sie Seine Majestät spüren, dampfen sie wie mit Tau benetzte Blätter am Morgen. Man meint fast, diese Menschen hätten die Trompete *Sur*, die Fanfare des Jüngsten Tages, bereits vernommen.[70]

Wer diesen Menschen mit den Augen folgt, findet in ihnen ein Fenster, das dem Betrachter die Gelegenheit bietet, den Sanften Einen und Sein Handeln zu schauen, der Ewigkeit ansichtig zu werden und die eigene Welt in einen Schlupfwinkel der Liebe zu verwandeln. Diese Menschen stellen selbst in den dunkelsten Nächten - in Nächten, in denen man in Gärten, die der Herbstwind ausgefegt hat, auf die Morgendämmerung wartet - Myriaden von Lichtern zur Schau. Sie schenken ihren Mitmenschen Rosen und andere Blumen, die sie auf den Hügeln ihres Herzens pflücken.

Gelegentlich läutern sie ihre Gefühle mit Erhabenheit und Wohltätigkeit, dann wieder kühlen sie ihre brennende Brust mit Tränen. Ihre Tränen fließen in Strömen, ganz als hätten sie die Funktion, ihren Wünschen und Erwartungen einen angenehmen Weg zu ebnen. Aus der Hoffnung und dem Glauben, dass diese Wünsche und Erwartungen schon bald Realität werden könnten, schöpfen sie Glücksgefühle. Völlig im Einklang mit der Weite ihres Glaubens sind sie jederzeit dazu bereit, selbst weiteste Strecken zurückzulegen. Sie schreiten im Rhythmus ihres Herzens voran, und aus den Federn ihres Herzens fertigen sie ihrem Verstand Flügel. Schier unüberwindbare Zäune unseres irdischen Begriffsvermögens überspringen sie mit nur einem Satz und erreichen so den Gipfel der Welt der Bedeutungen.

Die Verfechter der Wahrheit befinden sich stets in einem Zustand des Friedens, selbst dann, wenn sie von Kummer und Leid umringt sind. Sie geben sich keiner Trauer lange hin; endlose Trauer ist ihnen

---

70 Am Tage der Wiederauferstehung wird Israfil, einer der Erzengel, die Trompete *Sur* blasen.

völlig fremd. Mit dem Band, das sie mit Gott verbindet, und dank ihrer Vertrautheit mit Ihm entkommen sie dem harten Griff des Elends mit Leichtigkeit. Sie ersticken jeden Kummer schon im Keim, und wenn sie mit Problemen konfrontiert sind, gehen sie sie mit ‚rechtschaffener Nüchternheit' an. Sie nähern sich den rosafarbenen Tönen der spirituellen Schönheit, ohne sich Sorgen zu machen. Sie verbinden jeden Kummer mit Freude und jeden Schmerz mit dem Ruhm, den er verheißt. Sie sind in der Lage, Wehklagen in Seufzer der Freude zu verwandeln, und selbst wenn sie selbst äußerst beunruhigt sind, gelingt es ihnen noch, ihren Mitmenschen glücksschwangere Gedichte in der Sprache ihres Herzens vorzutragen. Den ersten Atemzug, den sie tun, nachdem sie sich der Beschaffenheit dieses Weges bewusst geworden sind, weihen sie der Reinigung von ihren Sünden; mit dem zweiten Atemzug binden sie ihr Herz an ihren Verstand. So lassen sie diesen mit der Zunge ihres Herzens sprechen und sorgen dafür, dass ihre Stimme sogar bis hin zu den entferntesten Sternen und darüber hinaus vernehmbar wird. Alle Geistwesen können fortan ihren Ruf zum Gebet vernehmen – eine Stimme, die nun erstmals erklingt. Aber auch gläubige Menschen können ihren Ruf hören und genießen, jedenfalls solange sie es nicht zulassen, dass ihre Horizonte von Makeln der Sünde beschmutzt werden.

Die Horizonte des Glaubens

Zur Wahrheitsliebe gehören vor allem zwei Dinge - Wissen und Glaube. Auf der einen Seite stehen die Entdeckung und Bestimmung der Wahrheit, die das Bindeglied zwischen menschlichem Wissen und Bewusstsein bilden, auf der anderen Seite die Haltung, mit der man der Wahrheit begegnet. Wissen erwirbt man sich mit Hilfe der Quellen der Religion und der Wissenschaft, während der Glaube maßgeblich von der Religion bestimmt wird. Eine Wissenschaft, der keine Liebe und auch keine Intention, die Schöpfung zu analysieren und zu erklären oder die Wahrheit zu entdecken, innewohnt, ist blind; und die Erkenntnisse eines solchen blinden wissenschaftlichen Strebens stecken voller Widersprüche. Jedes wissenschaftliche Streben, das auf persönlichen, familiären oder sozialen Interessen basiert, wird über kurz oder lang Probleme bereiten. Erkenntnisse, die es hervorbringt, werden unweigerlich auf Abwege führen. Die Religion, die mit ihren Wissensquellen eine segensreiche Ergänzung zur Wissenschaft darstellt, ist ein essenzielles Element, eine wichtige treibende Kraft und ein Orientierungspunkt mit einer klaren Methode. Sie führt über die Horizonte des Wissens hinaus und ist eine gütige Lehrmeisterin, die uns nicht täuscht.

Von einer Sekunde auf die andere kann sich die Wissenschaft in einen bestrafenden, gespenstischen und Furcht erregenden Dämon verwandeln, der sich der Wahrheit in den Weg stellt, indem er sie einer bestimmten Denkrichtung, einem bestimmten Ereignis oder einer bestimmten Doktrin unterwirft und dadurch ihren Horizont einengt. Aber auch die Religion, die ja eigentlich eine göttliche Wahrheit repräsentiert, kann schnell so verzerrt werden, als böte sie Gefühlen der Feindseligkeit, des Hasses und der Rache Platz. Welch ein Paradox, das sich ein Phänomen in sein genaues Gegenteil verkehren lässt!

Man stelle sich einmal eine Wissenschaft vor, die sich auf die eine oder andere Art an eine bestimmte philosophische Strömung gekettet und sich dieser schließlich ganz unterworfen hat (obwohl die Wissenschaften ja eigentlich unparteiisch und unantastbar wie ein Gotteshaus sein sollten). Eine solche Wissenschaft macht sich zum Sklaven eines dogmatischen Denkens, ist alles andere als frei und lässt selbst die größte Ungerechtigkeit in einem günstigen Licht erscheinen. Dann stelle man sich eine Religion vor, die zu einem Vehikel für die Interessen einiger politischer oder unpolitischer Parteien verkommen ist. Ein solcher Missbrauch würdigt das Gotteshaus dieser Religion zur Festung jener Parteien und die Gebete, die in ihm stattfinden, zu bloßen politischen Ritualen herab. Ein solcher Missbrauch ist ein Verrat an der Religion und ihrer Unantastbarkeit.

Wenn in einer entsprechenden Gesellschaft einige Leute wieder und wieder den Wert des Wissens hervorheben, dann aber die Heimstätten dieses Wissens zu Villen umfunktionieren, in denen nur sie selbst willkommen sind, und sie als Schaukästen ihrer eigenen Wünsche, Fantasien und Ideologien missbrauchen, dann sind diese Heimstätten des Wissens keine Gotteshäuser mehr, sondern lediglich noch Arenen der Gelüste, der Ambitionen und des Hasses.

Wenn in einer entsprechenden Gesellschaft bestimmte Leute immer wieder den Wert der Frömmigkeit hervorheben und dann jene, die nicht wie sie denken und ihre politischen Ansichten nicht teilen, als Heiden, Atheisten oder Ungläubige bezeichnen, dann liegt der Fehler bei denen, die sich die Position von Richtern anmaßen. Sie verzerren die Religion zu einer Phobie, die die Menschen von Gott entfremdet, die ihre Herzen verdunkelt und ihnen die Türen der Hoffnung vor der Nase zuschlägt. Ihre Machenschaften stehen völlig im Widerspruch zu Sinn und Zweck der Religion. Feindseligkeiten gegenüber der Religion aus Mündern, die vor Groll, Hass und Raserei nur so schäumen, niedergeschrieben mit Stiften, deren Tinte die Seelen der Leser schwarz färbt, zeugen von Engstirnigkeit und sind Geschenke an den Teufel. Aber auch das Zitieren der Religion im Verbund mit dem Recken der Faust als Protest gegen einen bestimmten Standpunkt oder einen bestimmten Gedanken zeugt von Kurzsichtigkeit und Unwissenheit und stimmt die Bewohner der Himmel traurig.

Jemanden als einen frommen Menschen zu bezeichnen, der den wahren Glauben nicht kennt, der nicht weiß, was sein Gewissen von ihm verlangt, der die Liebe und Zuneigung Gottes nicht genießen kann (jemanden, der Dinge, die Gott für unbedeutend hält, nicht als unbedeutend anerkennt und Dinge, die Gott für wichtig hält, nicht als wichtig), hieße, das erhabene universelle Wesen der Religion zu missachten. Wenn wir unsere eigenen Fantasien, Hoffnungen und Wünsche als Grundwahrheiten präsentieren, die über jeden Zweifel erhaben sind, fügen wir Religion und Wissenschaft damit einen Schaden zu, der größer kaum sein könnte. Diese Gefahr lauert in jedem Menschen wie ein weites Loch, das sich aus unserer Schwäche speist. Eine unserer größten Schwächen besteht darin, dass wir besser erscheinen wollen, als wir in Wirklichkeit sind, und dass wir Erwartungen hegen, die weit größer sind als unsere Fähigkeiten. Diese Schwäche sollten wir mit bestimmten Werten kurieren, die vom kollektiven Gewissen als fromm und als förderlich für Wissenschaft und Religion akzeptiert werden.

Manche Leute erhoffen sich von der Religion, dass sie die Löcher ihrer Leere zu stopfen vermag. Die stärksten (untrennbar mit der Gerechtigkeit verbundenen) Waffen des Gewissens gegen menschliche Schwächen wie diese sind jedoch die Wahrheitsliebe und das Streben nach Wissen. Wenn es tatsächlich ein Elixier gibt, das den Rost aus den Köpfen der vermeintlichen Gelehrten und aus den Gedanken derer wischt, die fälschlicherweise behaupten, auf Seiten der Religion zu stehen, dann wird dieses aus der Liebe Gottes, aus Seiner Liebe zur ganzen Schöpfung und aus der Wahrheitsliebe gewonnen. Aber auch alle menschlichen Schwächen lassen sich in ein Elixier des Lebens verwandeln: sofern sie denn abgestellt werden und wenn es uns gelingt, sowohl unser Herz von Liebe überfließen zu lassen als auch unserer Seele Mitgefühl zu vermitteln.

Die Welt hat die Wahrheitsliebe, die uns auch zur Gottesliebe führt und uns die Schöpfung näher bringt, durch die Propheten kennen und schätzen gelernt. Alle Propheten sind von Anfang an als Meister der Liebe aufgetreten und haben den Menschen den Weg gewiesen. Alle Propheten haben den Umgang mit ihren Mitmenschen mit Edelsteinen der Liebe geschmückt. Mit ihrer Hilfe schmolz die Liebe Gottes in der ihr vorbestimmten Schale und wurde ihrem wahren Wert gerecht. Jesus, der Messias, etwa komponierte aus seinem Leben, das auf der Liebe zur Menschheit gründete, ein Gedicht. Er verfolgte seine Mission, während er diesem Gefühl der Liebe auf unterschiedliche Art und Weise Ausdruck verlieh. Der türkische Lyriker Fuduli (1498-1556) ließ den Propheten Muhammad folgende Worte sagen: „Mein Wort ist der Bannerträger der Armee der Liebenden!" Der Stolz der Menschheit beehrte die Welt und lebt heute als Atem und Stimme der Liebe weiter. Als seine göttliche Liebe den Zustand der Transzendenz erreichte, wurde sie transformiert und schritt dem Jenseits entgegen.

Wenn wir den Koran im Geiste eines unbeirrbaren Glaubens und mit voller Konzentration studieren, verzaubert er uns nicht nur durch den Klang seiner Worte; dann nämlich wird uns klar, dass er der Liebe Stimme und Atem verleiht, dass er der Punkt ist, an dem sich Sehnsucht und Wiedervereinigung kreuzen. Die Suche nach der Wahrheit, die Liebe zum Wissen, die Sympathie für Wissenschaft und ernsthafte Forschung und der Versuch, Gott näher zu kommen, sind Themen, auf die der Koran an etlichen Stellen eingeht, um so unsere Aufmerksamkeit zu fesseln. Diese Themen gleichen ergiebigen Steinbrüchen, in denen aufmerksame Menschen bei jedem Besuch neue Edelsteine entdecken. Jeder Reisende, der den Koran aufmerksam studiert, läuft auf einer breiten Goldader, die ihn in jene Steinbrüche führt, und weiß, dass ihn dort großartige Anblicke erwarten.

Unverständlicherweise liegt heute aber ein Schatten auf der makellosen Reinheit des Korans, und wankelmütige Menschen zweifeln an ihm. Denn dieses Werk, dessen Inhalt reichhaltiger ist als der dickste Wälzer, das erschaffen wurde, um uns von unserem Leid zu befreien und uns eine Medizin in die Hand zu geben, die alle Wunden heilt, dieses Werk wird von ahnungslosen Leuten, deren Leidenschaft und Liebe in eine andere Richtung tendieren, zweckentfremdet. Solche Leute suchen nur oberflächlich und ziehen die falschen Schlüsse. Ihre Urteile richten sich nach denen anderer Menschen, deren Gefühle von Ehrgeiz und persönlichen Interessen geprägt und vom Verstand blockiert sind, deren Urteile Trugschlüssen aufsitzen und die zwischen ‚Vorzeigeprojekten' und ‚Visionen' hin und her pendeln, anstatt sich mit Inhalten auseinander zu setzen. Solche Leute sind durchaus mitverantwortlich dafür, dass einigen ihrer Mitmenschen die Erhabenheit dieses so glanzvollen Werkes verborgen bleibt. Obwohl sie den Weg zu den jenseitigen Welten und in die Täler des Metaphysischen eingeschlagen zu haben scheinen, schaffen sie es nicht, in die spirituelle Welt einzutauchen. Materielle Interessen haben ihre Augen geblendet. Sie erforschen die Welten anderer Menschen, die auf menschlicher Schwäche gründen, und tappen in die Falle, auch sich selbst die ‚Waffen' der Schwäche umzuhängen. Mit anderen Worten: Sie bedienen sich der gleichen Hilfsmittel wie jene, die sie ‚die anderen' nennen. Schon nach kurzer Zeit sind sie dann so weit, das Böse, das sie zuvor bei ihren Gegenspielern kritisiert haben, zu imitieren und in deren Fußstapfen zu treten. Doch von einem solchen ziel- und planlosen Vorgehen hat noch niemand profitiert. Im Gegenteil, in einem Kampf, in dem alle immer wieder gezwungen sind, ihr Bedauern zum Ausdruck bringen zu müssen, ist es letztlich unsere kollektive Persönlichkeit, die besiegt wird, und nehmen letztlich wir alle Schaden.

Der Koran hat einen ausgeprägten Sinn für Gerechtigkeit und Harmonie in der Welt etabliert. Er hat das Gleichgewicht in den Beziehungen von Individuen, Familien, Gesellschaften untereinander und zur Schöpfung wieder hergestellt und seinen Anhängern einen Weg zu umfassender Harmonie gewiesen. Wir jedoch haben den Koran in den winzigen Käfig unseres Verstandes gesperrt. Zuerst haben wir seiner unermesslichen Weite Grenzen gesetzt und seine universellen Aspekte örtlich begrenzt. Dann haben wir seine Liebe zu etwas Alltäglichem herabgewürdigt und sein brillantes Antlitz einer Finsternis nach der anderen ausgeliefert. Menschen mit hohen Idealen wie Said ibn Dschubayr[71], Abu Hanifa[72], Ahmad ibn Hanbal[73] oder auch Imam Serahsi[74]

---

[71] Said ibn Dschubayr (gest. 721) war ein berühmter Imam, dessen Vater Dschubayr ibn Mu'tim an-Naufali, ein Gefährte des Propheten und Hadithsammler, war.

[72] Abu Hanifa (700-722); der Imam der hanafitischen Rechtsschule war ein anerkannter Rechtsgelehrter, dessen Urteile in der muslimischen Welt weithin Akzeptanz finden.

[73] Ahmad ibn Hanbal (770-785); Imam der hanbalitischen Rechtsschule und Autor der Hadithsammlung *Musnad*, die über 30.000 Hadithe enthält. Imam Hanbal genoss einen sehr guten Ruf für seine umfassende Kenntnis sowohl des zivilen als auch des spirituellen Rechts, aber auch für seine Kenntnis der Lehren des Propheten.

[74] Imam Serahsi (gest. 1090) entwickelte in seinem Werk *Al-Mabsut* die rechtswissenschaftlichen Grundlagen Abu Hanifas weiter.

haben sich nie daran beteiligt, Druck auf andere Menschen auszuüben. Sie gaben nie auch nur einen Zoll Boden preis und pflegten stets in Übereinstimmung mit der Stimme ihres Gewissens zu entscheiden, das Gott jederzeit offen stand. Sie zogen die Sorgen und Ängste dunkler Orte der Freude und dem Glanz von Palästen vor. Über die Anbetung des Weisen Einen gelang es ihnen, selbst tiefste Tiefen auszuloten, und so wählten sie die Freiheit des Denkens und des Gewissens.

Menschen, die mit einem Ziel leben oder für ein Ziel sterben, leben auch nach ihrem Tod weiter. Wenn sie sterben, bleiben ihre Gräber bis in die Ewigkeit hinein lebendig - ähnlich lebendig wie ein Herz oder wie ein kollektives Gewissen. Diesen erhabenen Menschen gegenüber stehen die Unglücklichen - die Sklaven ihrer persönlichen Interessen und ihrer Überzeugung, sie selbst seien so intelligent, dass sie sich vor nichts in der Welt fürchten müssten. Sie bleiben Gefangene, in Ketten gelegt von ihren eigenen Wünschen und Fantasien. Sie führen das Leben von Sklaven; alles was sie hinterlassen, ist verflucht, und alles was sie hervorbringen, führt ins Unglück.

Gläubige Leser des Korans (die man durchaus als Menschen mit einem Ideal bezeichnen darf) sind Reiter der Ewigkeit, die auch anderen in den Sattel helfen und ihnen den Weg zur Ewigkeit weisen. Sie sind dazu in der Lage, sich über ihre eigenen Leidenschaften, Hoffnungen und Vorlieben zu erheben. Als aufmerksame Leser des Korans reiten sie dem Horizont entgegen. Mit ihrer inneren Welt der Betrachtung als einzigem Ideal galoppieren sie über viele Dinge hinweg, die andere Menschen Realität nennen. So mancher, der an den eigenen Idealen leidet oder sie sogar verloren hat, hält sie allerdings für Narren.

Zweck und Ziel sind zwei Katapulte, die uns in die Sphäre der Seele hinein schleudern - in eine metaphysische Region jenseits dieser Welt, der Welt des Materiellen, die uns blockiert und uns an unsere Gefühle, Interessen, Vorteile und Positionen kettet. Jeder, der auf die eine oder andere Art und Weise auf diesem Katapult landet, wird - wenn nicht heute, dann eines nicht fernen Tages - in eine Umlaufbahn um die Sphäre Gottes geschossen. In Warteposition gleicht er einem Satelliten auf einer Abschussrampe. Die Religion in ihrer Gesamtheit ist eine segensreiche Quelle, die diesem Ideal Nahrung gibt, und der Prophet ist der gütige Hüter dieser Quelle. Er ist ihr aufrichtiger Repräsentant und Interpret und vermittelt uns ihre verständlichsten Deutungen, die voll und ganz im Einklang mit ihrem göttlichen Ursprung stehen. In dieser Hinsicht ist er ein Erneuerer, ein Aufklärer und ein Revolutionär, der jenen, die nach ihm kommen, die bestmögliche, die menschlichste und die bis in ferne Zukunft für seine Prinzipien empfänglichste Interpretation ans Herz legt. Wer sich keine Mühe gibt, den Koran selbstständig zu erforschen, und wer den Propheten nicht als den fähigsten Navigator in den Tiefen des Korans anerkennt, gehört zu den Unglücklichen, die in ihren eigenen Tiefen ertrinken (wenn diese überhaupt die Bezeichnung Tiefen verdienen). Diese Unglücklichen geraten - so steht es im Koran - immer wieder ins Schlingern und werden regelmäßig vom Echo ihrer eigenen Oberflächlichkeit zurückgerufen. Sie suchen Zuflucht in historisch untermauerten Ausflüchten, mit denen sie ihre eigene Leere zum Ausdruck bringen. In ihrer Vorstellung ist die Religion, genauer gesagt der Islam, entweder ein mit Legenden angereichertes Mysterium oder ein längst nicht mehr zeitgemäßes System, das von der Geschichte Lügen gestraft wurde und einen aussichtslosen Kampf gegen die Moderne führt.

In Wirklichkeit jedoch ist der Koran eine überaus reichhaltige Quelle mit einem so faszinierenden Geheimnis und einer so unglaublichen Reinheit, dass jeder, der sich mit ihm beschäftigt, erkennen sollte, dass er weit hinter dem eigenen Begriffshorizont liegt; jeder sollte im Stande sein zu spüren, welche Sicherheit diese Quelle ausströmt. Wer die Beschränkungen des eigenen Verstandes erkennt, wird auf den Koran wie auf einen Triumphbogen oder auf einen Regenbogen blicken der immer weit hinter dem Punkt liegt, den derjenige, der nach ihm sucht, gerade erreicht hat. Eine erhabene Interpretation der Quelle jenes Lichtes, das wie durch ein Edelsteinprisma auf unser Leben fällt und unser Leben formt und modelliert, ist die Frömmigkeit. Und wer das Licht selbst schaut, wird Zeuge einer einzigartigen ‚makellos leichten Ausdruckskraft'. Den Grad seiner Erkenntnis kann er jederzeit anhand des Korans überprüfen.

Die Horizonte der Seele:
Metaphysisches Denken

Die moderne Weltsicht des Westens gründet überwiegend auf materialistischen Vorstellungen, die die spirituellen oder metaphysischen Dimensionen des Seins ausklammern oder sogar völlig leugnen. Darüber lässt sich natürlich streiten, doch viele so genannte muslimische Intellektuelle, die das, was sie im Westen sehen, blind imitieren und in ihre eigenen Länder importieren, lehnen die traditionellen Denk- und Lebensweisen ihrer Gesellschaft rundweg ab und verachten sie. Ihre Haltung ist darauf zurückzuführen, dass sie sich der spirituellen Dimension von Leben und Schöpfung überhaupt nicht mehr bewusst sind. Tatsächlich ist jemand, der das Sein allein auf die Materie reduziert und nur noch in physikalischen Begriffen denkt, kaum in der Lage, Metaphysisches und Spirituelles wahrzunehmen, geschweige denn zu verstehen. Außerdem gilt: Weil diejenigen, die nur imitieren können, in ihren übernommenen Standpunkten kompromissloser sind als die Urheber dieser Standpunkte selbst, und weil die Reproduktion der Realität die Realität selbst oft in den Schatten stellt, werden jene so genannten muslimischen Intellektuellen in ihrer Zurückweisung alles Metaphysischen und Spirituellen immer radikaler. Im Übrigen fehlt ihnen auch ein adäquates Wissen um die Materie und das Materielle.

Die spirituelle, metaphysische Dimension verlangt von uns, über unsere Empfindungen und Instinkte hinauszugehen und uns zu fernen Horizonten aufzumachen. Deshalb wird sie von den Materialisten weder verstanden noch geliebt. Diese Leute beschränken ihr Denken auf das, was sie wahrnehmen und empfinden können. Sie täuschen sich selbst und andere, wenn sie behaupten, das Sein verfüge einzig und allein über eine materielle Dimension; und mit dieser Aussage beanspruchen sie überdies, die wahren Intellektuellen zu sein.

Trotz ihrer Behauptungen und trotz aller bestätigenden Beteuerungen ihrer westlichen Kollegen, lässt sich nur schwerlich akzeptieren, dass das westliche wissenschaftliche Denken schon immer von Spiritualität und Metaphysik abgeschnitten war. Die moderne westliche Zivilisation basiert auf der Trinität von griechischem Denken, römischem Recht und christlicher Religion. Letztere steuert, zumindest theoretisch, eine spirituelle Dimension bei. Der Westen hat das platonische Denken nie ganz fallen gelassen, obwohl es ihm andererseits auch nicht gelang, es mit positivistischer und rationalistischer Philosophie zu versöhnen. Niemand behauptet im Westen, dass Denker wie Pascal und J. Jeans nie existiert hätten, niemand dort ächtet Bergsons Intuitivismus. Bergson, Jeans, Pascal, Bernhard Bavink und Heisenberg sind für das westliche Denken genauso wichtige wie Comte, Darwin, Molescholt, Czolba oder Lamarck. Noch vor Mitte des 19. Jahrhunderts gab es kaum einen atheistischen Wissenschaftler oder Philosophen.

Viele muslimische Intellektuelle hingegen lehnen metaphysisches Denken und Spiritualität rundweg ab. Im Namen bestimmter Vorstellungen, die auf simple Schlagwörter wie Aufklärung, Westernisierung, Zivilisation, Moderne und Fortschritt reduziert werden, werden metaphysisches Denken und spirituelles Leben verunglimpft und herabgewürdigt. Außerdem bedient man sich dieser Schlagwörter, um traditionelle islamische Werte zu beschädigen.

Wenn ich vom ‚Horizont der Hoffnung' spreche, meine ich damit eine Reise über die sichtbare Dimension des Seins hinaus. Diese Worte charakterisieren das Sein als ein Ganzes, dessen einzelne Teile in einer Wechselbeziehung zueinander stehen und ohne das die Dinge und Ereignisse nicht so wahrgenommen werden könnten, wie sie in Wirklichkeit sind. Ohne den Horizont der Hoffnung wären die Essenz der Schöpfung und ihre Verbindung zum Schöpfer sowie die Verbindung zwischen Schöpfer und Menschheit nicht fassbar. Die wissenschaftlichen Disziplinen, die ihren Diskurs führen, ohne mit anderen Disziplinen zu interagieren, und die vorherrschende materialistische Ausprägung der Wissenschaft, die die Schöpfung und das Leben in unzusammenhängende Elemente zerlegt hat, sind nicht in der Lage, die Realitäten der Dinge, der Schöpfung und des Lebens zu erkennen.

Entsprechende Forschungen im Bereich der Medizin beispielsweise begreifen den Menschen als ein Wesen, das aus vielen unterschiedlichen Mechanismen besteht, die strikt voneinander zu trennen sind. Die Konsequenzen einer solchen Haltung liegen auf der Hand: Das Sein wird seiner Bedeutung und seiner inneren Verbundenheit beraubt und stattdessen präsentiert als eine Ansammlung einzelner Elemente, die allein aus Materie bestehen. Dabei führt doch der einzige Weg zum Verständnis von Leben und Schöpfung über die Wahrnehmung der Schöpfung durch das Prisma des Geistes und des spirituellen Denkens. Wer dies abstreitet, zwingt den Verstand, Dinge zu kommentieren, die außerhalb seines Begriffsvermögens liegen, und presst jedes intellektuelle Streben in die enge Schablone der Sinneseindrücke. Wenn wir aber den Klängen unseres Gewissens und unserer inneren Welt lauschen, bemerken wir sehr schnell, dass sich unser Verstand niemals allein mit Sinneseindrücken zufrieden geben wird.

Alle namhaften, dauerhaften und profunden Formen des Denkens entstanden auf der Grundlage von Metaphysik und Spiritualität. Die ganze alte Welt gründete auf Schriften wie dem Koran, der Bibel, den Veden und den Upanischaden. Antimaterialistische Denker, Wissenschaftler und Philosophen wie Kant, Descartes, Pascal, Hegel und Leibniz zu vergessen, hieße, einen ganz wesentlichen Strang des westlichen Denkens zu ignorieren.

Eine neue, bessere Welt, die auf Wissen und Wissenschaft gründet, wird sich erst dann vor unseren Augen abzeichnen, wenn wir durch das Prisma der Metaphysik schauen. Den Muslimen ist es bislang nicht gelungen, ein Konzept zu entwickeln, das der wahren Bedeutung der Wissenschaft gerecht wird - ein Konzept, das sich aus dem Koran und der islamischen Tradition ableitet und in erster Linie vom Koran und den Hadithen geprägt ist. Die Anwendung von Wissenschaft und Technologie durch eine unverantwortliche, egoistische Minderheit hat in ihren Ländern mehr Negatives als Positives hervorgebracht.

Wenn die Muslime ihrer langjährigen Demütigung ein Ende setzen und dazu beitragen wollen, ein neue, glücklichere Welt zu schaffen, die jener des Westens zumindest ebenbürtig ist, müssen sie altmodische positivistische und materialistische Theorien durch ihre eigenen Vorstellungen und Eingebungen ersetzen. Sie müssen sich ihre Leiden und Sorgen der Vergangenheit bewusst machen und sich darum bemühen, Probleme zu lokalisieren und zu bekämpfen.

Ein der Wahrheit angemessenes Konzept der Wissenschaft wird Spiritualität und Metaphysik mit einer ganzheitlichen Sichtweise verknüpfen, die die innere und unzertrennliche Verbindung zwischen den Wissenschaftsdisziplinen und der Schöpfung betont. Nur ein Konzept, das die Schöpfung in ihrer Gesamtheit umspannt, darf als wahre Wissenschaft bezeichnet werden. Wer die Schöpfung als eine Ansammlung unzusammenhängender Elemente betrachtet und versucht, von den einzelnen Elementen Rückschlüsse auf das Ganze zu ziehen, wird sich verzetteln. Wer hingegen das Ganze umspannt und dann dessen einzelne Teile im Lichte des Ganzen erforscht, wird zu vernünftigen Schlussfolgerungen über die Realität der Schöpfung gelangen.

Spiritualität und Metaphysik lassen selbst den weitläufigsten Dimensionen der Kunst freien Lauf. Man darf sogar behaupten, dass nur Spiritualität und Metaphysik der Kunst eine wahre Identität verleihen. Künstler erforschen die innere Welt des Menschseins mit all ihren Gefühlen, Reizen, Erwartungen, Frustrationen und Ambitionen. Sie beschreiben, wie diese Dinge mit den äußeren Dimensionen der Schöpfung zusammenhängen. Ihre Ergebnisse präsentieren sie in Formen, die den jeweils verwendeten Medien entsprechen. Die Kunst verleiht unser inneren Essenz, die sich permanent zu ihrer Quelle zurück bewegt, Ausdruck. Mit anderen Worten: Künstler harmonisieren die Inspirationen, die ihrem Geist aus den Dingen und Ereignissen und damit aus allen Winkeln der Schöpfung zufließen. Sie fügen Dinge und Ereignisse zusammen und präsentieren sie uns dann in ihrer Gesamtheit.

Man sollte sich immer wieder bewusst machen, dass die Metaphysik die wichtigste Quelle von Wissenschaft, Denken und Kunst, ja sogar von Tugend und Moral ist. Mit einer vernünftigen Art zu denken, die auf reiner Metaphysik gründet, lässt sich der Sinn der Schöpfung erfassen. Eine solche Denkweise erlaubt uns, die Schöpfung als ein einziges Ganzes zu betrachten und durch ihre tieferen Dimensionen zu reisen. Ohne Spiritualität und Metaphysik fehlt den Gemeinschaften der Menschen das solide Fundament. Gemeinschaften, denen es an metaphysischen Konzepten mangelt, müssen diese oft bei anderen suchen und haben leiden ständig unter Identitätskrisen.

Wenn wir tatsächlich eine glücklichere Welt aufbauen möchten, eine Welt, in der menschliche Tugenden und Werte die Politik entscheidend prägen, den Menschen Hoffnung spenden und stets im Vordergrund stehen, dann müssen alle Menschen, welcher Religion sie auch angehören mögen, die Spiritualität und die Metaphysik, die in den Offenbarungsreligionen gelehrt werden, wieder entdecken und bestätigen.

Die geheimnisvolle Welt des Glaubens und das Chaos

Heutzutage atmet jeder Mensch Missgunst, schluckt jeder Mensch Hass und verflucht jeder Mensch alles, was er für feindselig hält, mit einer solchen Leidenschaft, dass man meinen könnte, unsere Gattung sei auf das Negative programmiert. Die Tinte, die in die Artikel der Tageszeitungen fließt, die Bilder, die uns über das Fernsehen erreichen, und die elektromagnetischen Wellen, die unser Radio speisen, hallen uns in den Ohren wie Schmerzensschreie, die an unglückseligen, düsteren Orten ausgestoßen wurden. Sie blenden unsere Augen wie Fotos, die uns erschauern lassen, und bohren sich in unser Herz. Die Epen des Hasses, die uns tagtäglich vorgetragen werden, erschrecken uns zutiefst und machen uns krank. Und doch suchen erst verhältnismäßig wenige Menschen nach einem Heilmittel für all diese Übel. Ein Fanatismus regiert, der mir kaum nachvollziehbar erscheint. In der heutigen Zeit, in der die Ideale der Aufklärung weit verbreitet sind und der Intellektualismus seinen Höhepunkt erreicht hat, steht die Tatsache, dass Wissenschaft und Unwissenheit über einen gemeinsamen Schnittpunkt verfügen, im Widerspruch zu der Distanz, die man eigentlich zwischen diesen beiden Polen erwarten sollte. Hier liegt ein schwer wiegendes Problem, das vermuten lässt, dass der emotionale Wille mancher Leute ihrem intellektuellen und logischen Willen meilenweit enteilt ist.

In dieser so dunklen Zeit, in der sich die Gegensätze ineinander verschlungen haben, in der sich in so mancher Gesellschaft Chaos auf Chaos türmt, in der fragwürdige Taten unterschiedlichen Ursprungs das Antlitz der Erde verdunkeln, in der das Unten das Oben regiert, in der Polemik und Dialektik äußerst populär sind, in der von den Medien Gerüchte als Wahrheiten verkauft werden, in der das eigene Leben auf dem Rücken anderer Menschen gelebt wird, in der die Seele der Einheit erschüttert wurde und viele zuvor eng miteinander verbundene Gruppen mittlerweile in alle Himmelsrichtungen verstreut sind, in der viele Hoffnungen enttäuscht wurden und der Wille vieler Menschen gelähmt ist - in dieser Zeit, in der zudem viele Menschen den Kampf gegen die Gelüste ihres Egos aufgegeben haben, besteht die dringende Notwendigkeit, sich auf die eigene spirituelle Sphäre zurückzubesinnen, wieder auf die eigene innere Welt zu hören, sich der Finsternis der Sphäre des Körpers zu entziehen und in die geheimnisvolle Dimension eines von Herzen kommenden spirituellen Lebens einzutauchen. Diejenigen, die sich nicht von Lethargie übermannen lassen und schnell zu sich selbst zurückfinden, werden den Zauber und den Reiz ihrer inneren Welt erfahren. Die Unglücklichen aber, denen es nicht gelingt zurückzukehren, die auf der Hälfte des Weges oder gar noch auf der anderen Seite stecken bleiben, werden Hass, Missgunst, Verleumdung und Lügen verbreiten und sich schuldig fühlen. Sie werden weiterhin unter Zerstörungen und hartnäckigen Widersprüchen zu leiden haben, und selbst in Regionen, in denen meistens die Sonne scheint, dunklen Gedanken nachhängen. Sie werden dunkle Träume haben und immer wieder dunkle Orte aufsuchen, an denen sie sich dann verstecken und vor sich hin vegetieren.

Ich wünschte, auch sie wären in der Lage, mit uns die Freude der gesegneten Tage und Nächte zu teilen, in denen Lichtfunken jeden beliebigen Ort erreichen. Ich wünschte, sie würden von Häresie, Atheismus und Unversöhnlichkeit ablassen und der Rebellion in ihrem Herzen Einhalt gebieten. Ach könnten sie doch nur respektieren, wofür sich jeder einzelne Mensch entscheidet! Vielleicht werden meine Wünsche ja eines Tages in Erfüllung gehen. Die selbst ernannten Feinde Gottes, der Propheten, der Religion und der Frömmigkeit werden dieses belebende Klima allerdings wohl nie atmen können; jedenfalls nicht, wenn sie den Materialismus in sich aufgesogen haben und in ihrem Größenwahn Gott leugnen oder wenn sie in den Treibsand von Anarchie und Nihilismus geraten sind. O Gott, hättest Du Dich ihnen nur zu erkennen gegeben und ihre Herzen befreit!

In jeder Gemeinschaft und in jeder Gesellschaft gibt es Menschen, die dazu neigen, ihren Glauben zu vernachlässigen, und nur allzu oft geraten solche Menschen außer Kontrolle. Mitglieder anderer Gemeinschaften und Gesellschaften haben nicht so geeignete Plätze wie wir, an denen sie Zuflucht suchen können, wenn sie mit Abgründen und Schwächen konfrontiert werden. Sie mögen zwar ebenfalls warmherzige Gedanken hegen und über bestimmte auf Versöhnung ausgerichtete Glaubensvorstellungen verfügen. Sie mögen Vergnügungsparks, Volksfeste und Karnevalsumzüge haben. Aber all diese Feierlichkeiten und Festlichkeiten entbehren jeder Erhabenheit. Sie ähneln Feuerwerken, die einen Moment lang Glanz und Freude verbreiten und dann verlöschen. Sie sind kurzlebig und rein sinnlich. Auf dem Pfad der spirituellen Freuden verheißen sie keinen Nutzen. Den Lebenswelten dieser Menschen mangelt es am Segen des Glaubens an Gott. Dort bleiben die Seelen den Grenzen von Zeit und Raum verhaftet. Dort beginnt alles mit flüchtigen falschen Freuden, um schließlich in einem Fieberwahn des Fleisches zu enden. Dort verwandelt sich alles in schmerzhafte Erinnerungen, beklagenswerte Träume oder enttäuschte Hoffnungen und löst sich letztlich in Luft auf.

In der spirituellen Atmosphäre, in der wir engen Umgang mit Gott pflegen, ähnelt jedes Geräusch, jedes Wort und jede Handlung einem Kinderlied, dessen Melodie man andächtig lauscht. Entsprechende Lieder ergießen sich über uns wie Regenfälle, deren Gunstbeweise wir aufsaugen wie ein trockener Boden. Jede Nacht verändert der Mond seine Form, als zeige er bestimmte glückliche Stunden an. Und nach jeder Morgendämmerung steigt die Sonne zu neuen Höhen am Horizont empor. Beide wecken in uns immer neue Gefühle und Gedanken, fordern unsere Träume auf, ihnen zu folgen, und präsentieren uns Erinnerungen, die dem Fluss *Kawthar* ähneln, welcher uns für das Paradies versprochen wurde. In dieser spirituellen Atmosphäre wird die Vergangenheit zu einem bunten Schleier, der vor unseren Augen herabgelassen wird, und die glückliche Zukunft zum Höhepunkt unserer Träume, der mit ausgebreiteten Armen auf uns wartet. Wir entziehen uns den engen Grenzen der Zeit und erleben - verdichtet in einem einzigen Augenblick - die ganze Mannigfaltigkeit von Vergangenheit, Gegenwart und Zukunft. Als wären wir Engel, wird uns das Vergnügen zuteil, die Zeit zu überwinden. Wer nie aus dieser Quelle getrunken hat und wer unsere

Gefühle und Gedanken nicht teilt, kann die Tiefen, in die wir hinab tauchen, und das Glück, aus dem wir wie aus dem Fluss des Paradieses trinken, nicht ermessen.

Unser Glaube, unsere Denkhorizonte und unser Auftreten - Kennzeichen glücklicher Menschen, gleichzeitig aber auch eines Volkes in diesem Teil der Welt, dem Unrecht angetan wurde - haben sich weiter entwickelt und sind inzwischen auch mit universellen Werten dekoriert, nachdem sie in der Gussform der kollektiven Persönlichkeit geformt und veredelt wurden. Dieser Zustand zeichnet sonst keine andere Gemeinschaft aus. Er ist so wertvoll dass jeder, der eine gewisse Zeit bei uns verbringt, schnell merkt, dass da ein Unterschied ist. Und in diesem Unterschied spürt und hört man die rechtschaffene Trauer unserer Herzen und den Enthusiasmus unserer Seelen, als seien sie Wasser, das Felsen umspült. Diejenigen, die darauf hören, was wir ihnen zu sagen haben, vernehmen immer wieder Melodien des Trennungsschmerzes, in denen Hoffnung mitschwingt. In unserem Auftreten und in unserem Tonfall identifizieren sie Klänge der Wiedervereinigung, aber auch unserer süßen und ewig währenden Suche nach unserem Zuhause. Und tatsächlich: Während wir einerseits flüstern: „O mein Mundschenk, ich habe mich an den Flammen der Liebe verbrannt. Bitte reiche mir ein Glas Wasser!", sagen wir andererseits auch: „Ich habe meinen Finger in den Honig der Liebe getaucht. Bitte reiche mir ein Glas Wasser!" So versuchen wir, unseren Schmerz in ein Lächeln zu verwandeln. Unsere Zunge spricht zuweilen von Liebe, dann wieder von Überdruss. Und obwohl unsere Liebe und unser Überdruss unseren Mitmenschen zuweilen Leid zufügen mögen, hallt in beiden das Gedicht der Sehnsucht nach jener Sphäre nach, die wir einst verließen, um zur Welt hinabzusteigen. Diese Erkenntnis verdanken wir Dschalal ad-Din ar-Rumi. Liebe und Überdruss erscheinen uns wie ein von der Zunge unserer Seele geäußerter Wunsch, der sich aus unserem wehmütigen Verlangen nach der Ewigkeit speist. Da uns unser Glauben und unsere Gefühle zu den geheimnisvollen Welten des Jenseits tragen, verspüren wir fast immer gleichzeitig Wehmut und Freude. Die Klänge von Weinen und Lachen erscheinen uns wie unterschiedliche Noten einer einzigen Melodie. Das schwerfällige Heben und Senken unserer Brust malt uns ein Lächeln auf die Lippen, und während unsere Augen von Tränen überfließen, nimmt unser Gewissen die rote Farbe der Rosen in den Gärten von *Iram*[75] an.

Auch wenn einige Leute damit ihre Probleme haben mögen - unsere Beziehung zu Gott ist die natürlichste Haltung, die wir einnehmen können. Unsere Verbindung zu Ihm ist wie ein Zauberwort, das alle Augenblicke unseres Lebens in Begeisterung und Freude verwandeln kann. Unser Herz, das im Rhythmus der Gefühle zu Ihm schlägt, schwillt an, wenn wir von Seinem Anblick träumen; und selbst der bitterste Herbst lässt es nicht verzweifeln, denn schließlich sind wir ja im Besitz der Freuden des Frühlings. Mit ihrem Gespür für bestimmte Gefühle und Freuden, die unserer Beziehung zu dem Ruhmreichen Einen entspringen, eignet sich unsere Seele eine beneidenswerte Betrachtungsweise an. Sie vermittelt uns selbst in Augenblicken, in denen wir Trauer und Wut verspüren, frischen Elan, die Hoffnung auf einen Neubeginn und unkonventionelle Einsichten. Freude oder Trauer, Glück oder Leid - all diese Emotionen machen in unserem Herzen, das im Rhythmus des Glaubens schlägt und uns von den natürlichsten Freuden und den realistischsten Erwartungen kündet, eine Metamorphose durch. Zwar erleben auch wir untrennbar miteinander verbundene Momente des Wohlbehagens und des Elends, angenehme Wochen und qualvolle Tage, Licht und Dunkelheit, die wie Tag und Nacht kommen und gehen. Doch wir dürfen selbst aus unseren Nöten unübertroffene Freuden schöpfen. Denn wir besitzen unseren Glauben - unsere Verbindung zu dem Gerechten Einen - und eine unendlich große Hoffnung. Wer nicht erkennt, dass Versuchungen und Freuden die Produkte ein und desselben Willens sind, wird sich in unendlichen Qualen winden, während wir in der uns eigenen Sphäre klar und deutlich sehen können, dass letztlich alles von tiefem Mitgefühl durchdrungen ist. In allem, was wir essen und trinken, und an jedem Ort, an den wir uns begeben, schmecken wir das Leben mit all seinen bitteren und süßen Facetten (süß wie das Wasser des *Kawthar*). In unserer Innenwelt wiederum machen wir immer wieder neue wunderschöne Entdeckungen, die uns auf unterschiedlichen Ebenen begegnen. Im Angesicht des Glücks spüren wir, wie unsere

---

75 Ein Ort, der im Koran erwähnt wird: *...mit (der Stadt) Iram, der Säulenreichen, dergleichen nicht erschaffen wurde in (anderen) Ländern.* (89:7)

Schmerzen zurückweichen; sie schmelzen in der Freude dahin, und unser Leben ergießt sich in farbigen Lichtwellen in durchsichtige Zisternen. Unsere Sterblichkeit verwandelt sich in Unsterblichkeit, und sogar wenn wir weinen, lächeln wir noch.

In unserer Welt sind die Denkansätze und die Hoffnungen, die dem Kern unseres Glaubens entspringen, so stark mit unserem Leben verflochten, dass uns jedes Kapitel unseres Lebens die Flügel des Gebets verleiht und uns näher an die Tore des Jenseits heran führt. Auf diesem Weg fühlen wir uns, als atmeten wir die Düfte der Himmel. Und selbst wenn wir uns von unserem Alltag treiben lassen, weisen uns der Ruf zum Gebet, der Lobpreis Gottes, die Rezitation Seiner Namen sowie diejenigen, die Gott Dank sagen und Seine Einzigartigkeit bekräftigen und so die Fenster der Moscheen von allem Schmutz befreien, den Weg zu den Toren des Jenseits. Sie streichen unsere Seele in ihren Farben; sie schenken unserem Herzen eine Stimme, die einer Trommel gleicht, lassen es schmachten wie eine Flöte und beeindrucken es mit der schönsten Musik; diese wiederum erfreut unsere Seele, und so lassen wir uns von den Mysterien Gottes ganz verzaubern. Der Zauber dieser Mysterien schnellt aus den Tiefen unserer inneren Welt an die Oberfläche und ergreift auch Besitz von allen unseren Sinnen - dieser Zauber, der den Gärten der Himmel in unserer Vorstellungswelt eine Farbe verleiht und der hinter unseren Lippen fließt wie Wasserfälle der Inspiration. Fasziniert erstarren wir in Ehrfurcht!

Dieser Zauber - dieses Schauen der Mysterien Gottes - erreicht in den Tagen und Nächten, in denen wir mit grenzenloser Fülle und unermesslicher Gunst überhäuft werden, ein noch höheres Niveau und versetzt alles, was uns umgibt, in einen Zustand der Heiterkeit. Jeder Winkel nimmt eine spirituelle Farbe an, und die Begeisterung unserer Seele, die auf metaphysische Ziele gerichtet ist, erreicht ihren Höhepunkt. Mit den Worten der Sufis gesprochen: Unsere Seele schwingt sich in die höchsten Himmel der Reife empor. Je mehr wir von unserer Umwelt hören und sehen können, desto stärker kommen wir uns vor wie Kinder auf einem Jahrmarkt der Freude. Dieses Glück genießen wir ebenso sehr wie das Vergnügen und das Hochgefühl von Festtagen.

In einer Welt wie dieser beehrt uns die Morgendämmerung, die unsere Häuser durch Türen und Fenster betritt, wie ein sehnlichst erwarteter Gast. Der Abend sucht uns wie ein Geliebter auf unserem Zimmer auf und setzt sich uns zur Seite. Die Nacht schmiegt sich mit dem Gedanken an die Wiedervereinigung mit unserem Vertrauten an uns. In jedem Tal werden Gott Hände zum Gebet entgegengestreckt, die darauf warten, seine Gunstbeweise in Empfang zu nehmen. Die Kraft unserer seufzenden Seele versetzt uns in einen Zustand der metaphysischen Spannung, der uns ausrufen lässt: „Halte meine Hand, mein lieber Vertrauter! Halte sie, denn ohne Dich schaffe ich es nicht!"

In einer Welt wie dieser schallt das Gebet wie die donnernden Stimmen der *Gulbang*-Gesänge[76], und es hallt wider wie eine aus tiefsten Tiefen hervorbrechende Stimme. Die warme Einsamkeit der Nacht hüllt unsere Seele wie in Seide. Unser Puls schlägt mit der Aufregung eines Menschen, der frohe Kunde erhalten hat. Einige von uns singen, bei Regen wie auch bei Sonnenschein, fortwährend Sein Loblied - wie eine Nachtigall, deren Herz in dem Bemühen bricht, den richtigen Rhythmus für ihre Emotionen zu treffen und die ergreifendsten Töne anzustimmen.

In einer Welt wie dieser summen alle eine Melodie vor sich hin: eine Melodie von nicht enden wollendem Schmerz und unendlicher Freude, eine Melodie, die von unsterblicher Liebe und Hingabe kündet. Die Menschen lauschen den Beben der eigenen Seele und lassen ihre Mitmenschen daran teilhaben. Ein jeder seufzt im Fieber der Liebe und teilt seine Gefühle. Wenn die Bewohner dieser Welt über den Erregungszustand ihrer Seele und über die Eingebungen ihres Herzens reflektieren und sich so ein für alle Mal erklären, werden sie zu Sprachrohren für die Gefühle der Allgemeinheit. Dann gelingt es ihnen auch, über die verborgenen Bedeutungen zu sprechen, die sie sonst immer vergeblich zu artikulieren versuchten.

Der Horizont eines Lebens, das gleichzeitig in Vergangenheit, Gegenwart und Zukunft stattfindet, ein Horizont, der von einem unerschütterlichen Glauben und überwältigend großer Hoffnung, von Liebe

---

[76] Gesänge, die in den Moscheen von der ganzen Gemeinde angestimmt werden.

und vom Schauen der Mysterien Gottes erfüllt ist, verleiht dem Leben eine so unermessliche Tiefe, dass alle Herzen, die die Sphären des Jenseits bewohnen, von den melodiösen Harmonien der Gefühle und Gedanken erfasst und von den einengenden, erstickenden Einflüssen der Materie befreit werden. Ich glaube, dass sich die stabilste Basis aller menschlichen Beziehungen, die reinste Quelle aller Freuden und der Brunnen aller Liebe, aller Sehnsucht, aller Anziehung und aller Schwerkraft aus eben jenem Glauben und jener Hoffnung zusammensetzen. Jeder Schüler des Herzens, der sich einen so unerschütterlichen Glauben und eine so überwältigend große Hoffnung aneignet, vermag den Zustand des Außerhalb-der-Zeit-Stehens in seiner ganzen Tiefe zu erfahren und zu erspüren.

Je mehr man diese Sicht verinnerlicht, desto stärker nimmt man das Sein wahr; man bewertet die Dinge anders als zuvor und verschmilzt mit der Farbe, dem Geschmack, dem Aroma und dem Akzent der Manifestationen des Ewigen Einen - mit Attributen Gottes, die buchstäblich die ganze Schöpfung durchringen. Diese ‚zweite Geburt nach dem Tode'[77] ermöglicht uns, ein neues Leben zu beginnen. Während jener glücklichen Stunden, in denen unser innerer Blick ganz auf das gerichtet ist, was sich jenseits des sichtbaren Schauplatzes des Seins befindet, fließen uns alle Freuden der Schöpfung zu. Wir fühlen uns, als badeten wir in Weisheit, als fiele alles, was nicht zu uns gehört, von uns ab. Die fernen Himmel überschütten unser nach Liebe, Innigkeit und Zuneigung dürstendes Herz mit Geschenken; und alle Herzen, die Angst haben auszutrocknen, werden bewässert. In den Bädern der Herzen erblühen Blumen, die mit Träumen geschmückt sind.

Einige von uns werden vielleicht nicht in der Lage sein, den Zustand dieser Menschen des Glaubens und des Horizonts zu erfassen - einen Zustand, der auf den Kampf gegen die Dunkelheit samt ihrer Manifestationsformen und die anschließende Morgendämmerung folgt. Aber dies alles sind Signale des Herzens, der Seele und der Gefühle. Einzig und allein die engagierten Helden der Morgendämmerung und des unbeugsamen Eifers können auf ihrem Weg durch die unzähligen Offen-

---

[77] Die Verwandlung, von der hier die Rede ist, ist nicht zu verwechseln mit den Vorstellungen von einer Reinkarnation.

barungen des Lebens die Liebe, die Begeisterung, die Poesie und die Musik, die der Ewige Eine unserer Seele spendet, ermessen. Wer dazu nicht in der Lage ist, wird auch uns nicht verstehen. Jene, die diesem edlen und exquisiten Leben fernbleiben, vegetieren in der Dunkelheit der Trennung vor sich hin, während diejenigen, die eine Position gefunden haben, von der aus sie die Wahrheit in aller gebotenen Deutlichkeit erkennen können, das Geschenk Gottes auf allen ‚Wellenlängen' wahrnehmen. Sie trinken von Seinen Gunstbeweisen wie aus den Flüssen des Paradieses und leben schon auf der Erde wie in den Himmeln.

Wer weiß schon, wie oft wir noch auf Festen oder Feierlichkeiten von diesen unendlich großen Freuden und Vergnügen schwärmen werden! Doch so oft wir sie auch erwähnen werden (und man möge uns unsere unzulängliche Ausdrucksweise verzeihen), werden wir doch auch immer gute Zuhörer sein und sie mit anderen teilen.

Die Horizonte des inneren Friedens

Seitdem der erste Mensch den ersten Schritt auf die Erde gesetzt hat, träumt er davon, seinen inneren Frieden zu finden. Auch wir sehnen uns nach innerem Frieden und verfolgen unterschiedliche Wege, um ihn zu erreichen. Einige von uns verknüpfen ihn mit harter Arbeit und damit einher gehendem finanziellem Wohlstand. Andere folgen ganz ihrem Herzen und setzen dabei auf unbegrenzte Freiheit. Manchmal heißt es, technologische Errungenschaften und materielles Wohlergehen böten inneren Frieden; dann wieder gelten Essen, Trinken und die Befriedigung fleischlicher Gelüste als seine Garanten. Viele Menschen stellen ihr Leben in den Dienst dieser und ähnlicher Hilfsmittel. Auf ihrem Weg, der von Nebel verhangen ist, sind sie bisweilen bester Hoffnung, um schließlich doch immer wieder mit Enttäuschungen und Verzweiflung konfrontiert zu werden. Dabei bleiben sie stets hinter ihren Erwartungen zurück. Sie irren fast zwangsläufig vom Weg ab. Denn der innere Friede, dem sie nachjagen, ist die Frucht von Tugenden, die im Glauben wichtig sind, und kann nur durch einen vollkommenen Glauben hervorgebracht werden. Diese Erkenntnis stand auch im Mittelpunkt der Botschaften der Propheten.

Die Essenz ihrer Plädoyers für äußeren und inneren Frieden lässt sich in die Realität umsetzen - wenn wir uns Gott zuwenden und uns Ihm mit unserem ganzen Wesen hingeben. Gläubige Menschen, die sich Gott bedingungslos hingeben, sind nicht länger Sklaven ihrer körperlichen Begierden. Sie fürchten nichts und niemanden außer Gott und leben ohne größere Sorgen. Weil diese Menschen den Einen, den sie immer suchten, gefunden haben, und weil sie nun wissen, wer das eigentliche Objekt ihrer Liebe ist, genießen sie inneren Frieden. Sie nehmen Zuflucht bei dem Ewigen Allmächtigen, vor Dessen Majestät sie allzeit Ehrfurcht und Respekt empfinden. Sie strahlen Gelassenheit aus, denn sie wissen, dass der Ewige Eine in Seiner Allmacht und Gnade sie niemals fallen lassen und auch niemals dulden wird, dass sie im Elend versinken.

Aus diesem Grunde finden gläubige Menschen inneren Frieden und fühlen sich sicher. Sie wissen, dass sie ihr Ziel erreichen werden, wenn sie nur immer weiter gehen und alles mit Gott verknüpfen. Sie haben auf ihrem Weg nichts zu befürchten und werden, früher oder später, die ‚Hochzeitsnacht' der Nähe zu Gott feiern. Unter der Anleitung des Korans und unter der Aufsicht Gottes werden sie von dem Vertrauen, das der Glaube ihrem Herzen verspricht, und von den Brisen der Hingabe durch ihre Gefühle und ihr Gewissen getragen. Es gelingt ihnen, die Abgründe der Gebundenheit an den Körper und der unersättlichen Gelüste ihrer Sinne und Fantasien zu umschiffen. Wer in die Sphäre des Korans eintritt und Zuflucht bei seiner Rechtleitung sucht, spürt stets eine tiefe Zufriedenheit und ein unerschütterliches Vertrauen im Herzen und atmet Sicherheit. Während diese Menschen auf ihr Gewissen hören, während sie den Dingen ins Auge sehen, während sie über ihre nahe und ihre ferne Zukunft (die Zukunft, die sich bis in die Ewigkeit erstreckt) nachdenken und während sie über *Barzah*[78], *Mahschar*[79], *Sirat*[80], Himmel und Hölle reflektieren, sind sie sich ihrer Pflicht und Verantwortung auf bemerkenswerte Art und Weise bewusst. Ihr Gefühl der Hoffnung ist genauso tiefgründig wie der Glaube, der in ihrer Brust wohnt. Durch ein besonderes Fenster der Güte dürfen sie einen Blick auf die Schöpfung werfen, der umso weiter reicht, je stärker ihr Glaube gefestigt ist. Wenn eines Tages der Schleier der physischen Existenz fallen wird, werden sie erkennen, dass die Dinge, die sie dann sehen und erfahren werden, jenen ähneln, die sie schon hier und jetzt hinter jenem Fenster sehen und erfahren. Dann werden sie sich intensiv mit all den Dingen beschäftigen können, auf die sie auf Grund der irdischen Beschränktheit hier nur einen flüchtigen Blick werfen konnten. Angesichts ihres Glücks werden sie hoch erfreut sein.

Ja, der Glaube ist der magische Schlüssel zum Glück in dieser Welt und in der Welt des Jenseits. Er verspricht allen, die ihr Leben unter

---

[78] Der Ort, an dem die Seelen auf den Jüngsten Tag warten.
[79] Der Ort, an dem die Lebenden und die Toten am Jüngsten Tag zusammentreffen werden.
[80] Die schmale Brücke, die in die Himmel führt.

seinem Banner gestalten, einen rechtschaffenen Tod. Der Glaube verheißt uns eine schöne Zeit im *Barzah* und eine sanfte und friedliche Wiederauferstehung. Er trägt uns eine Oktave der Tonleiter Gottes vor, die unsere Seele mit ihren Tiefen der Hoffnung und des Gleichgewichts erfreut und uns das Gefühl vermittelt, dass wir uns der Brücke *Sirat* nähern. Die Himmel schließlich werden ihre Pforten zu Zufriedenheit und Einsicht und zu Überraschungen öffnen, die selbst unsere kühnsten Erwartungen weit übertreffen. Sie werden Gunstbeweise vom ‚Baum der Himmel' vor uns ausbreiten, die uns selbst die schlimmsten und schmerzhaftesten Augenblicke unseres Lebens vergessen lassen.

Wenn gläubige Menschen sich mit ihrem ganzen Wesen Gott zuwenden, verschwindet alles andere aus ihrem Blickfeld. All ihre negativen Kräfte und Begierden platzen wie ein von einer Nadel angestochener Luftballon. Vor dem Licht Gottes, das direkt in ihre Herzen scheint, verglühen alle physischen Lichter, die ihre Augen von Zeit zu Zeit mit falschem Glanz betört haben mögen. Von überall her hören sie die Worte widerhallen: „Heute gehören aller Reichtum und aller Besitz Gott, dem Absoluten Sieger." Wer diese Ebene erreicht hat, ist nicht länger auf falsche Versprechungen verführerischer Mächte und Kräfte oder auf falsche Freundlichkeit und Gutmütigkeit angewiesen, sondern verspricht sich einzig und allein von Gott Unterstützung. Wenn er Probleme hat, die ihm zu schaffen machen, vertraut er auf Gott und hält sich ganz an Ihn. Bei Gott und im Allerheiligsten Seiner Güte, Seiner Gnade und Seines Beistands sucht er Zuflucht vor allen Gefahren.

Wenn sich diese gläubigen Menschen überfordert fühlen, nehmen sie den Rat Seiner transzendenten Kraft an. Wenn sie von Sünden beschmutzt werden, eilen sie zu Seinem Becken der Vergebung, um sich dort reinzuwaschen. Sie glauben an Ihn und geben sich Ihm hin; dadurch vertreiben sie den Nebel, der vorübergehend ihren Horizont verdunkelt hat. So können sie der Zukunft entgegen gehen, ohne sich an irgendwelche Dinge oder Menschen klammern zu müssen, die ihnen auf ihrem Weg begegnen. Sie lösen ihre individuellen, familiären und sozialen Probleme, indem sie sich mit Ihm verbünden, und weder verspüren sie Einsamkeit, noch sind sie besorgt, dass diese ihre Seele irgendwann einmal überkommen könnte. Gelegentlich mögen sie sich in der Öffentlichkeit isoliert fühlen, aber dank ihres Glaubens und ihrer Hingabe spüren sie stets die erfrischende Brise der ‚Gesellschaft Gottes'. Was auch immer ihnen zustößt, akzeptieren sie als ein Warnsignal des Schicksals, das sie positiv und geduldig entgegennehmen.

Ihr Glaube an Gott und die besonderen Eigenschaften ihres Glaubens eröffnen ihnen die Möglichkeit, sich mit allem vertraut zu machen. Daher betrachten sie die ganze belebte wie unbelebte Schöpfung als ihre Familie. Sie knüpfen Kontakte zu ihrer Umwelt und übernehmen eine gestaltende Rolle im Leben der Dinge. Ihr Gewissen ist sich der Erhabenheit des Titels ‚Stellvertreter Gottes auf Erden', der ihnen ja verliehen wurde, bewusst. Sie nehmen wahr, dass alle Dinge zu ihrem Wohle erschaffen wurden, und verbeugen sich dankbar, wenn sie erkennen, dass ihre eigene Wahrnehmungskraft der Wahrnehmungskraft der Engel und der übrigen Seelen des Universums ebenbürtig ist. Der Boden, auf dem sie gehen - im Flachland wie im Gebirge -, erscheint ihnen so behaglich wie ein altes Anwesen, das schon ihre Vorfahren bewohnt haben. Sie fühlen sich dort Zuhause wie ein Kind in der Wiege bei seiner Mutter. Sie bewerten und schätzen die Schöpfung ganz anders, als es die Materialisten und Naturalisten tun; denn sie sind gläubige Menschen, die alles mit Gott verbinden und im Gegenzug von allem, was sie umgibt, Anerkennung erfahren. Auf Grund ihres vertrauenswürdigen Auftretens empfangen sie freundschaftliche Botschaften von allen Dingen, mit denen sie in Berührung kommen. Sie haben vor niemandem Angst und geben auch niemandem Anlass, vor ihnen Angst zu haben. Sie umarmen alle Welt als Brüder und Schwestern. Sie schütten ihr Lächeln über allen Dingen aus. Sie trinken Wasser, atmen Luft und akzeptieren alle Arten von Geschenken als Gunstbeweise Gottes. Sie nehmen den Wohlgeruch der Erde und aller Geschöpfe, die sie hervorbringt, in sich auf, als sei er der schönste aller Düfte. Sie grüßen die Gärten und Grünflächen, die Berge und Täler, die Gräser und Bäume, die Rosen und andere Blumen in der Sprache ihres Herzens, als hätten diese Dinge Sinne. Sie liebkosen alle Geschöpfe, auf die sie treffen, als seien sie Freunde, die ihnen in diesem Gasthaus Gesellschaft leisten. Mit jeder ihrer Handlungen demonstrieren sie, dass sie als Botschafter von Verständigung und Versöhnung zur Erde geschickt wurden.

Deshalb haben diese Menschen, die ihrem überwältigenden Glauben entsprechend alle und alles durch diese ‚Brille' betrachten, das Gefühl, in einer weiten Sphäre des Friedens zu leben. Sie laben sich an dem unbeschreiblichen Vergnügen, ein Leben im Einklang mit dem Glauben führen zu dürfen. Sie kämpfen gegen niemanden und streiten auch mit niemandem. Sie möchten ihre aufrichtigen Gefühle mit ihren Mitmenschen teilen und singen Lieder der Freude; und da sie stets versuchen, andere Menschen an der eigenen Freude teilhaben zu lassen, gehen sie immer einige Schritte hinter dem Alltagsleben her. Sie geben sich alle Mühe, die Wolken von den Horizonten ihrer Mitmenschen zu vertreiben. Bei allem, was sie tun, haben sie unendlich großes Vertrauen in Gott, und sie achten immer darauf, keine Position einzunehmen, die andere verletzen könnte. Einerseits verstärken sie ihre eigene relative Kraft durch die Allmacht Gottes; andererseits versuchen sie die Unterstützung gläubiger Menschen zu gewinnen, die genauso denken wie sie. Alle Kräfte, die sich ihnen entgegenstellen, nutzen sie, um ihre eigenen Fähigkeiten zu schärfen. Beschwingt verwirklichen sie ihre wichtigsten Ziele - mit Hilfe des Glaubens Frieden zu schaffen, die Mitmenschen zum Glauben zu führen und das Wohlgefallen Gottes zu erlangen.

In einer Gesellschaft, deren Mitglieder ihren inneren Frieden gefunden haben und nun in der Lage sind, ihre Mitmenschen zu lieben und zu respektieren, muss einfach Frieden herrschen. Denn Faktoren, die allgemein Unbehagen bereiten und zu Spaltungen führen können, sind dort nicht länger existent. Unter den Mitgliedern einer solchen Gesellschaft spielen Stand, Herkunft oder Status keine Rolle mehr. Sie wissen, dass alles aus der gleichen Quelle stammt und dass alle Menschen im wahrsten Sinne des Wortes Brüder und Schwestern sind. Auch der Koran weist auf diese profunde Wahrheit hin: *Die Gläubigen sind ja Brüder.* (49:10) Gemeint ist damit nicht irgendeine physische Verwandtschaft. Den Worten der Propheten zufolge sind die Menschen durch das Band der Liebe, der Zuneigung und der Aufrichtigkeit so miteinander verbunden wie die unterschiedlichen Organe eines einzigen Körpers; jeder Mensch fühlt den Schmerz seiner Mitmenschen im eigenen Herzen, teilt ihre Ängste und Sorgen und freut sich mit ihnen.

Die Menschen einer solchen vorbildlichen Gesellschaft sind ihren Mitmenschen Augen und Ohren, Zunge und Lippen, Hände und Füße. Jeder Einzelne von ihnen versucht, den anderen das Leben zu erleichtern, und tut alles dafür, sie glücklich zu machen. Infolgedessen gibt es unter ihnen keine Benachteiligung und keine übermäßige Verzweiflung. Wenn jemand leidet, können ihm alle anderen seinen Schmerz nachfühlen, und wenn jemand glücklich ist, nehmen alle Anteil an seiner Freude. In so einer Gesellschaft werden Eltern wie Heilige respektiert, und Kinder werden mit gewissenhafter Fürsorge erzogen. Ehepartner begegnen einander selbst noch im Alter mit dem Hochgefühl des ersten Tages. Sie wissen, dass sie im Jenseits ewig vereint sein werden. Sie versuchen ein Leben zu führen, das den Routen von Herz und Verstand folgt, Ihre Beziehung ist weit mehr als eine rein emotionale Bindung. Sie sind ehrlich zueinander, und kein Schatten eines Fremden verdunkelt ihre Augen. Diese Harmonie in der Familie färbt auch auf die größere Familie - die Gesellschaft - ab. Auch dort begegnen alle einander mit Zuneigung, alle wünschen ihren Mitmenschen nur das Beste, und alle bemühen sich, das Böse aus der Welt zu schaffen. Niemand denkt schlecht über andere oder verdächtigt sie. Keine Schicht strebt die Zerstörung einer anderen Schicht an, und absolut niemand engagiert sich für Komplizenschaft, Betrug, Lüge und Beleidigung - die als sehr schlechte Eigenschaften gelten. Die Mitglieder so einer Gesellschaft kämpfen gemeinsam gegen alles Negative und verteidigen die menschlichen Werte. So entsteht eine Gemeinschaft mit Verantwortungsbewusstsein, eine Gesellschaft, in der Frieden herrscht.

Der Sufismus und seine Ursprünge

Der Name des Weges, auf den sich die Sufis begeben, um Gott zu erreichen, lautet *Tasawwuf*, zu Deutsch: Sufismus. Während der Begriff *Tasawwuf* normalerweise den theoretischen oder philosophischen Aspekt der Suche nach der Wahrheit bezeichnet, wird die praktische Seite dieser Suche normalerweise mit der Definition ‚Derwisch-sein' umschrieben.

Was versteht man unter Sufismus?

Tasawwuf wurde schon auf unterschiedlichste Art und Weise definiert. Manchen zufolge bedeutet *Tasawwuf* die Aufhebung von Ego und Selbst-Zentriertheit des Menschen durch den Allmächtigen Gott und die spirituelle Wiedererweckung des Menschen durch das Licht Seines Wesens. Mit anderen Worten: die Ersetzung des menschlichen Willens durch den Willen Gottes. Ein anderer Ansatz zur Definition von *Tasawwuf* sieht diesen als fortdauerndes Bestreben, alle fehlerhaften Grundsätze und schlechten Verhaltensweisen über Bord zu werfen und sich stattdessen gute Eigenschaften anzueignen.

Dschunayd al-Baghdadi, ein berühmter Sufimeister, definiert *Tasawwuf* als einen Weg, sich die Selbstauflösung in Gott und die Beständigkeit oder Existenz mit Gott ins Gedächtnis zu rufen. Einer anderen Definition zufolge bedeutet *Tasawwuf*, ewig mit Gott zusammen zu sein, sich in Seiner immer währenden Gegenwart aufzuhalten und dabei weder Weltliches noch Außerweltliches anzustreben. *Tasawwuf* zeichnet sich zudem aus durch den Widerstand gegen die Versuchungen des fleischlichen Selbst und schlechter moralischer Eigenschaften und durch das Bemühen, sich lobenswerte moralische Eigenschaften anzueignen.

Zuweilen erachtet man auch das Hinausblicken über die (äußere) Realität der Dinge und Ereignisse und die Interpretation all dessen, was sich in der Welt in Bezug auf Gott ereignet, als *Tasawwuf*. Weiterhin gilt als *Tasawwuf*, jede Handlung des Allmächtigen als ein Fenster zu betrachten, durch das man Ihn ‚schauen' kann, das eigene Leben im ständigen Bemühen zu leben, Ihn durch einen tiefgründigen, spirituellen ‚Blick', der sich nicht mit physischen Begriffen wiedergeben lässt, zu betrachten, und sich schließlich ganz der Tatsache bewusst zu werden, ständig in Seinem Blickfeld zu sein.

All diese Erklärungsversuche können folgendermaßen zusammengefasst werden: *Tasawwuf* bedeutet, dass man durch die Befreiung von den Übeln und Schwächen, die uns Menschen eigen sind, und durch die Aneignung von Eigenschaften der Engel sowie durch Gott gefälliges Verhalten in Übereinstimmung mit den Erfordernissen des Wissens um Gott und mit der Liebe zu Ihm und im daraus resultierenden spirituellen Entzücken lebt.

Der *Tasawwuf* gründet auf der Befolgung der Regeln der Scharia und auf der Durchdringung ihrer (inneren) Bedeutungen. Auch gute Umgangsformen sind in diesem Zusammenhang unerlässlich. Ein Eingeweihter oder Reisender auf dem Sufipfad (arab.: *Salik*), der erfolgreich ist, kann niemals die äußere Befolgung der Scharia von ihrer inneren Dimension trennen; er erfüllt beide, die inneren wie auch die äußeren Erfordernisse der Religion. Dadurch reist er in äußerster Demut und Ergebenheit seinem Ziel entgegen.

Der *Tasawwuf* ist ein Pfad, der zur Kenntnis Gottes führt, ein Weg, der Ernsthaftigkeit (von Ziel und Richtung) erfordert. Für gleichgültiges oder leichtfertiges Verhalten bietet er keinen Platz. Er verlangt vom Eingeweihten, ähnlich wie die Honigbiene, die ständig vom Bienenstock zur Blume und wieder zurück fliegt, ausdauernd um die Kenntnis Gottes zu ringen. Der Eingeweihte sollte sein Herz von allen anderen Bindungen als der Suche nach Gott reinigen und allen Neigungen, Wünschen und Gelüsten des fleischlichen Selbst widerstehen. Er sollte sein Leben auf spiritueller Ebene mit der Bereitschaft, den Segen Gottes zu empfangen, und in strikter Befolgung des Beispiels des Propheten führen. Er sollte seine eigenen Interessen zu Gunsten der Ansprüche Gottes zurück stellen und dabei aufrichtig seine Verbundenheit mit Gott bekennen.

Nach diesen einleitenden Definitionen kommen wir nun zu Ziel, Nutzen und Prinzipien des *Tasawwuf*:

Tasawwuf erfordert eine strikte Befolgung der religiösen Pflichten, Enthaltsamkeit in der Lebensführung und den Entschluss, den triebhaften Gelüsten zu entsagen.

Tasawwuf bedeutet, auf einer spirituellen Ebene zu leben, und erreicht dieses Ziel durch die Reinigung des Herzens und die Entwicklung der Sinne und Fähigkeiten auf dem Weg zu Gott.

Die ständige Ausübung der Praktiken zur Verehrung Gottes hilft dem Suchenden, sein Bewusstsein, ein Diener Gottes zu sein, zu vertiefen. Sie ermöglicht ihm, auf die vergängliche Dimension der Welt und ihre den Wünschen und Launen zugekehrte Seite zu verzichten. Sie macht ihn aufnahmebereit für die Welt hinter unserer Welt. So kann der Suchende die ‚Engelsseite' seiner Existenz weiter entwickeln und sich ein starkes, tief empfundenes und erfahrenes Bewusstsein um die Wahrheit und um jene Glaubensartikel aneignen, die er anfangs zunächst nur oberflächlich akzeptiert.

Der Sufismus als Lebensstil

Der Sufismus steht für das spirituelle Leben des Islams. Menschen, die den Islam dem Weg des Propheten und seiner Gefährten entsprechend repräsentieren, haben daran nie Zweifel gelassen. Ein spiritueller Orden (*Tariqa*) ist eine Institution, die sich im Namen des Sufismus der Essenz der Religion widmet und deren Ziel es ist, dem Menschen das Wohlgefallen Gottes zu sichern und ihm zum Glück in dieser und in der kommenden Welt zu verhelfen.

Auf erhabenste Art und Weise wurde der Sufismus im Zeitalter der Glückseligkeit (zu Lebzeiten des Propheten und der ersten vier Kalifen) als Lebensstil gepflegt. Später entwickelte sich die Lehre des Sufismus in verschiedene Richtungen weiter - je nach individuellem Charakter und spiritueller Richtung und Auffassung der jeweiligen ‚*Tariqa*-Würdenträger'. Diese Entwicklung ist ein ganz normales Phänomen. Wenn ich die Fähigkeit besäße, in den Köpfen der Menschen zu lesen, d.h., jeden Menschen mitsamt seinen individuellen Charaktereigenschaften zu kennen, dann würde ich jeden zu dem Berg der Vollkommenheit leiten, der am besten zu ihm passt. Manchen würde ich empfehlen, immer wieder zu reflektieren, zu meditieren und zu lesen. Den einen würde ich raten, die Zeichen Gottes im Universum und in den Menschen zu suchen. Andere würde ich dazu auffordern, sich intensiv mit dem Studium des Korans zu beschäftigen. Wieder anderen hingegen würde ich nahe legen, regelmäßig Koranpassagen zu rezitieren und bestimmte Gebete zu verrichten. Oder ich würde vorschlagen, sich permanent mit ‚natürlichen' Phänomenen auseinander zu setzen. Besser ausgedrückt: Ich würde den Menschen raten, sich in den Bereichen zu engagieren, in denen sie ihre Stärken haben. Die Sufimeister tun nichts anderes. Sie übertragen den Menschen je nach Charakter, Wesensart und Veranlagung bestimmte religiöse Pflichten und eröffnen ihnen so die Chance, sich spirituell zu vervollkommnen. Die Sufimeister möchten die Menschen zum Horizont der Vollkommenheit führen, denn in der Vervollkommnung liegt der Sinn der Erschaffung des Menschen.

Kapitel 5

Dschihad - Terror - Menschenrechte

Menschenrechte im Islam

Der Islam ist in der Frage der Menschenrechte ausgewogen, offen und universell. Er lehrt uns, dass das ungerechtfertigte Töten eines Menschen ein Verbrechen gegen die ganze Menschheit darstellt. (5:32) Nur das Leben von Menschen, die gewaltsam gegen den Staat oder seine legitimen Vertreter revoltieren, und von Mördern, die ganz bewusst einem anderen Menschen das Leben genommen haben, steht unter keinem besonderen Schutz. Eine solche Bewertung findet man in keinem anderen religiösen oder modernen System; und auch keine Menschenrechtskommission oder -organisation misst dem menschlichen Leben so viel Wert bei. Der Islam setzt das Töten eines Menschen mit der Tötung der ganzen Menschheit gleich; die Legitimation der Tötung eines einzigen Menschen würde nämlich beinhalten, dass praktisch jeder Mensch einem Mord zum Opfer fallen könnte.

Kain, der Sohn Adams, war der erste Mensch, der Menschenblut vergoss. Kain und Abel werden zwar in Sunna oder Koran nicht namentlich erwähnt. Früheren Schriften entnehmen wir jedoch, dass es zwischen den beiden Brüdern eine Meinungsverschiedenheit gab, dass Kain Abel aus Neid tötete und dass er damit ein Zeitalter des Blutvergießens einleitete. Aus diesem Grunde sagte der Prophet Muhammad in einem Hadith:

> *Jedes Mal, wenn ein Mensch ungerechtfertigt getötet wird, trifft Kain eine Teilschuld an dieser Sünde. Denn er war der Erste, der der Menschheit den Weg zum ungerechtfertigten Töten wies.*[81]

Dieses Ereignis mitsamt einer wichtigen Lektion findet auch im Koran Niederschlag:

---

81 Bukhari, *Diyat*, 2, *Anbiya*, 1; Muslim, *Qasama*, 27

> *Und verlies ihnen in Wahrheit die Geschichte von den zwei Söhnen Adams, als sie beide ein Opfer darbrachten und es von dem einen angenommen und von dem anderen nicht angenommen wurde. Da sagte dieser: „Wahrhaftig, ich schlage dich tot." Jener erwiderte: „Allah nimmt nur von den Gottesfürchtigen (Opfer) an. Wenn du auch deine Hand nach mir ausstreckst, um mich zu erschlagen, so werde ich doch nicht meine Hand nach dir ausstrecken, um dich zu erschlagen. Ich fürchte Allah, den Herrn der Welten."* (5:27)

Folgendes Urteil wird gesprochen:

> *...wenn jemand einen Menschen tötet, ohne dass dieser einen Mord begangen hätte, oder ohne dass ein Unheil im Lande geschehen wäre, es so sein soll, als hätte er die ganze Menschheit getötet; und wenn jemand einem Menschen das Leben erhält, es so sein soll, als hätte er der ganzen Menschheit das Leben erhalten.* (5:32)

Dieses Prinzip ist allgemein gültig und besitzt daher für alle Zeit Geltung. In einem weiteren Vers heißt es:

> *Und wer einen Gläubigen vorsätzlich tötet, dessen Lohn ist Dschahannam die Hölle, worin er auf ewig bleibt. Allah wird ihm zürnen und ihn von Sich weisen und ihm eine schwere Strafe bereiten.* (4:93)

Vom Prophet Muhammad stammen auch folgende Worte:

> *Wer im Namen des Schutzes seiner Besitztümer getötet wird, ist ein Märtyrer. Wer im Namen des Schutzes seines Lebens getötet wird, ist ein Märtyrer. Wer im Namen des Schutzes seiner Beziehungen getötet wird, ist ein Märtyrer. Und wer im Namen des Schutzes seiner Heimat getötet wird, ist ein Märtyrer.*[82]

Die Werte, von denen in diesem Hadith die Rede ist, genossen in allen islamischen Rechtssystemen Schutz. Sie werden in den Büchern, die die Grundlagen unseres Rechts beinhalten, als ‚unveräußerlich' bezeichnet. Daher sind die Glaubensfreiheit, das Recht auf Leben, auf Nachkommenschaft, auf geistige Gesundheit und auf Eigentum grundlegende Rechte, die allen Menschen garantiert werden müssen. Aus der

---

[82] Tirmidhi, *Diyat*, 22; Abu Dawud, *Sunna*, 32; Nasa'i, *Tahrim*, 22; Ibn Madscha, *Hudud*, 21

Nach diesen einleitenden Definitionen kommen wir nun zu Ziel, Nutzen und Prinzipien des *Tasawwuf*:

Tasawwuf erfordert eine strikte Befolgung der religiösen Pflichten, Enthaltsamkeit in der Lebensführung und den Entschluss, den triebhaften Gelüsten zu entsagen.

Tasawwuf bedeutet, auf einer spirituellen Ebene zu leben, und erreicht dieses Ziel durch die Reinigung des Herzens und die Entwicklung der Sinne und Fähigkeiten auf dem Weg zu Gott.

Die ständige Ausübung der Praktiken zur Verehrung Gottes hilft dem Suchenden, sein Bewusstsein, ein Diener Gottes zu sein, zu vertiefen. Sie ermöglicht ihm, auf die vergängliche Dimension der Welt und ihre den Wünschen und Launen zugekehrte Seite zu verzichten. Sie macht ihn aufnahmebereit für die Welt hinter unserer Welt. So kann der Suchende die ‚Engelsseite' seiner Existenz weiter entwickeln und sich ein starkes, tief empfundenes und erfahrenes Bewusstsein um die Wahrheit und um jene Glaubensartikel aneignen, die er anfangs zunächst nur oberflächlich akzeptiert.

Perspektive dieser Rechte nähert sich der Islam auch dem Thema Menschenrechte.

Nur der Islam verleiht der Menschheit den Ehrentitel Stellvertreter Gottes. Kein anderes System und keine andere Religion geht ähnlich weit. Darüber hinaus stellt der Islam klar, dass - dem Gesetz Gottes gehorchend - alles, was sich in den Himmeln und auf der Erde befindet, dem Menschen untertan ist und seinem Wohl zu Gute kommt, wenn es denn in rechtmäßiger Weise gehandhabt wird.[83]

---

[83] Siehe auch das Kapitel *Der Islam - die Religion der universellen Barmherzigkeit*.

Der kleinere und der größere Dschihad

Dschihad, abgeleitet aus der arabischen Wortwurzel *dsch-h-d*, bedeutet so viel wie alle Kraft zusammennehmen, sich mit aller Kraft auf ein Ziel konzentrieren und allen Schwierigkeiten trotzen. Diese letzte der drei Definitionen kommt der religiösen Bedeutung des Begriffes wohl am nächsten.

Mit dem Erscheinen des Islams erlangte das Wort die Bedeutung, sich auf dem Wege Gottes bemühen. Diese besitzt auch heute noch Gültigkeit. Man unterscheidet zwei Arten von Dschihad, den inneren und den äußeren Dschihad. Der innere Dschihad (der größere Dschihad) bezeichnet das Bemühen, zum eigenen Wesen zu finden. Der äußere Dschihad (der kleinere Dschihad) verlangt, andere Menschen zu ermutigen, ebenfalls zu ihrem Wesen zu finden. Der innere Dschihad zielt darauf ab, Hindernisse zwischen dem eigenen Selbst und dem eigenen Wesen aus dem Weg zu räumen. Er soll der Seele irdisches Wissen und Wissen um Gott, die Liebe Gottes und spirituelle Gunstbeweise vermitteln. Der äußere Dschihad soll Hindernisse zwischen den Menschen und dem Glauben aus dem Weg räumen, damit die Gläubigen frei zwischen Glauben und Unglauben wählen können. Der Dschihad bildet gewissermaßen den Sinn und Zweck unserer Erschaffung. Er ist unsere wichtigste Pflicht. Wären wir selbst nicht aufgefordert, Dschihad zu praktizieren, hätte Gott Propheten mit dieser Aufgabe betraut.

Zwischen Menschen, die ihr Leben lang Dschihad praktizieren, und jenen, die dies nicht tun, ohne einen triftigen Grund dafür zu haben, besteht ein unüberbrückbarer Unterschied:

> *Diejenigen von den Gläubigen, die daheim blieben - ausgenommen die Gebrechlichen -, und die, welche für Allahs Sache ihr Gut und Blut im Kampf einsetzen, sind nicht gleich. Allah hat die mit ihrem Gut und Blut Kämpfenden über die, die daheim blieben, im Rang um eine Stufe erhöht. Jeden*

> von beiden aber hat Allah Gutes verheißen; doch die Kämpfenden hat Allah vor den daheim Bleibenden durch großen Lohn ausgezeichnet. (4:95)

Der Prophet sagte:

> Einen Tag lang im Namen Gottes die Grenze zu sichern, ist mehr wert als diese Welt und alles, was sich in ihr befindet. Der minimale Platz, den deine (auf dem Weg Gottes eingesetzte) Peitsche in den Himmeln beansprucht, ist mehr wert als diese Welt und alles, was sich in ihr befindet. Ein Abend- oder Morgenspaziergang auf dem Pfad Gottes ist mehr wert als diese Welt und alles, was sich in ihr befindet.[84]

Formen des Dschihads

Der kleinere Dschihad beschränkt sich nicht auf den Kampf auf dem Schlachtfeld. Eine solche Definition würde dem Begriff nicht gerecht werden, sie würde ihn zu stark einengen. Tatsächlich umfasst diese Form des Dschihads unglaublich viele Bedeutungen und Anwendungsbereiche. Schon ein Wort oder ein Schweigen, ein Stirnrunzeln oder ein Lächeln, die Teilnahme oder Nichtteilnahme an einer Veranstaltung, kurz: alles, was man um Gottes willen tut, und vor allem die Kontrolle von Liebe und Zorn im Sinne Gottes gehört zum kleineren Dschihad. Insofern sind alle Bestrebungen zur Reform der Gesellschaft und zur Erneuerung des Menschen ebenso Bestandteil des Dschihads wie alle Anstrengungen zu Gunsten der Familie oder von Verwandten, Nachbarn und der Religion.

In gewisser Hinsicht ist der kleinere Dschihad materieller Natur. Der größere Dschihad hingegen wird an der spirituellen Front ausgefochten. Er beinhaltet unseren Kampf gegen unser fleischliches Selbst (*Nafs*), der in unserer Innenwelt stattfindet. Werden beide Formen des Dschihads erfolgreich geführt, stellt sich das erwünschte Gleichgewicht ein. Kommt eine Form des Dschihads hingegen zu kurz, kippt das Gleichgewicht.

In einem ausbalancierten Dschihad finden gläubige Menschen Frieden und Vitalität. Sie wissen, dass in dem Moment, in denen ihr Dschi-

---

[84] Bukhari, *Dschihad*, 142; Tirmidhi, *Fada'il al-Dschihad*, 25

had endet, auch sie selbst sterben. Ähnlich wie Bäume können auch sie nur so lange überleben, wie sie Früchte tragen. Wenn ein Baum keine Früchte mehr hervorbringt, trocknet er aus und stirbt ab. Schaut man sich pessimistische Menschen an, erkennt man sofort, dass sie aufgehört haben, sich selbst weiterzuentwickeln, und sich auch nicht länger darum bemühen, anderen die Wahrheit nahe zu bringen. Also lässt ihnen Gott keine Gunstbeweise mehr zukommen und überlässt sie ihrer inneren Dunkelheit und Kälte. Diejenigen jedoch, die sich auf dem Weg Gottes bemühen, sind stets in Liebe und Enthusiasmus gehüllt. Ihre innere Welt ist hell erleuchtet, ihre Gefühle sind rein, und so befinden sie sich auf dem Weg zum Glück. Jede ihrer Anstrengungen lässt sie an eine weitere gute Sache denken, und so entsteht schließlich ein ‚segensreicher Kreislauf'. Da jede ihrer guten Taten sie zu einer neuen guten Tat anregt, treiben diese Menschen förmlich auf den Wogen ihrer guten Taten dahin. Der Koran bestätigt:

> *Und diejenigen, die in Unserer Sache wetteifern - Wir werden sie gewiss auf Unseren Wegen leiten. Wahrlich, Allah ist mit denen, die Gutes tun.* (29:69)

Es führen so viele Wege zu Gott, wie es Geschöpfe gibt. Gott leitet alle, die sich um Seinetwegen bemühen, auf dem einen oder anderen dieser Wege zur Erlösung. Ihnen allen weist Er einen Weg zur Tugend und versperrt ihnen die Wege zum Bösen. Die Wege zu Gott nennt man zusammenfassend auch den ‚rechten Weg' oder den ‚Mittelweg'. Und jeder, der diesem Mittelweg folgt, folgt ihm in den Bereichen Zorn, Denken und Lust ebenso wie in den Bereichen Dschihad und Anbetung. So hat Gott der Menschheit den Weg zur Erlösung gewiesen.

Der kleinere Dschihad ist unsere aktive Einhaltung der Gebote und Pflichten des Islams. Der größere Dschihad besteht darin, den zerstörerischen und negativen Gefühlen und Gedanken unseres Egos (z.B. Bosheit, Hass, Missgunst, Egoismus, Hochmut, Arroganz und Verschwendungssucht), die unsere persönliche Entwicklung blockieren, den Krieg zu erklären. Als *größeren* Dschihad bezeichnet man dieses Vorhaben deshalb, weil es äußerst schwierig und mühsam ist.

Im Zeitalter der Glückseligkeit kämpften die Menschen tagsüber tapfer wie Löwen auf dem Schlachtfeld. Nach Einbruch der Dunkelheit verloren sie sich dann in der Hingabe an Gott im Gebet und im *Dhikr* (Gedenken und Anrufung Gottes). Diese tapferen Menschen führten ein Leben, das von Anbetung und Entsagung geprägt war. Ihr Vorbild war ihr Lehrer, der Prophet Muhammad. Sein Dschihad war sowohl auf materieller als auch auf spiritueller Ebene in jeder Hinsicht beispielhaft. Immer wieder ermutigte er seine Anhänger, Gott um Verzeihung zu bitten, und ging selbst mit gutem Beispiel voran.

Wer den größeren Dschihad erfolgreich praktiziert, wird auch beim kleineren Dschihad Erfolg haben. Wer im größeren Dschihad versagt, darf nicht erwarten, den kleineren zu bewältigen. Er mag zwar in Teilbereichen, niemals jedoch auf ganzer Linie erfolgreich sein.

> Aischa erzählt: „Eines Nachts bat mich der Gesandte Gottes um Erlaubnis, sein freiwilliges Mitternachtsgebet verrichten zu dürfen. (Er war ein so feinfühliger Mensch, dass er sogar von seinen Frauen die Erlaubnis einholte, Gott während der Zeit, die ihnen gehörte, anbeten zu dürfen.) Ich sagte: ‚So sehr ich mir deine Gesellschaft auch wünsche - noch mehr wünsche ich, dass du das tust, was du tun möchtest.' Dann vollzog er seine Gebetswaschung und begann mit dem Gebet. Er rezitierte den Koranvers *Wahrlich, in der Schöpfung der Himmel und der Erde und in dem Wechsel der Nacht und des Tages liegen wahre Zeichen für die Verständigen* (3:190) immer und immer wieder und vergoss bis zum Tagesanbruch Tränen."[85]

Manchmal stand der Gesandte Gottes auf um zu beten, ohne seine Frau zu wecken, da er ihren Schlaf nicht stören wollte.

> Aischa berichtet: „Eines Nachts wachte ich auf und sah, dass der Gesandte Gottes nicht da war. Als ich aufstehen wollte, berührte meine Hand in der Dunkelheit seinen Fuß. Er war gerade dabei, sich im Gebet niederzuwerfen und sprach in diesem Gebet: *O Allah, bei Deinem Wohlgefallen suche ich Zuflucht vor Deinem Zorn; bei Deiner Vergebung suche ich Zuflucht vor Deiner Strafe. O Allah, bei Dir suche ich Zuflucht vor Dir, bei Deiner Gnade suche ich Zuflucht vor Deiner Pein, bei Deiner Barmherzigkeit vor Deiner majestätischen Erhabenheit, bei Deinem Mitgefühl vor Deiner unwiderstehlichen Macht; und ich vermag Dich nicht in angemessener Weise zu preisen. Du bist so, wie Du Dich selbst gepriesen hast.*"[86]

---

[85] Ibn Kathir, *Tafsir*
[86] Muslim, *Salat*, 22; Haythami, *Madschma az-Zawa'id*, 10, 124; Tirmidhi, *Da'wat*, 81

Diese Beispiele unterstreichen die innere Tiefe und die Dimension des größeren Dschihads des Propheten. In einem anderen Hadith nannte der Prophet ebenfalls zwei Formen des Dschihads:

> *Zwei Augenpaare werden niemals das Höllenfeuer sehen: Die Augen von Soldaten, die an Grenzen und auf Schlachtfeldern Wache halten, und die Augen von Menschen, die aus Furcht vor Gott Tränen vergießen.*[87]

Der Dschihad von Menschen, die dem Schlaf trotzen und zu den gefährlichsten Zeiten Wache halten, ist ein materieller Dschihad. Die Augen dieser Menschen, werden nicht dem Höllenfeuer ausgesetzt werden. Auch diejenigen, die den spirituellen größeren Dschihad verrichten und aus Furcht vor Gott weinen, werden die Qualen der Hölle nicht ertragen müssen. Anstatt andere Menschen zu imitieren, sollte man aber generell gute Absichten verfolgen und in Herz und Verstand das Bewusstsein verankern, stets aufrichtig handeln zu müssen.

Im Dschihad stehen inneres und äußeres Streben in einem ausgewogenen Verhältnis zueinander. Sich selbst spirituell zu vervollkommnen und anderen Menschen dabei zu helfen, dies ebenfalls zu schaffen, ist von größter Wichtigkeit. Innere Vollkommenheit zu erlangen, ist größerer Dschihad, andere bei dem gleichen Vorhaben zu unterstützen, ist kleinerer Dschihad. Wird das eine vom anderen getrennt, kann man nicht länger von Dschihad sprechen. Die Vernachlässigung des einen Punktes führt zu Trägheit, die des anderen zu Anarchie. Die Lösung weist uns der Geist Muhammads. Wie in jedem anderen Fall liegt sie auch hier darin, seinem Beispiel zu folgen und zu versuchen, in Übereinstimmung mit seinen Lehren zu leben.

Wie glücklich doch jene sind, die für andere genauso intensiv nach einem Weg zum Heil suchen wie für sich selbst! Und wie glücklich erst diejenigen sind, die sich, obwohl sie andere retten, nicht selbst vernachlässigen!

---

[87] Tirmidhi; *Fada'il al-Dschihad*, 12

Liebe, Toleranz und Dschihad im Leben des Propheten

Das gesegnete Leben des Stolzes der Menschheit wurde wie ein besonders schönes Stück Spitze mit den Fäden von Liebe und Toleranz gesponnen. Um dies zu verdeutlichen, möchte ich hier ein wenig ausholen: Zentrales Element des Islams ist der Frieden. Davon künden viele Verse im Koran. Einer von ihnen, der an den Propheten Muhammad gerichtet ist, lautet beispielsweise:

> *Und wenn sie jedoch zum Frieden geneigt sind, so sei auch du ihm geneigt und vertraue auf Allah. Wahrlich, Er ist der Hörende, der Allwissende.* (8:61)

Selbst in einer Situation, in der zwei Armeen einander bekämpfen und bereits Blut vergossen wurde, wird den Muslimen aufgetragen, Frieden zu schließen, sofern der Feind die Kampfhandlungen einstellt und zum Friedensschluss bereit ist. In diesem Fall sollen die Muslime auf Gott vertrauen und ihren Kontrahenten entgegenkommen. Mit dieser Aufforderung wurde ein universelles Prinzip verankert. Sich auf die Seite von Kampf und Konflikt zu stellen, widerspräche völlig dem Geist dieser Religion, die für Verträge und Versöhnung eintritt - nicht nur in Friedenszeiten, sondern auch in Kriegszeiten.

Die Aufgabe des Propheten Muhammad bestand darin, den Glauben zu verkünden. Sie wurde ihm von Gott auferlegt, und er handelte entsprechend, ohne sie in Frage zu stellen. Der Prophet besuchte selbst kompromissloseste Ungläubige wie Abu Dschahl und Uqba ibn Abi Mu'ayt viele Male, ohne deswegen Unmut zu äußern. Er wünschte sich, dass alle Menschen das Paradies im Herzen spüren sollten. Oft sagte er:

> *Sprecht, dass es keine Gottheit außer Gott gibt, und findet Erlösung!*[88]

---

[88] Ibn Kathir, *Al-Bidaya wa l-Nihaya*, 3:62-63

Damit meinte er: „Wenn ihr in eurem Herzen Erlösung finden wollt, dann helft der Saat des Glaubens, die dort ausgesät wurde, zu einem Paradies heranzuwachsen, und sorgt vor für die andere Welt!" Abu Dschahl begegnete dieser Einladung mit Respektlosigkeit und Spott: „Muhammad, wenn du dies sagst, damit wir vor Gott bezeugen, dass du uns zur Religion eingeladen hast, dann lade mich nicht noch einmal zur Religion ein. Ich werde schon dort Zeugnis ablegen!" Dieser Ungläubige ließ jeden Respekt vermissen. Aber trotz all seiner Beleidigungen sprach der Prophet immer wieder mit ihm über den Islam und änderte seinen beispielhaften Stil nie. Er ließ sich von den verletzenden Worten, von dem ungehörigen Auftreten und von der despektierlichen Haltung Abu Dschahls überhaupt nicht beeinflussen.

Seine Liebe zur Menschheit und sein unermesslich großes Mitgefühl stellte der Prophet unter anderem bei der Eroberung Mekkas unter Beweis. Als diese nämlich abgeschlossen war, scharten sich die Menschen um ihn. Alle Blicke waren auf ihn gerichtet. Man wartete darauf, dass der Prophet eine Entscheidung fällte, von der dann das Schicksal aller abhängen würde. Bis zuletzt hatte eine kleine Gruppe, zu der auch Abu Dschahls Sohn Ikrima gehörte, den Muslimen den Zugang zur Stadt versperrt. Die Atmosphäre war unglaublich gespannt, als der Gesandte Gottes die Mekkaner, die mit bösen Vorahnungen und voller Furcht warteten, fragte: *Was glaubt ihr, was ich mit euch vorhabe?* Einige Mekkaner, die wussten, welch edler, nachsichtiger und großzügiger Mensch er war, scheuten sich nicht, ihren Gefühlen freien Lauf zu lassen und antworteten: „Du bist der Großzügigste der Großzügigen, der Erhabenste der Erhabenen." Der Prophet hatte es weder auf Beute noch auf Plünderung abgesehen. Er strebte weder nach Macht noch nach Oberherrschaft, und sein Ziel war es auch nicht, das ganze Land zu unterwerfen. Ihm ging es einzig und allein darum, die Menschen zu erlösen und ihre Herzen zu erobern. Dieser Mann der Liebe und des Mitgefühls verkündete also folgenden Entschluss:

> *Ich spreche zu euch, wie einst der Prophet Yusuf (Josef) zu seinen Brüdern sprach: Euch soll heute nicht vorgeworfen werden, was ihr in der Vergangen-*

heit getan habt. Auch Gott wird euch verzeihen. Er ist der Barmherzigste der Barmherzigen. Geht nun von dannen, ihr alle seid frei![89]

Was er damit bezwecken wollte, lässt sich vielleicht folgendermaßen zusammenfassen: „Habt keine Angst, denn ich habe nicht vor, irgendjemanden zu bestrafen. Das Handeln des Menschen reflektiert seinen Charakter. Und ich würde so nicht handeln."

Ikrima ibn Abi Dschahl hatte noch während der Eroberung Mekkas Blut vergossen, und war dann geflohen. Später überzeugte ihn seine Frau zurückzukehren, und so wurde er dem Propheten vorgeführt. Bevor dies geschah, munterten ihn die Anhänger des Propheten auf, der Gesandte Gottes werde ihm bestimmt vergeben, wenn er nur darum bitte. Wahrscheinlich hatte Muhammad sie gewarnt, nicht Ikrimas Gefühle zu verletzen, indem sie unschickliche Dinge über seinen Vater sagten. Als Ikrima eintrat, begrüßte der Prophet ihn warmherzig: *Ein herzliches Willkommen dem, der mit dem Boot emigriert ist!* Ikrima hatte solche warmen Worte der Liebe und Zuneigung nicht erwartet. Später kommentierte er sie: „Solange ich lebe, werde ich diese Reaktion des Propheten nicht vergessen." Vier Jahre, nachdem er sich zum Islam bekannt hatte, starb Ikrima in Yarmuk den Märtyrertod. Mit folgenden Worten auf den Lippen reihte er sich in die Kette der Märtyrer ein: „O Gesandter Gottes, hast du den Gottesglauben, den du von dem, der mit dem Boot emigriert ist, als Ausgleich für sein sündhaftes Handeln erwartet hast, erhalten?[90]

Der Prophet stand in der Pflicht Gottes, die Wahrheiten, die er seinen Mitmenschen verkündete, auch zu repräsentieren. Mit anderen Worten: Er sollte das, was er sagte, selbst praktizieren. Bevor er andere aufforderte, ihm nachzueifern, ging er deshalb stets mit gutem Beispiel voran.

Inzwischen sollte ein wenig deutlicher geworden sein, welch außergewöhnlichen Charakter der Prophet Muhammad besaß. Und trotzdem gibt es immer noch Menschen, die sich alle Mühe geben, die Aussagen zum Dschihad in Koran und Sunna falsch zu deuten und den Dschihad

---

[89] Al-Iraqi, *Al-Mughi an Haml al-Asfar*, 3:179
[90] Ibn Athir, *Usd al-Ghaba*, 3:567-570; Muttaqi al-Hindi, *Kanz al-Ummal*, 13:540-541

in einer Weise zu interpretieren, die der allumfassenden Liebe und Zuneigung des Gesandten Gottes diametral entgegensteht. Der Begriff Dschihad *kann* sich auch auf den bewaffneten Kampf erstrecken. Unter bestimmten Bedingungen stellt er eine notwendige Handlungsweise dar, die dem Schutz von Werten wie Leben, Besitz, Religion, Familie, Heimat oder Ehre gilt. Zuweilen ist ein solcher Dschihad auch angeraten, wenn es darum geht, Hindernisse zu beseitigen, die den Weg zur Verkündung des Wortes Gottes versperren. Heute werden diese beiden Konstellationen aber immer wieder mit anderen Konstellationen verwechselt und durcheinandergeworfen. Zum Teil geschieht dies aus Unwissenheit, zum Teil aber auch ganz bewusst. Im Zeitalter der Glückseligkeit (zu Lebzeiten des Propheten und der ersten vier Kalifen) - in einer Zeit der Liebe und des Glücks, in einer Epoche, die den Worten des Propheten zufolge das beste aller Jahrhunderte war - durften sich die Menschen an Liebe, Mitgefühl und Toleranz in ihren weitesten Dimensionen erfreuen. Diese Epoche bildete den Höhepunkt der muslimischen Zivilisation. Sie war eine goldene Zeit, in der Frieden, Liebe und Verständnis den Rang in der Gesellschaft bekleideten, der ihnen prinzipiell gebührt.

Im wahren Islam ist kein Platz für Terror

Fethullah Gülen im Interview mit Nuriye Akman[91]

**Muslime sollten sagen:
„Im wahren Islam ist kein Platz für Terror."**

Im Islam ist das Töten eines Menschen eine genauso schwere Sünde wie der Unglaube (*Kufr*). Niemand darf einen Menschen töten. Niemand darf einem Unschuldigen etwas zu Leide tun, selbst im Krieg nicht. Niemandem steht es zu, zu diesem Thema eine anders lautende *Fatwa* ein Rechtsgutachten, das im Islam von einem Spezialisten des religiösen Rechts zu einem bestimmten Thema ausgearbeitet wird zu erstellen. Niemand darf Selbstmordanschläge verüben. Niemandem ist es erlaubt, mit Bomben am Körper in eine Ansammlung von Menschen egal welcher Religionszugehörigkeit zu stürmen. Dies verbietet die Religion eindeutig. Selbst im Kriegsfall, wenn kaum Rücksicht genommen wird, ist so etwas nicht statthaft. „Rührt keine Kinder und keine Menschen an, die in Kirchen beten", heißt es. Und das wurde nicht *einmal* gesagt, sondern immer und immer wieder. Was unser Meister (der Prophet Muhammad) sagte, wiederholte Abu Bakr, und was Abu Bakr sagte, wiederholte Umar. Was Umar sagte, wiederholten dann später auch Saladin, Alparslan, Kilicarslan und Fatih Mehmet der Eroberer. Als aus Konstantinopel, das damals chaotische Zustände erlebte, Istanbul wurde, beherzigte man diese Ermahnung. Das heißt, dass weder die Griechen den Armeniern etwas antaten noch die Armenier den Griechen. Auch die Muslime taten niemandem etwas zu Leide. Fatih rief den Patriarchen zu sich und übergab ihm den Schlüssel des Patriarchats.

---

[91] Veröffentlicht in der türkischen Tageszeitung *Zaman* zwischen dem 22. März und dem 1. April 2004.

Deshalb wurde nach der Eroberung Istanbuls ein großes Bildnis von Fatih angefertigt und im Patriarchat aufgestellt. Sie das Patriarchat erinnern sich voller Respekt an ihn. Heute wird der Islam, der unterschiedliche Gedanken immer toleriert hat, leider oft missverstanden - wie so vieles andere auch. Der Islam hat unterschiedliche Meinungen immer respektiert, und das muss man sich bewusst machen, um ihn richtig würdigen zu können.

Ich bedaure feststellen zu müssen, dass in der islamischen Welt einige Führer und unreife Muslime keine andere Waffe als ihre fundamentalistische Interpretation des Islams haben. Mit dieser Waffe verfolgen sie ihre persönlichen Ziele. Der Islam ist aber ein von Gott gestifteter Glaube, der Seinen Anweisungen entsprechend gelebt werden sollte. Es wäre definitiv falsch, auf dem Weg zum Islam von unrechtmäßigen Mitteln Gebrauch zu machen. Wenn das Ziel, das man verfolgt, ein gerechtes Ziel ist, dann müssen auch die Mittel zur Erreichung dieses Ziels gerecht sein. Aus dieser Perspektive betrachtet kann niemand dadurch ins Paradies eingehen, dass er einen anderen tötet. Kein Muslim kann sagen: „Ich werde einen Menschen töten und dann ins Paradies eingehen." Zu den wichtigsten Zielen eines Muslims gehört zum einen, das Wohlgefallen Gottes zu finden, und zum anderen, die erhabenen Namen und Attribute Gottes im Universum bekannt zu machen. Und das Wohlgefallen Gottes verdient man sich ganz bestimmt nicht dadurch, dass man andere Menschen umbringt.

Die Regeln des Islams sind unmissverständlich. Individuen können keinen Krieg erklären. Weder eine Gruppe noch eine Organisation kann einen Krieg erklären, sondern einzig und allein ein Staat mit einem Präsidenten oder einer Armee. Jede andere solche Erklärung ist als ein Terrorakt zu betrachten. Sonst könnte ja praktisch jeder eine Anzahl von Verbrechern um sich scharen und einen Krieg anzetteln. Schnell würde Chaos herrschen. Dieser oder jener könnte sagen: „Ich erkläre jenem oder diesem den Krieg." Über einen Menschen, der Christen gegenüber tolerant ist, könnte es heißen: „Er hilft dem Christentum und schwächt den Islam. Ihm sollte der Krieg erklärt werden, und er muss getötet werden", und dann würde ihm tatsächlich der Krieg erklärt. So einfach ist das aber nicht. Solange ein Staat keinen Krieg erklärt, kann auch niemand anderer einen Krieg erklären. Wer es dennoch tut - auch wenn es sich um Gelehrte handelt, die ich sonst bewundere -, erklärt keinen Krieg im islamischen Sinne, sondern versündigt sich gegen den Geist des Islams. Die Regeln für Frieden und Krieg im Islam sind also fest umrissen.

Eine islamische Welt existiert gar nicht

Meiner Meinung nach existiert gar keine islamische Welt, die diesen Namen verdienen würde. Es gibt Orte, an denen Muslime leben. An einigen dieser Orte leben viele von ihnen, an anderen wenige. Der Islam hat sich zu einer Lebensweise, zu einer Kultur entwickelt. Er wird nicht mehr als Glaube befolgt. Manche Muslime haben den Islam in Übereinstimmung mit ihren Vorstellungen neu geordnet und ihn ihrem Leben angepasst. Und damit meine ich nicht die radikalen und extremistischen Muslime, sondern ganz normale, durchschnittliche Muslime. Grundvoraussetzung für ein Leben als Muslim ist, dass man *wirklich* glaubt und seinen Glauben auch lebt. Ein Muslim sollte die Pflichten, die der Islam ihm auferlegt, erfüllen. Aber innerhalb der islamischen Geographie existieren keine Gesellschaften mit einem solchen Konzept und einer solchen Philosophie. Würden wir sagen, es gäbe sie, würden wir damit den Islam beleidigen. Würden wir aber behaupten, der Islam existiere nicht, würden wir damit die Menschen beleidigen.

Ich glaube nicht, dass die Muslime in der näheren Zukunft einen Beitrag zum Gleichgewicht in der Welt werden leisten können. Unseren Regierenden scheint daran auch gar nicht gelegen zu sein. Obwohl in jüngster Zeit die ersten Anzeichen für eine Besserung der Lage zu erkennen sind, ist die ‚islamische' Welt heute in hohem Maße unaufgeklärt. Man erlebt das während der Pilgerfahrt. Man sieht das im Fernsehen, wenn Parlamentsdebatten übertragen werden. An allen Ecken und Enden fehlt es an Niveau. Diese Menschen - diese Muslime - sind nicht in der Lage, die Probleme der Welt zu lösen. In der Zukunft wird sich das hoffentlich ändern.

Eine islamische Welt existiert also nicht. Was hingegen sehr wohl existiert, ist der individuelle Islam. Muslime leben an unterschiedlichen, über den ganzen Erdball verstreuten Orten. Sie sind einander entfremdete und alles andere als vollkommene Einzelg.ger. Solange die Muslime aber nicht den Kontakt zu anderen Muslimen suchen und zu einer Einheit verschmelzen, solange sie keine Gemeinschaft bilden mit dem Ziel, Probleme gemeinsam zu lösen, das Universum zu interpretieren, es wirklich aufmerksam zu lesen und durch die Brille des Korans zu betrachten, solange sie sich nicht um die Zukunft kümmern, Projekte für die Zukunft planen und nach ihrem eigenen Platz in der Zukunft forschen - solange können wir, so denke ich, nicht von einer islamischen Welt sprechen. Weil es eine echte islamische Welt nicht gibt, handelt jeder so, wie es ihm gerade passt. Manche Muslime vertreten ihre eigenen, ganz persönlichen Wahrheiten. Es existiert kein islamisches Selbstverständnis, das allgemeine Zustimmung findet, das von allen qualifizierten Gelehrten gutgeheißen wird, das ganz auf dem Islam gründet und sich als alltagstauglich erwiesen hat. Statt von einer islamischen Kultur darf man wohl - und das schon seit dem 5. Jahrhundert nach der Hidschra (dem 11. Jahrhundert nach Christi) - höchstens noch von einer muslimischen Kultur sprechen.

Die Entwicklung in diese Richtung begann mit der Ära der Abbasiden oder dem Aufstieg der Seldschuken. Nach der Eroberung von Istanbul beschleunigte sie sich noch. In der Folgezeit wurden die Tore für neue Interpretationen geschlossen. Die Horizonte des Denkens verengten sich. Die Weite, die den Geist des Islams eigentlich auszeichnet, wurde eingegrenzt. Die islamische Welt wurde zur Heimat von immer mehr gewissenlosen Menschen, von Menschen, die äußerst empfindlich waren, die andere nicht akzeptieren wollten und sich ihren Mitmenschen nicht öffnen konnten. Diese Enge machte auch vor den Derwischorden nicht Halt und war leider selbst in den *Medressen* den religiösen Schulen zu spüren. Auf jeden Fall bedarf dies alles der Korrektur und der Erneuerung durch Menschen, die in ihren jeweiligen Fachbereichen Kapazitäten sind.

Das Al-Qaida-Netzwerk

Einer der Menschen, die ich auf der Welt am meisten hasse, ist Osama Bin Laden, weil er das helle Erscheinungsbild des Islams beschmutzt und es durch ein Bild voller Makel ersetzt hat. Selbst wenn wir uns mit aller Kraft bemühen, diesen furchtbaren Schaden zu reparieren, wird es Jahre dauern. Wir bringen das Thema überall auf unterschiedlichen Plattformen zur Sprache. Wir veröffentlichen Bücher darüber. Wir sagen: „Dies ist nicht der Islam." Bin Laden hat die Logik des Islams durch seine eigenen Gefühle und Wünsche ersetzt. Er ist ein Scheusal, genau wie die Leute, die sich um ihn geschart haben. Und auch all jene, die ihnen ähneln, sind nichts anderes als Scheusale.

Wir missbilligen die Haltung Bin Ladens. Andererseits jedoch können solche Terrorakte nur dann verhindert werden, wenn die Probleme der Länder, die sich islamisch nennen, von den Muslimen selbst gelöst werden. (Und ich habe ja bereits deutlich gesagt, dass ich den Begriff islamische Welt nicht akzeptiere. Für mich gibt es nur Länder, in denen Muslime leben).

Soll man nun bei der Wahl seiner politischen Führer völlig umdenken? Soll man grundlegende Reformen wagen? Damit eine gut ausgebildete jüngere Generation heranwachsen kann, sollten die Muslime alles daransetzen, ihrer Probleme Herr zu werden - nicht nur ihrer Probleme im Umgang mit dem Terror, den Gott ganz gewiss verurteilt, sondern beispielsweise auch der Probleme Drogenmissbrauch und Rauchen, die Gott ebenfalls verbietet. Streit und Zwietracht, unermessliche Armut, die Schmach, von fremden Mächten regiert zu werden, und die Beleidigungen, die man durch fremde Mächte erdulden muss, sollten ebenfalls auf dem Index stehen.

Der türkische Nationaldichter Mehmet Akif Ersoy sagte einmal: „Sklaverei, Probleme aller Art, Süchte, die Akzeptanz von Dingen aus reiner Gewohnheit und Zynismus sind allgegenwärtig. Sie sind Bannflüche Gottes, mit denen Gott vor allem unser Volk belegt hat." Diese Bannflüche überwinden kann meiner Ansicht nach nur ein gerechter Mensch, d.h., ein Mensch Gottes.

Unsere Verantwortung

Der Fehler liegt bei uns, bei unserem Volk und in unserer Erziehung. Ein wahrer Muslim, der den Islam in all seinen Aspekten begreift, kann kein Terrorist sein. Und jemand, der sich an terroristischen Aktivitäten beteiligt hat, kann kein Muslim bleiben. Keine Religion billigt es, zum Erreichen eines Zieles einen Menschen zu töten.

Natürlich muss man sich Fragen stellen: Welche Bemühungen haben wir unternommen, um unsere Kinder zu vollkommenen Menschen zu erziehen? Welche Werte haben wir ihnen mit auf den Weg gegeben, an denen sie sich festhalten können? Haben wir sie so verantwortungsvoll erzogen, dass wir nun von ihnen erwarten dürfen, sich nicht an terroristischen Aktivitäten zu beteiligen?

Bestimmte im islamischen Glauben verwurzelte Tugenden wie die Gottesfurcht und die Furcht vor dem Jüngsten Gericht oder das sichere Wissen, religiöse Gebote nicht verletzen zu dürfen, bewahren die Menschen davor, sich zu terroristischen Aktivitäten hinreißen zu lassen. Leider haben wir solchen Tugenden aber offenbar nicht die nötige Aufmerksamkeit geschenkt. Zwar wurden einige zaghafte Versuche unternommen, dieses bis heute vernachlässigte Thema anzusprechen. Aber leider wurde jede Annäherung immer wieder von unseren eigenen Landsleuten torpediert. Manche empören sich, die Aktivitäten, die wir so dringend benötigen, gehörten verboten. Kultur und Moral müssten aus den Lehrplänen der Schulen gestrichen werden. Wir hingegen setzen uns dafür ein, dass in den Schulen wirklich alles gelehrt wird, was im Leben gebraucht wird - einschließlich sogar der Gesundheitsfürsorge, die am besten von Ärzten vermittelt werden sollte. Auch sollten die Menschen schon früh lernen, wie sie mit ihren zukünftigen Ehepartnern umgehen und wie sie später einmal die eigenen Kinder erziehen können. Aber damit nicht genug. Die Türkei und andere Länder mit einer überwiegend muslimischen Bevölkerung haben Drogenprobleme. Sie leiden unter Spielsucht und Korruption. Fast scheint es, als gäbe es in der Türkei niemanden mehr, dessen Name nicht in irgendeinen Skandal verwickelt ist. Nur wenige Ziele, die erreicht werden sollten, wurden tatsächlich erreicht. Viele hingegen scheinen unrealisierbar. Die Verantwortlichen können jedoch kaum zur Rechenschaft gezogen werden. Sie wirken im Hintergrund und unterliegen keiner Kontrolle.

All diese Leute sind unter uns aufgewachsen. Sie alle sind unsere Kinder. Wie konnte es nur so weit kommen, dass aus einigen von ihnen so schlechte Menschen wurden? Wie konnte es passieren, dass aus einigen von ihnen Schläger und Zuhälter wurden? Wie konnte es nur so weit kommen, dass einige von ihnen gegen die menschlichen Werte rebellierten? Wie konnte es nur so weit kommen, dass sich einige von ihnen in ihrem eigenen Volk als Selbstmordattentäter in die Luft sprengten?

All diese Menschen wurden hier erzogen. D.h., bei ihrer Erziehung muss etwas schief gelaufen sein. Das System muss Mängel und Schwächen aufweisen, die zu analysieren und anschließend zu beseitigen sind. Offenbar wurde der Erziehung zum Menschen keine Priorität eingeräumt. Und dadurch wurde so manche Generation verloren, zerstört und vergeudet. So manchen unzufriedenen Jugendlichen kam die Spiritualität abhanden. Man nutzte sie aus. Man gab ihnen ein paar Liras und machte sie damit gefügig. Man setzte sie unter Drogen. Dies wurde erst kürzlich bekannt. In den Zeitschriften wurde darüber berichtet. Man trieb diese Jugendlichen so weit, dass man sie leicht manipulieren konnte. Unter Vortäuschung verrückter Ideale und Ziele ließ man sie Menschen umbringen. Diese Menschen wurden regelrecht in Roboter verwandelt.

In der Türkei mussten vor nicht allzu langer Zeit viele Menschen ihr Leben lassen. Verschiedene Gruppen bekämpften einander in einer blutigen Auseinandersetzung. Am 12. März 1971 schließlich rückte das Militär aus und intervenierte. Auch am 12. September 1980 gingen die Menschen auf die Straße und gierten nach Blutvergießen, brachten sich einfach gegenseitig um.[92] Bestimmte Ziele sollten durchgesetzt werden, indem man die Gegenpartei aus dem Weg räumte. Terroristen waren alle Beteiligten - die eine wie die andere Seite. Aber sie gaben sich unterschiedliche Etiketten: Der eine sagte: „Ich tue dies im Namen des Islams." Der andere sagte: „Ich tue dies für mein Land und mein Volk." Wieder ein anderer behauptete: „Ich kämpfe gegen Kapitalismus und Ausbeutung." Doch das waren nichts als Sprüche. Auch im Koran ist von solchen Sprüchen die Rede. Sie werden dort als Muster ohne Wert bezeichnet. Aber das hinderte die Menschen nicht daran, weiter zu töten. Jeder tötete im Namen eines Ideals.

---

[92] In der zweiten Hälfte des 20. Jahrhunderts erlebte die Türkei zwei Militärputsche. Die hier angegebenen Daten beziehen sich auf den zweiten und den dritten Putsch, die durchgeführt wurden, um dem Chaos in der Gesellschaft ein Ende zu setzen.

Im Namen dieser blutigen ‚Ideale' fanden viele Menschen den Tod. Alles versank im Terror. Nicht nur die Muslime, alle begingen die gleichen Fehler. Das Töten wurde salonfähig. Es wurde zu einer Gewohnheit, obwohl es doch eine der schlimmsten Sünden ist. Einer meiner engsten Freunde brach einmal einer Schlange das Rückgrat. Er war Theologiestudent und ist heute Prediger. Ich habe einen Monat lang nicht mit ihm gesprochen. Ich fragte ihn: „Diese Schlange hatte ein Recht darauf, in der Natur zu leben. Welches Recht hattest du, ihr das Rückgrat zu brechen?"

Wenn wir heute hören, dass irgendwo auf der Welt 10 oder 20 Menschen getötet wurden und diese Zahl nicht so hoch wie erwartet ausgefallen ist, sagen wir: „Zum Glück sind nicht sehr viele Menschen ums Leben gekommen." Gewalt stößt zunehmend auf Akzeptanz. Die Gesellschaft akzeptiert die Tode inzwischen als etwas ganz Alltägliches.

Dieser Entwicklung hätte durch Bildung Einhalt geboten werden können. Auch die Gesetze und Verfügungen des Staates hätten zur Prävention beitragen können. Aber einige Randgruppen, die im Hintergrund die Fäden spinnen und denen daher kaum beizukommen ist, blasen triviale Themen unnötig auf, um wichtige Themen unter den Tisch fallen lassen zu können. Aber es gibt ein Heilmittel: Es besteht darin, die Wahrheit zu lehren. Es muss ganz deutlich gesagt werden, dass Muslime keine Terroristen sein können. Warum das so deutlich gesagt werden muss? Wenn man eine Sünde begeht, und sei sie auch so klein wie ein Atom, wird man dafür bezahlen müssen. (Siehe auch die Koranverse 99:7-8)

Ja, das Töten eines Menschen ist eine schwere Sünde. Der Koran sagt, dass der Mord an einem einzigen Menschen dem Mord an der ganzen Menschheit gleichzusetzen ist. Ibn Abbas lehrte, dass Mörder für alle Ewigkeit in der Hölle bleiben werden. Die gleiche Strafe droht auch den Ungläubigen. Wer einen Menschen tötet, teilt also das Schicksal der Ungläubigen. Wer einen Menschen tötet, wird am Jüngsten Tag jemandem, der Gott und den Propheten geleugnet hat (einem Atheisten also), gleichgestellt. Und wenn dies ein Grundprinzip der Religion ist, dann sollte es auch in der Erziehung klar und deutlich vermittelt werden.

Kapitel 6

Bildung und Erziehung

Pädagogische Dienstleistungen und ihre Verbreitung in alle Welt

Über das Thema Bildung und Erziehung wurde bereits oft und viel geschrieben. Ich möchte mich ihm im Folgenden aus drei miteinander verknüpften Blickwinkeln nähern: aus einem menschlich-psychologischen, aus einem staatlich-sozialen und aus einem allgemeinen Blickwinkel.

Seit mehreren Jahrhunderten unterliegen wir dem Einfluss zeitgenössischen westlichen Denkens, das ohne jeden Zweifel über viele positive Aspekte verfügt. Nichtsdestotrotz weist dieses Denken aber auch zahlreiche Schwächen auf, was nicht zuletzt den Epochen, die es durchlaufen hat, und den Bedingungen, unter denen es hervorgebracht wurde, anzulasten ist. Im Mittelalter, als Europa von einem theokratischen System beherrscht wurde, an dessen Spitze die Kirche bzw. von der Kirche ernannte Monarchen standen, kam dieser Kontinent vor allem in Gestalt von Andalusien und durch die Kreuzfahrer mit der islamischen Welt in Berührung. Unter anderem diese Begegnung sorgte dafür, dass sich das Tor zur Renaissance und den Reformbewegungen öffnete. Andere Faktoren wie die Knappheit von Land, die Armut, die Notwendigkeit, größer werdende Bedürfnisse stillen zu müssen, und die Neigung von Inselstaaten wie England, Transportgüter zu verschiffen, führten zu geographischen Entdeckungen in Übersee.

Die Haupttriebkraft all dieser Entwicklungen war sicherlich die Notwendigkeit, steigende materielle Bedürfnisse befriedigen zu müssen. Als sich die wissenschaftlichen Studien, die diesen Prozess begleiteten, in Opposition zur Kirche und zur mittelalterlichen christlichen Scholastik vollzogen, sahen sich die Europäer mit einem Konflikt zwischen Religion und Wissenschaft konfrontiert.[93] In der Folge entfernte

---

[93] Dieser Opposition lagen zwei Faktoren zu Grunde: Zum einen weigerte sich die Katholische Kirche, neue wissenschaftliche Entdeckungen und Konzepte anzuerkennen, und zum anderen lag der neu entstandenen Mittelschicht daran, sich von den disziplinierenden Regeln der Religion zu befreien.

sich die Religion von der Wissenschaft, und viele Menschen brachen mit der Kirche. Diese Situation begünstigte schließlich den Aufstieg von Materialismus und Kommunismus. Was das Zusammenleben der Menschen betraf, so sah sich die Menschheit mit den dramatischsten Problemen ihrer Geschichte konfrontiert: mit globaler Ausbeutung, mit unendlichen Konflikten um Machtpositionen, mit zwei Weltkriegen und mit der Teilung der Welt in zwei Blöcke.

Seit mehreren Jahrhunderten schon hält der Westen die Welt nun ökonomisch und militärisch unter Kontrolle, während der Konflikt zwischen Religion und Wissenschaft die Intellektuellen beschäftigt. Bewegungen der Aufklärung, die im 18. Jahrhundert entstanden, schenkten allein dem Verstand des Menschen Beachtung. Positivisten und Materialisten betrachteten den Menschen als rein körperliche Einheiten. Eine spirituelle Krise folgte auf die andere. Wenn behauptet wird, dass diese Krisen und das Fehlen spiritueller Befriedigung die entscheidenden Faktoren sind, die sich hinter dem Kampf um die Macht verbergen, welcher seit zwei Jahrhunderten tobt und in den zwei Weltkriegen seinen Höhepunkt fand, dann ist dies kaum von der Hand zu weisen.

Als Besitzer eines Glaubenssystems mit einer anderen Geschichte und Essenz haben wir Muslime dem Westen, zu dem wir enge ökonomische, soziale und sogar militärische Beziehungen unterhalten, aber auch der Menschheit insgesamt einiges zu bieten. An erster Stelle zu nennen wäre in diesem Zusammenhang unsere Sicht des Menschen. Diese Sicht ist weder ausschließlich auf uns selbst beschränkt, noch ist sie subjektiv. Vielmehr stellt sie eine objektive Sichtweise dar, die sich mit der Frage beschäftigt, wer wir Menschen wirklich sind.

Wir Menschen sind harmonische Kompositionen der Elemente Körper und Geist. Jeder von uns verfügt über einen Körper, der in einem Netz von Bedürfnissen gefangen ist, und über einen Geist, der subtilere und vitalere Bedürfnisse hat als der Körper. Jeder von uns wird von Ängsten in Bezug auf Zukunft und Vergangenheit gequält und sucht Antworten auf Fragen wie: „Wer bin Ich? Was stellt diese Welt dar? Was wollen das Leben und der Tod von mir? Wer hat mich zu welchem Zweck auf diese Welt geschickt? Was passiert mit mir, und worin liegt der Sinn des Lebens? Wer ist mein Reiseleiter auf dieser Reise durch das Leben?"

Jeder Mensch ist ein Geschöpf mit Gefühlen, denen der Verstand nicht Genüge leisten kann, und ein Geschöpf mit einem Geist, der uns ermöglicht, uns unsere menschliche Identität zu anzueignen. Diese Qualifikationen definieren uns als Menschen. Wir Menschen stehen im Mittelpunkt aller Systeme und Bemühungen. Und wenn all diesen Aspekten Rechnung getragen wird, wenn wir als Menschen mit vielen unterschiedlichen Seiten respektiert werden und unsere Bedürfnisse befriedigt werden, dann können wir wahre Glückseligkeit erlangen. Aber nur Bildung und Erziehung garantieren uns, dass wir als Menschen Fortschritte machen und zu unserem inneren Kern finden.

Um sich die enorme Bedeutung von Bildung und Erziehung zu vergegenwärtigen, rufe man sich einmal mehr den Unterschied zwischen Mensch und Tier in Erinnerung. Tiere müssen sich nicht erst entwickeln, indem sie lernen, Wissen erwerben und Schwäche zeigen. Der Sinn ihres Lebens besteht darin, ihren natürlichen Begabungen entsprechend zu handeln und dadurch ihrem Schöpfer aktiv zu dienen. Unsere Hauptpflicht hingegen lautet, Stabilität und Klarheit in Gedanken, Vorstellungswelt und Glauben zu erreichen. Wir sollen uns eine ‚zweite Natur' aneignen und uns dafür qualifizieren, unser Leben in den ‚kommenden, viel erhabeneren Sphären' fortsetzen zu dürfen. Darüber hinaus müssen wir Herz, Geist und all unsere weiteren Talente nutzen, indem wir unsere Pflichten als Diener wahrnehmen. Wenn wir unsere inneren und äußeren Welten, die zahlreiche Mysterien beherbergen, miteinander vereinigen, werden wir das Geheimnis des Seins enthüllen und uns auf den Rang wahrer Menschen erheben können.

Der Konflikt zwischen Religion und Wissenschaft und sein Resultat, der Materialismus, betrachten die Natur - ebenso wie den Menschen - als eine Ansammlung von Materie, deren Zweck einzig und allein darin besteht, körperliche Bedürfnisse zu befriedigen. Diese Haltung hat dazu geführt, dass wir uns heute überall auf der Welt mit Umweltkatastrophen konfrontiert sehen.

Ein Buch ist die materielle Manifestation (in Form von Worten) von etwas, das im Kopf des Autors über eine ‚spirituelle' Existenz verfügt. Eine einzige Wahrheit und ein einziger Inhalt können also in verschiedenen Sphären auf unterschiedliche Art und Weise zum Ausdruck gebracht werden, ohne dass darin ein Widerspruch läge. Ähnlich besitzt ein Gebäude im Kopf seines Architekten eine spirituelle Existenz; in ‚Schicksal oder Vorherbestimmung' hat es die Form eines Planes und in seiner materiellen Existenz die Form eines Bauwerks. In diesen drei unterschiedlichen Ausdrucksformen ein und derselben Bedeutung und Wahrheit in drei Welten existiert ebenfalls kein Widerspruch. Nach einem solchen zu suchen, wäre reine Zeitverschwendung.

Auch der Koran (der Gottes Attribut Sprache entstammt), das Universum (das Seinen Attributen Macht und Willen entspringt) und die Wissenschaften, die jene erforschen, können einander unmöglich widersprechen. Das Universum ist ein mächtiger Koran, der aus Gottes Attributen Macht und Willen hervorgegangen ist. Mit anderen Worten – man sehe mir diesen unpoetischen Vergleich nach: Das Universum ist ein gewaltiger Koran, der von Gott erschaffen wurde, um uns Menschen zu schulen. Der Koran selbst wiederum bringt die Gesetze des Universums in anderer Form zum Ausdruck. Er ist ein Universum, das verschlüsselt und zu Papier gebracht wurde. In ihrer wahren Bedeutung widersetzt sich die Religion weder der Wissenschaft noch dem wissenschaftlichen Arbeiten und setzt diesen auch keine Grenzen.

Die Religion leitet die Wissenschaft an, bestimmt ihr wahres Ziel und stellt ihr moralische und universelle menschliche Werte zur Verfügung. Wäre diese Tatsache im Westen verstanden und diese Verknüpfung von Wissenschaft und Religion stärker betont worden, hätte sich vieles ganz anders entwickelt. Dann hätte die Wissenschaft mehr Nutzen als Schaden gebracht, und außerdem hätte sie nicht der Produktion von Bomben und anderen tödlichen Waffen den Weg geebnet.

Heute wird oft behauptet, die Religion sei entzweiend und trage dazu bei, dass die Menschen einander umbringen. Aber es ist doch wohl unbestreitbar, dass die gnadenlose Ausbeutung der vergangenen Jahrhunderte und insbesondere die Kriege des 20. Jahrhunderts, die über 100 Millionen Menschen töteten und noch mehr zu Heimatlosen, Witwen, Waisen und Versehrten machten, keiner Religion und erst recht nicht dem Islam anzulasten sind. Nein, dafür sind der wissenschaftliche Materialismus – eine Theorie des Lebens und der Welt, die sich von der

Religion abgewandt hat - und die Unversöhnlichkeit unterschiedlicher Interessen verantwortlich.

Auch die Umweltverschmutzung, die sich als Folge des wissenschaftlichen Materialismus ausgebreitet hat, ist dem spezifisch westlichen Denken anzulasten. Der globalen Umweltverschmutzung liegt die bereits erwähnte Haltung zu Grunde, die Natur sei lediglich eine Ansammlung von Materie, deren Zweck einzig und allein darin besteht, körperliche Bedürfnisse zu befriedigen. In Wirklichkeit ist die Natur aber viel mehr als ein Haufen Materie oder eine Ansammlung von Objekten. Sie besitzt ein hohes Maß an Würde, denn sie ist die Arena, in der Gottes Schöne Namen zur Schau gestellt werden.

Die Natur ist eine Ausstellung der Schönheit Gottes, die erhabene und umfassende Bedeutungen in den unterschiedlichsten Formen zeigt: in der Form von Bäumen, die Wurzeln schlagen, von Blumen, die blühen, von Früchten, die Geschmack produzieren, von Regen, der in Strömen fließt, von Luft, die ein- und ausgeatmet wird, oder von Erde, die unzählige Geschöpfe ernährt. Mit dem Nektar, den die Natur dem wie eine Biene umherfliegenden Verstand des Menschen, seiner Urteilskraft und seiner Beobachtungsgabe präsentiert, verwandelt sie sein Herz in eine Honigwabe. Und aus dieser Wabe fließen der Honig des Glaubens und der Tugend, der Honig der Liebe zur Menschheit und allen anderen Geschöpfen um des Schöpfers willen, der Honig der Unterstützung der Mitmenschen und der Aufopferung für andere und der Honig des Dienstes an der ganzen Schöpfung.

Wie bereits Said Nursi feststellte, existiert ein Bildungskonzept, das sich gleichzeitig um die Erleuchtung des Verstandes durch Wissen und Wissenschaft und um die Reinigung des Herzens durch Glauben und Rechtschaffenheit bemüht. Dieses Konzept, das den Schülern zwei Flügel verleiht, die ihn in die Himmel der Menschlichkeit tragen, ist ein Konzept, das das Wohlgefallen Gottes im Dienst an den Mitmenschen sucht und vieles zu bieten hat. Es befreit die Wissenschaft vom Materialismus - von ihrem Status, sowohl in materieller als auch in spiritueller Hinsicht genauso schädlich wie nützlich zu sein und sich zu einer tödlichen Waffe entwickeln zu können. Dieses Konzept lässt es - um mit Einsteins Worten zu sprechen - nicht zu, dass die Religion verkrüppelt bleibt. Auch weiß es sich dagegen zu wehren, dass man die Religion weiterhin wahrnimmt, als sei sie von Denkfähigkeit, Leben und wissenschaftlicher Wahrheit abgeschnitten - als sei sie eine fanatische Institution, die Wände zwischen den Menschen und den Nationen errichtet.

Der Menschheit durch Bildung und Erziehung dienen

Dank der rasanten Entwicklungen in den Bereichen Transportwesen und Telekommunikation hat sich die Welt in ein globales Dorf verwandelt. Die unterschiedlichen Völker ähneln Nachbarn, die Tür an Tür wohnen. Gerade jedoch in einer solchen Welt dürfen wir nicht vergessen, dass der Bestand eines Staates nur dann gewährleistet ist, wenn die spezifischen Eigenarten seines Volkes bewahrt werden. Im Mosaik der Staaten und Völker werden diejenigen Steinchen, die ihre einzigartigen Merkmale - ihre ‚Muster' und ‚Formen' - nicht schützen, im Laufe der Zeit verschwinden. Was für alle anderen Völker gilt, trifft auch auf uns zu: Auch unser bedeutendstes Kapital besteht aus Religion, Sprache, Geschichte und Vaterland. Was unsere Kultur und unsere Zivilisation, deren Anfänge im Islam und in Zentralasien liegen und die über die Jahrhunderte in Anatolien, Europa und sogar in Afrika modelliert wurden, so einzigartig macht, beschrieb Yahya Kemal in seinem Werk *The Districts without the Call to Prayer* mit tiefer Sehnsucht.

Die Menschen brauchen einander. Und wir haben, wie bereits erwähnt, der Menschheit mehr zu geben als zu nehmen. Unabhängige Organisationen haben Unternehmen und Stiftungen gegründet und dienen ihren Mitmenschen voller Eifer im Namen des Islams. Die Akzeptanz der Bildungsstätten, die sie aufgebaut haben und die sich trotz großer finanzieller Engpässe inzwischen über die ganze Welt verbreitet haben, und die Fähigkeit dieser Bildungsstätten, mit westlichen Institutionen mitzuhalten und sie teilweise sogar zu übertreffen, sollten doch wohl hinreichend belegen, dass unsere Behauptungen kein leeres Geschwätz sind.

Als türkisches Volk haben wir in den letzten Jahrhunderten die unterschiedlichsten Probleme angehäuft. Ihnen zu Grunde liegt unsere falsche

Konzentration auf die äußeren Aspekte des Islams und die Vernachlässigung dessen innerer Perle. Wir begannen, andere zu imitieren und bildeten uns ein, es bestehe einen Konflikt zwischen Islam und Wissenschaft. Und das, obwohl letztere uns doch lediglich die Gesetze Gottes enthüllt, in denen sich Gottes Attribute Macht und Willen manifestieren (wobei diese Gesetze Ausdrucksformen des Korans sind, der Gottes Attribut Sprache entspringt). Die Vernachlässigung der inneren Weisheit des Islams führte zu Totalitarismus in den Bereichen Wissen, Denken und Handeln. Hoffnungslosigkeit führte in ein Chaos, das Menschen und Institutionen verschlang. Allerorten herrschte Misswirtschaft, und dem Gedanken der Arbeitsteilung wurde keine Bedeutung mehr geschenkt.

Kurzum: Unsere drei größten Feinde sind Unwissenheit, Armut und innere Zerstrittenheit. Wissen, Arbeitskraft und Solidarität können diesen Übeln entgegenwirken. Da die Unwissenheit Problem Nummer Eins ist, müssen wir sie durch Erziehung und Bildung bekämpfen. Die Bildung war schon immer der beste Weg, unserem Land zu dienen. Heute, da wir in einem globalen Dorf leben, ist sie auch der beste Weg, der ganzen Menschheit zu dienen und einen Dialog mit anderen Kulturen zu etablieren.

Zu allererst jedoch sind Bildung und Erziehung Dienste am Menschen; denn wir wurden auf die Erde gesandt, um zu lernen und uns durch Bildung zu vervollkommnen. Mit seiner Aussage „Eine Rückkehr zum alten Status Quo ist ausgeschlossen. Entweder wir finden einen neuen, oder wir werden ausgelöscht" richtete Said Nursi sein Augenmerk auf Lösungen und damit auf die Zukunft. Er eröffnete den Dialog mit Mitgliedern anderer Religionen und klammerte kontroverse Themen zunächst aus. In der Tradition des berühmten islamischen Mystikers Dschalal ad-Din ar-Rumi, der sagte: „Einer meiner beiden Füße steht im Zentrum, und der andere schweift wie eine Kompassnadel in 72 Kreisen (Menschen aller Völker) umher", zog auch Said Nursi einen weiten Kreis, in den er alle Monotheisten einschloss. Mit den Worten „Zivilisierte Menschen siegen durch Überzeugung" wies er darauf hin, dass die Zeiten brutaler Gewaltanwendung vorüber sind, und stellte damit klar, dass Dialog, Überzeugung und Gespräche, die auf Tatsachen gründen, für Menschen, die der Religion dienen möchten, von größter

Wichtigkeit sind. Er ermutigte uns, von Wissen und Worten Gebrauch zu machen: „In der Zukunft wird sich die Menschheit Wissen und Wissenschaft zuwenden, und in der Zukunft werden die Vernunft und das Wort regieren." Er rückte von der Politik und direktem politischem Engagement ab und definierte ganz neue Grundsätze für die authentischen Religionen und den Dienst an den Menschen, die heute wie in Zukunft Gültigkeit besitzen.

Im Lichte dieser Prinzipien habe auch ich meine Anhänger dazu aufgerufen, ihrem Land und der Menschheit durch Bildung und Erziehung zu dienen. Ich habe sie ermuntert, dem Staat bei der Erziehung und Ausbildung zu helfen, indem sie Schulen gründen. Bildung radiert Unwissenheit aus, Arbeit und Kapital beseitigen Armut, und Einheit, Dialog und Toleranz helfen über innere Zerrissenheit und Separatismus hinweg. Da jedes Problem im Leben des Menschen seinen Ursprung im Menschen selbst hat, sind Bildung und Erziehung die effektivsten aller Werkzeuge - egal ob eine Gesellschaft sozial wie politisch paralysiert ist oder ob sie funktioniert wie ein Uhrwerk.

Die Schulen

Nachdem die Regierung die Gründung von Privatschulen gebilligt hatte, entschieden sich viele Menschen dafür, ihre Reichtümer in den Dienst ihres Landes zu stellen, anstatt sie leichtfertig zu vertändeln. Und sie taten dies mit einem Eifer, den man sonst eher vom Gebet zu Gott kennt. Ich persönlich bin überhaupt nicht über alle Schulen informiert, die hier und in anderen Ländern eröffnet wurden. Da ich lediglich die Eröffnung von Schulen empfohlen und angeraten habe, sind mir weder die Namen aller Unternehmen und Stiftungen bekannt, die Schulen gegründet haben, noch weiß ich, in welchen Orten diese Schulen ansässig sind.

Bis zu einem gewissen Maße habe ich dieses Thema jedoch in der Presse und in Artikelserien verdienter Journalisten wie Ali Bayramoglu, Sahin Alpay und Atilgan Bayar verfolgt. Schulen wurden z.B. eröffnet in Aserbaidschan, auf den Philippinen, in St. Petersburg (der Hauptstadt des zaristischen Russlands), in Moskau (der Hauptstadt des kommunistischen Russlands) und - mit Hilfe und auf Empfehlung unseres jüdischen Landsmanns, des angesehenen Geschäftsmanns Üzeyir Garih - in Jakutsk. Heute existieren diese Schulen in nahezu allen Ländern mit Ausnahme des Iran, der die Genehmigung verweigert hat.

Schriftsteller und Denker, die sie besucht haben, stellen klar, dass die Schulen von gemeinnützigen türkischen Organisationen finanziert werden. In vielen von ihnen, vielleicht sogar in allen, spielen auch Studiengebühren eine wichtige Rolle. Lokale Verwalter unterstützen die Schulen, indem sie bei Bedarf Land, Gebäude, Kapital und Lehrer bereitstellen. Die Lehrer, die sich für ihr Volk, ihr Land und die ganze Menschheit engagieren und ihren Lebenssinn in der Vermittlung von Wissen finden, arbeiten mit großem Engagement für ein geringes Gehalt.

Zu Beginn zögerten einige unserer Beamten für Auswärtige Angelegenheiten noch, uns zu helfen, weil sie nicht genau wussten, was sie von unseren Bemühungen zu halten hatten. Inzwischen hat sich dies jedoch geändert. Zwei ehemalige Staatspräsidenten der Türkei - der inzwischen verstorbene Turgut Özal und Süleyman Demirel -, der frühere Außenminister Hikmet Cetin und der frühere Parlamentspräsident Mustafa Kalemli ließen uns ihre Unterstützung zuteil werden, indem sie den Schulen einen Besuch abstatteten.

Lokale Behörden anderer Länder sind in Sachen Säkularismus mindestens genauso kritisch wie die türkische Regierung. Doch aufgeklärte Journalisten wie die bereits erwähnten und viele andere haben aufgezeigt, dass diese Länder in Bezug auf ihren zukünftigen Umgang mit den Schulen keinerlei Bedenken hegen. Der Leiter des Moskauer Amtes für Nationale Erziehung sagte sogar anlässlich der Eröffnungszeremonie für die Schule in Moskau: „In der jüngeren Geschichte Russlands gab es zwei wichtige Ereignisse. Zum einen die Landung Gagarins auf dem Mond, und zum anderen die Eröffnung einer türkischen Schule." Er bezeichnete diese Eröffnung also als ein historisches Ereignis.

Manche Menschen glauben, ihr Leben bestehe lediglich aus den wenigen Tagen, die sie in diesem irdischen Gasthaus verbringen dürfen. Sie setzen sich zum Ziel, die Bedürfnisse ihres Egos in jeder Hinsicht zu befriedigen. Andere sehen dies anders und verleihen ihrem Leben dadurch eine Bedeutung. Für mich persönlich stellt das Leben eine kurze Etappe einer langen Reise dar, die in der Welt der Geistwesen beginnt und bis in alle Ewigkeit fortdauert - im Himmel oder, Gott verbiete, in der Hölle.

Das Leben auf Erden ist von größter Wichtigkeit, denn es beeinflusst unser Leben nach dem Tod ganz entscheidend. Daher sollten wir es so verbringen, dass wir uns mit ihm ein ewiges Leben und das Wohlwollen des Spenders allen Lebens verdienen. Dieser Weg führt uns über die unabdingbare Dimension des Dienstes an Gott zunächst zum Dienst an unseren Familien, Verwandten und Nachbarn, dann zum Dienst an unserem Land und unserem Volk und schließlich zum Dienst an der Menschheit und der ganzen Schöpfung. Diesen Dienst unseren Mitmenschen anzubieten, ist unsere Pflicht. Aber auch wir haben ein Anrecht darauf, dass unsere Mitmenschen uns diesen Dienst erweisen.

Lernen von der Wiege bis ins Grab

Die wichtigste Aufgabe und der bedeutendste Zweck des menschlichen Lebens besteht darin, Wissen zu suchen. Die Bemühung um dieses Wissen - allgemein Bildung genannt - ist ein Prozess, innerhalb dessen wir uns auf der spirituellen, intellektuellen und physischen Ebene unseres Seins jenen Rang erwerben, der uns als vollkommenen Mustern der Schöpfung eigentlich bestimmt ist. Bei unserer Geburt - d.h., in der Frühphase unserer Reise von der Welt der Geistwesen zur Ewigkeit - sind wir absolut hilflos und bedürftig. Ganz im Gegensatz zu den Tieren, denn die meisten von ihnen kommen zur Welt, ganz als seien sie bereits zuvor vorbereitet und vervollkommnet worden. Innerhalb weniger Stunden, Tage oder Monate lernen sie alles, was sie für ihr Überleben benötigen, und darüber hinaus, wie sie sich in ihrer Umwelt und anderen Geschöpfen gegenüber zu verhalten haben. Spatzen und Bienen beispielsweise entwickeln in ca. 20 Tagen die Geschlechtsreife und alle anderen Fertigkeiten, auf die sie angewiesen sind. Wir dagegen brauchen 20 Jahre und mehr, um in ein vergleichbares Stadium der Reife zu treten. Völlig hilflos kommen wir zur Welt, die Gesetze des Lebens sind uns fremd. Um unsere Bedürfnisse zu decken und Unterstützung zu erhalten, bleibt uns nichts anderes "rig, als zu weinen. Erst nach ca. einem Jahr sind wir in der Lage, aufrecht zu stehen, und beginnen zu laufen. Und erst mit 15 Jahren sollten wir den Unterschied zwischen gut und schlecht oder nützlich und schädlich kennen. Nach intellektueller und spiritueller Vollkommenheit streben wir sogar unser ganzes Leben lang. In diesem Streben nach Vollkommenheit und Reinheit in Denken, Glauben und Vorstellung liegt der eigentliche Sinn unseres Lebens. Indem wir unsere Pflicht, dem Schöpfer, Ernährer und Beschützer zu dienen, erfüllen und indem wir das Geheimnis der Schöpfung mit Hilfe unserer Potenziale und Fertigkeiten ergründen, eignen wir uns den Rang wahrer Menschen an und erweisen uns eines glückseligen ewigen Lebens in einer anderen, erhabenen Welt würdig.

Wie menschlich wir sind, hängt davon ab, wie rein unsere Gefühle sind. Menschen mit unreinen Gefühlen und einer Seele, die vom Egoismus getrübt sind, sehen zwar aus wie Menschen; ob sie jedoch wirklich Menschen sind, ist zu bezweifeln. Praktisch jeder Mensch ist im Stande, seinen Körper zu trainieren, aber nur wenige schaffen es, ihre Seele und ihre Gefühle zu schulen. Leibesübungen stärken den Körper, während das Training von Seele und Gefühlen die Spiritualität stärkt.

Unsere angeborenen Fähigkeiten

Seit Ibn Miskawayh[94] unterteilt man die menschlichen Antriebskräfte oder ‚Triebe' in drei Kategorien: Vernunft, Zorn und Lust. Die Vernunft umfasst Fähigkeiten wie Begriffsvermögen, Vorstellungskraft, Berechnung, Gedächtnis, Lernfähigkeit usw. Der Zorn erstreckt sich auf all jene Fähigkeiten, die der Selbstverteidigung dienen. Unter den Begriff Selbstverteidigung fällt laut islamischer Rechtsprechung alles, was benötigt wird, um Glauben und Religion, geistige Gesundheit, Besitz, Leben, Familie und andere heilige Werte zu schützen. Als Lust bezeichnet man die treibende Kraft unserer animalischen Begierden:

> *Zum Genuss wird den Menschen die Freude gemacht an ihrem Trieb zu Frauen und Kindern und aufgespeicherten Mengen von Gold und Silber und Rassepferden und Vieh und Saatfeldern. Dies ist der Genuss des irdischen Lebens.* (3:14)

Über diese Triebe verfügen auch andere Geschöpfe. Doch bei allen Geschöpfen mit Ausnahme des Menschen sind diese drei Antriebskräfte begrenzt - egal ob man nun den Trieb der Begierde, die Vernunft oder die Entschlossenheit, Leben und Eigentum zu verteidigen, nimmt. Jeder

---

[94] Ibn Miskawayh (930-1030) war ein muslimischer Ethiker, Philosoph und Historiker. Seine Abhandlung *Tahdhib al-Akhlaq*, die von Aristoteles beeinflusst war, gilt als eine der besten Darstellungen der islamischen Philosophie. Ibn Miskawayhs Geschichte des Niedergangs des Abbasidischen Kalifats (*Kitab Tadscharib al-Umam wa Ta'aqub al-Himam*) wurde dafür gerühmt, aus sämtlichen zur Verfügung stehenden Quellen geschöpft zu haben. Sie stimulierte die Entwicklung der arabischen Geschichtswissenschaft ungemein.

Mensch ist mit einem einzigartigen freien Willen und der daraus resultierenden Verpflichtung ausgestattet, seine Triebe zu disziplinieren. Über dieses Ringen um Selbstbeherrschung definiert sich unser Menschsein. Miteinander kombiniert und abhängig von den jeweiligen Umständen nehmen unsere Triebe auch oft die Gestalt von Eifersucht, Hass, Feindseligkeit, Heuchelei und Angeberei an. Auch diese Formen gilt es zu disziplinieren.

Der Mensch besteht nicht allein aus Körper und Verstand. Jeder von uns besitzt einen Geist, der befriedigt werden möchte. Ein unbefriedigter Geist kann weder Glück noch Vollkommenheit erlangen. Spirituelle Vollkommenheit wiederum bescheren uns einzig und allein das Wissen um Gott und der Glaube an Ihn. Wir sind an die physische Welt gefesselt. Unser fleischliches Selbst, Zeit und Raum erscheinen uns wie Kerker. Entkommen können wir ihnen nur durch den Glauben, durch regelmäßige Anbetung und indem wir bei der Nutzung unserer Fertigkeiten und Triebe Abstand zu extremen Positionen halten. Es geht nicht darum, dass wir diese Triebe ersticken. Aber wir müssen von unserem freien Willen Gebrauch machen, um sie einzudämmen, zu läutern und in positive Bahnen zu lenken. Niemand verlangt von uns, dass wir unsere Gelüste eliminieren. Wir sollten sie aber auf rechtmäßige Art und Weise zur Fortpflanzung nutzen. Unser Glück liegt in dem Bemühen, unseren Gelüsten nur innerhalb der rechtmäßigen Grenzen von Anstand und Keuschheit freien Lauf zu lassen, nicht aber in der Teilnahme an Ausschweifung und Hemmungslosigkeit. Neidgefühle wiederum lassen sich in einen Wetteifer umlenken, der frei von allen Feindseligkeiten ist und uns dazu animiert, dass wir uns andere Menschen, die uns in Frömmigkeit und guten Werken voraus sind, zum Vorbild nehmen. Wer seinem Verstand die erforderliche Disziplin auferlegt, erwirbt sich Wissen und erlangt schließlich Weisheit. Wer seinen Zorn destilliert und trainiert, gewinnt Mut und Nachsicht. Und wer seine Leidenschaft und seine Begierde zügelt, vervollkommnet seine Keuschheit.

Wenn man sich alle Tugenden zusammen als Mittelpunkt eines Kreises vorstellt und die Bewegungen weg von diesem Mittelpunkt als Sünden, wird jede Sünde umso größer, je weiter wir uns vom Mittelpunkt entfernen. Zu jeder Tugend gehören also unzählige Sünden, denn es existiert nur ein Mittelpunkt in dem Kreis, aber unendlich viele Punkte, die diesen Kreis umgeben. Welche Richtung die Sünde nimmt, ist unerheblich, denn jede Abweichung vom Zentrum ist eine Sünde.

Jede moralische Eigenschaft kennt zwei Extreme: Mangel und Übermaß. Die beiden mit der Weisheit verbundenen Extreme sind Dummheit und Gerissenheit; die Extreme des Mutes sind Feigheit und Unbesonnenheit, die der Keuschheit Lethargie und unkontrollierte Lust. Unsere wichtigste Aufgabe besteht darin, einen Zustand der Ausgewogenheit und Mäßigung zwischen den extremen Polen herzustellen. Von Ali ibn Abi Talib stammen folgende Worte:

> „Gott hat die Engel durch einen Verstand und durch das Fehlen von sexueller Begierde, Leidenschaft und Zorn, die Tiere hingegen durch Leidenschaft und Begierde und durch die Abwesenheit eines Verstandes ausgezeichnet. Die Menschheit jedoch hob Er dadurch hervor, dass Er ihr alle diese Eigenschaften verlieh. Wenn ein Mensch seine Begierde und Unnachgiebigkeit mit dem Verstand zu zügeln vermag, steigt er dadurch auf einen Rang auf, der noch über dem der Engel liegt. Denn im Gegensatz zu ihnen erklimmt er diesen Rang, obwohl sich ihm allerlei Hindernisse in den Weg stellen."

Eine Gemeinschaft lässt sich nur dann veredeln, wenn man den jungen Generationen die Chance bietet, auf den Rang wahrer Menschen aufzusteigen, nicht aber indem man Menschen, die vom rechten Weg abgekommen sind, verstößt.

Die wahre Bedeutung und der wahre Wert der Bildung

Wir Menschen sollen uns bilden, indem wir lernen, und ein tugendsames Leben führen. Mit dieser Aufforderung wird uns eine erhabene Pflicht übertragen, in der sich Gottes Name *Rabb* (Erzieher und Unterstützer) manifestiert. Wenn wir diese Pflicht erfüllen, steigen wir auf den Rang eines wahren Menschen auf und werden zu einem nützlichen Teil der Gesellschaft.

Die Bildung ist sowohl für das Individuum als auch für die Gesellschaft von essenzieller Bedeutung. Die Zukunft eines Landes hängt von seiner Jugend ab. Wer also die Zukunft seines Landes sichern möchte, sollte mindestens ebenso viel Energie auf die Erziehung und Ausbildung der Jugend verwenden wie auf andere Dinge. Ein Land, das seine Jugend im Stich lässt, das sie den kulturellen Einflüssen anderer Länder überlässt, gefährdet die eigene Identität und setzt sich den Gefahren kultureller und politischer Schwäche aus. Die Wurzeln vieler Verirrungen der Jugend von heute, aber auch die Ursachen der Inkompetenz mancher Verwaltungsbeamter und weiterer Probleme, mit denen unser Land konfrontiert ist, sind in den Zuständen und bei den Eliten zu suchen, die vor 25 Jahren herrschten. Daraus folgt, dass diejenigen, die heute mit der Erziehung der jungen Menschen betraut sind, für Sünden bzw. Tugenden verantwortlich sein werden, die die Welt in 25 Jahren bewegen werden. Wer heute die Zukunft eines Landes prognostizieren möchte, muss lediglich Erziehung und Bildung seiner Jugend analysieren. Nur Wissen befähigt zu einem ‚wahren' Leben. Wer Lernen und Lehre vernachlässigt, darf als ‚tot' gelten, obwohl er eigentlich noch lebt. Denn der Mensch wurde erschaffen, damit er lernt und anderen das, was er gelernt hat, weiter vermittelt.

Richtige Entscheidungen sind auf einen gesunden Verstand und die Fähigkeit, rechtschaffen zu denken, angewiesen. Ein Verstand, der keinen Zugang zu Wissenschaft und Wissen besitzt, kann keine richtigen Entscheidungen fällen. Stattdessen droht er ständig getäuscht und in die Irre geführt zu werden.

Wahre Menschen sind wir nur dann, wenn wir lernen, lehren und andere inspirieren. Unwissende Menschen und solche, die nicht den Wunsch zu lernen verspüren, lassen sich schwerlich als Menschen bezeichnen. Dahingestellt sei auch, ob gebildete Menschen, die es ablehnen, sich ständig zu überprüfen und zu vervollkommnen, um ihren Mitmenschen ein gutes Beispiel zu geben, wahre Menschen sind. Gesellschaftlicher Status und Einkommen, die Wissen und Wissenschaft zu verdanken sind, sind höher zu bewerten und währen länger als solche, die auf andere Mittel zurückzuführen sind.

In Anbetracht der Bedeutung von Lernen und Lehre sollte man zunächst definieren, was, wann und wie überhaupt gelernt bzw. gelehrt werden sollte. Zwar ist das Wissen ein Wert an sich; der Sinn des Lernens besteht jedoch darin, das Wissen zu einer Richtschnur im Leben zu machen und mit ihm die Straße zur Vervollkommnung zu beleuchten. Insofern stellt jedes Wissen, das das Selbst überfordert, für den Lernenden eine Last dar. Und jede Wissenschaft, die uns nicht in die Richtung erhabener Ziele führt, ist ein Trugbild.

Ein Wissen jedoch, das für rechtmäßige Zwecke erworben wurde, stellt für den Lernenden eine unerschöpfliche Quelle der Gnade dar. Wer aus dieser Quelle schöpft, steht bei seinen Mitmenschen ebenso hoch im Kurs wie eine Frischwasserquelle in der Wüste und ist im Stande, sie zum Guten anzuleiten. Ein Wissen, das sich auf leere Theorien und unreflektierte Fragmente beschränkt, die im Verstand Misstrauen schüren und das Herz verdunkeln, ähnelt einem Haufen Müll und wird von verzweifelten und konfusen Menschen umschwärmt. Wissen und Wissenschaft sollten sich also darum bemühen, das Wesen des Menschseins und die Geheimnisse der Schöpfung zu enthüllen. Wissen - und selbst ‚wissenschaftlich' fundiertes Wissen - ist nur dann rechtmäßig, wenn es Licht auf die Geheimnisse des Menschseins und auf die dunklen Bereiche des Lebens wirft.

Familie, Schule und persönliches Umfeld

Menschen, denen daran gelegen ist, ihre Zukunft zu sichern, kann es nicht gleichgültig sein, wie ihre Kinder erzogen werden. Familie, Schule, Umfeld und Medien sollten kooperieren, um das gewünschte Resultat zu erzielen. Im Widerspruch zueinander stehende Tendenzen innerhalb dieser entscheidenden Institutionen setzen junge Menschen Einflüssen aus, die sie beunruhigen und ihnen ihre Energie rauben. Die Medien sollten zur Erziehung junger Menschen beitragen, indem sie das Erreichen der Erziehungsziele, die von der Gemeinschaft ausgegeben werden, fördern. Die Schulen sollten in Bezug auf ihren Lehrplan und auf die wissenschaftlichen und moralischen Standards ihrer Lehrer so kompromisslos wie möglich sein. Die Familien sollten sicherstellen, dass ihre Kinder in einer warmen, herzlichen Atmosphäre aufwachsen.

Die ersten Lektionen unserer Ausbildung erhalten wir in der Familie. Ein harmonisches Familienleben trägt sehr wesentlich zur Formung einer segensreichen Generation und zur Entwicklung einer gesunden gesellschaftlichen Struktur bei. Die ersten Eindrücke, die wir in der Familie vermittelt bekommen, bleiben uns unser ganzes Leben lang erhalten. Die Kontrollfunktion der Eltern zunächst innerhalb des Hauses im Hinblick auf den Umgang ihrer Kinder untereinander und auf ihr Spielzeug bleibt auch während der Schulzeit bestehen und erstreckt sich dann beispielsweise auf die Freunde und die Bücher der Kinder und auf die Orte, die die Kinder besuchen. Bevor sich die Kinder nutzlosen Beschäftigungen und Zeitvertreiben zuwenden, sollten die Eltern sie mit Wissen und Wissenschaft füttern. Denn Seelen, denen es an Wahrheit und Wissen mangelt, sind Felder, auf denen negative Gedanken gedeihen und wachsen.

Kinder können nur dann eine gute Erziehung in ihrer Familie erhalten, wenn in dieser ein glückliches Familienleben herrscht. Garantin eines solches glücklichen Familienlebens und damit auch der Stabilität von Staat und Kultur ist die Institution der Ehe. Friede, Harmonie und Sicherheit in der Familie entspringen der Gleichgesinntheit der Ehepartner in Gedanken, Moral und Glauben. Zwei Menschen, die gern heiraten möchten, sollten einander bereits sehr gut kennen und auf reine Gefühle, Keuschheit, Moral und Tugend mehr Wert legen als auf materielle Erwägungen und körperliche Reize. Fehlverhalten und Frechheit bei Kindern spiegeln nur die Atmosphäre, in der sie groß geworden sind, wider. Ein gestörtes Familienleben beeinträchtigt mit der Zeit immer deutlicher den Geist der Kinder und damit auch den Geist der Gesellschaft.

In der Familie sollten die Älteren den Jüngeren mit Verständnis begegnen, und die Jüngeren sollten den Älteren Respekt entgegenbringen. Die Eltern sollten sich lieben und akzeptieren; ihre Kinder sollten sie mit dem nötigen Einfühlungsvermögen behandeln und ihnen genügend Aufmerksamkeit schenken. Sie sollten gerecht zu ihnen sein und nicht das eine Kind dem anderen vorziehen. Wenn Eltern ihre Kinder dazu ermutigen, ihre Talente um ihrer selbst willen und zum Wohle der Gemeinschaft zu entwickeln, schenken sie dem Staat damit stabile neue Stützpfeiler. Wenn sie es hingegen versäumen, ihren Kindern menschliche Gefühle zu vermitteln, lassen sie damit Skorpione auf die Gesellschaft los.

Die Schule und der Lehrer

Die Schule ist ein Labor, in dem ein Elixier gebraut wird, das die Gebrechen des Lebens lindern oder sogar heilen kann. Aufgabe der Lehrer ist es, dieses Elixier herzustellen und zu verteilen. Sie allein besitzen die entsprechenden Kenntnisse und die nötige Weisheit.

Die Schule ist ein Ort des Lernens, an dem das nötige Wissen über dieses und das kommende Leben vermittelt wird. Sie deutet und erklärt wichtige Gedanken und Geschehnisse und versetzt ihre Schüler in die Lage, sowohl ihre natürliche als auch ihre soziale Umwelt zu verstehen. Sie hilft ihnen dabei zu begreifen, was sich hinter den Dingen und Ereignissen verbirgt, indem sie ihnen eine ganzheitliche Betrachtungsweise ans Herz legt. Im Prinzip sind Schulen so etwas wie Orte der Anbetung, deren ‚Heilige' die Lehrer sind.

Gute Lehrer säen makellose Samenkörner aus und behüten sie. Sie beschäftigen sich mit allem, was gut und nützlich ist. Sie führen und geleiten die Kinder durch ihr junges Leben und stehen ihnen bei allem, was ihnen widerfahren mag, zur Seite. Den Schülern einer Schule, die den Titel ‚gutes Bildungsinstitut' zurecht trägt, sollten Ideale, die Liebe zur Sprache und die Fähigkeit, diese Gewinn bringend zu nutzen, Moral und beständige menschliche Werte vermittelt werden. Auf genau diesen Stützpfeilern sollte die soziale Identität der Schüler einer solchen Schule ruhen.

Erziehung ist nicht dasselbe wie Lehre. Viele Menschen sind in der Lage zu lehren, aber nur sehr wenige können auch gut erziehen. Gemeinschaften, deren Individuen es an erhabenen Idealen, guten Umgangsformen und menschlichen Werten mangelt, sind wie ungehobelte Menschen, die in ihren Freundschaften nicht loyal, und in ihren Feindschaften inkonsequent sind. Wer diesen Menschen vertraut, wird immer enttäuscht werden, und wer sich in ihre Abhängigkeit begibt, wird früher oder später ohne Unterstützung dastehen. Der beste Weg, sich die Werte anzueignen, die für das Leben wichtig sind, führt über eine vertrauenswürdige religiöse Erziehung.

Das Überleben einer Gemeinschaft hängt sowohl von ihrem Idealismus und ihrer guten Moral als auch von ihrer Fähigkeit ab, in Wissenschaft und Technik auf dem neuesten Stand zu bleiben. Aus diesem Grunde sollte die Vermittlung von handwerklichen und kaufmännischen Fähigkeiten spätestens in der Grundschule beginnen. Eine gute Schule ist kein Gebäude, in dem man sich ausschließlich theoretische Informationen erwirbt, sondern eine Institution und ein Labor, in der bzw. dem die Schüler auf ihr Leben vorbereitet werden.

Von entscheidender Bedeutung für die Erziehung ist die Geduld. Menschen zu erziehen ist die erhabenste, aber auch die schwierigste Aufgabe, die es gibt. Lehrer sollten ihren Schülern ein gutes Beispiel geben und geduldig sein, wenn sie das gewünschte Resultat erzielen möchten. Sie sollten ihre Schüler gut kennen und an Verstand, Herz, Geist und Gefühl appellieren. Wer Menschen erziehen möchte, sollte sich um jeden einzelnen von ihnen kümmern und nicht vergessen, dass jeder Mensch eine eigene ‚Welt` darstellt.

Die Schule gibt ihren Schülern die Chance zu lernen und spricht selbst dann noch, wenn sie eigentlich längst schweigt. Die Schule dominiert, obwohl sie ja eigentlich nur einen Lebensabschnitt umfasst, auch das ganze weitere Leben ihrer Schüler. Für den Rest ihres Lebens rufen die Schüler die Lektionen, die sie in der Schule gelernt haben, immer wieder ab und ziehen aus ihrem dort erworbenen Wissen unentwegt neue Schlussfolgerungen. Lehrer sollten wissen, wie sie Zugang zum Herzen ihrer Schüler erhalten und Stempel auf ihrem Verstand hinterlassen, die äußerst beständig sind. Sie sollten alle Informationen, die sie den Schülern zukommen lassen, kritisch prüfen, indem sie ihren eigenen Verstand und ihr eigenes Herz immer wieder läutern. Eine gute Unterrichtsstunde präsentiert den Schülern mehr als nur nützliche Informationen und Fertigkeiten. Sie führt sie darüber hinaus in die Gegenwart des Verborgenen, schenkt ihnen einen tiefen Einblick in die Realität der Dinge und ermöglicht ihnen, eben diese Dinge als Wegweiser der Welt des Verborgenen zu betrachten.

Eine Bewegung, die ihre eigenen Modelle entwirft[95]

In diesem Aufsatz möchte ich mich mit einem Phänomen befassen, über das zu sprechen ebenso notwendig wie schwierig ist. Ich frage mich, ob es überhaupt möglich ist, im Rahmen eines solchen Aufsatzes einer so wichtigen Erneuerungsbewegung gerecht zu werden - einer Bewegung, die in der ganzen Welt Knospen treibt und aufblüht, die frische Triebe und neue Setzlinge hervorbringt. Ich bin da skeptisch. Alle Informationen, die mir zu diesem Thema zur Verfügung stehen, stammen von Videoaufnahmen, basieren also auf Hörensagen. Meinem Federhalter sind durch meinen eingeschränkten Einblick Grenzen gesetzt. Und ich weiß nicht, in welche Epoche ich die Konsequenzen all dessen, was sich hier entwickelt hat, einordnen soll. Also frage ich mich: „Was kann ich unter diesen Umständen überhaupt sagen?" Wenn ich diese Bewegung beschreibe, ist das wohl so, als würde jemand eine Rose oder eine andere Blume beschreiben, die er lediglich auf einem Bild gesehen hat. Meine Aufgabe kommt dem Versuch gleich, das Muster, den Farbton und den Charakter jeder einzelnen Rose oder Blume in einem Garten zu beschreiben, obwohl ich zuvor nur einen Blick auf ein einziges Bild einer einzigen Blume geworfen habe. Weder ein Rosen- noch ein Blumengarten lässt sich auf diese Art und Weise angemessen charakterisieren. Nichtsdestotrotz glaube ich, dass ich den Versuch unternehmen sollte, über dieses zeitgenössische Phänomen zu schreiben, um mit meinen Worten vielleicht den einen oder anderen Gelehrten oder Menschen mit einem Gewissen aufzurütteln. Wenn ich nur wenige Menschen, die

---

[95] Der Autor widmet diesen Aufsatz den zahllosen Aktivisten in Sachen Bildung, die mit den Zielen, anderen Menschen eine hochwertige Ausbildung zu bieten und sich für eine Versöhnung der Völker und Kulturen einzusetzen, in die Welt hinaus gegangen sind. Sein ganzes Leben lang hat Gülen auf die Bedeutung von Bildung und Erziehung hingewiesen und seine Zuhörerschaft ermuntert, sich an entsprechenden Aktivitäten zur Förderung der Bildung zu beteiligen.

Gott nahe stehen, mit diesem Artikel inspirieren kann, habe ich damit bereits mein Ziel erreicht.

Was zählt, ist, dass über dieses außergewöhnlich wichtige Phänomen überhaupt berichtet wird. Ausdrucksform und Stil der Darstellung sind da eher zweitrangig. Andererseits sollte aus diesem Versuch aber schon mein Bemühen sprechen, mit den folgenden Anmerkungen der Geschichte eine Fußnote hinzuzufügen und den aufopferungsvollen Menschen, die sich durch ihr bewundernswertes Handeln in der Bewegung auszeichnen, Respekt zu zollen. Eine allzu knappe Darstellung dieser sanften Brise, dieser warmen Atmosphäre, dieses frischen Denkens und dieser Liebe, die inzwischen auf dem ganzen Erdball zu spüren ist, würde erhabene Kennzeichen der Bewegung wie Großmut und Nächstenliebe mit Respektlosigkeit strafen.

Diese Bewegung ist ein Phänomen, über das einfach geschrieben und positiv berichtet werden muss. Da sind einige Dutzend leidenschaftliche Menschen um der Sache Gottes willen in die Welt hinausgezogen. Zwar vermochten sie ihre persönlichen Sehnsüchte und ihren Trennungsschmerz nicht einfach auszublenden und besaßen kaum eine Vorstellung davon, was vor ihnen liegen mochte, und trotzdem kamen ihnen Worte wie ‚fremde Länder' oder ‚unbekannte Gegenden' nie über die Lippen. Was sie auszeichnete, waren ihre Entschlusskraft, ihr Selbstvertrauen und ihr unbeugsamer Wille. Sie schoben ihre Liebe zu ihrem Land und ihrer Heimat beiseite und ersetzten sie durch die Liebe zu ihrer Aufgabe. Sie waren sich ihres Einsatzes um der Sache Gottes willen so bewusst wie nur wenige andere vor ihnen. Entsprechend gestalteten sie ihr Leben und strömten aus nach Ost und West. Sie sagten sich:

> „Wir haben uns auf den Pfad der Liebe begeben,
> wir sind krank vor Liebeskummer."
>
> Nigari[96]

In der prächtigsten Phase ihres Leben - in einer Phase, in der weltliche Vergnügungen und materielle Wünsche junge Leute mit nahezu unwiderstehlichen Reizen locken und in der die Körperlichkeit ihr Herz

---

[96] Seyyid Nigari: ein berühmter Dichter Aserbaidschans und wichtiger Repräsentant der mystischen Dichtkunst des 19. Jahrhunderts.

und ihren Verstand normalerweise völlig in den Hintergrund drückt - flohen sie regelrecht zu neuen Ufern. Die nötige Energie zogen sie aus ihrem Anspruch, sich zu vervollkommnen und alle Begierden und Triebe zu bändigen. Diese Menschen, die in der ersten Reihe standen, spürten Begeisterung im Herzen. Ihr Aufbruch in die Ferne hatte nichts gemein mit dem Auszug liebestoller Jugendlicher, die einem falschen Signal folgen, das zu unpassender Zeit in ihr Leben funkt; die ihr Leben lang ihren Träumen nachjagen, die sich selbst entfremdet und nicht in der Lage sind, ihre Ziele zu erreichen. Nein, die Jugendlichen, von denen ich hier spreche, folgten einem starken Impuls ihres Herzens. Ihre Mission gründete auf Gefühlen, Wissen und Entschlossenheit. Sie verfügte über die Tiefe eines festen Glaubens und vertrauenerweckender Aufrichtigkeit. Nun ließe sich einwenden, dass es sich bei diesen tragenden Säulen doch lediglich um die ganz selbstverständlich vorhandenen Kräfte des Glaubens handelt, um die ganz natürlichen Qualitäten aller Bestrebungen, die mit Gott verbunden sind, um die Ideale aller hingebungsvollen Menschen und die Wegweiser des niemals verlöschenden Lichts. Und tatsächlich haben sich diese Menschen weder von ihren eigenen Unzulänglichkeiten noch von Hindernissen auf dem Weg aufhalten lassen. Sie gingen bis in die hintersten Winkel der Welt, und die einzige unvergängliche Liebe in ihrem Herzen galt dem Wohlgefallen Gottes und dem Streben, Ihm zu begegnen. Sie brachen auf, und die Wege, auf denen sie wanderten, waren stolz, sie zu tragen. Die Engel spendeten ihnen Beifall, und die Teufel schlugen sich - wie sollte es auch anders sein - gegen die Brust. Sie brachen auf und besaßen weder Pferd noch Auto, weder Waffe noch Munition. Schwung verlieh ihnen allein ihr unvorstellbar fester Glaube und der Enthusiasmus ihres Herzens, das wie Magma brodelte. Ihren Horizont bildeten das Glück, die Zufriedenheit und die Freude der Menschheit. Ihr Schicksal ähnelte dem der Gefährten und Schüler des Propheten. Schon bald nach Tagesanbruch erwarben sie sich dank ihrer Reinheit und ihrer Enthaltsamkeit eine Aura, die sie mit den Engeln verwandt erscheinen ließ. Sie wurden zum Stoff von Legenden und zum Inhalt unauslöschlicher Erinnerungen. Wohin sie auch kamen, brachten sie Lichtströme der Ewigkeit mit. Sie entzündeten Feuer, deren Flammen, Kohle und Rauch die Glückseligkeit war und die den Fluch von

Tyrannei und Dunkelheit aufhoben. Die ungläubigen Fledermäuse fanden keinen Schlaf mehr, und die Dunkelheit grollte unablässig. Lügen, Verleumdung und Intrigen besaßen keine Chance mehr. Es gelang ihnen, unkultiviertes Denken und Fanatismus als unerträglich arrogant zu entlarven und dafür zu sorgen, dass sie sich andere Träger suchten, um dem Glauben Fallen zu stellen. Jeder Widerstand war zwecklos, und schon bald durchdrang das aus der Ewigkeit kommende Licht alles und umspannte die ganze Welt. Die Epoche der leuchtenden Seelen war eingeläutet, obwohl die Gesamtsituation nach wie vor düster und der Horizont immer noch nebelverhangen war. Der Bann der Dunkelheit und des unkultivierten Denkens war endlich gebrochen.

Nun war es an den leuchtenden Seelen zu sprechen. Die Menschheit sollte sich durch sie neu entdecken und ihren angestammten Platz in der Hierarchie der Schöpfung zurückerobern. Auf diese Menschen hatte man lange sehnsüchtig gewartet. Und deshalb verneigte man sich vor ihnen, auch aus Ehrfurcht vor Gott, tiefer als üblich. Ihre Augen aber fixierten demütig und bescheiden die Türschwelle des Barmherzigen. Während ihr Kopf und ihre Füße im Gebet den Boden berührten, warteten sie darauf, dass Lichtschauer auf sie herabfielen. Egal wie man diese Dinge heute bewerten mag - jene Menschen waren die Kinder der Welt von morgen. Eine glänzende Zukunft wird ihr Geheimnis enthüllen. Diese glücklichen Menschen, diese Apostel der Wiederauferstehung, hielten - jeder auf seine Art - Blumen der Freundschaft in ihren Händen, und ihre Lippen skandierten Verse der Brüderlichkeit und Schwesterlichkeit. Ihre Zungen, die schärfer als die schärfsten Schwerter waren, wurden von den Wasserfällen des Korans benetzt, und ihre Worte hatten göttliche Dimensionen. Sie vertrieben die Dunkelheit und verschonten alles andere. Sie brachten die Flüsse des Paradieses in Hörweite, ohne dabei Sehnsucht nach dem Paradies zu wecken. Im Grunde genommen aber waren diese Menschen auf Hände und Zunge gar nicht angewiesen. Schon auf ihren Gesichtern, die ihren Mitmenschen Gott in Erinnerung riefen, lag ein so eindrucksvoller Zauber, dass Außenstehende angesichts der Bedeutungen, von denen ihr Verhalten kündete, beim Sprechen ins Straucheln gerieten und verstummten. Schon ihre Schatten reichten aus, um die Nachtfalter zu verbrennen; ganz zu schweigen von ihrem Licht, dass alle blendete, die ihre Nähe suchten. Zurecht heißt es: „Wenn gehandelt wird, haben Zunge und Worte nichts zu sagen. Wenn Taten sprechen, bedarf es dann einer anderen Sprache?" Jene Menschen repräsentieren diese Wahrheit. Schon immer bevölkerten unzählige gute Menschen die Erde. Doch die Worte und Taten der Mitglieder dieser Bewegung unterscheiden sich von denen aller anderen. Zwar kann ich kaum sagen, dass diese Menschen absolut einmalig und beispiellos wären, aber würde man mich darum bitten, sie zu beschreiben, müsste ich doch lange nachdenken. Wahrscheinlich würde ich sagen „Sie ähneln den Engeln", und es damit bewenden lassen.

Wohin auch immer diese strahlenden Seelen gehen, verwandeln sich dank des Lichts, das sie verströmen, Wüsten in einen Garten Eden. Kohlen werden zu Diamanten. Böden, die aus Schlamm und Erde bestanden, steigen in den Rang von Silber- und Goldminen auf. Alle Welt spricht heute über diese Menschen und wartet darauf, dass sich die Liebe, Brüderlichkeit und Toleranz, die sie verheißen, durchsetzen werden. Nur diejenigen, die Dunkelheit und Licht miteinander verwechseln und ihr Leben in der Sphäre der Körperlichkeit verbringen, wenden sich heute noch gegen sie. Die Fledermäuse sind besorgt. Die Wölfe und Schakale fletschen die Zähne. Die Narren sind ratlos. Ich denke, das ist nur folgerichtig, denn ich sage mir: „Jeder gibt irgendwann sein wahres Wesen preis."

Was immer auch geschehen mag, und unabhängig von jenen, die versuchen, die Kerzen auszublasen - diese Menschen lassen die nach Licht dürstenden Seelen schon seit langer Zeit erstrahlen. Sie warnen die reinen Seelen vor dem, was sich hinter den Dingen und Ereignissen verbirgt, und sie verkünden den aufnahmebereiten Menschen die universellen menschlichen Werte.

So wie dereinst internationale Probleme dank des Korans überwunden und Liebe, Respekt und Dialog auf Dauer etabliert werden konnten, werden diese glückseligen Menschen eine neue Basis der Übereinkunft schaffen - wenn ihnen dies nicht sogar bereits gelungen ist. Davon bin ich felsenfest überzeugt. Früher einmal hat die internationale Gemeinschaft das fröhliche Antlitz und das glückliche Schicksal unseres Volkes anerkennend gewürdigt. Warum sollte dies nicht auch heute möglich sein? An fast allen Orten, an denen diese beseelten Menschen wirken, regiert inzwischen die Liebe. Leichte Brisen des Glücks und der Freude wechseln einander ab, und allerorten kristallisieren sich Inseln des Friedens, unbezwingbare Burgen der Harmonie und der Stabilität heraus.

Kapitel 7

Globale Perspektiven

Das wahre Leben und der wahre Mensch[97]

Da uns allein das Wissen ein ‚wahres' Leben ermöglicht, sind diejenigen, die Lernen und Lehren vernachlässigen, gewissermaßen bereits ‚tot', während sie noch leben. Denn der Mensch wurde erschaffen, damit er lernt und anderen weitergibt, was er gelernt hat.

❧

Ein Leben verdient immer dann als ein wahres Leben bezeichnet zu werden, wenn es auf spiritueller Ebene geführt wird. Ein Mensch, der sich dem Leben mit dem Herzen stellt und Vergangenheit und Zukunft besiegt, streift die Fesseln der Zeit ab. Ein solcher Mensch lässt sich weder durch Sorgen aus der Vergangenheit noch durch Zukunftsängste bedrücken. Andere hingegen, die nicht in der Lage sind, in ihrem Herzen die Gesamtheit des Seins zu erfahren, und deshalb ein nichts sagendes, oberflächliches Leben führen, sind oft trübsinnig und neigen zu Hoffnungslosigkeit. Aus ihrer Sicht ist die Vergangenheit ein grauenhaftes Grab und die Zukunft ein unendlich tiefer Brunnen. Zu sterben ist für sie genauso qualvoll wie weiter zu leben.

❧

Wir alle sind Reisende, und die Welt ist eine farbenprächtige Ausstellungshalle, ein facetten- und abwechslungsreiches Buch. Wir Menschen wurden entsandt, um dieses Buch zu studieren, um unser spirituelles Wissen zu erweitern und um anderen Menschen zu helfen. Diese Reise ist ein einmaliges Erlebnis. Jene, deren Sinne geschärft sind und deren Herz rege ist, nutzen die Zeit, um sich einen paradiesähnlichen

---

[97] Diese Sammlung von Aphorismen wurde 1984 verfasst und ist dem 2006 im Fontäne-Verlag erschienenen Buch *Perlen der Weisheit* entnommen.

Garten zu schaffen. Anderen jedoch, die ihre Augen bedeckt halten, kommt es so vor, als verginge ihr ganzes Leben in nur einem Atemzug.

☙❧

Wer demütig und bescheiden ist, wird sowohl vom Schöpfer als auch von den Geschöpfen geschätzt. Hochmütige und eingebildete Menschen, die andere herabsetzen und ein arrogantes Gehabe an den Tag legen, werden von den Geschöpfen verachtet und vom Schöpfer bestraft.

☙❧

Bescheidenheit ist ein Zeichen von Tugend und Reife, während Hochmut und Einbildung auf einen unvollkommenen, niederen Geist hindeuten. Die vollkommensten Menschen sind diejenigen, die sich in der Gesellschaft anderer Menschen wohl und vertraut fühlen. Jene aber, die zu stolz sind, sich anderen anzuschließen und warmherzige Freundschaften mit ihnen einzugehen, sind sehr unvollkommene Menschen. Bescheidenheit zeigt an, inwieweit ein Mensch wahrhaft menschlich ist. Bescheidenheit zeigt an, dass jemand sich auch dann nicht zum Negativen verändert, wenn er eine hohe Position, Wohlstand, Bildung, Ruhm oder irgendetwas, das in der Öffentlichkeit geschätzt wird, erlangt hat. Wenn jemand aber auf Grund solcher persönlichen Erfolge seine Ideen, Einstellungen und Verhaltensweisen ändert, kann er weder als ein Mensch betrachtet werden, der wahre Menschlichkeit erlangt hat, noch als jemand, der wahrhaft bescheiden ist.

☙❧

Bei der Behandlung anderer Menschen und im Umgang mit ihnen sollte jeder stets das zum Maßstab nehmen, was ihn selbst erfreut und was ihm selbst missfällt. Er sollte anderen das wünschen, was ihn am meisten erfreuen würde, und niemals vergessen, dass jedes Verhalten, das ihm missfällt, auch anderen missfallen wird. Damit beugt er vor - nicht nur schlechtem Verhalten, sondern auch der Gefahr, andere zu verletzen.

☙❧

Reife und Vollkommenheit des Geistes äußern sich darin, dass wir andere Menschen gerecht behandeln - sogar und insbesondere diejenigen, die uns Unrecht zugefügt haben. Ihr Unrecht beantworten wir also mit Gutem. Der Mensch sollte niemals aufhören, auch jenen Gutes zu tun, die ihm Schaden zufügen, und sie menschlich und großmütig zu behandeln. Wer jemandem schadet, handelt rücksichtslos. Während das Vergelten von Bösem mit Bösem auf eine Charakterschwäche hindeutet, bringt das Vergelten von Bösem mit Gutem eine noble Gesinnung zum Ausdruck.

☙❧

Wenn es darum geht, anderen Gutes zu tun, sind uns keine Grenzen gesetzt. Wer sich dem Wohl der Menschheit widmet, kann so selbstlos sein, dass er sogar sein Leben für andere opfert. Eine solche Uneigennützigkeit kann jedoch nur so lange eine Tugend sein, wie sie in Aufrichtigkeit und Reinheit der Absicht wurzelt. Zu ethnischen oder Stammesaffinitäten sollte sie großen Abstand halten.

☙❧

Jene, die selbst die größte gute Tat, die sie anderen erwiesen haben, für unbedeutend halten und selbst die geringste Wohltat, die ihnen selbst entgegengebracht wurde, sehr hoch schätzen, sind vollkommene Menschen, die die Verhaltensregeln Gottes übernommen haben und deren Gewissen seinen Frieden gefunden hat. Solche Menschen erinnern andere niemals an das Gute, das sie für sie getan haben, und beschweren sich zu keiner Zeit darüber, dass man ihnen gleichgültig gegenüber steht.

Islam und Demokratie - eine Gegenüberstellung

Heutzutage ist es schon schwierig genug, über die Religion und insbesondere über den Islam zu schreiben oder zu sprechen. Noch schwieriger ist es jedoch, den Islam mit modernen politischen Systemen zu vergleichen. Dieses Problem ist vor allem dadurch bedingt, dass die Religion, die sich im Wesentlichen mit den nicht veränderbaren Seiten des menschlichen Lebens befasst und die Gegenstand der Erfahrung, der Empfindung und des Erlebens ist, in der modernen Kultur mit empirischen Methoden durchleuchtet wird. Anthropologie, Religionswissenschaft, Psychologie und Psychoanalyse analysieren die Religion auf diese Art und Weise. Andererseits halten aber auch viele Menschen, die sich als religiöse Menschen bezeichnen, die Religion für einen Gegenstand der Philosophie bzw. für ein ganz und gar mystisches Phänomen. Im Falle des Islams kommt erschwerend hinzu, dass der Islam sowohl von einigen Muslimen als auch von herrschenden politischen Mächten der modernen Welt als eine politische, gesellschaftliche und ökonomische Ideologie betrachtet wird.

Im Mittelpunkt aller Diskussionen um Religion, Demokratie und andere politische Systeme oder Philosophien sollte der Mensch stehen. Denn nur diese Herangehensweise erlaubt eine präzise und verlässliche Bewertung und Analyse der jeweiligen Diskussionsgegenstände. Wenn man z.B. die Religion und insbesondere den Islam mit einem demokratischen oder einem anderen politischen, gesellschaftlichen oder wirtschaftlichen System vergleicht, wird man recht schnell erkennen, dass dieser Vergleich hinkt. Denn während sich die Religion ganzheitlich mit Wesen und Leben des Menschen beschäftigt und dabei alle oben genannten Dimensionen mit berücksichtigt, befassen sich politische, soziale und wirtschaftliche Systeme und Ideologien nur mit bestimmten Teilbereichen des gesellschaftlichen Lebens. Darüber hinaus sind sie auf das Diesseits beschränkt und ziehen ein Leben nach dem Tode meistens nicht in Betracht.

Die hier angesprochenen Dimensionen des menschlichen Lebens, mit denen sich die Religion auseinander setzt, sind an keine Zeiten und Epochen gebunden, sondern allgemein gültig. Sie besaßen für die ersten Menschen die gleiche Bedeutung und Gültigkeit wie für uns heute. Auch in der Zukunft werden sie sich nicht verändern. Weltliche Systeme hingegen sind einem ständigen Wandel unterworfen. Sie können nur mit Bezug zu den Zeiten, in denen sie ihre Wirkung ausüben und dominieren, beurteilt werden.

Der Glaube an einen Gott, das Jenseits, Propheten, Offenbarungsschriften, Engel und die Vorherbestimmung unterliegt hingegen keinem Wandel. Gleiches gilt auch für das Gebet zu Gott und für die universellen ethischen Werte, die bereits von den Gesellschaften der ersten Menschen anerkannt und akzeptiert wurden. Wenn wir also die Religion und insbesondere den Islam mit der Demokratie vergleichen, dürfen wir dabei nicht aus den Augen verlieren, dass die Demokratie keine messbare Größe ist und in verschiedenen Ländern zu verschiedenen Zeiten unterschiedlich verstanden wird. Die Religion hingegen hält unveränderliche Regeln und Werte für das menschliche Leben bereit. Ein Vergleich zwischen der Demokratie als politisches und gesellschaftliches System und dem Islam muss sich also auf die Lehren des Islams für das weltliche Leben beschränken.

Das wichtigste Ziel des Islams und seine unveränderlichen Dimensionen spiegln sich auch in den Richtlinien wider, die er für jene Aspekte unseres Lebens erlässt, die Veränderungen unterworfen sind. Der Islam spricht sich nicht explizit für eine bestimmte Regierungsform aus. Er fordert uns nicht dazu auf, Staaten nach einem bestimmten Modell zu entwerfen. Stattdessen gibt er Grundprinzipien vor, die den Staatsgebilden der Menschen einen gewissen Spielraum lassen. Staatsstruktur und Regierungsform sind den äußeren Rahmenbedingungen anzupassen, ohne dass die Grundprinzipien verletzt werden sollten. Wenn wir Islam und Demokratie einander gegenüberstellen, sollten wir daher die islamischen Grundprinzipien untersuchen und sie mit den Werten der heutigen modernen und freiheitlichen Demokratien vergleichen.

Obwohl demokratische Strukturen kein gänzlich neues Phänomen sind, feierten sie erst mit der Amerikanischen und der Französischen Revolution (1776 bzw. 1789-99) ihren Durchbruch. Statt dem Monarchen stellte nun das Volk die Regierung. Dem Individuum wurde ein höherer Wert als der Gesellschaft zugebilligt. Jedem Individuum sollte die Freiheit gewährt werden, sein Leben selbst zu gestalten. Natürlich lebten die Menschen damals wie heute in Gemeinschaften zusammen, daher durften die Grundfreiheiten des Menschen dem gesellschaftlichen Leben keinen Schaden zufügen. Entscheidendes Kriterium für eine demokratische Gesellschaft war und ist jedoch, dass sie nach Wohlstand und Glück der einzelnen Individuen strebt.

Der Islam kennt keine Diskriminierung hinsichtlich ethnischer Zugehörigkeit, Hautfarbe, Aussehen oder Herkunftsland. Alle Menschen sind hinsichtlich ihres Menschseins und vor dem Gesetz so gleich *wie die Kammzacken*, wie es ein Hadith auf den Punkt bringt. Auch der Hadith *Ihr alle stammt von Adam ab, Adam jedoch aus der Erde. O Diener Gottes, seid Brüder!* unterstreicht dieses Gleichheitsprinzip. Dem Islam zufolge sind auch der Besitz von Eigentum und Macht, die Abstammung von einer bestimmten Familie oder eine frühere Geburt nicht mit dem Anspruch verknüpft, über andere gebieten zu dürfen.

Im Islam gelten folgende grundlegenden Prinzipien:

1. Das Recht besitzt absolute Priorität.
2. Gerechtigkeit und die Herrschaft des Gesetzes sind grundlegend.
3. Jedes Individuum hat bestimmte Rechte, die der Gesellschaft nicht geopfert werden dürfen. Glaube, Vernunft (Recht auf eine gesunde Seele und einen gesunden Geist), Leben, Eigentum und Familie stehen unter besonderem Schutz.
4. Diese Grundprinzipien bilden die Quelle für die Glaubensfreiheit, die freie Praktizierung des Glaubens, das Recht auf freie Meinungsbildung, auf Privateigentum, auf Eheschließung und auf Nachwuchs.
5. Daneben basieren auch Individualität, Intimität und die Unantastbarkeit des Lebens auf diesen Grundprinzipien.

6. Im Islam gilt das Prinzip der Individualität von Schuld. Kein Mensch darf für Verstöße gegen Recht und Gesetz durch andere verantwortlich gemacht werden.
7. Außerdem darf ein Mensch erst dann für schuldig befunden werden, wenn seine Schuld zweifelsfrei bewiesen wurde.
8. In der Verwaltung sind beratende Gremien unverzichtbar.

Alle Rechte sind gleich wichtig, und die Rechte des Individuums dürfen nicht den Rechten der Gesellschaft geopfert werden. Dem Islam zufolge besteht die Gesellschaft aus bewussten Individuen mit einem freien Willen, die für sich selbst und ihre Mitmenschen verantwortlich sind. Hinzu kommt eine kosmische Dimension.

Eine wichtige Rolle für den Vergleich zwischen Islam und Demokratie spielt daneben auch die Vorherbestimmung. Ganz im Gegensatz zu jeder Art von Fatalismus und zur fatalistischen (deterministischen) ‚Geschichtlichkeit' der westlichen Geschichtsphilosophien des vergangenen Jahrhunderts betrachtet der Islam den Menschen als den Motor der Geschichte. Jeder einzelne Mensch beeinflusst durch seinen freien Willen und sein Verhalten sowohl sein Umfeld im Diesseits als auch das eigene zukünftige Leben im Jenseits. Vom Menschen aufgebaute Gesellschaften entscheiden letztlich durch ihren Glauben, ihre Weltanschauung und vor allem durch ihre Lebensweise über ihr Schicksal - ihren Aufstieg oder ihren Fall. Der Koranvers *Gewiss, Allah ändert die Lage eines Volkes nicht, ehe sie (die Leute) nicht selbst das ändern, was in ihren Herzen ist* (13:11) weist uns darauf hin, dass die Gesellschaften ihr Schicksal selbst in der Hand halten. *Wie ihr seid, so werdet ihr regiert*, heißt es in einem Hadith. Die hier beschriebenen Grundprinzipien des Islams sind also zwar nicht mit demokratischen Prinzipien identisch, stehen aber andererseits auch nicht im Widerspruch zu diesen. Die Prinzipien, die in dem besagten Koranvers und in dem Hadith zum Ausdruck kommen, und die Grundprinzipien der Demokratie - der ‚Selbstregierung des Volkes' - führen also zum gleichen Ziel.

Die Tatsache, dass der Islam den freien Willen des Menschen für seine eigene Zukunft und die seiner Gesellschaften in den Vordergrund stellt, macht es erforderlich, dass die Regierungsverantwortung dem Volk übertragen wird. Bei der Vermittlung seiner Prinzipien wendet sich der Koran an das ganze Volk: *O ihr Menschen, o ihr, die ihr glaubt!* Die Pflichten, die der moderne Staat seinen Bürgern auferlegt, korrespondieren im Grunde mit jenen Pflichten, die der Islam den Muslimen auferlegt. Entsprechend ihrer Bedeutung werden die islamischen Pflichten als zwingend erforderlich, prinzipiell erforderlich und empfehlenswert klassifiziert (als ‚kollektive Pflichten', ‚kollektive Erfordernisse' oder als ‚kollektive Sunna').

Folgende Passagen finden sich im Koran:

> *O ihr, die ihr glaubt! Tretet allesamt ein in das Heil.* (2:208)

> *O ihr, die ihr glaubt, spendet von dem Guten, das ihr erwarbt, und von dem, was Wir für euch aus der Erde hervorkommen lassen.* (2:267)

> *Und wenn einige eurer Frauen eine Hurerei begehen, dann ruft vier von euch als Zeugen gegen sie auf.* (4:15)

> *Allah befiehlt euch, die anvertrauten Güter ihren Eigentümern zurückzugeben; und wenn ihr zwischen Menschen richtet, nach Gerechtigkeit zu richten.* (4:58)

> *Seid auf der Hut bei der Wahrnehmung der Gerechtigkeit, und seid Zeugen für Allah, auch dann, wenn es gegen euch selbst oder gegen Eltern und Verwandte geht.* (4:135)

> *Und wenn sie jedoch zum Frieden geneigt sind, so sei auch du ihm geneigt, und vertraue auf Allah.* (8:61)

> *Wenn ein Frevler euch eine Kunde bringt, so vergewissert euch (dessen), damit ihr nicht anderen Leuten in Unwissenheit ein Unrecht zufügt und hernach bereuen müsst, was ihr getan habt.* (49:6)

> *Und wenn zwei Parteien der Gläubigen einander bekämpfen, dann stiftet Frieden zwischen ihnen.* (49:9)

Die Bevölkerung von Staaten kommt ihren Pflichten nach, indem sie die notwendigen Institutionen gründet und so nach dem Prinzip der Arbeitsteilung verfährt. Die Gesamtheit der von den Menschen gegründeten Institutionen bildet dann das Staatsgefüge. Der Islam tritt für einen Staat ein, der auf einem ‚gesellschaftlichen Abkommen' basiert. Eine solche Staatsform sieht freie Wahlen der Bürger zur Entscheidung über die Zusammensetzung des Regierungsapparates vor. Sie verlangt von den an der Regierung beteiligten Parteien, dass sie sich immer wieder zu beratenden Gesprächen zusammenfinden. Das Volk kontrolliert in diesem Staatsmodell die Regierung.

Vor allem während der Regierungszeit der ersten vier Kalifen (632-661) wurde diesen grundlegenden Prinzipien der Herrschaft umfassend Rechnung getragen. Nach dem Tod Alis, des vierten Kalifen, wurde das politische System aber auf Grund von inneren Konflikten und den globalen Verhältnissen jener Zeit in ein Sultanat umgewandelt. Im Gegensatz zum Kalifat wurde die Macht im Sultanat innerhalb der Familie des Sultans weitergereicht. Obwohl fortan keine freien Wahlen mehr abgehalten wurden, wurden aber andere Prinzipien, die auch im Zentrum der Demokratien von heute stehen, nach wie vor hochgehalten.

Der Islam ist die Religion des Universums; denn Islam bedeutet nichts anderes als Gehorsam und Unterwerfung gegenüber Gott, dem Herrn des Universums. Im ganzen Universum lässt sich keine Unordnung feststellen. Alles im Universum ist ‚Muslim', weil alles Gott gehorcht, indem es sich Seinen Gesetzen unterwirft. Selbst Menschen, die sich weigern, an Gott zu glauben, oder etwas anderes bzw. jemand anderen als Gott anbeten, sind - soweit es ihre körperliche Existenz betrifft - Muslime. Denn das ganze Leben des Menschen, vom Embryozustand bis zum Zerfall zu Staub nach dem Tode, all sein Zellgewebe und all seine Gliedmaßen folgt dem Lauf, der von den Gesetzen Gottes diktiert wird. Im Islam sind daher Natur, Gott und der Mensch nicht voneinander getrennt. Sie sind einander nicht fremd, und mit Sicherheit stehen sie auch nicht in Gegnerschaft zueinander. Gott gibt Sich dem Menschen durch die Natur und den Menschen zu erkennen; Mensch und Natur sind zwei Bücher (der Schöpfung), und Gott wird durch jedes Wort in ihnen sichtbar.

Das sollte uns Menschen Anlass geben, alles im Universum so zu betrachten, als gehöre es zu dem gleichen Einen Gott, zu dem auch wir selbst gehören. Mit anderen Worten: Nichts im Universum kann uns fremd sein. Unsere Sympathie, unsere Liebe und unser Dienst dürfen sich nicht auf bestimmte Menschen einer bestimmten Hautfarbe oder Ethnie beschränken. All dies brachte der Prophet mit seinem Ausspruch *Ihr Diener Gottes, seid einander Brüder und Schwestern!* auf den Punkt.

Ein weiterer sehr wichtiger Punkt ist, dass der Islam alle früheren Religionen anerkennt. Er akzeptiert alle Propheten und Schriften, die anderen Völkern zu anderen Zeiten gesandt wurden. Ja, er akzeptiert sie nicht nur, sondern betrachtet den Glauben an sie auch als verpflichtendes Grundprinzip für jeden Muslim. Damit bekräftigt der Islam die elementare Einheit aller Religionen. Ein Muslim ist gleichzeitig ein Anhänger von Abraham, Moses, David, Jesus und allen anderen hebräischen Propheten. Deshalb durften Christen und Juden unter der Herrschaft islamischer Mächte immer ihre eigenen Religionen pflegen.

Ziel des gesellschaftlichen Systems ist dem Islam zufolge, dass Mensch und Gesellschaft tugendhaft sind und dadurch das Wohlgefallen Gottes erlangen. Das Prinzip von wechselseitiger Unterstützung und Solidarität ersetzt im Islam das Prinzip des Konflikts. Die Beziehungen zwischen den Menschen bauen dem Islam zufolge nicht auf Stärke, sondern auf Recht auf. Recht verlangt nach Einheit an Stelle von Spaltung und Streit. Solidarität wird durch Tugenden gefördert. Das Prinzip wechselseitiger Unterstützung bedeutet, dass man einander beisteht und Hilfe leistet. Der Glaube und gemeinsame Gefühle und Werte sorgen für Brüderlichkeit und Zusammenhalt an Stelle von Feindseligkeit. Wenn die Seele des Menschen angespornt wird, sich zu vervollkommnen, und der Besitzer der Seele in seinem ganzen Wesen reift, dann wird er sowohl in dieser als auch in der kommenden Welt sein Glück finden.

Die Demokratie ist ein System, das Zeit braucht, das sich entwickelt und entwickeln muss. Bis zum heutigen Tage folgt die Demokratie verschiedenen Entwicklungen und wird dies auch in Zukunft tun. Sie wird zu einem gerechten System heranwachsen, das noch mehr als heute schon auf Menschlichkeit, Recht und Wahrheit beruhen wird. Die Demokratie sollte also alle Seiten des Menschen berücksichtigen. Sie sollte die Bedürfnisse des Menschen achten, ohne die spirituelle und geistige Ebene des menschlichen Entwicklungsprozesses zu vernachlässigen. Die Demokratie sollte den Horizont der Menschen erweitern. Sie sollte auch das Leben nach dem Tode in Betracht ziehen und nicht vergessen, dass der Mensch ein Geschöpf mit Bedürfnissen ist, die nicht mit seinem Tod enden. Wenn ihr dies gelingt, wird sie in ein Stadium der Reife eintreten, in dem die ganze Menschheit glücklicher sein wird als in der Gegenwart. Islamische Prinzipien wie Gleichheit, Gerechtigkeit und Toleranz können ihr dabei helfen.

Auf der Schwelle
zu einem neuen Jahrtausend

Jede Morgendämmerung, jeder Sonnenaufgang und jeder Frühling steht für einen Neubeginn und für neue Hoffnung. Gleiches gilt auch jedes neue Jahrhundert und jedes neue Jahrtausend. Schon immer hat die Menschheit zwischen den Rädern der Zeit, über die wir keine Kontrolle haben, nach einem neuen Lebensfunken gesucht, nach einem Hauch, so frisch wie der Wind der Morgendämmerung. Schon immer hat sie gehofft und sich erträumt, dass es ihr nicht schwerer fallen würde, aus der Dunkelheit ins Licht zu treten, als eine Türschwelle zu überschreiten.

Wir können lediglich darüber spekulieren, wann die ersten Männer und Frauen auf der Erde auftauchten. Sie betraten jedenfalls eine Welt, die sich in Bezug auf ihre erhabenen Geschöpfe, auf ihre ontologische Bedeutung und auf ihren Wert, den sie vor allem ihrem ranghöchsten Bewohner - dem Menschen - verdankt, durchaus mit den Himmeln messen lässt. Legen wir den heute gebräuchlichen Kalender zu Grunde, befinden wir uns an der Schwelle zum dritten Jahrtausend nach Jesu Geburt (Friede sei mit ihm!). Da Zeit jedoch relativ ist, existieren auf der Welt auch unterschiedliche Zeitmaße. Nach dem jüdischen Kalender befinden wir uns schon in der zweiten Hälfte des 8. Jahrtausends. Legen wir die hinduistische Zeitrechnung zu Grunde, leben wir im Kali-Yoga-Zeitalter, und laut dem islamischen Kalender nähern wir uns dem Ende der ersten Hälfte des zweiten Jahrtausends.

Wir sollten nicht vergessen, dass das von uns angewandte Maß der Zeit - das Jahrhundert - ebenfalls relativ ist. Während wir nämlich der festen Überzeugung sind, dass ein Jahrhundert 100 Jahre umfasst, lohnt es sich, einmal über die Idee einer 60 Jahre umfassenden Zeiteinheit nachzudenken, denn diese entspräche der durchschnittlichen Lebenserwartung eines Menschen. Demnach schrieben wir also schon das vierte Jahrtausend nach Jesu Geburt und das dritte Jahrtausend nach der *Hidschra*, die ja den Beginn des islamischen Kalenders markiert. Dieses Thema bringe ich deshalb zur Sprache, weil die bevorstehende Jahrtausendwende[98] auf Grund einiger schrecklicher Prophezeiungen insbesondere im Westen zum Teil starke spirituelle Ängste geweckt hat.

Die Menschen brauchen Hoffnung; sie sind gewissermaßen Kinder der Hoffnung. In dem Augenblick, in dem sie ihre Hoffnung verlieren, büßen sie auch ihr ‚Lebensfeuer' ein, auch wenn ihr Körper dadurch nicht zwangsläufig stirbt. Je stärker der Glaube eines Menschen, desto größer seine Hoffnung. Der Winter währt nur ein Viertel des Jahres. Ähnlich kurz währen düstere Phasen, die das Individuum oder die Gesellschaft durchlaufen. Die Räder der Handlungen Gottes rotieren um eine so umfassende Weisheit und um so barmherzige Zwecke, dass uns schon der Wechsel von Tag und Nacht Hoffnung bringt und unsere Seele immer wieder neu aufblühen lässt. Und jedes neue Jahr kommt in Begleitung der freudigen Erwartung von Frühling und Sommer. Unglückselige Phasen dauern nicht lange an. Im persönlichen Leben wie auch im Leben eines Staates werden sie schnell von guten Zeiten abgelöst.

Der hier angesprochene Zyklus der ‚Tage Gottes', der auf der Weisheit Gottes basiert, birgt für Menschen, die über Glauben, Einsicht und Intelligenz verfügen, weder Grund zur Furcht noch Anlass zu Pessimismus. Für all diejenigen, die ein achtsames Herz, innere Wahrnehmung und die Fähigkeit zuzuhören besitzen, stellt er vielmehr eine Quelle der unablässigen Reflexion, des Gedenkens Gottes und der Dankbarkeit dar. So wie sich der Tag im Herzen der Nacht entwickelt und der Winter den Schoß versorgt, aus dem der Frühling wächst, wird durch diesen Wechsel auch unser Leben geläutert. Es reift und trägt schließlich die Früchte, die von ihm erwartet werden.

Diese Sichtweise ist keine rein persönliche oder subjektive, sondern spiegelt eine objektive Tatsache der menschlichen Geschichte wider. Das heißt aber nicht, dass wir den Winter bzw. Ereignisse, die sich dem Winter zuordnen lassen und von Trauer, Krankheit und Unglück geprägt sind, willkommen heißen. Es mag zwar richtig sein, dass Krankheiten

---

[98] Dieser Aufsatz wurde 1999 verfasst.

in bestimmten Fällen die Abwehrkraft des Körpers stärken, sein Immunsystem kräftigen und medizinischen Fortschritt erbringen, im Allgemeinen sind sie jedoch wenig angenehm, teilweise sogar verhängnisvoll. Das Gleiche gilt auch für Katastrophen. Aus theologischer und moralischer Perspektive resultieren diese aus unseren Sünden, die schwer genug sind, um Himmel und Erde erschüttern, und aus (religiösen oder säkularen) Übertretungen, die gegen Ethik und Gesetz verstoßen. Auch wenn diese Katastrophen unter gewissen Umständen dazu beitragen mögen, Menschen auf ihre Fehler und Versäumnisse aufmerksam zu machen, auch wenn sie Entwicklungen in den Bereichen Geologie, Architektur und Technik beschleunigen können, und selbst obwohl sie gelegentlich gläubige Menschen in den Rang von Märtyrern erheben, verursachen sie doch in erster Linie Zerstörung und schaden der Menschheit.

Im Koran lesen wir:

Wenn nicht Allah den einen Menschen durch den anderen aufhalten würde, wahrlich, so wären Klöster, Kirchen, Bethäuser und Moscheen, in denen Allahs Name so häufig genannt wird, zerstört. (22:40)

Mit anderen Worten: Ohne die Intervention Gottes wären Männer und Frauen, die niemanden über sich anerkennen und nicht glauben, dass sie ihren Taten gemäß im Jenseits beurteilt werden, wohl schon so weit vom rechten Weg abgekommen, dass sie die Erde für menschliches Leben unbewohnbar gemacht hätten. In einem anderen Koranvers heißt es:

Doch es mag sein, dass euch etwas widerwärtig ist, was gut für euch ist, und es mag sein, dass euch etwas lieb ist, was übel für euch ist. (2:216)

Kriege sind nicht grundsätzlich unrechtmäßig. Aber obwohl sie durchaus positive Aspekte haben mögen, solange sie auf bestimmten Prinzipien beruhen und das Ziel verfolgen, eine zu Grunde liegende Situation zu verbessern, sollten sie um jeden Preis vermieden werden. Denn sie richten großen Schaden an, und hinterlassen zerstörte Häuser, Familien, Witwen und Waisen.

Die Realitäten des Lebens dürfen weder vernachlässigt, noch sollten sie ignoriert werden. Die Menschen sind die Spiegel der Namen und Attribute Gottes und unterscheiden sich somit vom Rest der Schöpfung. Sie haben die Ehre, die Verantwortung dafür tragen zu dürfen, dass die Erde im Namen Gottes erblüht. Solange sie nicht hinter allem, was ihnen ihr Schöpfer - im Guten wie im Schlechten - schickt, Seine Weisheit und Seine Absichten erkennen, wird es ihnen auch nicht gelingen, Verzweiflung und Pessimismus zu entfliehen. In den Augen verzweifelter und pessimistischer Menschen jedoch - das liest man immer wieder in der existenzialistischen Literatur - verwandelt sich das Leben des Menschen in einen bedeutungslosen Prozess, das Sein in eine irrelevante Nichtigkeit, Wahnwitz in den einzig gültigen Maßstab, Selbstmord in einen verdienstvollen Akt und der Tod in die einzig unvermeidliche Realität.

Die elementare Natur des Menschen

Nachdem wir uns zunächst also mit den grundlegenden Aspekten des Themas befasst haben, kommen wir nun zu weiteren Betrachtungen bezüglich des dritten Jahrtausends.

Die Geschichte der Menschheit begann mit zwei Menschen, die die Essenz aller Menschen in sich vereinigten und sich gegenseitig ergänzten. Zu Lebzeiten der Urmutter, des Urvaters und der Familien, die von ihnen abstammten, führten die Menschen ein beschauliches Leben. Sie bildeten eine Gemeinschaft, in der alle Individuen die gleichen Ziele verfolgten und Umwelt und Leben miteinander teilten.

Die Essenz des Menschseins blieb seit damals unverändert und wird sich auch nie verändern. Die Realitäten, die unser Leben bestimmen, unsere physische Struktur, unsere wesentlichen Eigenschaften, unsere Grundbedürfnisse, die Orte und Zeiten von Geburt und Tod, die Auswahl unserer Eltern und bestimmte angeborene physische Anlagen sind seither genauso unverändert geblieben wie die Umwelt, die uns umgibt. Sie alle erfordern die Existenz bestimmter fundamentaler, unveränderlicher Realitäten und Werte. Die Entwicklung und der Wandel der sekundären Realitäten des Lebens sollten auf diesen primären Realitäten und Werten basieren, damit der Status des Lebens als ein weltliches Paradies im Schatten der Himmel gewahrt bleibt.

Oben wurden bereits einige unerfreuliche und unbequeme Themen wie Katastrophen, Kriege und Pessimismus angeschnitten. Analog dazu gibt es menschliche Charakterzüge, die auf den ersten Blick schlecht zu sein scheinen, wie z.B. Hass, Neid, Feindseligkeit, Machtstreben, Gier, Wut und Egoismus. Andere angeborene Triebe und Bedürfnisse gewährleisten den Fortbestand der Menschheit auf dieser Welt. Hierzu gehören das Bedürfnis zu essen und zu trinken sowie Lust und Zorn. Alle menschlichen Triebe, Bedürfnisse und Charakterzüge sollten in Richtung der beständigen Werte, die die fundamentalen Aspekte des Menschseins ansprechen, gelenkt und geschult werden. Denn so können das Bedürfnis zu essen und zu trinken und das gierige Verlangen, das mit Lust oder Zorn einhergeht, gezähmt und in Instrumente des absoluten oder relativen Guten verwandelt werden.

Egoismus und Hass können sich zu Quellen guter Eigenschaften und Tugenden entwickeln. Neid und Rivalität lassen sich in ein Wetteifern um wohltätige und gute Taten umleiten. Aus dem Gefühl von Feindseligkeit kann Feindseligkeit gegenüber dem Satan - dem größten Feind der Menschheit - und dem Gefühl von Feindseligkeit und Hass an sich erwachsen. Gier und Zorn können uns die Energie spenden, die wir brauchen, um unermüdlich Gutes zu tun. Egoismus schließlich kann uns die Schwächen unseres fleischlichen Selbst (*Nafs*) vor Augen führen und unsere Seele darauf trainieren, uns keine unrechtmäßigen Handlungen mehr zu gestatten.

Wie man sieht, lassen sich alle negativen Gefühle in Quellen des Guten verwandeln, wenn man sich nur bemüht und sie angemessen schult. Den angestrebten Rang des ‚Besten der Schöpfung' kann der Mensch dadurch erklimmen, dass er den Weg der Transformation eines potenziellen Menschen in einen authentischen und vollkommenen Menschen beschreitet. Er hat es selbst in der Hand, zum Symbol, Modell und persönlichen Repräsentanten der Schöpfung und des Seins aufzusteigen.

Die Realitäten des menschlichen Lebens folgen diesen Leitlinien jedoch leider nicht immer. Oftmals überwältigen die angesprochenen negativen Gefühle und Eigenschaften die Menschen und unterwerfen sie so erbarmungslos ihrer Herrschaft, dass die Religionen, die die Menschen eigentlich zu Frömmigkeit und Güte anleiten, genauso missbraucht werden wie jene menschlichen Gefühle und Eigenschaften, die eigentlich Quellen des Guten sind. Unser Leben ist - auf individueller Ebene, aber auch auf der Ebene der Menschheit als Ganzer - oft nicht mehr als das Produkt von Kämpfen, die wir in unserer Innenwelt austragen, bzw. nicht mehr als das Produkt der Manifestationen dieser Kämpfe in der Außenwelt. Dieser Umstand macht sowohl die persönliche Welt des Individuums als auch die Gesellschaft und die Geschichte des Menschen zu einem Schauplatz von Gefecht, Streit, Krieg, Unterdrückung und Tyrannei. Die Konsequenzen davon haben wir selbst zu tragen.

Stets ernten wir die Früchte unseres Handelns. In der ersten Phase ihrer Geschichte lebte die Menschheit glücklich als eine einzige Gesellschaft, deren Mitglieder Freud und Leid miteinander teilten. Später dann beugten sich die Menschen auf Grund ihres Neids, ihrer Gier und dadurch, dass sie die Rechte und das Eigentum anderer begehrten, dem rostigen Joch der Ketten und der Unterdrückung. Ein Resultat war der Brudermord von Kain an Abel. Die Menschheit geriet auf den Pfad der Zwietracht. Und obwohl die Jahrtausende eines nach dem anderen wie Tage, Jahreszeiten und Jahre ins Land gingen, sind wir diesem ‚Kreislauf' bis heute verhaftet.

Das zweite Jahrtausend

Das zweite Jahrtausend begann mit den Kreuzzügen und dem Eindringen der Mongolen in die islamische Welt, die damals so etwas wie das Herz der Welt und der Geschichte war. Aber trotz der Kriege und Zerstörungen und trotz der Verbrechen, die zum Teil im Namen der Religion und zum Teil im Namen der wirtschaftlichen, politischen und militärischen Vorherrschaft begangen wurden, stand die östliche Zivilisation, die sich auf Spiritualität und metaphysische, universelle und ewige Werte stützte, in diesem zweiten Jahrtausend zeitweise ebenso im Zenit wie die westliche Zivilisation, die sich auf die physischen Wissenschaften verließ. Viele bedeutende geographische Entdeckungen wurden gemacht, und in den Wissenschaften wurden unglaubliche Fortschritte erzielt.

Westliche und östliche Zivilisationen gingen jedoch getrennte Wege. Zu dieser Trennung, die es niemals hätte geben dürfen, kam es, weil der Osten Intellekt und Wissenschaft keine Aufmerksamkeit mehr schenkte und sich der Westen seinerseits aus Spiritualität und Metaphysik zurückzog und ewige, unabänderliche Werte fallen ließ. Aus dieser Trennung resultierten gerade in den letzten Jahrhunderten schreckliche, kaum fassbare Katastrophen. Die Menschheit feierte zwar große Erfolge; gleichzeitig aber florierten Arroganz und Egoismus. So mussten Männer und Frauen weltweit Kolonialismus, bestialische Massaker, Revolutionen, die das Leben von Millionen von Menschen forderten, und unvorstellbar blutige und zerstörerische Kriege über sich ergehen lassen. Sie waren mit Rassendiskriminierung, ungeheurem sozialem und ökonomischem Unrecht und eisernen Vorhängen konfrontiert, die von Regierungen errichtet wurden, deren Ideologie und Philosophie die Essenz, die Freiheit, den Verdienst und die Ehre der Menschheit leugneten. Aus diesem Grunde und zum Teil auch auf Grund einiger Prophezeiungen der Bibel fürchten viele Menschen im Westen, die Welt könnte erneut in einer Flut von Blut, Exkrementen und Zerstörung ertrinken. Sie sind pessimistisch und fürchten sich vor dem neuen Jahrtausend.

Unsere Erwartungen an das neue Jahrtausend

Moderne Kommunikations- und Transportmittel haben die Welt in ein großes globales Dorf verwandelt. Wer meint, einschneidende Veränderungen würden an Landesgrenzen halt machen und nicht weiter um sich greifen, verkennt die herrschenden Realitäten. Unsere heutige Zeit ist eine Zeit der bilateralen Beziehungen. Völker und Menschen sind mehr denn je aufeinander angewiesen und voneinander abhängig. Also knüpfen sie engere Kontakte als früher.

Dieses Netzwerk der Beziehungen, das die Phase brutaler Kolonialisierung hinter sich gelassen hat und dem gemeinsame Interessen zu Grunde liegen, bietet den Schwächeren durchaus Vorteile. Darüber hinaus wächst - dank der Fortschritte im Bereich der Technologie und insbesondere der digitalen elektronischen Technologie - der verfügbare Wissensschatz ebenso schnell, wie der Austausch von Informationen zunimmt. Im Mittelpunkt dieser Entwicklungen steht das Individuum. Und so ist es auch nicht weiter verwunderlich, wenn immer mehr demokratische Regierungen, die die Rechte des Einzelnen achten, an die Stelle von repressiven Systemen treten.

Da jedes menschliche Individuum - im Unterschied zu den Tieren - die ganze Menschheit repräsentiert, dürfen individuelle Rechte nicht den Rechten der Gesellschaft geopfert werden. Soziale Rechte müssen die Rechte der Individuen berücksichtigen. Aus diesem Grunde nahmen die kriegsmüden Staaten des Westens die fundamentalen Menschenrechte und Freiheiten, die man in den Offenbarungsreligionen findet, in ihre Wertekanons auf. Auch in Zukunft werden sie in jeder Beziehung Priorität genießen. An der Spitze dieser Rechte steht das Recht zu leben, das von Gott gewährt wurde und nur von Ihm wieder genommen werden kann. Ein koranisches Prinzip, das die Bedeutung dieses Rechts im Islam unterstreicht, lautet:

> ...wenn jemand einen Menschen tötet, ohne dass dieser einen Mord begangen hätte, oder ohne dass ein Unheil im Lande geschehen wäre, es so sein soll, als hätte er die ganze Menschheit getötet; und wenn jemand einem Menschen das Leben erhält, es so sein soll, als hätte er der ganzen Menschheit das Leben erhalten. (5:32)

Hinzu kommen das Recht auf Glaubens-, Gedanken- und Redefreiheit, das Recht auf eigenen Besitz und die Unverletzlichkeit des eigenen Hauses, das Recht zu heiraten und Kinder zu haben, das Recht auf Kommunikations- und Reisefreiheit sowie das Recht auf Erziehung und Ausbildung. Die Prinzipien der islamischen Rechtsprechung basieren auf diesen und anderen Rechten, die auch von den modernen Rechtssystemen grundsätzlich akzeptiert werden - also, um nur einige Beispiele zu nennen, auf der Gleichheit der Menschen als menschliche Wesen und auf der Zurückweisung aller Diskriminierungen auf Grund von ethnischer Zugehörigkeit, Hautfarbe oder Sprache. All diese Rechte sollten und werden im neuen Jahrtausend unverzichtbar werden.

Ich glaube und hoffe, dass die Welt des neuen Jahrtausends - entgegen der Befürchtungen einiger Menschen - ein glücklicherer, gerechterer und barmherziger Ort sein wird. Islam, Christentum und Judentum verfügen über die gleichen Wurzeln, haben im Kern die gleichen

Glaubensvorstellungen und erhalten aus der gleichen Quelle Nahrung. Über viele Jahrhunderte hinweg haben diese Religionen einander als Rivalen betrachtet. Doch heute machen ihre Geistesverwandtschaft und ihre gemeinsame Verantwortung, eine glückliche Welt für alle Geschöpfe Gottes aufzubauen, einen Dialog zwischen den Religionen zwingend erforderlich. Dieser Dialog findet bereits statt und hat sich inzwischen auch auf die Religionen Asiens und anderer Regionen ausgedehnt. Die Resultate werden positiv ausfallen.

Wie bereits angedeutet, wird der Ausbau dieses Dialogs nicht zu stoppen sein. Die Anhänger aller Religionen werden Wege finden, einander näher zu kommen und sich gegenseitig Hilfestellung zu leisten.

Frühere Generationen wurden Zeugen eines erbitterten Kampfes, den es so nie wieder geben darf: Wissenschaft gegen Religion. Dieser Konflikt ermöglichte den Aufstieg des Atheismus und des Materialismus, die das Christentum mehr als alle anderen Religionen beeinflussten. Wissenschaft und Religion können einander jedoch gar nicht widersprechen; schließlich verfolgen beide das eine gemeinsame Ziel, nämlich die Natur und den Menschen - die ja nichts anderes als zwei unterschiedliche Kompositionen der Manifestationen von Gottes Attributen Wille und Macht sind - zu verstehen. Die Quelle der Religion liegt in Gottes Attribut Sprache, das sich im Laufe der Geschichte in den Heiligen Schriften (zu denen Koran, Evangelien, Thora u.a. zu rechnen sind) manifestierte. Dank der Bemühungen von christlichen und muslimischen Theologen und Wissenschaftlern deutet heute einiges darauf hin, dass der Jahrhunderte währende Streit zwischen Wissenschaft und Religion beigelegt oder zumindest seine Absurdität eingeräumt werden kann.

Das Ende dieses Konflikts und ein neuer Erziehungsstil, der religiöse und wissenschaftliche Erkenntnisse mit Moral und Spiritualität verknüpft, werden ganz neue Menschen hervorbringen, die in Herz und Geist aufblühen werden. Erkennen wird man diese Menschen an ihren Verdiensten, Tugenden und Werten. Auch werden sie mit den ökonomischen und politischen Gegebenheiten ihrer Zeit vertraut sein.

Unsere Welt wird, bevor sie irgendwann zu Grunde geht, noch einen wunderbaren ‚Frühling' erleben. In diesem Frühling wird die Kluft zwischen Reich und Arm schmaler werden. Die Reichen dieser Welt werden auf gerechte Art und Weise mit Arbeit und Kapital zum Wohlergehen der Menschheit beitragen. Diskriminierungen auf Grund von ethnischer Zugehörigkeit, Hautfarbe, Sprache und Weltsicht werden verschwinden, und die Grundrechte und -freiheiten des Menschen werden mehr Schutz erhalten. Das Individuum wird aus dem Schatten treten und lernen, sein Potenzial zu nutzen. Die Menschen werden sich mit den Flügeln der Liebe, des Wissens und des Glaubens zu neuen Höhen emporschwingen und versuchen, zu vollkommenen erhabenen Menschen zu werden.

In diesem neuen Frühling, der nicht zuletzt von Wissenschaft und technologischem Fortschritt geprägt sein wird, werden die Menschen verstehen, dass die heutige Stufe von Wissenschaft und Technologie der Phase ähnelt, in der ein Kind zu krabbeln beginnt. Reisen in den Weltraum beispielsweise werden dann so alltäglich sein wie heutzutage Reisen in ferne Länder. Reisende auf dem Weg zu Gott, die sich aufopfern und keine Zeit für Feindseligkeiten haben, werden die Inspirationen ihrer Seele in andere Welten tragen. Dieser Frühling wird auf den Grundmauern von Liebe, Barmherzigkeit, Dialog, Akzeptanz, gegenseitigem Respekt, Recht und Gerechtigkeit aufbauen. Die Menschheit wird ihr wahres Wesen erkennen, und Frömmigkeit und Güte, Rechtschaffenheit und Tugend werden die treibenden Kräfte dieses Frühlings sein. Was immer auch geschehen mag - früher oder später wird die Welt auf diesen Pfad finden. Niemand kann das verhindern.

So beten wir zum unendlich Barmherzigen Einen und bitten Ihn, unsere Hoffnungen und Erwartungen nicht zu enttäuschen.

Der Aufbau der Welt von morgen

Das Leben und der Geist der Hoffnung

Betrachtet man das Leben durch das Fenster Dessen, der es gestiftet hat, wird man erkennen, dass alles Handeln, das bleibende Früchte trägt, von Hoffnung getragen wird. All jene, die eher an ihre Mitmenschen denken als an sich selbst, all jene, die ihr eigenes Glück im Glück ihrer Mitmenschen finden, und all jene, denen viel daran liegt, das Leben ihrer Mitmenschen lebenswerter zu machen, schöpfen aus der Hoffnung Kraft. Darüber hinaus dient die Hoffnung all jenen als unerschöpfliche Energiequelle, die sich dem Ideal, ein Leben auf der Ebene von Herz und Seele zu führen, verpflichtet fühlen und die Fesseln von Zeit, Raum, Materie, Sinnlichkeit und Eigennutz abgestreift haben.

In einer Zeit, in der viele der Ansicht sind, die Welt habe keine Zukunft mehr, in der so mancher gute Vorsatz und Wille von Beben, Stürmen und Fluten hinweg gespült wird, in einer Zeit, in der viele, die sich entweder von Ansehen, Rang, Reichtum und einer Macht abhängig gemacht haben, welche keinen Bezug zu dem Wahren Besitzer von Einfluss und Stärke aufweist, oder die die Wahrheit nicht zu sehen vermögen und ihr Herz an vergängliche Objekte wie die Sterne, den Mond und die Sonne verschenkt haben, langsam verzweifeln - in so einer Zeit erblüht die Hoffnung jener Menschen zu so majestätischer Größe, dass sie es selbst unter den schwierigsten Bedingungen mit dem ganzen Universum aufnehmen können. Fest entschlossen gehen sie ihren Weg, selbst wenn ihre Berechnungen und Pläne ein ums andere Mal scheitern. Und sind sie auch noch so arm, so erwecken sie doch eher den Eindruck, reiche Menschen zu sein. Toten Seelen hauchen sie neues Leben ein, und den Gebeugten verleihen sie Starke.

Jemand aus der westlichen Welt sagte einmal: „Genau in dem Augenblick, wenn alle die Hoffnung - und sei es nur die Hoffnung auf Selbstverteidigung - fahren lassen, wird das türkische Volk zum Angriff blasen." Die neuen frischen Schösslinge, die nach dem Mongolensturm und der Teilung Anatoliens zu sprießen begannen, und das Wiedererstarken nach den Niederlagen im Tal von Cubuklu, in Gallipolli und im Unabhängigkeitskrieg - nach jenen Kämpfen also, die beinahe zur Vernichtung des türkischen Volkes geführt hätten und in der Geschichte ohne Beispiel sind -, deuten darauf hin, dass die historische Aufgabe unseres Volkes darin besteht, Epen eines Widererstarkens zu dichten, das auf den Grundpfeilern Hoffnung und Glaube ruht.

Ich selbst übe mich heute in Dankbarkeit und Geduld angesichts meiner gesundheitlichen Probleme. Ich leide sehr darunter, so fern meiner Heimat zu sein, die ich mehr liebe als das Leben selbst - fern von ihren Gewässern, ihrer Luft, ihren Felsen und Steinen, ihrer Erde, ihrem Himmel und ihren Menschen mit den glühenden Wangen. All dies vermisse ich sehr. Das Heimweh verwandelt meine Seele in einen Brunnen ohne Grund. Selbst wenn ich nur flüchtige Blicke erhaschen kann, Blicke die lediglich die Oberfläche streifen, beobachte ich mit großer Sorge, aber auch voller Hoffnung, was in meinem Land vor sich geht - in einem Land, von dem viele behaupten, man könne dort nicht mehr leben. Ich bemühe mich zu erkennen, wohin die Politik der USA in der Region führen mag, und trotz aller negativen Entwicklungen ist meine Hoffnung für die Welt und die Menschheit ähnlich frisch wie die Blätter des Immergrüns, und ich schaue mit einem Lächeln in die Zukunft.

Der Mensch ist die Quelle

Der Mensch ist mit all seinen Charakterzügen ein Geschöpf, das nur schwer zu fassen ist. Was für alle anderen Kreaturen gilt, gilt auch für ihn: Im Menschen finden sich Spuren der Essenz aller erschaffenen Dinge. Kennt man den Menschen, kennt man - bis zu einem gewissen Grade - auch das Universum. Kennt man das Universum, kennt man - bis zu einem gewissen Grade - auch den Menschen. Und weil der Mensch zudem ein Fenster zum Verständnis des Schöpfers ist, ist das

Kennenlernen des Menschen sogar unsere erste und vordringlichste Pflicht. Als Menschen sollen wir uns selbst erkennen und uns dann mit dem Brennglas unserer ‚erleuchteten' Essenz unserem Schöpfer zuwenden. Leider vernachlässigen heute die meisten von uns diese Pflicht. Wie viele Menschen könnten wir aufzählen, die täglich Selbstkritik üben? Wie viele von uns entdecken sich Tag für Tag neu und unterziehen dabei ihre Fähigkeiten und Defizite, ihre Stärken, ihre Verdienste und ihre Versäumnisse einer kritischen Prüfung? Wie vielen gelingt es, sich frei in ihrem eigenen Ich zu bewegen? Wie viele Menschen könnten wir aufzählen, die sich selbst erforschen? Nicht ängstlich und mit flüchtiger Neugierde, nicht mit starrem Blick auf die eigenen Fehler und in erniedrigender Manier, sondern nach Art eines guten professionellen und analytischen Arztes: sich selbst auf den Behandlungsstuhl setzend und mit dem dringenden Wunsch ausgestattet, das eigene wahre Selbst zu erkennen und eine realistische Diagnose zu erhalten. Weil sich kaum jemand diese Mühe macht, ist es der Menschheit bis heute nicht gelungen, in ihrem ‚verlorenen Paradies' ihr Glück zu finden, obwohl sie es doch so verzweifelt sucht. Eigentlich hat sie nicht einmal begriffen, dass sie überhaupt in einem verlorenen Paradies lebt.

Das Patentrecht einer kleinen Minderheit

Die großartigen Erträge der wissenschaftlichen Forschung, die Wunder der Zivilisation und die Errungenschaften der modernen Technologien verdienen unser aller Hochachtung. Dennoch darf über die Erfolge in den Bereichen Wissenschaft und Technik nicht vergessen werden, dass wir diese Produkte unseres intellektuellen Strebens und ihre Früchte - die Globalisierung und die Geschwindigkeit - in den Dienst höherer Ziele stellen müssen. Wir sollten uns die Frage stellen, ob denn ein Raum, der mit jedem neuen Tag enger zusammengepresst wird, bis er irgendwann nicht kleiner als ein Dorf ist, und eine Zeit, die ebenfalls immer weiter verkürzt wird, wirklich mehr als einem reinen Selbstzweck dienen. Kommen sie womöglich vor allem dem Wohl einer kleinen Minderheit zu Gute, die das ‚Patent' auf all diese Dinge besitzt? Es ist heutzutage möglich, die entferntesten Winkel des Universums auszuleuchten, allen nur erdenklichen Lebensformen nachzuspüren, sich mit jedem noch so entlegenen Teil der Erde genau so vertraut zu machen wie mit unserem eigenen Stadtviertel und Informationen über selbst die ausgefallensten Aspekte der Dinge zu sammeln. Wenn diese Fertigkeiten jedoch über die Bedürfnisse und Interessen der Menschen gestellt werden und wenn der Respekt vor dem Privatleben des Einzelnen und vor den menschlichen Tugenden verloren geht, dann ist es an der Zeit abzuwägen, was wohl besser ist: In einer Gesellschaft mit all diesen modernen Errungenschaften zu leben oder in einer Vergangenheit, in der diese Dinge noch nicht verfügbar waren, in der die Menschen aber ein glücklicheres Leben führten und in der das gemeinschaftliche Leben und die Beziehungen untereinander von Menschlichkeit geprägt waren.

Wissenschaft, Technologie und Geschwindigkeit haben nie zu den grundlegenden Werten der Menschheit gehört. Andererseits wäre es aber auch töricht zu behaupten, Wissenschaft und Technik seien mit ‚idealistischen' Gedanken unvereinbar. Denn damit würde man lediglich einer Utopie das Wort reden. Wer auf Maschinen schimpft und die Fabriken verflucht, tut der Menschheit keinen Gefallen. Die Maschinen werden ihren Dienst nicht einstellen, und auch aus den Schloten der Fabriken wird weiterhin Rauch quellen, selbst wenn wir sie noch so sehr verteufeln mögen. Entscheidend ist auch nicht, welche Technologien zum Einsatz kommen, sondern wer Wissenschaft und Technik kontrolliert und welchen Zwecken sie dienen. Wissenschaft und Technik verfügen durchaus über das Potenzial, die Welt in eine Hölle zu verwandeln - nämlich dann, wenn sie einer verantwortungslosen Minderheit in die Hände fallen. In den Händen guter Menschen hingegen richten sie keinen Schaden an. Am meisten zu leiden hatte die Menschheit bis heute unter Tyrannen, die der Überzeugung waren, das Recht stehe immer auf Seiten der Mächtigen und der Unersättlichen. Wissenschaft und Technik und die mit ihnen verbundenen Geschwindigkeiten und Leistungssteigerungen sollten genau so viel Wertschätzung erfahren, wie sie den Zielen des Menschen dienen und das Erreichen dieser Ziele erleichtern. Weitere Maßstäbe sollten sein, wie viel Frieden und Glück sie uns bringen, wie sehr sie dazu beitragen, unsere Sehnsucht nach Gott und den Schmerz der Trennung von Ihm zu lindern, wie viele Krankheiten sie heilen, wie sehr sie die Harmonie auf Erden fördern, ob sie ein Gleichgewicht zwischen den Staaten herstellen, ob sie Lösungen für weltliche und spirituelle Probleme bereitstellen und ob sie unser Verständnis von dem, was um uns herum geschieht, schärfen. Entfernen sich Wissenschaft und Technik hingegen von diesen Zielen, dienen sie lediglich einem Selbstzweck und verwandeln sie sich selbst in Werte, dann verlieren sie ihre Existenzberechtigung. Gleiches gilt auch für den Fall, dass sie ausschließlich einer kleinen Minderheit zu Gute kommen.

Wissenschaft und Technik im Dienste der Menschheit

Ich denke, es macht Sinn, Wissenschaft und Technik aus dieser Perspektive zu betrachten. Wir sollten uns also fragen, in wessen Diensten sie heute stehen. Nutzen sie den zwischenmenschlichen Beziehungen? Verbessern sie die Beziehungen zwischen Mensch und Gesellschaft oder zwischen Gesellschaft und Staat? Profitiert die Liebe von ihnen, die Ehrerbietung und die Hilfeleistung, die Toleranz, die Akzeptanz jedes Menschen in seinem jeweiligen Umfeld, die Wahrheitsfindung, die Loyalität oder der Respekt vor dem Gesetz? Oder leisten sie der Verbreitung von Lug und Betrug, Gerüchten und übler Nachrede und einem ungesunden Interesse an den Sünden und Fehlern anderer Menschen Vorschub? Verletzen sie die Privatsphäre und mischen sich gar in unser Leben ein? Folgen sie guten Absichten, und dienen sie gerechten Zwecken? Ermuntern sie uns, zu teilen, einander nicht auszubeuten und die Rechte und Freiheiten anderer zu respektieren? Oder stehen sie in Diensten des Kapitals und rücksichtsloser Gewalt? Wenn Wissenschaft und Technik den hier skizzierten negativen Tendenzen folgen, lässt das für die Zukunft Schlimmstes befürchten. Wenn die Werte von heute, auf denen die Globalisierung gründet, ebenfalls von diesen negativen Tendenzen dominiert sind, dann wird sich die gegenwärtige Situation, in der die halbe Menschheit von zwei Dollar am Tag und eine Milliarde Menschen von noch weniger Geld leben muss, in der ein Viertel der Menschheit keinen Zugang zu frischem Trinkwasser besitzt und in der verheerende Krankheiten wie Aids uns bedrohen und sich immer schneller ausbreiten, noch weiter verschlimmern und irgendwann die ganze Menschheit bedrohen. Schon heute ist das Gesundheitswesen zu einer kostspieligen Industrie verkommen. Die globale Erwärmung steigt genauso unerbittlich wie die Umweltverschmutzung. Die Mehrheit der Menschen lebt ohne demokratische Rechte. Menschenrechtsverletzungen sind eher die Regel als die Ausnahme. Die Lebensbedingungen an manchen Orten spotten jeder Beschreibung, und Terrorakte lassen sich weder auf lokaler noch auf internationaler Ebene verhindern.

Ein Muslim kann kein Terrorist sein

Ich möchte jedoch die Gelegenheit nutzen, um an dieser Stelle darauf hinzuweisen, dass keine Religion, die von Gott gesandt wurde - nicht Judentum, nicht Christentum und auch nicht der Islam - jemals terroristische Handlungen billigen, geschweige denn sie vorschreiben würde. Für Gott ist das Leben von herausragender Bedeutung. Das ganze Sein ist darauf ausgerichtet, Leben hervorzubringen. Das Leben ist ein Mysterium Gottes, bei dem sich die Materie zu Gunsten des Lebens immer weiter entwickelt. Ein lebloser Körper, mag er auch so groß wie ein Berg sein, ist einsam, passiv und statisch. Das Leben hingegen ermöglicht es sogar einem so kleinen Tier wie der Biene, mit der ganzen Welt in Kontakt zu treten und die Blumen als ihre Freunde zu betrachten. Sie unterhält unzählige Beziehungen und steht in Kontakt mit ganz unterschiedlichen Formen der Schöpfung - mit der Sonne ebenso wie mit der Luft oder dem Menschen. So ist das Leben nichts anderes als ein Punkt, in dem sich die Namen des beispiellos Gerechten Einen Gottes konzentrieren, ein Fokus der gleichzeitigen Manifestation all Seiner Attribute. Gott hat dem Leben so außerordentlich viel Bedeutung beigemessen, dass Er es - neben der Religion, die Er uns gesandt hat - als einen der fünf essenziellen Werte charakterisiert, die unter allen Umständen zu schützen sind.

Da der Islam jedes einzelne Individuum als eine Spezies betrachtet, gilt ihm die Tötung eines einzigen Menschen als genauso schwer wiegend wie die Tötung der ganzen Menschheit, während die Errettung eines einzigen menschlichen Lebens mit der Errettung der ganzen Menschheit gleichgesetzt wird. Im Islam gibt es kein großes oder kleines Recht. Das Recht jedes einzelnen Individuums ist dem Recht der

Gemeinschaft gleichgestellt; im Islam wird niemand für andere geopfert. Ein Schiff, auf dem sich neun Verbrecher und ein Unschuldiger befinden, darf nicht versenkt werden, solange der Unschuldige noch an Bord ist.

Islamische Ziele dürfen nicht mit terroristischen Mitteln verfolgt werden

Der Islam ruft die Gläubigen dazu auf, sich für ihr Handeln rechtmäßige Ziele zu setzen. Dabei versäumt er es nicht zu unterstreichen, dass die Mittel zur Erreichung dieser Ziele ebenfalls rechtmäßig sein müssen. Die Gläubigen werden daran erinnert, dass sie, wenn sie zu unrechtmäßigen Mitteln greifen, nur das Gegenteil erreichen - selbst dann, wenn sie ein rechtmäßiges Ziel verfolgen. Aus dieser Perspektive betrachtet kann können terroristische Aktivitäten kein Mittel zur Erreichung irgendeines islamischen Ziels darstellen.

Der Islam verurteilt den Krieg. Andererseits stellt dieser aber eine menschliche Realität dar und hat in der Geschichte des Menschen stets eine überaus wichtige Rolle gespielt. Einem koranischen Prinzip gemäß, demzufolge das Anstacheln zu Gewalttätigkeiten noch schlimmer ist als Mord, müssen für einen rechtmäßigen Krieg in jedem Fall bestimmte Grundvoraussetzungen erfüllt sein: Er muss Anarchie, Unterdrückung und Tyrannei vorbeugen oder beseitigen. Der Islam billigt Krieg in erster Linie dann, wenn er der Verteidigung dient.

Der Islam war es auch, der dem Krieg zum ersten Mal in der Geschichte des Menschen Fesseln anlegte und schon sehr früh ein internationales Kriegsrecht etablierte. Befehle wie der folgende haben die Geschichte geprägt:

> „Erhaltet euch stets eure Gottesfurcht! Denkt daran, dass ihr ohne die Weisung und Unterstützung Gottes nichts zu tun vermögt! Vergesst nicht, dass der Islam die Religion des Friedens und der Liebe ist! Der Mut und die Tapferkeit des Propheten sollen euch ein Vorbild sein! Verwüstet keine Obstbäume oder fruchtbare Felder, an denen ihr vorüberzieht! Respektiert alle Priester und Mönche, die an Orten der Anbetung leben, und andere Menschen, die sich Gott hingeben! Tut ihnen nichts zu Leide! Tötet keine Zivilisten! Vergeht euch nicht an den Frauen,

schont das Leben der Besiegten, und demütigt die Besiegten nicht! Akzeptiert keine Geschenke von der Zivilbevölkerung! Quartiert eure Soldaten oder Offiziere nicht bei Zivilisten ein! Vergesst nicht, eure täglichen fünf Pflichtgebete zu verrichten! Fürchtet Gott! Erinnert euch daran, dass der Tod früher oder später auf euch wartet, selbst wenn ihr Tausende Kilometer vom Schlachtfeld entfernt sein solltet! Seid also ständig auf ihn vorbereitet."

Diese Weisung gaben die Oberhäupter der islamischen Länder ihren Heerführern in der Vergangenheit mit auf den Weg, wenn diese sich anschickten, in den Krieg zu ziehen. Die Befehle wurden im Kriegszustand fast immer in Kraft gesetzt und strikt befolgt.

Kriege dürfen außerdem nur von einem Staat begonnen werden. Auch dieser muss sich an bestimmte Prinzipien halten, und ihm darf keine andere Wahl bleiben, als Krieg zu führen. Weder eine Gruppe noch eine Organisation kann einen Krieg im Namen des Islams oder im Namen der Muslime erklären, sondern einzig und allein ein Staat. Für terroristische Aktivitäten, die sich nicht um Gesetze scheren, die geschützte Werte attackieren und die Sicherheit der Menschen bedrohen, findet sich im Islam kein Platz. Von daher kann ein Terrorist kein wahrer Muslim sein, und ein Muslim kann kein Terrorist sein. Die schlimmste Strafe, die das islamische Recht für diese Welt vorsieht, wird für Mord und für die Verletzung der Sicherheit anderer Menschen verhängt. Auch im Jenseits wird das Verbrechen Mord mit der schlimmsten Strafe belegt. Es steht auf einer Stufe mit dem Leugnen Gottes und dem Gott-Partner-Beigesellen. Mördern, die ihr Verbrechen ganz bewusst begangen haben, droht dem Islam zufolge ein ewiger Aufenthalt in der Hölle. Ein Muslim, der vom islamischen Glauben durchdrungen ist, kann angesichts einer Strafandrohung so gewaltigen Ausmaßes keine solche Gräueltat begehen. Noch einmal: Ein Terrorist kann kein wahrer Muslim sein, und ein wahrer Muslim kann kein Terrorist sein.

Die Probleme der muslimischen Gesellschaften

Wenn es in islamischen und anderen Regionen zu Terrorakten kommt, gilt es, diese sorgfältig zu analysieren und anschließend notwendige Gegenmaßnahmen zu ergreifen. Die folgende Aufzählung nennt die wohl wichtigsten Gründe dafür, dass sich in den muslimischen Ländern immer wieder Menschen im Netz des Terrors verfangen und sich zu terroristischen Anschlägen anstacheln lassen. Sie legt dar, warum der Terror zu einem zu einem so akuten Problem der Welt von heute geworden ist.

a) Die muslimischen Staaten sind als eine Region der Benachteiligten, Unterdrückten und Ausgebeuteten ins 20. Jahrhundert eingetreten. Sie wurden zu Schauplätzen von Befreiungskriegen, die im 19. Jahrhundert begannen und sich bis in die Mitte des 20. Jahrhunderts hineinzogen. In diesen Kriegen war der Islam ein Faktor, der die Bevölkerung einte und sie zum Handeln bewegte. Da all diese Kriege gegen Besatzungsmächte geführt wurden, wurden Islam und nationale Befreiung als identisch betrachtet und stets in einem Atemzug genannt. Später, nach der Gründung von Nationalstaaten, identifizierten sich die Beherrschten fast nirgendwo mit den Herrschern. Anstatt der Bevölkerung die wahre Essenz des Islams nahe zu bringen, kapselten sich die Herrscher immer mehr von ihr ab und verstießen gegen ihre Werte und Traditionen. Dies führte dazu, dass der Islam von den Menschen als Zuflucht vor den Machthabern empfunden wurde. Man begann - und das ist sehr bedauerlich - ihn als eine traditionelle politische Ideologie unter vielen anderen wahrzunehmen.

b) In den meisten muslimischen Ländern herrschen Führungskader wie in einer Oligarchie. Sie sorgen sich nicht um das Wohl ihres Landes und die Einbeziehung der Bevölkerung in das Staatswesen, sondern vor allem um sich selbst, um ihre Familie oder um ihre Clans. Sie sind zu reinen Despoten verkommen und verdienen in den Augen der Menschen nichts als Abscheu. So machen sich die Herrscher die ungebildete und arme Bevölkerung zum Feind.

c) Sowohl in muslimischen als auch in anderen Ländern bilden Armut, Unwissenheit und mangelnde Bildung einen idealen Nährboden für den Terror. Vielerorts konnten Clan- und Stammesloyalitäten nicht überwunden werden. In Ländern, die einst von westlichen Staaten besetzt waren, unterstützen die alten Machthaber die neuen Führungen. Die Bevölkerungsmehrheit macht sie deshalb für Benachteiligung und Unterdrückung verantwortlich.

d) Bis heute haben sich in muslimischen Ländern und anderen Drittweltländern nur selten Werte etablieren können, die sonst weltweit Akzeptanz gefunden haben: z.B. Demokratie, grundlegende Menschenrechte, Verbreitung von Wissen und Bildung, ökonomische Wohlfahrt, Gleichheit, Wahrheitsliebe oder Gerechtigkeit. Hierfür werden primär die eigenen Machthaber und ihre wichtigen und gewichtigen Unterstützer - d.h. die fortschrittlichen westlichen Staaten - verantwortlich gemacht. Die westlichen Staaten werden von der Bevölkerung jener Länder als unaufrichtig empfunden. Man beschuldigt sie, diese Werte nur vorzuschieben und in Wirklichkeit ausschließlich selbst von ihnen profitieren zu wollen.

e) Die Welt von heute hat sich dank unglaublicher Fortschritte u.a. in den Bereichen Telekommunikation und Transportwesen in ein Dorf verwandelt. Alle Menschen und alle Länder sind zu Nachbarn geworden. Einige dieser Nachbarn - eine Minderheit - schwimmen im Luxus, während die übrigen - die große Mehrheit - in bitterer Armut leben. Kolonialismus oder Ausbeutung, die zum Teil ganz offen, zuweilen aber auch sehr subtil ausgeübt werden können, gelten als wesentliche Gründe für Armut und Hunger. Diese haben so schlimme Ausmaße angenommen, dass der Großteil der Menschen nicht einmal seine Grundbedürfnisse befriedigen kann. Unmut, Feindseligkeit und Hass auf Seiten der Besitzlosen sind eine direkte Folge dieser Entwicklung. Verhängnisvoll ist außerdem, dass heutzutage unrechtmäßiges Handeln quasi zur Norm geworden ist. Korruption, Betrug, die Gier nach leicht verdientem Geld, Egoismus, Individualismus, Glücksspiel und Schmuggel (vor allem von Drogen und Waffen) machen heute beinahe jedem Land der Welt zu schaffen. Mafiaorganisationen, die solche Aktivitäten ermöglichen, und andere ähnliche Organisationen wie große Holdings und Kartelle liefern sich untereinander ein tödliches Rennen um Marktanteile und heuern sogar Auftragsmörder an, um ihre Interessen durchzusetzen. Organisationen dieser Art fördern unrechtmäßiges Handeln und sind deshalb zweifellos ebenfalls für die Verbreitung von Terror in der Welt verantwortlich.

f) Viel wichtiger als alle bis zu dieser Stelle aufgeführten Gründe ist jedoch wohl die Tatsache, dass die Religion und die religiösen Werte, sowie die mit der Religion verbundene Spiritualität und Ethik überall auf der Welt ausgehöhlt wurden. Diese Entwicklung steckt nicht nur hinter dem Phänomen Terror, sondern auch hinter anderen großen sozialen Problemen, die die Menschheit heute bedrohen. Die Welt durchlebt eine schwere spirituelle Krise. Die einst tragfähigsten Stützpfeiler der Menschheit sind zerstört worden und zusammengebrochen. Depressionsphilosophien, Satanismus, gewisse wie Pilze aus dem Boden schießende auf den ersten Blick spirituell erscheinende Strömungen, die in Wirklichkeit materialistisch und naturalistisch sind, und so genannte Kulte bereiten Gewaltanwendung und Geringschätzung des Lebens den Boden. All diese Phänomene ähneln epileptischen Anfällen, die unsere Welt schütteln, oder einem Zittern bei hohem Fieber. Wer noch fragt, warum Menschen Selbstmord begehen, töten oder Drogen nehmen, wenn er doch sieht, dass das Leben für sie keinen Sinn mehr hat, dass sie die Hoffnung aufgegeben haben, dass sie ihre Vergangenheit als ein tiefes Grab und ihre Zukunft als einen klaffenden Abgrund betrachten, ist entweder mit Unwissenheit geschlagen oder täuscht lediglich vor, unwissend zu sein.

g) Und noch ein letztes Wort muss in diesem Zusammenhang gesagt werden: Für sehr problematisch halte ich, dass es bis heute keine von allen Staaten anerkannte oder zumindest eine von den Vereinten Nationen festgelegte Definition von Terror gibt. Welche Handlungen sollen als Terrorakte bezeichnet werden, und welche nicht? Wer ist ein Terrorist, und wer nicht? Jeder scheint hier seine eigene Definition zu haben. Was für die einen ein Terrorist ist, ist für die anderen ein Freiheitskämpfer oder ein Verteidiger von Idealen. Wenn auf internationaler Ebene ein Kampf gegen den Terror geführt wird - und definitiv sollte es einem entsprechenden Feldzug nicht an Entschlossenheit fehlen -, dann sollte am Anfang eine Terrordefinition stehen, die zumindest durch die Vereinten Nationen legitimiert ist. Dann besäße dieser Feldzug nämlich endlich eine internationale rechtliche Grundlage. Die Zeit der gegenseitigen Schuldzuweisungen wäre vorbei, und wahrscheinlich wäre damit bereits ein erster Schritt zur Bekämpfung und Vorbeugung des Terrors getan.

Nachdem hier nun einige der essenziellen Probleme mitsamt ihrer Ursachen aufgezeigt wurden, erübrigt es sich fast, nach Lösungen zu fragen. Denn die Diagnose der Probleme gibt diese ja bereits vor.

Die Strukturen, die dem Leben in der Gesellschaft zu Grunde liegen

Das Leben in der Gesellschaft gründet im Wesentlichen auf den Faktoren Religion, Recht, Weisheit und Macht. Auch die Religion ist ein unverzichtbares Element des gesellschaftlichen Lebens. Ein Mensch oder eine Gesellschaft ohne Religion wird über kurz oder lang weder erfolgreich sein noch anderen Menschen oder Gesellschaften Nutzen bringen. Dabei ist die Religion ein Element, das auf einer übergeordneten Ebene gestiftet wurde und von dort Eingang in unser Leben gefunden hat - ob wir nun damit einverstanden sind oder nicht. Auch wenn wir Menschen die vollkommensten aller Geschöpfe sind und mit einem freien Willen ausgestattet wurden, wird unser Leben doch von zahlreichen unabänderlichen Faktoren bestimmt, an die wir gewissermaßen gefesselt sind. Wo und wann wir geboren werden, und wo und wann wir die Welt wieder verlassen werden - all das wurde für uns festgelegt, ohne dass wir Einfluss darauf gehabt hätten. Davon abgesehen arbeitet unser Körper völlig unabhängig von unserem Willen. Wir werden hungrig, durstig und müde, ohne viel dagegen tun zu können. Auch die Art und Weise wie wir diese Grundbedürfnisse befriedigen, ist nicht uns selbst überlassen. Bei elementaren Aktivitäten wie dem Essen und Trinken besteht unser Anteil lediglich darin, dass wir Speis und Trank beschaffen bzw. die Entscheidung fällen, sie zu beschaffen. Zur Befriedigung allein unserer Grundbedürfnisse tragen wir somit nicht mehr als vielleicht ein Prozent bei. All unser Handeln bewegt sich folglich in einem bestimmten Rahmen, der nicht zuletzt von der Religion gesteckt wird. Ob wir sie akzeptieren oder nicht, spielt dabei keine Rolle. Sie ist eines der wichtigsten Elemente in unser aller Leben und kann von keinem wie auch immer gearteten anderen Element ersetzt werden. Sie organisiert und reguliert unsere spirituellen Bedürfnisse, die um so viel bedeutender sind als alle materiellen Wünsche. Die Religion dient keinem Selbstzweck, sondern ordnet unser individuelles, häusliches und gemeinschaftliches, aber auch unser materielles Leben.

Die Religion wirft ihr Gewicht auch bei der Erlassung und Durchsetzung von Gesetzen in die Waagschale, die unser Leben maßgeblich bestimmen und umso wertvoller sind, je mehr sie Mensch und Gesellschaft dienen. Wer Gesetze erlässt, muss den Menschen und seine Stärken und Schwächen gut kennen. Er muss seine Natur und Mentalität berücksichtigen. Er muss mit der Gesellschaft vertraut sein, die schließlich aus Menschen mit einem Bewusstsein und einem freien Willen besteht. Er muss wissen, wie die Gesellschaft ihre Grundbedürfnisse deckt und welche Art Beziehungen die Mitglieder der Gesellschaft unterhalten. Individuen ähneln den Atomen eines großen Körpers, und deshalb muss der Gesetzgeber auch die Bindeglieder kennen, die die einzelnen Mitglieder der Gesellschaft mit dem kollektiven Geist der Gemeinschaft verbinden. Die Religion erfüllt diese Voraussetzungen. Sie ist mit der Gesellschaft ebenso vertraut wie mit den Menschen, die die Gesellschaft bilden. Denn hinter der Religion steht Gott, der Schöpfer des Menschen. In dieser Hinsicht kann die Bedeutung der Religion für das Verständnis von Mensch und Gesellschaft gar nicht hoch genug eingeschätzt werden.

Die Religion ist für die Ordnung der Gesellschaft unverzichtbar

Für die Durchsetzung von Gesetzen spielen Druckmittel des Staates - Macht und Gewalt - eine unbestreitbar wichtige Rolle. Ebenso wichtig ist jedoch die Religion. Denn sie basiert auf dem Glauben an die Existenz eines Wesens, das den Menschen sieht und kontrolliert und das deshalb genau weiß, was er tut, was er denkt, welche Neigungen er hat und welche Ziele er verfolgt. Dieser Glaube ist dem Menschen angeboren. Er ruht tief in seinem Bewusstsein und macht sich immer wieder bemerkbar. Die Religion lehrt uns, dass wir für unser Tun verantwortlich sind, dass wir in der kommenden Welt für unsere Taten zur Rechenschaft gezogen werden und dass unsere Bilanz einst darüber entscheidet, ob wir ewiges Glück genießen dürfen oder bestraft werden. Es mag uns gelingen, vor den Gesetzen und der Rechtsprechung dieser Welt zu fliehen; dem prüfenden Blick Gottes können wir uns jedoch zu keiner Zeit entziehen. Allein bei dem Versuch, Kinder zu tugendhaften Menschen zu erziehen und sie von allem Bösen fern zu halten, wird deutlich, dass kein anderes System das auf dem Glauben basierende ersetzen kann. Unentbehrlich sind in diesem Zusammenhang vor allem die ethischen Prinzipien der Religion, die uns zu besseren Menschen machen. Die moralischen Richtlinien der Religionen haben Maßstäbe gesetzt, die in der Geschichte von allen Menschen akzeptiert wurden und den Umwälzungen der Zeit getrotzt haben. Inwieweit ihr Einfluss auch auf unser Denken und Handeln abfärbt, hängt davon ab, wie stark unser Glaube ist und wie tief sie in unseren Gesellschaften verankert sind.

Die Religion in der westlichen Welt von heute

Manche Menschen sind vielleicht der Meinung, die Religion habe im Leben der amerikanischen und westeuropäischen Gesellschaften von heute keinen Platz mehr. Dem möchte ich hier aber entschieden widersprechen und betonen, dass auch diese Länder nach wie vor ihre Religionen haben, mit denen sie untrennbar verbunden sind. Zwar haben dort die religiösen Werte im Laufe der letzten zwei Jahrhunderte an Gewicht verloren; doch gerade heute fühlt sich die Menschheit wieder zur Religion hingezogen. Die Bevölkerung mancher Länder mag der Religion mittlerweile relativ gleichgültig gegenüberstehen; auf die Verantwortlichen in den Regierungen trifft dies allerdings mehrheitlich nicht zu. Gerade auf den höchsten Ebenen hat es immer religiöse Menschen gegeben, und es gibt sie auch heute noch. Obwohl derzeit der Säkularismus die politische Landschaft all dieser Länder beherrscht, hat es in keinem von ihnen ernsthafte Überlegungen gegeben, der Religion ihren federführenden Rang im sozialen und sogar im politischen Leben streitig zu machen. Historiker aus dem Westen konstatieren, dass die christliche Religion das wichtigste Element für die Bildung der modernen Staatsstrukturen in Europa war. Ihnen zufolge hat diese Religion auch entscheidend in die politische und soziale Arena hinein gewirkt. Sie hat

Gesetze beispielsweise gegen Blasphemie erwirkt, und ihr Einfluss schlägt sich in der Existenz religiöser Feiertage und in der Verankerung des gemeinschaftlichen Gebets in der Gesellschaft nieder.

Auch in Ländern wie den USA und Kanada ist die Mehrheit der Bevölkerung - möglicherweise entgegen der allgemeinen Wahrnehmung - durchaus religiös. Sowohl in der Öffentlichkeit als auch auf den unterschiedlichen Regierungsebenen genießt die Religion dort große Wertschätzung. Schauen wir uns die Gesetze dieser Länder an, so ist die Autorität der Religion unverkennbar. In den USA beispielsweise kann ein Mord eine schwerere Strafe nach sich ziehen, als der Islam sie vorschreibt.

Jedes Volk hat seine Eigenarten, die sich aus seinem Wesen, seiner Geschichte und seiner Kultur ableiten. Die Türken etwa sind seit Jahrhunderten Muslime, und so ist es unmöglich, sie vom Islam zu trennen. In Zeiten, wo sie sich von ihrer Religion entfernten, fanden sie weder Frieden, noch entwickelten sie sich weiter. Im Gegenteil, dieser Weg führte sie in den Niedergang - was wohl auch auf die Wesensart des Islams zurückzuführen ist, die sich von allen anderen Religionen unterscheidet. Ein Jude muss weder an Jesus noch an die Bibel, weder an Muhammad noch an den Koran glauben, und gilt trotzdem als religiös. Auch ein Christ darf sich als religiös bezeichnen, selbst wenn er nicht an Muhammad und den Koran glaubt. Denn diese Religionen akzeptieren keine Glaubenssysteme und heiligen Schriften, die in ihre Fußstapfen treten. In dem breiten Spektrum der Religionen Gottes, die aus Judentum und Christentum hervorgegangen sind, kann die Religion durchaus einen Platz finden. In diesem Spektrum existieren Offenbarungsschriften und Propheten, die mit diesen Schriften verbunden sind. Insofern kann ein entsprechendes Glaubenssystem nicht völlig verfälscht werden. Wird es untergraben, kann es - ähnlich wie Milch - sauer werden. Aber selbst dieses sauer gewordene Produkt kann sehr wohl noch einem guten Zweck dienen. Oder um es mit einer anderen Metapher zu sagen: Andere Religionen können sich in eines der vielen Gemächer eines Palastes zurückziehen und in dessen Licht erstrahlen. Der Islam hingegen schließt alle anderen Religionen mit ein. Eine der fünf Säulen des Islams beruht auf dem Glauben einerseits an Muhammad und den Koran als den letzten Propheten bzw. die letzte Heilige Schrift und andererseits eben auch auf dem Glauben an alle früheren Propheten und ihre Heiligen Schriften. Mit anderen Worten: Der Islam umspannt alles andere und nimmt es in sich auf. Um noch einmal die Palastmetapher zu bemühen: Der Islam entspricht dem Elektrizitätssystem, dem Hauptgenerator für das gesamte Gebäude. Beschädigt man dieses System, fällt der ganze Palast, die ganze Welt - und in unserem Fall die Türkei - in völlige Dunkelheit, die von keinem Lichtstrahl mehr durchdrungen wird. Menschen, die das Auslöschen dieses Lichts betreiben, sind als Anarchisten zu betrachten, die sich allen Bestimmungen widersetzen.

Selbst in den letzten drei Jahrhunderten, die für die Muslime eher demütigend waren, und sogar heute, wo das Antlitz des Islams von Menschen besudelt wird, die behaupten, die vertrauenswürdigsten Muslime zu sein, und wo der Islam von seinen Feinden als eine finstere Religion bezeichnet wird, wächst die Zahl der Menschen, die sich zum Islam bekennen, stetig an. Auf der anderen Seite haben sich in diesem Zeitraum nur wenige vom Islam losgesagt.

Wer in der Türkei oder auch in anderen Erdregionen für Recht und Ordnung eintritt, sollte den Islam mit offenen Armen willkommen heißen und nach seinen Geboten handeln, anstatt ihn jenen zu überlassen, die ihn falsch interpretieren und missbrauchen. In einer gesunden Gesellschaft sollte das Gesetz den Geboten der Weisheit folgen. Das heißt, es sollte nicht gegen das essenzielle Wesen von Mensch und Natur - sprich: gegen die Gesetze der Schöpfung - verstoßen. Es sollte dem Charakter des entsprechenden Volkes und dessen nationalen und religiösen Werten Beachtung schenken. Es sollte den Geboten der Logik und des gesunden Menschenverstandes Rechnung tragen und so formuliert sein, dass es von der breiten Bevölkerungsmehrheit akzeptiert werden kann. In die einzelnen Gesetze sollten nicht nur Religion, Geschichte, Traditionen und nationale Werte, sondern auch die grundlegenden Prinzipien von Soziologie und Anthropologie und sogar von Physik und Chemie mit einfließen. Die Rechtswissenschaft ist keine unabhängige Wissenschaft. Sie umfasst Religion, Geschichte, Philosophie, Soziologie, Psychologie, Anthropologie, Physik, Chemie usw., und dieser

Anspruch muss auch an sie gestellt werden. Erfüllt sie ihn nicht, ähnelt sie einem Kleidungsstück, das nicht richtig sitzt und deshalb immer wieder geändert werden muss, das aus billigem Stoff besteht und nach einem unvorteilhaften Muster genäht wurde. Im Grunde genommen muss dieses Kleidungsstück vollständig wieder aufgetrennt und neu zusammengenäht werden. Der Gesellschaft würde eine solche Rechtswissenschaft zweifellos mehr Schaden als Nutzen bringen.

Gewalt darf keinem Selbstzweck dienen

Ein bereits am Rande erwähnter Bestandteil jedes gesellschaftlichen Systems ist die Gewalt, die Gott mit Sicherheit nicht grundlos existieren lässt. Ohne Gewalt wären Gesetze nicht durchzusetzen, und ohne Gewalt wäre die Sicherheit eines Landes kaum zu gewährleisten - vor allem nicht gegenüber ausländischen Mächten; auch in der Innenpolitik muss die Gewalt als Hüterin von Recht und Ordnung respektiert werden. Gewalt darf aber weder zum reinen Selbstzweck verkommen noch zu einem Wert erhöht werden. Gewalt ist nur solange zu tolerieren, wie sie auf Seiten von Recht und Gerechtigkeit steht. Eine Gewalt allerdings, die in den Händen einer von Ehrgeiz und Gier getriebenen Minderheit außer Kontrolle gerät, kommt weder Recht noch Gerechtigkeit zu Gute. Sie verweigert sich dem Gesetz und der Weisheit. In der Geschichte mussten die Menschen immer dann besonders schlimme Zeiten durchmachen, wenn das Recht der Gewalt geopfert wurde, wenn egoistische Interessen über das Allgemeinwohl gestellt wurden, wenn ein kalter Rassismus universelle Werte außer Kraft setzte oder wenn versucht wurde, nationale und internationale Konflikte mit roher Gewalt zu lösen. Wenn so etwas geschah, blieben Verstand, Urteilsvermögen, Recht und Gerechtigkeit regelmäßig auf der Strecke. An ihre Stelle traten stattdessen Gesetzlosigkeit, Ungerechtigkeit und Unterdrückung.

Manche meinen ja, Gewalt könne Probleme lösen, wenn sie nur von gerechten Menschen ausgeübt und vernünftig gehandhabt wird und wenn sie sich zudem an Logik und Gerechtigkeit orientiert. In den Händen jener Grausamkeit, die überall dort aus dem Ruder läuft, wo sich die Emotionen widerstreitender Parteien kreuzen, hat sie sich jedoch stets als Instrument der Zerstörung erwiesen. Eine ungezügelte Gewalt im Verbund mit dem Anspruch auf uneingeschränkte Freiheit verweigert Recht und Gerechtigkeit, Verstand und Denkvermögen den Respekt, der ihnen zusteht. Genau diese Kombination war es, die Alexander den Großen unbesonnen machte und seinen Blick trübte, die Napoleon seines Genies beraubte und Hitler zur schlimmsten Bestie des vergangenen Jahrhunderts werden ließ.

Hinter dem verheerenden Teufelskreis der Anarchie und ihrer Gegenströmungen, dessen Symptome heute überall auf der Welt zu beobachten sind, steht - dies darf wohl ohne zu übertreiben behauptet werden - der ungezügelte Einsatz von Gewalt. Alles deutet darauf hin, dass noch so lange Chaos herrschen wird, bis sich die Wenigen, die die Gewalt in Händen halten, auf Recht und Gerechtigkeit zurück besinnen werden und sich die Massen, die diesen Wenigen folgen, von möglicherweise populären, aber nichtsdestotrotz falschen Ansichten lösen und beginnen werden, die Welt wieder durch die Brille der Gerechtigkeit zu betrachten.

Die Kriegspolitik der USA

Die Fragen, die bis zu dieser Stelle beantwortet wurden, waren eher allgemeiner Natur und bezogen sich vor allem auf Grundprinzipien. Sie bedürfen eigentlich keiner weiteren Erläuterungen und keiner tieferen Analyse. Da ich aber häufig dazu aufgefordert werde, bestimmte aktuelle Ereignisse und Entwicklungen zu kommentieren, möchte ich hier eine soziologische Wahrheit zitieren, die oft falsch gedeutet wird und die ich selbst schon viele Male vorgebracht habe: In der Geschichte der Menschheit hat es immer eine Macht gegeben - und wird es auch immer eine Macht geben -, die die Welt im Gleichgewicht hält. Rom z.B. war einmal so eine Macht und auch der Islam (zunächst repräsentiert durch die Araber, später dann durch die Türken). Im 19. Jahrhundert übernahm die angelsächsische Welt diese Position - zuerst das Britische Empire, und nach dem 2. Weltkrieg die USA. Gott sagt im Koran, dass Er gibt, wem Er möchte, und nimmt, wem Er möchte. Er erhöht und erniedrigt nach Seinem Ermessen, und Er verteilt Siege, Niederlagen, Herrschaft und Unterwerfung unter den Völkern. Das heißt, dass die Zeit keiner geraden Linie folgt, sondern eher einen Kreis beschreibt. Genau wie sich die Erde um die Sonne dreht und sich das Sonnensystem einem Ziel entgegen rotiert, streben auch die Zeit und die Geschichte einem bestimmten Ziel zu. All dies wurde von Gott so festgelegt, wobei der Wille des Menschen, die Leistung, die er mit seinem Willen erbringt, und sein Verhalten ebenfalls eine - jedoch nur begrenzte - Wirkung erzielen. Wenn wir uns im Universum umschauen, entdecken wir unweigerlich die Vollzugsgewalt Dessen, der alles, was da existiert, erschaffen hat und es verwaltet. Diese Vollzugsgewalt nennen wir ‚Gesetze'. Einige dieser Gesetze Gottes manifestieren sich als Religion, andere wiederum beziehen sich auf das Leben der Menschheit und des Universums. Ob wir der Religion und ihren Geboten (den Gesetzen der Religion) gehorchen oder nicht, hat Auswirkungen. Es trägt uns nämlich Lohn oder Strafe ein, die wir zum Teil bereits in dieser Welt, überwiegend aber erst in der Welt des Jenseits erhalten werden. Genauso verhält es sich mit den Gesetzen der Wissenschaften Physik, Chemie, Biologie und Astronomie. Ob wir uns ihnen beugen oder nicht, bringt uns ebenfalls Lohn oder Strafe ein, die wir jedoch vornehmlich bereits in dieser Welt zu spüren bekommen. Zu den Gesetzen, die das Leben auf Erden betreffen, gehören z.B. das Erreichen eines Zieles mit Hilfe von Beharrlichkeit und Geduld oder das Scheitern auf halbem Wege infolge von Ungeduld. Harte Arbeit führt - in der Regel - zu Wohlstand, Faulheit hingegen zu Armut. Erfolg ist normalerweise das Resultat systematischen und methodischen Studiums, Misserfolg das Resultat unsystematischen und unmethodischen Studiums. Gott behandelt die Menschen, Gesellschaften, Nationen und Staaten danach, inwieweit sie Gesetzen dieser Art Folge leisten. Und entsprechend nehmen die Staaten und Nationen ihren Platz im Gleichgewicht der Welt ein.

Heute beanspruchen die USA die dominante Position im Gleichgewicht der Welt. Ob sie diese werden halten können, wird jedoch davon abhängen, ob sie dem Boden von Menschenrechten und Gerechtigkeit weiterhin treu verhaftet bleiben. Momentan scheint es so, als funktioniere das System in Amerika gut. Aber auf jeden Tag folgt eine Nacht und auf jeden Frühling und Sommer ein Winter. Sollte dieses System eines Tages erblinden, sollten die USA Werten wie Demokratie, Menschenrechten und Freiheit, die sie eigentlich zu verteidigen vorgeben, den Rücken kehren, sollten sie die Macht, die das Schicksal ihnen in die Hände gespielt hat, missbrauchen und sich von den Prinzipien der Gerechtigkeit und des Schutzes der Menschenrechte abwenden, dann werden sich ihre Tage in Nächte verwandeln und ihre Sommer in Winter. Kein System, das sich allein auf seine Gewalt stützt, kann auf Dauer überleben. Eine Gewalt, die mit Recht und Gerechtigkeit bricht, produziert unweigerlich Unterdrückung und schafft sich letztlich irgendwann selbst ab. Die Welt von heute befindet sich im Umbruch. Einerseits wird sie von schweren Problemen erschüttert, die zum Teil ja bereits aufgezeigt wurden, andererseits beginnen Länder mit sehr alten Zivilisationen und großen Bevölkerungen wie China und Indien wieder zu neuem Leben zu erwachen. In Osteuropa ist Russland die bestimmende Macht. Europa ist auf dem Weg, zu einem einzigen Staat zusammenzuwachsen, obwohl nach wie vor unklar ist, wie erfolgreich und langlebig dieses Projekt sein wird. Darüber hinaus besitzen auch andere Länder in Asien und Afrika, die jahrhundertelang unterdrückt wurden, großes Potenzial. In so einer Welt ein System zu installieren und zu konservieren, das auf Gewalt basiert, ist kaum zu bewerkstelligen. Ich hoffe inständig, dass die USA nicht einen verhängnisvollen Fehler begehen werden, der das bestehende Gleichgewicht außer Kraft setzt, dass sie nicht Dinge tun werden, die die Welt in Strömen von Blut ertrinken lassen.

Die Zeit der tyrannischen Regime ist abgelaufen

Die Tatsache, dass die Welt auf Grund der enormen Fortschritte im Bereich der Telekommunikation heute auf die Größe eines Dorfes zusammengeschrumpft ist, hat dafür gesorgt, dass Unrechtsregime, deren ganze Macht auf Gewalt gründet, nicht länger schalten und walten können, wie es ihnen beliebt. Der Mensch ist ein edles Geschöpf. Er erträgt es nicht lange, Diener oder gar Sklave zu sein. In ihrem eigenen Interesse sollten alle Staaten und alle Verantwortlichen versuchen, Regierungssysteme zu etablieren, die im Dienste der Menschen stehen und nach dem Motto agieren „Meister ist der, dem freiwillig gedient wird". Jeder Mensch besitzt Ehre, Selbstachtung und Charakter, die ihm von seinem Schöpfer verliehen wurden. Solange auf diese keine Rücksicht genommen wird, lassen sich Frieden und Sicherheit weder in einem einzigen Land noch in der ganzen Welt verwirklichen. Zu den grundlegenden Menschenrechten gehört es, so zu leben, wie es den eigenen Vorstellungen entspricht, frei zu denken und zu glauben, seiner Meinung Ausdruck zu verleihen, frei zu kommunizieren und zu reisen. In einer Gesellschaft, die wesentliche Grundrechte wie das Recht auf Leben, Sicherheit, Gesundheit, Arbeit, Einkommen und Gründung einer Familie weder fördert noch garantiert, in einer Gesellschaft, in der nicht geteilt wird und die Produkte, die man gemeinsam hervorbringt, nicht allen zu Gute kommen, in einer Gesellschaft, in der Recht und Gerechtigkeit keinen Schutz genießen - in so einer Gesellschaft können Tugenden wie Liebe, Respekt voreinander und Kooperation nicht gedeihen. Keine Macht der Welt vermag lange zu überleben, wenn sie diesem Punkt keine Beachtung schenkt. Verwaltungen oder Regierungen, denen es an diesen entscheidenden Fähigkeiten mangelt, werden sich immer unsicher und unbehaglich fühlen.

Auch wenn sich die Wahrnehmung der Welt als ein Dorf in der Zukunft sicherlich noch verdichten wird, werden in diesem Dorf doch immer verschiedene Glaubensvorstellungen, Ethnien, Sitten und Traditionen zusammenleben. Jeder Mensch ist wie eine eigene Schöpfung. Daher ist der verbreitete Wunsch, die Menschen sollten einander so weit wie möglich ähneln, nicht mehr als ein Wunsch, der unmöglich in Erfüllung gehen kann. Frieden wird es in diesem globalen Dorf nur dann geben, wenn die Unterschiede zwischen den Menschen als wertvoller Teil unseres menschlichen Wesens respektiert werden. Anderenfalls wird sich die Welt in einem Netz aus Konflikten, Streitigkeiten, Kämpfen und blutigen Kriegen verfangen und ihren eigenen Untergang betreiben.

Eine neue Weltordnung[99]

In Diskussionen über die Neuordnung der Welt werden die unterschiedlichsten Ansätze und Meinungen vertreten. Das ist auch nicht weiter verwunderlich. Völker, die unter Auswüchsen der Globalisierung leiden, welche für viele Menschen unannehmbar sind, sind beispielsweise oft geneigt, chauvinistische Tendenzen zu akzeptieren - ganz einfach weil diese ihnen eine Verbesserung ihrer Lage versprechen. In Asien wendet sich inzwischen fast jeder Staat so bedingungslos den idealisierten Werten der eigenen Geschichte zu, dass man sich dort selbst durchaus als nationalistisch charakterisiert. In diesem Kontext sind die gegenwärtigen Umwälzungen in Russland, Kasachstan, Usbekistan und weiteren Ländern zu sehen. Auch in anderen Teilen der Welt finden ähnlich bedeutende Umwälzungen statt. Solange die entsprechenden Entwicklungen und Korrekturen niemandem schaden, dürfen wir sie getrost als konventionelle Vorgänge bezeichnen. Gelänge es uns jedoch, sie in noch konstruktivere Bahnen zu lenken, könnten wir damit wahrscheinlich den Tragödien der Zukunft vorbeugen.

Einige dieser Entwicklungen folgen einem Kurs, der sich an der Religion orientiert. Entsprechende organisierte wie unsystematische Aktivitäten sind in unterschiedlichen Erdteilen zu beobachten. Die Verantwortlichen unterscheiden sich dadurch von anderen, dass sie sich jedem Thema mit der Überzeugung nähern, dass die Religion die Grundlage bilden muss. Es liegt in der Natur der Sache, dass sie die instabile aktuelle Lage nach ihren eigenen Maßstäben bewerten. So neigen sie dazu, ihre Völker zu manipulieren - mit dem Ziel, sie schließlich von einer Haltung zu überzeugen, die im Einklang mit der Religion steht.

---

[99] Diese Rede wurde im Jahr 1995 gehalten. Interessant ist, dass ein Großteil der damals angedeuteten Entwicklungen inzwischen Realität geworden ist.

Auf der anderen Seite betrachten es dieselben Großmächte, die die Welt jahrelang ausgebeutet haben, offensichtlich als völlig selbstverständlich, nun auch von dieser Phase der Neuordnung zu profitieren. Herrscht unter diesen Mächten Einigkeit? Natürlich nicht. Trotzdem geht man allgemein davon aus, dass sie so schnell wie möglich versuchen werden, sich an einen Tisch zu setzen und für sie alle vorteilhafte Lösungen zu finden. Bekanntlich vertritt Großbritannien in dieser Angelegenheit ähnliche Auffassungen wie die USA. In der Sarajevo-Frage im Balkankrieg gab es zwischen den beiden Staaten einige kleinere Differenzen. Inzwischen folgen die Briten jedoch der Linie der Amerikaner. Die Franzosen scheinen gelegentlich anderer Meinung zu sein. Ihre abweichende Haltung resultiert aber nicht aus einer gänzlich anderen Sichtweise, sondern eher aus dem Bemühen, an der Gestaltung der neuen Strukturen beteiligt zu werden.

Daneben gibt es einige Länder, bei denen relativ unklar ist, ob sie mit der neuen Situation zufrieden sind, oder nicht. Die Verhältnisse und Umstände in diesen Ländern zu analysieren, ist ähnlich schwer, wie bestimmte Krankheiten zu diagnostizieren. Offenbar glauben sie nicht daran, besonders stark von den allgemeinen Vorteilen zu profitieren. Daher lässt sich zum gegenwärtigen Zeitpunkt kaum bewerten, welche Pläne sie verfolgen.

Wichtig ist auch, sich einmal anzuschauen, welche Erwartungen die einzelnen Länder in Bezug auf Veränderungen in der eigenen Innenpolitik hegen. Natürlich manifestieren sich diese Erwartungen in jedem Land auf andere Art und Weise, und es wäre unmöglich, jedes von ihnen zu analysieren. Deshalb möchte ich mich hier stellvertretend kurz den Erwartungen in unserem eigenen Land widmen: Unsere Gesellschaft ist eine aufmerksame und wachsame Gesellschaft. Ganz gewiss wird sie eines Tages auf ihre Intuition und ihr Gewissen hören und genau die Veränderungen vornehmen, die ihrer Wesensart am besten entsprechen. Diese mögliche Entwicklung vor Augen, haben sich in unserem Land viele unterschiedliche Stimmen zu Wort gemeldet. Und ich hoffe, dass die Träger dieser Stimmen in dem, was sie sagen und tun, aufrichtig sein werden. Innerhalb dieses breiten Spektrums sind Differenzen in Vorgehensweisen und Motiven durchaus normal und dürfen in gewisser Hinsicht auch als zweckdienlich betrachtet werden.

Nach diesen allgemeinen Anmerkungen möchte ich nun auf einen rein technischen Aspekt des Themas zu sprechen kommen. Eine Welt des Friedens, die ja so oft als Ideal gepriesen wird, kann unmöglich auf Kriegen und Blutvergießen aufbauen. Auch getarnte Aktivitäten, die in Wirklichkeit darauf abzielen, Länder zu besetzen und Aggressionen zu schüren, werden ihr mit Sicherheit nicht zum Durchbruch verhelfen. Aus diesem Grunde möchte ich hier noch einmal klar und deutlich wiederholen, dass jedes Gleichgewicht, welches sich auf den Einsatz von Gewalt stützt, zwangsläufig schon nach kurzer Zeit zusammenbrechen muss und dass diejenigen, die für den Einsatz der Gewalt verantwortlich sind, die Ersten sein werden, die unter den Trümmern begraben werden.

Ich denke, Beispiele wie Korea, Vietnam, der Nahe Osten und Somalia sprechen für sich, und möglicherweise werden die Reaktionen in Zukunft noch schärfer ausfallen. Möglicherweise werden die Sympathien zwischen den muslimischen Völkern in der muslimischen Welt - Sympathien, die man früher auch den Führern der freien Welt entgegenbrachte - langsam dahinschwinden und offenen Feindseligkeiten Platz machen. Sollte sich die neue Weltordnung anstatt auf die Demokratie auf eine offene oder verkappte Form der Ausbeutung stützen, die mit Hilfe von Gewalt durchgesetzt wird, und sollte diese Ordnung den Menschen die grundlegenden Menschenrechte und Freiheiten verweigern, dann befürchte ich, dass die Konflikte schon bald ganz neue Dimensionen annehmen werden.

Unsere Vorfahren pflegten zu sagen: „Der Wasserkrug zerbricht auf dem Weg zum Brunnen." - Wer in eine gehobene Position aufgestiegen ist, indem er etwas zerstört hat, wird irgendwann selbst zerstört werden und seine Position auf die gleiche Art und Weise wieder verlieren. Wenn wir uns die Welt heute anschauen und uns in Erinnerung rufen, dass sich Geschichte oft wiederholt, können wir uns ausmalen, was uns in der Zukunft erwartet.

Auch wenn die Welt heute keinen Prozess der Erneuerung durchläuft - und vom jetzigen Standpunkt aus betrachtet tut sie dies definitiv nicht

-, befindet sie sich doch zumindest in einem Prozess der Neuordnung. Diese Neuordnung wird zu gegebener Zeit beendet sein. Dann wird die alte Welt der Boshaftigkeit und des Hasses einer neuen, überraschenden Welt gewichen sein - einer Welt, deren Klima von Liebe, Toleranz und Nachsicht geprägt sein wird. Das kollektive Gewissen der Menschheit wird diese Welt hoch erfreut willkommen heißen und ihr ebenso einen Platz im Herzen reservieren wie den Menschen, die an der Neuordnung Anteil hatten. Diese Menschen werden unauslöschliche Spuren hinterlassen und noch Jahrhunderte nach ihrem Tod präsent sein. Ich glaube festen Herzens daran, dass wir heute nicht mehr zu tun brauchen, als uns in den Dienst der Menschheit zu stellen, um diese von Frühlingsdüften durchdrungenen Träume Wirklichkeit werden zu lassen. Deshalb sollten wir uns nicht flüchtigen, vergänglichen und aussichtslosen Aktivitäten hingeben, sondern uns zu einer Bewegung zusammenschließen, die in jeder Hinsicht beständige und konstruktive Ziele verfolgt. So lange ich lebe, werde ich bestimmt nicht zögern, diese Empfehlung immer wieder aufs Neue auszusprechen.

Das Informationszeitalter und der Zusammenprall der Zivilisationen

Ähnlich wie in der Vergangenheit werden auch heute immer wieder Prognosen zum Aussehen der Welt von morgen erstellt. Eine solche Prognose lautet, dass die Zukunft ein Zeitalter sein wird, in dem Informationen die entscheidende Rolle spielen werden. Entsprechend äußern sich die Zukunftsforscher, die von manchen als Orakel des zweiten Jahrtausends betrachtet werden. Bei manchen ihrer Aussagen handelt es sich allerdings keineswegs um objektive Beurteilungen oder Schlussfolgerungen, sondern um reine Mutmaßungen - oft mit Verweis auf historische Zyklen - die lediglich dem Zweck dienen, neue Gedanken zu bestimmten Zielvorstellungen zu entwickeln. Insofern taugen diese Aussagen nicht mehr als alle anderen Prognosen. Ich denke aber schon, dass die betreffenden Personen mit ihnen bestimmte Erwartungen verknüpfen - ähnlich wie andere Menschen darauf warten, dass ihre Gebete erhört werden. Wenn man nun davon ausgeht, dass die Erwartungen, die mit Aussagen wie „Die Zukunft wird so oder so ähnlich aussehen..." verbunden sind, Impulse in die vorgegebene Richtung geben, dann ist davon auszugehen, dass sich diese Erwartungen früher oder später in Ziele und Zwecke verwandeln. Ist erst einmal ein Ziel definiert, werden anschließend die nötigen Strategien und Initiativen entwickelt und Anstrengungen unternommen, um dieses Ziel auch zu erreichen. Dieser Punkt ist meiner Ansicht nach sehr entscheidend.

Auf einer ganz anderen Ebene erlaube ich mir - aus muslimischer Sicht - Folgendes festzuhalten: Das Werk Muhammads, des Gesandten Gottes, wurde über dessen physischen Tod hinaus bis in die Gegenwart fortgeführt. Die Linie der Repräsentanten dieses Werkes führte dabei über Ibn al-Arabi, Imam al-Ghazali, Imam Rabbani, Mawlana Khalid oder auch Said Nursi. Deshalb geht meine Hoffnung dahin, dass der Geist des Propheten über diese segensreiche Linie schon in naher

Zukunft wiederbelebt werden kann. Natürlich wird der Prophet nicht persönlich zurückkehren, aber der Islam - in der Form wie ihn die Gefährten des Propheten einst verstanden haben - wartet nur darauf, uns ein Lebenszeichen zu übermitteln.

Aus dieser Hoffnung heraus möchte ich einige weiterführende Prognosen tätigen: Ich denke auch, dass sich der Arm des Wissens in der Zukunft wohl in alle Lebensbereiche hinein verlängern wird. So manche Horizonte, die lange Zeit von unserer Nachlässigkeit verdunkelt waren, werden wieder aufklaren. Wir Muslime haben die Erkenntnisse unserer eigenen Wissenschaften, die im vierten und fünften Jahrhundert nach der Hidschra gewonnen wurden und auf dem Koran basierten, grob vernachlässigt. Damit haben wir sehr starke Kräfte, die uns hätten tragen können, leichtfertig verspielt. Mir persönlich hat es immer sehr Leid getan, dass der Sufismus - das spirituelle Leben des Islams - aus den *Medressen* (religiösen Schulen) verbannt wurde. Später war das Desinteresse der Medressen an den experimentellen Wissenschaften, das letztlich in der Streichung dieser Wissenschaften aus den Lehrplänen gipfelte, auch mitverantwortlich dafür, dass man den Anschluss an die Länder verlor, die in Wissenschaft und Technik führend waren. Was man in der Vergangenheit versäumt hat, muss also nachgeholt werden. Gelingt dies, wird unsere Zukunft auf den Fundamenten Wissen und Erkenntnis aufbauen. Dann werden Wissen und Erkenntnis uns wieder stark machen.

In einer Welt, die immer kleiner wird, und in einer Epoche, in der Zeit und Raum immer mehr zusammenschrumpfen, wird Wissen und Erkenntnis eine enorm wichtige Rolle zukommen. Die entscheidende Frage ist, ob wir für eine solche Welt bereit sind, oder nicht.

In jedem Land der Welt arbeiten heute unzählige Wissenschaftler. Meiner bescheidenen Meinung nach sind diese jedoch gegenwärtig nicht dazu in der Lage, eine neue, eine glücklichere Welt aufzubauen. Sie wären es wohl selbst dann nicht, wenn sie alle gemeinsam an diesem Projekt arbeiteten. Was wir heute brauchen, ist ein ganz neues Denken, einen neuen wissenschaftlichen Ansatz, eine neue Lebensphilosophie und neue Bildungsinstitutionen. Zu diesem Zweck sollte man die jungen Generationen mobilisieren: schon im Kindergarten, in der Schule und an der Universität. Da Wissen in der Zukunft Macht bedeuten wird, müssen schon hier die Weichen gestellt werden.

Huntingtons Thesen

Was Huntingtons Thesen zum Zusammenprall der Zivilisationen betrifft, so denke ich, dass diese Art Thesen keine realistischen Vorhersagen für die Zukunft darstellen, sondern vielmehr Versuche sind, neue Ziele zu definieren und die öffentliche Meinung in Richtung dieser Ziele zu beeinflussen. Bis zum Zerfall des Ostblocks standen sich Ost und West, NATO und Warschauer Pakt unversöhnlich gegenüber. Heute nun sollen neue Feindbilder und Fronten geschaffen werden: In Vorbereitung befindet sich eine Konfrontation zwischen den Zivilisationen, die auf religiösen und kulturellen Unterschieden basieren soll. Mit ihr hofft man, den Grundstein für eine Verlängerung der Herrschaft der Machtblöcke zu schaffen.

Auch in der Gegenwart gibt es bestimmte Zentren der Macht, denen sehr an Konflikten gelegen ist. Sie suggerieren den Massen, dass da ein Feind sei, vor dem man große Angst haben müsse. Dieser Feind existiert aber eher hypothetisch als real.

Keine der von Gott offenbarten Religionen basiert auf Auseinandersetzungen und Konflikten - nicht die Religionen von Moses und Jesus, und auch nicht die Religion des Propheten Muhammad. Im Gegenteil, diese Religionen und insbesondere der Islam wenden sich entschieden gegen Aufruhr, Verrat, Streit und Unterdrückung. *Islam* heißt übersetzt Frieden, Sicherheit und Wohlergehen. In einer Religion, die auf Frieden, Sicherheit, Wohlergehen und Harmonie in der Welt basiert, sind Krieg und Konflikt fehl am Platze. In Ausnahmefällen akzeptiert der Islam ein Recht auf Selbstverteidigung - so wie auch der menschliche Körper ein Recht auf Verteidigung gegen Krankheitserreger besitzt. Dieses Recht auf Selbstverteidigung ist jedoch an bestimmte Prinzipien gebunden. Der Islam hat nie etwas anderes als Frieden und Güte verbreitet. Er betrachtet den Krieg als ein zweitrangiges Thema und hat strenge Regeln erlassen, um ihn zu regulieren und zu limitieren. Als

Grundlage dienen dem Islam beispielsweise Gerechtigkeit und der Weltfrieden:

> *Und der Hass gegen eine Gruppe soll euch nicht (dazu) verleiten, anders als gerecht zu handeln.* (5:8)

Der Islam besitzt also Grundsätze zur Selbstverteidigung, die - nicht anders als die modernen Rechtssysteme auch - auf bestimmten Prinzipien basieren und das Ziel verfolgen, Glauben, Leben, Besitz, Denken und Nachkommenschaft zu schützen. Das Christentum als eine Religion der abstrakten Liebe hat Krieg und Kriegführung kategorisch verurteilt. Damit hat es aber auch versäumt, dieser menschlichen und historischen Realität Rechnung zu tragen, und war folglich nicht in der Lage, Kriege wie den Ersten und Zweiten Weltkrieg, den Hundertjährigen Krieg oder die Ereignisse von Hiroshima und Nagasaki zu verhindern.

Leider stützen sich auch die Thesen Huntingtons und einiger anderer Wissenschaftler auf Konflikte. In ihren Thesen spiegelt sich der Plan wider, Herrschaft mit Hilfe von Konflikten zu sichern. Wir hingegen widmen uns mit dem Segen und Wohlwollen Gottes der Aufgabe, die Brise der Toleranz und des Dialogs weiter anzufachen. Diese Brise weht erst seit kurzem wieder, zeigt aber heute schon Tendenzen, bald die ganze Welt zu erfassen. Wenn Gott es so will, werden wir beweisen können, dass die Prognosen dieser Leute falsch sind. Wir glauben, dass unsere Brise über die nötige Stärke verfügen wird, selbst tödliche Waffen und mechanische militärische Einheiten zu bezwingen und auch anderen negativen Faktoren Einhalt zu gebieten. Die Tatsache, dass diese neuen Gedanken, deren Wurzeln tief in der Vergangenheit in den Botschaften der Propheten liegen, inzwischen in allen Gesellschaftsschichten zu vernehmen sind und gelebt werden, ist ein Geschenk Gottes an die Verfechter der Liebe von heute. Aus diesem Grunde möchte ich abschließend unterstreichen, dass Toleranz und Dialog in unserem Lande auf bestmögliche Art und Weise repräsentiert werden sollten. Wir wollen der Welt ein positives Beispiel geben - ein Beispiel, das die Menschen ermuntern wird, zusammenzukommen und sich um die grundlegenden Menschenrechte zu versammeln. Wenn Gott es so will, wird die Menschheit vor dem Ende der Welt noch einen weiteren Frühling erleben.

„Ich vertraue auf die im Wesen des Menschen verborgene Schönheit."

Eure erlauchte Heiligkeit,

wir überbringen Euch die aufrichtigsten Grüße der Menschen jenes Landes, das als die Geburtsstätte der drei Weltreligionen gilt. Diese Menschen wissen um Eure gesegnete Mission, die Welt zu einem lebenswerteren und besseren Ort zu machen. Wir danken Euch von ganzem Herzen für diese Audienz und dafür, dass Ihr Euch trotz aller Terminnöte Zeit für uns nehmt.

Wir sind hierher gekommen, um die Bemühungen des ‚Päpstlichen Rates für den Interreligiösen Dialog', der noch von Papst Paul VI. ins Leben gerufen wurde, zu unterstützen. Wir wünschen uns, dass diese Bemühungen Früchte tragen. In aller Demut möchten wir Euch unsere bescheidene Mitarbeit bei diesem noblen Anliegen anbieten.

Der Islam ist eine missverstandene Religion, und verantwortlich dafür sind in erster Linie die Muslime. Aber durch entschlossenes Handeln könnten viele Missverständnisse ausgeräumt werden. Die muslimische Welt würde sehr gern die Gelegenheit ergreifen, einen Dialog zu etablieren, der jahrhundertealte Vorurteile gegen den Islam abzubauen hilft.

Zuweilen hat die Menschheit die Religion im Namen der Wissenschaft geleugnet, genauso wie sie umgekehrt auch die Wissenschaft im Namen der Religion geleugnet hat. Die beiden seien nicht miteinander vereinbar, wurde behauptet. Dabei gehört doch alles Wissen Gott, und die Religion stammt von Gott. Wie können Religion und Wissenschaft also im Widerspruch zueinander stehen? Vielleicht erreichen wir mit unseren gemeinsamen Anstrengungen für den interreligiösen Dialog und für Verständigung und Toleranz zwischen den Menschen ja, dass sich diese Einsicht irgendwann durchsetzen wird.

Zuhause, in unserem Land, stehen wir seit einiger Zeit in Gesprächen mit führenden Persönlichkeiten unterschiedlicher christlicher Bekenntnisse. In aller Bescheidenheit möchte ich sagen, dass diese Bemühungen nicht vergeblich waren. Unser Ziel ist es, über Toleranz und Verständigung einen Bund der Brüderlichkeit und Schwesterlichkeit zwischen den Gläubigen der drei Weltreligionen zu schließen. Indem wir zusammenfinden, können wir uns als Felsen in der Brandung all den Fehlgeleiteten, all den Skeptikern und all jenen in den Weg stellen, die darauf hoffen, dass der so genannte Zusammenprall der Zivilisationen Realität wird.

Im letzten Jahr haben wir ein Symposium zum Thema Frieden und Toleranz zwischen den Zivilisationen abgehalten, an dem renommierte Gelehrte aus mehreren Ländern teilnahmen. Bestärkt durch den überwältigenden Erfolg dieses Projekts schmieden wir nun bereits neue Pläne. Derzeit bereiten wir eine Konferenz zum interreligiösen Dialog vor, die den Zusammenhalt der Anhänger der drei Weltreligionen festigen soll. Natürlich hoffen wir, dass dort auch der Vatikan vertreten sein wird.

Wir würden uns freuen und Ihr würdet uns eine große Ehre erweisen, wenn Ihr die Einladung unseres Staatspräsidenten Süleyman Demirel zu einem Besuch unseres Landes und seiner heiligen Stätten annähmet. Die Bewohner Anatoliens warten bereits sehnlich darauf, Euch ihre Gastfreundlichkeit unter Beweis stellen und einen herzlichen Empfang bereiten zu dürfen. Nachdem wir das Thema auch mit palästinensischen Verantwortlichen diskutiert haben, sehen wir uns außerdem in der Lage, Euch auch einen gemeinsamen Besuch in Jerusalem unter Wahrung aller Sicherheitsvorkehrungen vorzuschlagen. Ein solcher Besuch wäre ein bedeutender Schritt für die Bemühungen, diese erhabene Stadt zu einer internationalen Zone zu erklären - zu einem Ort, an den Christen, Juden und Muslime pilgern könnten, ohne irgendwelche Restriktionen fürchten zu müssen und sogar ohne ein Visum zu benötigen.

Daneben möchten wir die Ausrichtung einer Konferenzreihe anregen, die nach dem Rotationsprinzip in unterschiedlichen Hauptstädten der Welt abgehalten und von Entscheidungsträgern der großen Religionen konzipiert werden könnte. Die erste dieser Konferenzen könnte beispielsweise in Washington stattfinden, während die zweite zeitlich mit der 2.000-Jahr-Feier von Christi Geburt zusammenfallen könnte.

Auch ein Studentenaustauschprogramm wäre sehr förderlich. Wenn junge gläubige Menschen gemeinsam studieren, entwickeln sie Sympathien füreinander. Im Rahmen eines solchen Studentenaustauschprogramms könnte in der Stadt Harran, Provinz Urfa, ein Institut für Theologie eingerichtet werden. Harran gilt als die Geburtsstadt des Propheten Abraham, des Stammvaters der drei Weltreligionen. Zu diesem Zweck könnte man entweder die Studienprogramme der Universität Harran erweitern oder eine neue, völlig unabhängige Universität mit einem eigenen Curriculum gründen, das sich an den Bedürfnissen und Maßgaben aller drei Religionen orientieren müsste. Letztere Variante könnte sich allerdings auf Grund bestehender Barrieren durch die staatliche Politik als problematisch erweisen.

Diese Vorschläge mögen vielleicht allzu ehrgeizig klingen, nichtsdestotrotz liegt ihre Verwirklichung aber doch im Bereich des Möglichen. Es gibt zwei Arten von Menschen - Konformisten und Nonkonformisten. Konformisten versuchen stets, sich an die äußeren Gegebenheiten anzupassen. Nonkonformisten hingegen versuchen, die äußeren Gegebenheiten an ewig gültige Werte und an neue positive Entwicklungen anzupassen. Danken wir Gott für diese Nonkonformisten.

M. Fethullah Gülen,
ein demütiger Diener Gottes

Eine Botschaft anlässlich der Terroranschläge vom 11. September 2001[100]

Ich möchte in aller Deutlichkeit sagen, dass jede terroristische Aktion, egal von wem und zu welchem Zweck sie ausgeführt wird, Frieden, Demokratie, Menschlichkeit und alle religiösen Werte torpediert. Aus diesem Grunde darf niemand, und schon gar kein Muslim, irgendeine terroristische Aktion gutheißen. Im Streben nach Unabhängigkeit oder Erlösung ist für den Terror kein Platz; denn er fordert das Leben unschuldiger Menschen.

Selbst wenn es auf den ersten Blick so aussehen mag, als schädigten Terrorakte vor allem die gewählten Angriffsziele, fügen sie im Endeffekt den Terroristen und ihren Unterstützern noch weit größeren Schaden zu. Diese jüngsten Terroranschläge, die besonders blutig und verwerflich sind, stellen weit mehr als eine Attacke gegen die Vereinigten Staaten von Amerika dar. Sie sind ein Attentat auf den Weltfrieden und auf die universellen demokratischen und menschlichen Werte. Die Verantwortlichen für diese Gräueltat müssen als die rücksichtslosesten Menschen auf Erden betrachtet werden.

Lassen Sie mich Ihnen Folgendes versichern: Der Islam verurteilt Terror in jedweder Form. Islamische Ziele dürfen grundsätzlich nicht mit Hilfe von Terror durchgesetzt werden. Ein Terrorist kann kein Muslim sein, und ein wahrer Muslim kann kein Terrorist sein. Der Islam macht sich für den Frieden stark. Im Koran steht geschrieben, dass echte Muslime Symbole des Friedens sind und sich für die Wahrung der grundlegenden Menschenrechte engagieren. Ein Schiff, auf dem sich neun Verbrecher und ein Unschuldiger befinden, darf dem Islam zufolge nicht

---

[100] Diese Botschaft wurde kurz nach den Terroranschlägen vom 11. September 2001 verfasst. Fethullah Gülen stellt hier klar, dass er nicht nur speziell diese Attacken, sondern generell jede terroristische Aktivität scharf verurteilt.

versenkt werden, solange der Unschuldige noch an Bord ist. Denn sonst würden die Rechte des Unschuldigen verletzt werden.

Der Islam respektiert alle Rechte des Individuums und pocht darauf, dass keines seiner Rechte verletzt werden darf - selbst dann nicht, wenn eine solche Verletzung dem Wohle der Gesellschaft dienen würde. Der Koran erklärt, dass jemand, der ungerechtfertigt einen Menschen tötet, im Prinzip die ganze Menschheit tötet. Darüber hinaus definierte der Prophet Muhammad, dass ein Muslim ein Mensch ist, der niemandem etwas zu Leide tut - weder mit den Händen noch mit der Zunge.

Ich verurteile diese jüngsten Terroranschläge auf die USA in aller Schärfe. Sie verdienen nichts anderes als Missbilligung und Verachtung und sollten von allen Menschen auf der Welt angeprangert werden. Ich appelliere aber an alle Beteiligten, Ruhe zu bewahren und sich Zurückhaltung aufzuerlegen. Bevor die Politiker und die Bevölkerung der USA aus berechtigter Wut und Schmerz heraus auf diese entsetzliche Attacke reagieren, sollten sie - das möchte ich hier zum Ausdruck bringen - zu ergründen versuchen, wie es zu diesem schrecklichen Vorfall kommen konnte und wie sich ähnliche Tragödien in der Zukunft vermeiden lassen. Sie müssen sich bewusst machen, dass man nicht viele Unschuldige schädigen darf, nur um einige wenige Schuldige zu bestrafen. Solche Maßnahmen kämen letztlich nur den Terroristen zu Gute, da sie bestehenden Unmut verstärken und nur noch mehr Terroristen und Gewalt hervorbringen. Man darf nicht vergessen, dass Terroristen in ihren Gesellschaften oder Religionen immer nur eine kleine Minderheit repräsentieren. Generell sollte man sich bemühen, einander besser zu verstehen; denn nur durch wechselseitiges Verständnis und Respekt voreinander wird man ähnlichen Gewaltausbrüchen in der Zukunft einen Riegel vorschieben können.

Tief in meinem Herzen fühle ich den Schmerz des amerikanischen Volkes, und ich versichere Ihnen, dass ich zu Gott, dem Allmächtigen, für die Opfer bete. Darüber hinaus bete ich dafür, dass Er den Angehörigen der Opfer und allen anderen Amerikanern die nötige Geduld schenkt, ihr Leid zu tragen.

INDEX

A

Aaron, 85
Abbasiden, 232
Abel, 215, 284
Abraham, 37, 161, 277, 321
Abu Bakr, 46, 229
Abu Dharr, 83
Abu Dschahl, 72, 225, 226
Abu Hanifa, 181
Abu Sufyan, 85, 86
Adam, 66, 174, 273
Afrika, 244, 308
Ahmad as-Sirhindi, 71
AIDS, 293
Aischa, 45, 222
Alhambra, 56
Ali ibn Abi Talib, 252
Allmacht, 201, 205
Alparslan, 66, 229
Alpay, Sahin, 246
Amerika, 307, 323
Anarchie, 12, 87, 119, 192, 223, 295, 306
Anatolien, 55, 66, 244
Anbetung, 17, 29, 154, 156, 182, 221, 222, 251, 256, 295
Andalusien, 239
Aqra ibn Habis, 80
Armenier, 229
Astronomie, 307
Atheismus, 119, 192, 287
Aufklärung, xxi, 29, 186, 191, 240
Ausbeutung, 235, 240, 242, 298, 313

B

Balance, 70
Balkan, 51
Banu Muqarrin, 81
Bayramoglu, Ali, 246
Bi'r al-Mauna, 90
Bibel, 187, 285, 303
Bilal, 83
Bin Laden, Osama, 232
Biologie, x, xiii, 307
Bosnien, 65
Buchbesitzer, 93
Byzantiner, 66

C

China, 308
Christen, i, 49, 66, 74, 89, 91, 230, 277, 320
Christentum, 230, 286, 287, 294, 303, 318
Comte, 186

D

Darwin, 186

Darwinismus, x, xi
David, i, 277
Demirel, Süleyman, 247, 320
Descartes, 187
Dialogix, x, xiv, xv, xvi, xvii, xviii, xix, xxii, xxiv, , 15, 33, 50, 53, 59, 61, 62, 67, 68, 85, 86, 87, 91, 92, 93, 95, 96, 115, 116, 245, 246, 263, 287, 288, 318, 319, 320
Diogenes, 66, 146, 147
Drogen, 235, 298, 299
Dschahiliya, 83
Dschihad, xi, 12, 70, 71, 77, 82, 88, 148, 213, 219, 223, 225, 227, 228
Dschinn, 82, 110, 152

E

Einheit, 10, 12, 16, 17, 24, 104, 112, 121, 127, 191, 232, 246, 277
Erlösung, 61, 221, 225, 226, 323
Ersoy, Mehmed Akif, 142
Erzengel Gabriel, 79
Ethik, 281, 299
Europa, ix, 239, 244, 302, 308

F

Fanatismus, 44, 70, 191, 262
Fatwa, 229
Fikret, Tevfik, 170
Fleischliches Selbst, 220, 251
Frauen, 48, 100, 101, 222, 250, 275, 279, 281, 285, 295
Freiheit, 17, 36, 43, 60, 89, 100, 148, 157, 182, 201, 273, 285, 306, 308
Frieden, x, 51, 57, 67, 69, 87, 89, 95, 96, 119, 121, 123, 153, 155, 161, 170, 201, 202, 205, 206, 220, 225, 228, 231, 269, 275, 292, 303, 309, 317, 320, 323
Frömmigkeit, 106, 136, 159, 178, 183, 192, 251, 284, 288
Fundamentalismus, 44

G

Gallipolli, 290
Garih, Üzeyir, 247
Gebet, 69, 80, 91, 121, 175, 196, 197, 222, 246, 262, 272
Gefährten, 12, 42, 53, 72, 77, 78, 80, 82, 140, 173, 211, 261, 316
Gerechtigkeit, x, xxi, xxii, 18, 41, 43, 63, 88, 92, 100, 104, 179, 181, 273, 275, 277, 288, 298, 305, 306, 307, 308, 309, 318
Gesandter Gottes, 72, 79, 227
Globalisierung, xiii, xiv, xv, 115, 291, 293, 311
Glück, 23, 82, 106, 167, 170, 173, 194, 196, 202, 211, 221, 236, 251, 261, 273, 277, 289, 291, 292, 301
Götzenanbeter, 17, 48, 78, 92
Griechen, 229
Gülen, Fethullah, ix, xi, xxi, xxiv, xxv, xxvi, 65, 229, 321, 323

H

Hadith, 27, 47, 56, 73, 109, 111, 215, 216, 223, 273, 274
Hadsch, 82
Hamza, 47
Hanbal, 79, 81, 82, 181

Harran, 321
Hasan, 80
Hegel, 187
Heiden, 48, 178
Helsinki, 49
Heuchler, 78, 88
Hilya, 18
Himmel, i, 8, 29, 35, 42, 56, 57, 77, 80, 105, 120, 122, 131, 138, 140, 142, 148, 154, 158, 159, 161, 170, 172, 179, 196, 198, 202, 203, 222, 243, 248, 281, 282, 290
Hitler, 306
Hölle, 9, 28, 35, 37, 81, 116, 123, 153, 171, 172, 202, 216, 223, 236, 248, 292, 296
Humanismus, xvi, 11, 12, 60, 76
Huntington, xv

I

Ibn Abbas, 82, 236
Ibn Athir, 227
Ibn Kathir, 78, 222, 225
Ibn Madscha, 80, 142, 216
Ibn Miskawayh, 250
Ibn Sa'd, 81
Ideologien, xviii, xxiv, 178, 271
Ikrima, 72, 226, 227
Imam al-Ghazali, 144, 315
Imam Rabbani, 71, 315
Imam Serahsi, 181
Iman, 73, 83, 109, 110, 169, 170
Imperialismus, xiii
Indien, 71, 308
Individualismus, xiii, 298

Iran, 247
Islam, ix, x, xvii, xxv, 12, 44, 60, 62, 69, 70, 71, 72, 73, 74, 75, 76, 79, 83, 85, 87, 88, 91, 96, 111, 115, 123, 126, 140, 141, 144, 148, 183, 211, 215, 217, 226, 227, 229, 230, 231, 232, 233, 242, 244, 245, 271, 272, 273, 274, 275, 276, 277, 286, 294, 295, 296, 297, 303, 304, 306, 316, 317, 318, 319, 323, 324
Israfil, 131, 174
Istanbul, xi, 38, 65, 66, 78, 229, 232

J

Jenseits, 31, 42, 75, 81, 91, 116, 120, 128, 130, 137, 138, 140, 161, 172, 180, 182, 194, 196, 198, 202, 206, 272, 274, 281, 296, 307
Jerusalem, 66, 320
Jesus, 37, 180, 277, 303, 317
Joseph, 48
Judentum, 286, 294, 303

K

Kaaba, 86
Kain, 215, 284
Kanada, 303
Kant, 187
Kapitalismus, 235
Kawthar, 171, 193, 195
Kemal, Yahya, 244
Khadidscha, 81
Kharidschiten, 67
Kirche, xxiv, 239, 240

Kolonialismus, 285, 298
Kommunismus, 240
Koran, ix, 19, 42, 45, 49, 56, 57, 61, 62, 63, 73, 75, 76, 77, 78, 79, 85, 87, 88, 89, 91, 93, 114, 126, 129, 141, 144, 152, 180, 181, 183, 187, 195, 205, 215, 221, 225, 227, 235, 236, 242, 274, 275, 281, 287, 303, 304, 306, 316, 323, 324
Korea, 313
Krieg, 60, 71, 77, 88, 221, 229, 231, 284, 295, 296, 317, 318
Krösus, 136
Kufr, 229

L

Lamarck, 186
Leibniz, 187
Levy, Leon, xxiv

M

Malazgirt, 66
Märtyrer, 48, 142, 216, 227
Materialismus, 192, 240, 243, 287
Mawlana Khalid, 71, 315
Medien, xv, xxiv, 44, 50, 188, 191, 254
Medina, 48, 49, 77, 82, 93
Medressen, 232, 316
Mekka, 48, 77, 93
Menschenrechte, xi, 53, 89, 213, 215, 217, 286, 298, 308, 313, 318, 323
Metaphysik, 163, 186, 189, 285
Mitgefühl, x, 15, 16, 45, 68, 71, 75, 82, 92, 179, 195, 222, 226, 228
Mittelalter, 239

Moderne, xiii, xiv, xv, xvi, xvii, 100, 183, 185, 186, 275, 285
Mongolen, 284
Moral, 35, 101, 126, 159, 188, 234, 255, 257, 287
Moskau, 246, 247
Muhammad, xxi, xxv, 9, 20, 27, 47, 49, 52, 54, 62, 66, 69, 70, 73, 74, 75, 76, 79, 80, 82, 85, 86, 90, 92, 111, 114, 140, 144, 180, 215, 216, 222, 225, 227, 229, 303, 317, 324
Muslim, xii, 27, 46, 47, 49, 52, 53, 59, 60, 62, 72, 74, 77, 82, 109, 111, 215, 222, 230, 231, 233, 234, 277, 294, 296, 323, 324
Muttaqi al-Hindi, 66, 72, 227

N

Nächstenliebe, 260
Nafs, 220, 283
Napoleon, 306
NATO, 317
Nesimi, 25
Nihilismus, 192
Nimrod, 161

O

Offenbarung, 49, 76, 81, 87, 114
Osmanen, 51, 52
Özal, Turgut, 247

P

Paradies, xxv, 10, 16, 22, 28, 81, 119, 137, 140, 144, 145, 171, 193, 225, 226, 230, 262, 282, 291

Patriarch, xxiv

Philosophie, 10, 120, 186, 231, 250, 271, 285, 304

Physik, xxiii, 304, 307

Picasso, 56

Pluralismus, xiii, xiv

Psychologie, 271, 304

R

Rabi'a l-Adawiya, 22, 123, 147

Ramadan, 65

Reaktionäre, 16, 44

Religion, x, xiii, xxi, xxii, 10, 16, 51, 61, 69, 70, 72, 73, 74, 75, 76, 78, 88, 90, 96, 101, 104, 105, 106, 107, 114, 136, 138, 140, 177, 178, 179, 182, 183, 186, 189, 192, 208, 211, 217, 220, 225, 226, 228, 229, 234, 236, 239, 240, 241, 242, 243, 244, 245, 250, 271, 272, 276, 284, 287, 294, 295, 298, 299, 300, 301, 302, 303, 304, 307, 311, 317, 318, 319

Renaissance, 239

Rumi, xvii, 10, 70, 72, 115, 122, 156, 194, 245

Russland, 308, 311

S

Sa'd ibn Ubada, 81

Said ibn Dschubayr, 181

Said Nursi, 70, 91, 114, 116, 172, 243, 245, 315

Salam, 82, 110, 112

Salomo, 19

Sarajevo, 312

Satan, 35, 39, 283

Scharia, 208

Seldschuken, 66, 232

Spaltung, 41, 277

Spiritualität, xxi, 101, 103, 125, 165, 186, 189, 235, 250, 284, 285, 287, 299

Sport, 95, 96

Sufismus, xvii, xxv, 55, 163, 207, 211, 316

Sunna, 49, 61, 85, 88, 91, 93, 106, 142, 215, 216, 227, 275

Sünde, 21, 36, 37, 72, 73, 80, 175, 215, 229, 236, 251, 252

Symposium, xi, 320

T

Tag des Jüngsten Gerichts, 3

Taqwa, 106

Tariqa, 211

Terror, x, xi, xiii, xv, 12, 87, 123, 213, 229, 233, 236, 297, 298, 299, 323

Terrorismus, xv

Terrorist, 72, 234, 294, 296, 299, 323

Thora, 287

Toleranz, vi, viii, x, xii, xiv, xv, xvi, xvii, xviii, xix, xx, xxii, xxiv, xxvi, 2, 4, 6, 8, 10, 12, 14, 15, 16, 18, 20, 22, 24, 26, 28, 30, 32, 33, 34, 36, 38, 39, 40, 41, 42, 43, 44, 45, 46, 48, 50, 51, 52, 53, 54, 55, 56, 57, 58, 59, 60, 61, 64, 65, 66, 67, 68, 69, 70, 72, 73, 74, 76, 78, 80, 84, 85, 86, 88, 90, 92, 94, 95, 98, 100, 102, 104, 108, 110, 112, 114, 115, 118, 120, 122, 124,

126, 128, 130, 132, 134, 136, 138, 140, 142, 144, 146, 150, 152, 154, 156, 158, 160, 164, 168, 170, 172, 176, 178, 180, 184, 186, 190, 192, 194, 196, 200, 202, 204, 206, 210, 214, 218, 220, 225, 228, 246, 263, 277, 293, 314, 318, 319, 320

Türkei, ix, x, xi, xxii, xxiii, xxiv, xxv, 50, 60, 65, 91, 115, 167, 234, 235, 247, 304

Türken, ix, xvii, 59, 303, 306

Tyrannei, 161, 262, 284, 295

U

Umar, 66, 79, 229

Unabhängigkeit, 141, 323

Ungläubige, 16, 20, 54, 74, 88, 92, 170, 178, 225, 226

Unterdrückung, x, 13, 28, 92, 116, 119, 173, 284, 295, 297, 305, 308, 317

Upanischaden, 187

Urfa, xi, 321

USA, ix, x, xiv, xxv, 290, 303, 306, 307, 308, 312, 324

Usbekistan, 311

V

Vatikan, 320

Veden, 187

Vergebung, x, 33, 35, 38, 42, 43, 45, 54, 79, 80, 87, 88, 161, 203, 222

Vietnam, 313

W

Warschauer Pakt, 317

Washington, 321

Weisheit, xxv, 22, 24, 103, 143, 148, 159, 160, 166, 198, 245, 251, 252, 256, 267, 280, 282, 300, 304, 305

Weltkrieg, 306, 318

Westen, 185, 186, 240, 242, 280, 285, 302

Wissenschaft, xxi, 99, 101, 127, 169, 177, 180, 186, 188, 191, 239, 243, 245, 246, 253, 255, 257, 285, 287, 288, 291, 293, 304, 316, 319

Wunder, 24, 291

Y

Yarmuk, 227

Yunus Emre, xvii, 55, 68, 70, 72, 73, 115

Z

Zahiriten, 88

Zivilisation, xvi, xxii, 186, 228, 244, 284, 291

Ziya Pasha, 38

Zukunft, xv, xix, xxiii, 20, 27, 29, 37, 38, 41, 42, 49, 54, 57, 62, 66, 68, 70, 90, 100, 113, 122, 126, 127, 133, 137, 170, 183, 193, 197, 202, 203, 231, 232, 240, 245, 246, 252, 253, 254, 262, 267, 272, 274, 277, 286, 289, 290, 293, 299, 309, 311, 313, 315, 316, 317, 324